Helmut Breitmeier

Wie entstehen globale Umweltregime?

Helmut Breitmeier

Wie entstehen globale Umweltregime?

Der Konfliktaustrag zum Schutz der
Ozonschicht und des globalen Klimas

Leske + Budrich, Opladen 1996

ISBN 978-3-322-95724-5   ISBN 978-3-322-95723-8 (eBook)
DOI 10.1007/978-3-322-95723-8

© 1996 Leske + Budrich, Opladen

Inhaltsverzeichnis

Abkürzungen

AASE	Airborne Arctic Stratospheric Expedition
AOSIS	Alliance of Small Island States
AKW	Atomkraftwerk
BAPMoN	Background Air Pollution Monitoring Network
BGBl	Bundesgesetzblatt
BMU	Bundesministerium für Umwelt, Naturschutz und Reaktorsicherheit
CCOL	Co-ordinating Committee on the Ozone Layer
CH_4	Methan
CFCs	Chlorofluorocarbons
CIAP	Climate Impact Assessment Program
CKW	Chlorierte Kohlenwasserstoffe
CLP	Chlorine Loading Potential
CMA	Chemical Manufacturers Association
CO	Kohlenmonoxid
CO_2	Kohlendioxid
DNA	Desoxyribonukleinsäure
DoE	Department of the Environment
DU	Dobson Units
ECE	Economic Commission for Europe
EFTA	European Free Trade Association
EG	Europäische Gemeinschaft
EMEP	Environmental Monitoring and Evaluation Programme of Long-Range Transmission of Air Pollutants in Europe
EOS	Earth Observing System
EPA	Environment Protection Agency
ESA	European Space Agency
EU	Europäische Union
FAA	Federal Aviation Agency
FAO	Food and Agriculture Organization
FCKW	Fluorchlorkohlenwasserstoffe
FKW	Fluorkohlenwasserstoffe
GA	General Assembly
GARP	Global Atmospheric Research Programme
GATT	General Agreement on Tariffs and Trade
GAW	Global Atmosphere Watch
GCOS	Global Climate Observing System
GDPS	Global Data-processing System
GEF	Global Environment Facility

GEMS	Global Environment Monitoring System
GO_3OS	Global Ozone Observing System
GOS	Global Observing System
GTS	Global Telecommunication System
GWP	Greenhouse Warming Potential
Halon	HALOgenated hydroCARBON
H-FCKW	Teilhalogenierte Fluorchlorkohlenwasserstoffe
ICI	Industrial Chemical Industries
ICSU	International Council of Scientific Unions
IEA	International Energy Agency
IGBP	International Geosphere Biosphere Programme
IMA	Interministerielle Arbeitsgruppe
IMO	International Meteorological Organization
IMOS	Committee on the Inadvertent Modification of the Stratosphere
INC	International Negotiating Committee for a Framework Convention on Climate Change
IPCC	Intergovernmental Panel on Climate Change
KVP	Konferenz der Vertragsparteien
LKW	Lastkraftwagen
M 83	Filterozonmeter
MR	Microwave Radiometry
NAS	US National Academy of Sciences
NASA	National Aeronautics and Space Administration
NASDA	National Space Development Agency of Japan
NES	National Energy Strategy
NGO	Non-Governmental Organization
NO_x	Stickoxide
N_2O	Distickstoffoxid
NOZE	National Ozone Expedition
nm	Nanometer
NRDC	National Resources Defense Council
O_3	Ozon
ODP	Ozone Depletion Potential
OECD	Organization for Economic Co-operation and Development
OJ	Official Journal of the European Communities
OTP	Ozone Trends Panel
PKW	Personenkraftwagen
ppbv	part per billion per volume
ppmv	part per million per volume
pptv	part per trillion per volume
PUR	Polyurethanschäume

10

RGW	Rat für gegenseitige Wirtschaftshilfe
SAGE	Stratospheric Aerosol and Gas Experiment
SBUV	Solar Backscatter Ultraviolett-Gerät
SORG	Stratospheric Ozone Review Group
TOMS	Total Ozone Mapping Spectrometer
TA	Technische Anleitung
UARS	Upper Atmosphere Research Satellite
UNCED	United Nations Conference on Environment and Development
UNDP	United Nations Development Programme
UNEP	United Nations Environment Programme
UNESCO	United Nations Educational, Scientific and Cultural Organization
UNIDO	United Nations Industrial Development Organisation
USA	United States of America
UV	Ultraviolettstrahlung
VOCs	Volatile Organic Compounds
VR	Volksrepublik
WCED	World Commission on Environment and Development
WG	Working Group
WMO	World Meteorological Organization

Schaubilder

Danksagung

Das vorliegende Buch ist eine überarbeitete und aktualisierte Fassung meiner Dissertation, die im Sommersemester 1994 von der Fakultät für Sozial- und Verhaltenswissenschaften der Universität Tübingen angenommen wurde. An dieser Stelle möchte ich mich bei all jenen bedanken, die mir menschlich, intellektuell und materiell dabei geholfen haben, diese Arbeit anzufertigen. Die Mitglieder der Abteilung Internationale Beziehungen/Friedens-und Konfliktforschung am Tübinger Institut für Politikwissenschaft haben für ein anregendes Diskussionsklima gesorgt. Prof. Volker Rittberger war mir über die Jahre ein engagierter und solidarischer Förderer, dessen analytische und theoretische Kompetenz diese Arbeit positiv beeinflußt hat. Auch dem Zweitgutachter Prof. Klaus Dieter Wolf (TH Darmstadt) möchte ich für seine Förderung und Unterstützung danken. Bei Thomas Nielebock, Gudrun Schwarzer und Peter Mayer möchte ich mich für das Lesen einzelner Teile und für die Gelegenheiten zur Diskussion bedanken. Der Graduiertenförderung des Landes Baden-Württemberg und der Hugo-Rupf-Stiftung danke ich für die gewährten Stipendien.

Meinen Eltern Maria und Gregor Breitmeier danke ich für die erhaltene finanzielle Unterstützung, ohne die das Studium und diese Arbeit nur schwer möglich gewesen wären. Sie haben stets viel Verständnis für den von mir eingeschlagenen Lebensweg gezeigt. Else und Hermann Stegmaier haben mich und meine Familie ebenfalls unterstützt und dazu beigetragen, daß die Fertigstellung der Arbeit nach der Geburt unserer Kinder nicht durch materielle Zwänge verzögert wurde.

Besonders bedanken möchte ich mich bei meiner Frau Elke, die einen großen Teil jener Belastungen zu tragen hatte, die während der Anfertigung einer solchen Arbeit entstehen. Ich danke ihr ausdrücklich für ihr Bestreben, daß Sie mich immer wieder aus der akademischen und theoretischen Welt in den normalen Alltag entführt hat. Ihr und meinen beiden Kindern Sören und Mareike, die mir durch ständiges Bemühen, mich an ihrer Kinderwelt teilhaben zu lassen, so viel Spaß, Freude und Glück bereit haben, sei diese Arbeit gewidmet.

1. Einleitung

Als Rachel Carson 1962 in ihrem zu einem Klassiker der Umweltliteratur gewordenen Buch „Der stumme Frühling" über die Folgen chemischer Insektenvernichtungsmittel die „derzeit herrschende Vorliebe für Gifte" kritisierte (Carson 1962: 294), war nur wenigen die Gefahr der zunehmenden lokalen und internationalen Umweltzerstörung bewußt. Erst Anfang der siebziger Jahre begann die Entwicklung eines globalen Bewußtseins, daß die Erde ein einziges zusammenhängendes Ökosystem darstellt.[1] Zwei Jahrzehnte nach dem ersten Bericht des Club of Rome von 1972 blicken wir auf eine stattliche Zahl von Weltberichten zurück, die in der Beschreibung des ökologischen Zustands der Welt und der möglichen Folgen der Umweltverschmutzung zu dramatischen Aussagen gekommen sind.[2] Die Tankerunfälle der Amoco Cadiz 1976 oder der Exxon Valdez 1989, das Dioxin-Unglück von Seveso 1976, das Giftgasunglück von Bhopal 1984, die Reaktorkatastrophen von Harrisburgh 1979 und Tschernobyl 1986 - all diese Unfälle mit großen Auswirkungen sind Ausdruck der Modernisierungsrisiken, die eine sich ungehemmt industrialisierende Welt produziert. Während die Folgen mancher Großkatastrophen in der Vergangenheit allerdings noch auf bestimmte Orte, Regionen, Länder oder Kontinente begrenzt werden konnten, ist heute ein „Universalismus der Gefährdungen [...] unabhängig von den Orten ihrer Herstellung" (Beck 1986: 48) zu verzeichnen.[3] Im vergangenen Jahrzehnt wurde deutlich, daß verschiedene Umweltprobleme nicht nur eine lokale oder regionale Dimension beinhalten, sondern aufgrund ihrer Auswirkungen für die gesamte Erde von globaler Bedeutung sind. Zwei dieser

---

1   Zur Entwicklung nationaler und internationaler Umweltpolitik siehe vor allem Sands (1995), Brenton (1994), Caldwell (1990), sowie Haas (1990: 1-32), Lang (1989), Porter/Brown (1991: 26-32), von Prittwitz (1990: 217-276), Strübel (1992), Tolba (1992: 221-240), von Weizsäcker (1990: 17-66).

2   Vgl. Meadows/Meadows/Zahn/Milling (1972), den Brundtland-Bericht (WCED 1987), Global 2000 (1980), King/Schneider (1992), Meadows/Meadows/ Randers (1992), UNEP (1992), World Watch Institute (1993).

3   Zur Definition globaler Gefährdungen siehe Porter/Brown (1991: 15): „If the consequences are global, or if the actors in the issue transcend a single region, we consider it a global environmental issue". Zu den einzelnen Typen internationaler Umweltkonflikte vgl. auch Breitmeier/Zürn (1990) und Müller (1991).

globalen Problemfelder, der 'Schutz der Ozonschicht' und der 'Schutz des globalen Klimas', stellen die Untersuchungsgegenstände dieser Arbeit dar.

1.1. Regimebedarf

Die grenzüberschreitenden Auswirkungen der angehäuften ökologischen Probleme machen eine kooperative Bearbeitung durch die Staaten erforderlich. In den internationalen Beziehungen stellt Kooperation im Einzelfall ein jeweils schwer zu erreichendes Ziel zwischen den beteiligten Akteuren dar. Zwar hat sich die Erkenntnis, wonach die gesamte Menschheit „in einem Boot" sitzt, global durchgesetzt. Vor einer unkritischen Interdependenz-Rhetorik, die die Entstehung von Kooperation gewissermaßen als das Resultat einer naturgesetzlichen Entwicklung betrachtet, muß allerdings gewarnt werden.[4] Staaten besitzen vielmehr bei der Konfliktbearbeitung in einem Problemfeld unterschiedliche Interessen:

„Die Verwirklichung der Ziele der Staaten häng(t) von den Entscheidungen aller Konkurrenten ab. Die Steuerungsmöglichkeiten der einzelnen Staaten reichen nicht aus, um ihre eigenen Wünsche zu erfüllen, weder durch völlige Isolation noch durch Druck oder Gewaltanwendung. In solchen Lagen bleibt die Erzeugung der erstrebten Güter, sei es wirtschaftlicher Reichtum, Sicherheit oder Umweltschutz, für alle Staaten unter dem Optimum. Die Summe der unkoordinierten Aktionen, die aus dem System der Selbsthilfe resultieren, ergibt ein unbefriedigendes Resultat für alle" (Müller 1993: 31).

Zwei theoretische Modelle haben sich grundlegend mit der Frage beschäftigt, wie kollektives Handeln durch Akteure mit unterschiedlichen Interessen ermöglicht werden kann.[5] Die Spieltheorie geht davon aus, daß der Bedarf zur Errichtung internationaler normativer Institutionen dann entsteht, wenn eine problematische soziale Situation vorliegt. Diese Situationen konstituieren soziale Fallen, „in denen die rationale Verfolgung individueller Interessen zu kollektiv wider-

---

4 Die Annahme, Kooperation komme quasi „von selbst" zustande, gilt nur für den in der Realität äußerst seltenen Fall, in dem folgende Bedingungen erfüllt sind: „an international economic system on which everyone depended or our basic life supporting ecological system were in danger; all countries were significantly vulnerable to such a catastrophe; and there were only one solution to the problem (leaving no room for conflict about how to solve it and who should bear the costs)" (Keohane/Nye 1977: 8).

5 Vgl. hierzu auch Müller (1993: 31-33).

sinnigen Ergebnissen führen kann" (Zürn 1992: 154). Als ein wesentliches Hindernis für kollektives Handeln ist in der Vergangenheit das Gefangenendilemma ausgemacht worden, das die Schlüsselmetapher in der Disziplin der Internationalen Beziehungen darstellt (Milner 1992: 467). Allerdings stellen nicht alle problematischen sozialen Situationen ein Gefangenendilemma dar. Vielmehr können verschiedene Typen solcher Situationen identifiziert werden.[6] Die Kollektivgütertheorie geht davon aus, daß ein gemeinsames Akteursinteresse in der Regel nicht ausreicht, um kollektives Handeln zu ermöglichen. Um dieses Ziel zu erreichen, ist vielmehr oftmals der Einsatz verschiedener Formen von Anreizen und des Zwangs erforderlich. Die kooperierenden Akteure sind stets der Gefahr des „Trittbrettfahrens" durch andere Akteure ausgesetzt (Olson 1965: 76). Akteure, die von der Nutzung eines Gemeinschaftsgutes durch andere nicht ausgeschlossen werden können, werden demnach in der Regel nur wenig Interesse daran zeigen, zur Bereitstellung und dem Erhalt des Gutes freiwillig beizutragen.[7]

1.2. Der Kooperations- oder der Regimebegriff als Grundlage der Analyse?

In den beiden Problemfeldern 'Schutz der Ozonschicht' und 'Schutz des globalen Klimas' wurde in den achtziger Jahren auf internationaler Ebene ein Prozeß der Konfliktbearbeitung durch die Nationalstaaten begonnen. Die globale Konfliktbearbeitung verfolgte dabei jeweils das Ziel, daß die Staaten

---

6 Stein (1990: 33-44) unterscheidet zwischen zwei Typen von Situationen. Um das „dilemma of common interests" zu überwinden und ein Pareto-optimales Ergebnis zu garantieren, müssen die Akteure zusammenarbeiten. Dabei müssen innerhalb einer normativen internationalen Institution strenge Verhaltensmuster für die Akteure formuliert werden, damit die Gefahr der Täuschung durch einzelne Regimemitglieder ausgeschlossen werden kann. In einem „dilemma of common aversions" besteht ein gemeinsames Interesse der Akteure in der Vemeidung eines möglichen Ergebnisses. In einer solchen Situation bevorzugen die Akteure zwar nicht dasselbe Ergebnis, aber sie stimmen in der Abwendung eines für alle Akteure inakzeptablen möglichen Ergebnisses überein. In dieser Situation muß die Einhaltung der getroffenen Bestimmungen nicht in dem Maße wie bei einem „dilemma of common interests" überwacht werden.

7 Ostrom (1990: 7) beschreibt das free-rider-Problem wie folgt: „Whenever one person cannot be excluded from the benefits that others provide, each person is motivated not to contribute to the joint effort, but to free-ride on the efforts of others".

zum Schutz der Ozonschicht und des Klimas kooperieren. Zunächst muß geklärt werden, ob der weiteren Analyse der breite Begriff der „Kooperation" oder der Begriff der spezifischeren Kooperationsform eines „internationalen Regimes" zugrundeliegt, der für die Forschung im vergangenen Jahrzehnt die Grundlage für die wissenschaftliche Analyse von Kooperation bildete.

Kooperation in den internationalen Beziehungen stellt eine Reaktion der Staaten auf vorhandene Konflikte in einem gegebenen Problemfeld dar. Innerhalb eines Problemfelds besteht zwischen den Staaten in der Regel ein Konflikt über die Zuteilung von Werten.[8] Um Kooperation zu ermöglichen, ist eine Koordinierung der einzelnen Akteursinteressen erforderlich. Keohane (1984: 51/52) versteht unter Kooperation einen Prozess der „policy coordination":

„Cooperation occurs when actors adjust their behavior to the actual or anticipated preferences of others, through a process of policy coordination. To summarize more formally, *intergovernmental cooperation takes place when the policies actually followed by one government are regarded by its partners as facilitating realization of their own objectives, as the result of a process of policy coordination*" [Hervorhebung durch den Autor selbst] (Keohane 1984: 51/52).

Das analytische Konstrukt der internationalen Regime stellt ein „Spezifikum" zwischenstaatlicher Kooperation dar (Kohler-Koch 1989: 23). Die klassische Definition versteht unter internationalen Regimen implizite oder explizite Prinzipien, Normen, Regeln und Entscheidungsverfahren, an denen sich die Verhaltenserwartungen von Akteuren in einem bestimmten Problemfeld ausrichten (Krasner 1982: 3). Die Prinzipien eines internationalen Regimes formulieren „die Regelungsziele („Soll"-Bestandteil) und theoretischen Prämissen („Ist"-Verständnis), auf deren Basis diese zu erreichen sind"; Normen benennen „die konzeptionell strategischen Grundlagen im Sinne allgemeiner Verhaltensstandards zur Zielverwirklichung"; Regeln drücken sich in „konkreten Verhaltensvorschriften (Ge- und Verboten)" aus, „ohne deren Formalisierung die Einhaltung der Verhaltensstandards nicht überprüfbar ist"; Entscheidungsver-

---

8   Czempiel hat Eastons Definition von Politik als autoritative Verteilung von Werten durch das politische System erweitert und auf die internationale Politik übertragen: „Politik ist die autoritativ (herrschaftlich) oder über den Modus der Macht erfolgende Verteilung (und Generierung) von Werten aus den Sachbereichen Sicherheit, Wohlfahrt und Herrschaft, die vom politischen System oder von gesellschaftlichen Akteuren innerhalb des gesellschaftlichen Umfeldes einer Einheit oder innerhalb der internationalen Umwelt vorgenommen wird" (Czempiel 1986: 30).

fahren machen die „prozessuale Binnenstruktur" eines Regimes aus (Wolf 1991: 43). Von der Tübinger Regimeforschung ist zusätzlich das Kriterium der Effektivität als Bestandteil der Regimedefinition eingeführt worden.[9] Durch die Beobachtung der Regeleinhaltung, die Forderung nach einer gewissen Dauerhaftigkeit und Regelungsdichte soll somit die Wirksamkeit bzw. die verhaltensändernde Kraft eines Regimes überprüft werden.

Der breite Begriff der „Kooperation" umfaßt verschiedene Ausprägungen dieses Phänomens, das von der kurzfristigen, sachlich eng begrenzten ad hoc-Kooperation bis zu einer dauerhaften und sachlich umfassenden Zusammenarbeit reichen kann. Der Begriff eines „internationalen Regimes" hingegen basiert auf einem klar definierten operationalen Kern. Gegenüber dem Kooperationsbegriff stellt er den präziseren Begriff dar, da er von einer spezifischen Form der Kooperation ausgeht. Im Zentrum der folgenden Analyse steht somit nicht generell Kooperation zwischen den Staaten, sondern die besondere Kooperationsform eines internationalen Regimes.

1.3. Auswahl der Regimedefinition

Im vergangenen Jahrzehnt entzündete sich die Diskussion um die Regimedefinition vor allem an der Frage, ob die Analyse von Regimen eher auf der vertragsorientierten Grundlage von Regeln und Entscheidungprozeduren oder aber auf der verhaltensorientierten Grundlage von regelgeleitetem Verhalten erfolgen soll (Keohane 1993: 27/28; Rittberger 1993: 8/9). Eine neue transatlantische Konsensdefinition, die amerikanische und europäische Regimeforscher entwickelten, knüpft den Regimebegriff an verschiedene Bedingungen. Ein internationales Regime wird demnach durch explizite Regeln, auf die sich die Regimemitglieder verständigt haben, definiert. Diese Regeln müssen jedoch „präskriptiven Status" erlangt haben, indem die jeweiligen Regimemitglieder ihr eigenes Verhalten danach ausrichten und das Verhalten anderer dementsprechend bewerten. Die Regimemitglieder müssen die vorhandenen Regeln anerkennen. Nach dieser Konsensdefinition spricht man nur dann von einem internationalen Regime, wenn

---

9   Vgl. Wolf/Zürn 1986: 204). Seit Mitte der achtziger Jahre hat sich ein deutschsprachiger Zweig in der Regimeforschung herausgebildet. Vgl. hierzu Efinger/Rittberger/Zürn (1988), Efinger/Rittberger/Wolf/Zürn (1990), Hüttig (1990), Kohler-Koch (1989), Müller (1993), Rittberger (1990), Rittberger (1993), Schrogl (1993), Wolf (1991), Zürn (1987).

diese beiden Bedingungen (erstens: explizite Regeln, zweitens: präskriptiver Charakter für die Regimemitglieder) gemeinsam erfüllt sind (Rittberger 1993: 10/11).

Zwischen der verhaltens- und der vertragsorientierten Richtung besteht auch weiterhin ein versteckter Dissens. In die Konsensdefinition wurde der Zusatz aufgenommen, daß in Zukunft auch die Analyse solcher Regime vorgenommen werden solle, bei denen zusätzlich zu den beiden in der Konsens-Definition gültigen Bedingungen als weitere Bedingung die Überprüfung von regelgeleitetem Verhalten erfolgt (Rittberger 1993: 11).[10] Hier offenbaren sich denn auch die Schwächen der Konsensdefinition. Die gegenseitige Bezugnahme auf vereinbarte Regeln innerhalb eines Regimes kann rein rhetorische Züge aufweisen, so lange die Regimemitglieder diese nicht national implementieren und somit regelgeleitetes Verhalten beweisen. Die Frage der „compliance" von Staaten droht dadurch zweifellos in den Hintergrund gedrängt zu werden. Die von Young (1989: 195) gegenüber der Krasner-Definition vorgebrachte Kritik, diese ermögliche keine Unterscheidung zwischen einer Regime- und einer Nichtregimesituation, trifft somit auch auf die Konsensdefinition zu.

Dem Fortgang der Analyse liegt jene von der Tübinger Regimeforschung entwickelte Regimedefinition zugrunde, die neben den Bestandteilen der Prinzipien, Normen, Regeln und Entscheidungsprozeduren auch das Kriterium der „Effektivität" beinhaltet. Die Entscheidung für diese Definition erweist sich gerade im Zusammenhang mit den hier untersuchten Versuchen der Bildung von globalen Umweltregimen als legitim. In der Regel vollzieht sich der Prozeß der Bildung von internationalen Umweltregimen in mehreren Stufen, an deren Beginn oftmals zunächst die Verabschiedung eines eher regelarmen Gründungsdokumentes steht, das wie im Fall der Konvention über weiträumige grenzüber-

---

10 Das Ansinnen, die beiden Bedingungen der Konsens-Definition durch die Einbeziehung der Bedingung „regelgeleitetes Verhalten" verhaltensorientierter zu gestalten, befindet sich im Gegensatz zu den vertragsorientierten Regimeforschern. Keohane hat die beiden Bedingungen der Konsens-Definition explizit in der Absicht formuliert, die Frage des regelgeleiteten Verhaltens bzw. der Effektivität auszuklammern: „It therefore seems sensible to define agreements in purely formal terms (explicit rules agreed by more than one state) and to consider regimes as arising when states recognize these agreements as having continuing validity. This definition has 'thin' substantive content: a set of rules need not be 'effective' to qualify as a regime, but it must be recognized as continuing to exist. Using this definition, regimes can be identified by the existence of explicit rules that are referred to in an affirmative manner by goverments, even if they are not necessarily scrupulously observed" (Keohane 1993: 28).

20

schreitende Luftverschmutzung von 1979 den Rahmen für weitere Verhandlungen und für die spätere Entwicklung von umfassenderen und strengeren Regeln (z.B. in Form von Protokollen, Annexen etc.) bildet. Der in den vergangenen Jahren u.a. durch die globalen Konventionen über Biodiversität, Desertifikation, den Schutz der Ozonschicht und des Klimas in den Mittelpunkt des Interesses gerückte „framework convention/protocol"-Ansatz sollte jedoch nicht den Blick für die Vielzahl von Ausnahmen verstellen, in denen sich die Staaten oftmals ohne eine Rahmenkonvention auf gemeinsame Regeln in einem Problemfeld verständigen. Dies gilt u.a. für die von der Forschung bisher wenig beachteten „soft law"-Regime. Auch bilaterale und viele multilaterale Umweltabkommen folgen nicht stets dem Muster des „framework convention/protocol"-Ansatzes.

Gemäß der Konsensdefinition könnte bereits nach dem Abschluß der Rahmenkonvention von einem internationalen Umweltregime gesprochen werden, wenn in dieser Rahmenkonvention einige - wenn auch wenige - Regeln ausgemacht werden können. Der materielle Gehalt von internationalen Konventionen im Politikfeld Umwelt ist indessen in der Regel sehr beschränkt. Konkrete Regelungsmaßnahmen zur Schadstoffverminderung werden meistens erst durch den nachfolgenden Abschluß von Protokollen getroffen, deren Regelungsdichte sich erst in der Folgezeit durch die Verabschiedung zusätzlicher Regeln vergrößert. Die Beobachtung der Einhaltung der Regeln der Protokolle ist zudem erst nach dem Ablauf der gewöhnlich langen Übergangsfristen zur Regelumsetzung möglich.

Young (1994: 140-151) und Levy/Young/Zürn (1995: 291/292) haben zuletzt darauf hingewiesen, daß die Regimeforschung sehr unterschiedliche Zugänge zum Problem der Effektivität entwickelt hat. Die *rechtliche* Dimension bewertet Regime vor allem nach dem Grad der in einem Problemfeld erzielten rechtlichen Verregelung sowie danach, in welchem Ausmaß die Bestimmungen des Regimes eingehalten werden. Die an *politischen Maßnahmen orientierte* Dimension beschäftigt sich mit der Auswertung von solchen Politiken, die zur Erreichung der zum Schutz eines Umweltgutes formulierten Ziele zur Verfügung stehen. Die *politische Dimension* konzentriert sich auf die Analyse der Interaktionen und Wertezuweisungen zwischen Akteuren innerhalb eines Problemfelds (z.B. Gerechtigkeit, Machtverschiebungen). Nur die rechtliche Dimension des Effektivitätsbegriffs ist unverzichtbarer Bestandteil der Tübinger Regimedefinition. Dies bedeutet jedoch keineswegs, daß normativen Fragen nach der Gerechtigkeit innerhalb eines Regimes keine Aufmerksamkeit geschenkt würde. Die rechtliche Dimension von Effektivität stellt vielmehr eine Minimalforderung dar, die erfüllt sein muß, um die in einem Problemfeld vorhandenen Regeln als Regime zu identifizieren. Allerdings erweist sich die Operationalisierung des Begriffs der rechtlichen Effektivität in der Praxis keineswegs als einfach. In der Regel muß die Schwelle, die ein effektives von einem ineffektiven Regime trennt, vor dem Hintergrund des im Einzelfall vorfindbaren Grades bzw. der Stärke der Verregelung und der vorhandenen Regeleinhaltung pragmatisch bestimmt werden.

1.4. Die abhängigen Variablen

Diese Arbeit wird von der Fragestellung geleitet, unter welchen Bedingungen globale Umweltregime entstehen bzw. nicht entstehen. Ein internationales Regime entsteht im Verlauf eines langen politischen Prozesses der Bearbeitung von Konflikten innerhalb eines Problemfelds. Vor der Beschreibung und Analyse der Regimeentstehung müssen daher zunächst die Konfliktgegenstände in den jeweiligen Problemfeldern identifiziert werden. Unter einem Konflikt wird die Positionsdifferenz zwischen Akteuren über die Wertezuweisung in einem Problemfeld verstanden (Czempiel 1981: 198). Konflikte können zwischen den beteiligten Akteuren unterschiedlich bearbeitet werden. Die folgende Analyse unterscheidet zwischen einem *nichtregulierten* und einem *regulierten* Konfliktaustrag zwischen den Akteuren.[11] Bei einem nichtregulierten Konfliktaustrag handeln die Akteure gemäß ihren individuell-rationalen Kostenabwägungen und streben danach, ihre Ziele auch gegen den Willen anderer durchzusetzen. Ein regulierter Konfliktaustrag stellt dagegen die „zivilisiertere" Form von Konfliktbearbeitung dar, da sich die Parteien trotz weiter bestehender Unvereinbarkeiten auf gemeinsame Normen und Regeln in Form eines internationalen Regimes geeinigt haben. Der Konfliktaustrag stellt somit auf der systemischen Ebene der internationalen Beziehungen die abhängige Variable dieser Arbeit dar. Mit den Formen des nicht-regulierten und des regulierten Konfliktaustrags besitzt die abhängige Variable zwei verschiedene Ausprägungen.

---

11 Efinger/Rittberger/Zürn (1988: 57) unterscheiden zwischen vier Formen der Konfliktbearbeitung. Neben dem nicht-regulierten und dem regulierten Konfliktaustrag sind als weitere Formen der Konfliktbearbeitung die Konfliktlösung und die Konfliktbeendigung zu nennen.

22

Zunächst muß geklärt werden, um welche Form des Konfliktaustrags es sich in den behandelten Problemfeldern 'Schutz der Ozonschicht' und 'Schutz des globalen Klimas' jeweils handelt. Der politische Prozess hat im Problemfeld Schutz der Ozonschicht bereits das Stadium eines regulierten Konfliktaustrags in Form eines globalen Umweltregimes erreicht. Dem Abschluß der Wiener Konvention von 1985 folgte das inzwischen mehrmals geänderte und erweiterte Montrealer Ozonprotokoll, das einen Katalog von Regeln zur Reduktion ozonzerstörender Substanzen darstellt. Wie die spätere Beschreibung des Regimes zeigt, kann ein relativ hoher Grad der Regeleinhaltung durch die Vertragsparteien festgestellt werden. Im Problemfeld Schutz der Ozonschicht handelt es sich somit - nach einer ersten Phase des nichtregulierten Konfliktaustrags - um die Form eines regulierten Konfliktaustrags.

Die Bemühungen der Staatengemeinschaft, auch im Problemfeld Schutz des globalen Klimas ein globales Regime zu errichten, haben zwar im Jahr 1992 zum Abschluß einer globalen Klimakonvention geführt. Nachdem bisher aber keine konkreten Regeln über die Stabilisierung oder die Verminderung klimarelevanter Spurengase existieren, kann bisher nicht von einem Regime in diesem Problemfeld gesprochen werden. Der Identifizierung eines Klimaregimes steht insbesondere die mangelnde Ausdifferenzierung von Regeln und die bisher noch nicht zu beobachtende Einhaltung der wenigen Regeln durch alle Vertragsparteien entgegen.[12] Im Problemfeld Schutz des globalen Klimas verharrt der politische Prozess im Stadium des nichtregulierten Konfliktaustrags, in dem die getroffenen Vereinbarungen der Klimakonvention noch keine Regimequalität besitzen. Die seit der Unterzeichnung der Konvention im Jahr 1992 gemachten Fortschritte sollen dabei keineswegs außer acht gelassen werden. Die erste Konferenz der Vertragsstaaten der Klimakonferenz in Berlin 1995 hat jedoch nur zu einem „Mandat" für einen neuen Verhandlungsprozeß geführt. Die Klimakonvention befindet sich somit derzeit in einer Übergangsphase, an deren Ende in wenigen Jahren umfassendere und schärfere Regeln zur Stabilisierung und Verminderung von Treibhausgasen stehen, und die somit auch Regimequalität besitzen könnten[13]

---

12 Oberthür (1993a: 72) hingegen sieht bereits in der Klimakonvention ein etabliertes internationales Regime, das aber nur „den Startschuß für einen beginnenden umweltpolitischen Prozeß gibt, der in der Zukunft zur Vereinbarung bisher vermißter substantieller Maßnahmen führen mag".

13 Vgl. hierzu auch Bodansky (1995) und Grubb/Anderson (1995).

In den beiden Fallstudien soll auch die Analyse subsystemischer Faktoren einbezogen werden. Diese Faktoren haben im Rahmen dieser Untersuchung ergänzenden Charakter, um zusätzliche Erklärungsfaktoren für das Verhalten von einigen wenigen, im Problemfeld besonders bedeutsamen Staaten anzuführen. Es stellt dabei ein analytisches Problem dar, aufzuzeigen, wie im Inneren eines Staates angesiedelte Faktoren den Prozess des Konfliktaustrags auf internationaler Ebene beeinflußen. Um eine Brücke zwischen innenpolitischen Prozessen und der Interaktion zwischen Staaten auf der Ebene des internationalen Systems herzustellen, hat Zürn (1993: 285) die Betrachtung des Außenpolitiktyps vorgeschlagen. Die abhängige Variable für die Betrachtung der subsystemischen Ebene stellt in dieser Arbeit die Außenpolitik dar, die ein Staat bei der Konfliktbearbeitung innerhalb der beiden Problemfelder verfolgt. Ein weiteres Problem betrifft die Anzahl der Staaten, die innerhalb der Fallstudien jeweils näher betrachtet werden. Aus der Vielzahl der staatlichen Akteure in beiden Problemfeldern werden innerhalb der beiden Fallstudien jeweils zwei Staaten näher betrachtet. Es handelt sich dabei jeweils um solche Staaten, denen innerhalb des Problemfelds eine bedeutsame Rolle als Vorreiter bzw. Bremser für die Regimebildung zukommt.[14] Die abhängige Variable der Außenpolitik besitzt somit ebenfalls zwei verschiedene Ausprägungen. Verfolgt ein Vorreiterstaat eine regimefreundliche Außenpolitik, so kann die Außenpolitik eines Bremserstaates als regimefeindlich bezeichnet werden.

1.5. Zur Methode

Die unabhängigen Variablen werden in dieser Arbeit den Denkschulen der Disziplin der Internationalen Beziehungen zugeordnet. Zunächst wird untersucht, zu welchen Annahmen die Denkschulen über das internationale System und über die Rolle subsystemischer Faktoren gelangen. In weiteren Schritten wird anschließend der Versuch unternommen, Erklärungen der Denkschulen für die abhängigen Variablen (1) Konfliktaustrag und (2) Außenpolitik zu finden. Die Auswahl der unabhängigen Variablen orientiert sich vor allem an solchen

---

14 Dem Problem der Begrenzung der Anzahl von Staaten bei der Betrachtung des Außenpolitiktyps wird auch von Zürn (1993) breite Aufmerksamkeit gewidmet. Auch Zürn (1993: 287) hält die Konzentration auf wichtige Akteure aus forschungspraktischen Gründen für angebracht, um die Informationskosten für die Überprüfung von Hypothesen zu begrenzen.

Erklärungsansätzen, die innerhalb der einzelnen Theorieschulen als wichtige Erklärung für den Konfliktaustrag und die Außenpolitik angesehen werden.[15]

Die Beantwortung der Frage, wie Regime zwischen Staaten im internationalen System entstehen, ist Gegenstand einer in der Disziplin der Internationalen Beziehungen vehement geführten Theoriedebatte. Mit der Erschütterung des realistischen Paradigmas begann innerhalb der Disziplin die Entwicklung einer immer größeren theoretischen Verzweigung.[16] Ein wesentlicher Grund für die „Profusion" von Theorien (Holsti 1991: 165) ist unter anderem darin begründet, daß der Disziplin der Internationalen Beziehungen nach der Herausforderung des realistischen Paradigmas unterschiedliche Weltbilder zugrunde liegen.[17]

Die vielfältigen Versuche der Abgrenzung der einzelnen Denkschulen voneinander beziehen sich mit dem Entstehen des realistischen Paradigmas als Kritik am Idealismus der Zwischenkriegszeit auf einen gemeinsamen Ausgangspunkt.[18] Neuere Arbeiten gehen von einer Einteilung der Forschung in drei verschiedene Denkschulen aus. Neben der *realistischen* Denkschule identifizieren Viotti/ Kauppi (1987: 6-10) die *pluralistische* und die *globalistische* Schule.[19] Der realistischen Denkschule wird die Leitkategorie des „Machtgleichgewichts", der pluralistischen jene der „Interdependenz" und der globalistischen Schule die „Dependenz" zugeordnet (Rittberger/Wolf 1991: 30). Wenig Konsens besteht allerdings darüber, ob das alte Paradigma des Realismus abgelöst wurde, und

---

15 Eine Überprüfung einer breiten Auswahl von Hypothesen über die Entstehung von fünf internationalen Umweltregimen nehmen Young/Osherenko (1993: 248-251) vor. Das Tübinger Regimeprojekt überprüft ebenfalls eine große Anzahl von Hypothesen an insgesamt 13 Fällen. Diese Fälle, die teilweise kein Regime darstellen, sind nicht nur in umweltpolitischen, sondern auch im Bereich von sicherheits- und wirtschaftspolitischen Problemfeldern angesiedelt (Efinger/Mayer/Schwarzer 1993: 278-281).

16 Eine Übersicht über verschiedene theoretische Konzepte in der Disziplin der Internationalen Beziehungen findet sich u.a. bei Dougherty/Pfaltzgraff (1990), Haftendorn (1990), Rittberger (1991), Ruloff (1988: 14-27) und Viotti/Kauppi (1987).

17 „The image that one has of international relations is of critical importance. Each image contains certain assumptions about world politics - whether or not explicitly recognized by the researchers - concerning critical actors, issues, and processes in world politics. These images lead one to ask certain questions, seek certain types of answers, and use certain methodological tools in the construction and testing of hypotheses and theories" (Viotti/ Kauppi 1987: 2).

18 Rittberger/Hummel (1990: 23) geben eine Übersicht über jüngere Versuche der Abgrenzung und Zuordnung zu den einzelnen Denkschulen.

19 Zur Einteilung in die Denkschulen der Internationalen Beziehungen vgl. auch Banks (1985), Holsti (1991: 165-186), Meyers (1991), Rittberger/Hummel (1990), Rittberger/Wolf (1991: 30-39), Rosenau (1982), Smith (1989).

welchen Stellenwert neuere Denkschulen gegenüber dem Realismus einnehmen. Die pluralistische Denkschule wird auch als neoliberale oder als neoinstitutionalistische Schule bezeichnet. Um einer weiteren Begriffsprofusion vorzubeugen, soll im Folgenden für diesen Forschungszweig der Disziplin der Internationalen Beziehungen der Begriff des Pluralismus beibehalten werden.

Die Debatte über Regimeentstehung in den internationalen Beziehungen wird durch die beiden Schulen des Realismus und des Pluralismus bestimmt. Beide Schulen haben nicht nur unterschiedliche Annahmen über das internationale System, sondern auch über die Wahrscheinlichkeit und die Bedingungen für die Entstehung von Regimen entwickelt. Grieco (1990: 11) versuchte in seiner Studie über die Tokyo-Runde die Überlegenheit des Realismus gegenüber dem Pluralismus aufzuzeigen. Keohane betont die Überlegenheit pluralistischer Ansätze und plädiert für eine stärkere Konzentration auf vergleichende Untersuchungen zwischen dem Realismus und dem Pluralismus:

„It would be useful, as Joseph Grieco has proposed, to undertake systematic comparisons of neorealist and neoliberal theory as applied to the international political economy; there is much evidence to suggest that neoliberalism would be superior as framework for analysis of these issues" (Keohane 1989: 14).

Diese Arbeit hat nicht den Anspruch, die Überlegenheit einer der beiden vorherrschenden Schulen bei der Erklärung von Regimeentstehung zu proklamieren. Durch die Zuordnung der einzelnen Hypothesen zur realistischen und pluralistischen Schule soll zunächst die jeweilige Erklärungskraft einzelner Hypothesen geprüft werden. Ein Vergleich der Erklärungskraft der einzelnen Hypothesen muß nicht nur *zwischen*, sondern auch *innerhalb* den einzelnen Schulen vorgenomen werden. Der Wettstreit über die exklusive Erklärungskraft der einzelnen Schulen hat bisweilen den Blick darauf verstellt, daß die Regimeforschung vor allem von der Integration von Hypothesen aus beiden Theorieschulen profitieren kann. Da das globalistische Erkenntnisinteresse nicht auf die Entstehung von Regimen im internationalen System gerichtet ist, kann der Globalismus bei der folgenden Analyse von globalen Umweltregimen ausgeklammert werden. Im Zentrum dieser Arbeit stehen somit realistische und pluralistische Erklärungsansätze. Die globalistische Denkschule wird in dieser Arbeit nur im Rahmen eines Exkurses behandelt.

1.6. Übersicht über die weiteren Kapitel

In dieser Arbeit werden zunächst in Kapitel 2 die jeweiligen Grundannahmen der Denkschulen des Realismus und des Pluralismus über das internationale System und die Annahmen dieser Schulen über den Konfliktaustrag und die Außenpolitik dargestellt. Der Zweck von Kapitel 2 besteht darin, überprüfbare Hypothesen über den Konfliktaustrag und die Außenpolitik aus den Theorieschulen des Realismus und Pluralismus zu generieren. Die globalistische Schule, die aus dem Theorievergleich ausgeklammert wurde, wird im Rahmen eines Exkurses behandelt, der eine Annäherung an die Bereiche einer globalistischen Theorie über den Konfliktaustrag darstellen soll.

In den Kapiteln 3 und 4 wird innerhalb der Fallstudien Schutz der Ozonschicht (Kapitel 3) und Schutz des globalen Klimas (Kapitel 4) eine Analyse des Konfliktaustrags und der Außenpolitik relevanter Akteure in den Problemfeldern vorgenommen. Die Analyse des Konfliktaustrags in den beiden Problemfeldern reicht bis zum Ende des Jahres 1995. In den Kapiteln 3 und 4 erfolgt jeweils eine Überprüfung der realistischen und pluralistischen Erklärungsansätze für den Konfliktaustrag und die Außenpolitik. Den Abschluß dieser Arbeit stellt der in Kapitel 5 vorgenommene Vergleich der Erklärungskraft des Realismus und des Pluralismus dar.

2. Konfliktaustrag und die Denkschulen der Internationalen Beziehungen

In diesem Kapitel werden zunächst die Annahmen der realistischen Schule über das internationale System (Kapitel 2.1.) und die Aussagen des Realismus über den Konfliktaustrag und die Außenpolitik (Kapitel 2.2.) behandelt. Analog hierzu erfolgt danach die Darstellung der Annahmen des Pluralismus über das internationale System (Kapitel 2.3.) und den Konfliktaustrag bzw. die Außenpolitik (Kapitel 2.4.). In dem Exkurs über die globalistische Schule (Kapitel 2.5.) werden zunächst wiederum die Annahmen der einzelnen Theoriestränge dieser Schule über das internationale System dargestellt, bevor eine Annäherung an mögliche Elemente einer globalistischen Theorie über den Konfliktaustrag und über die Außenpolitik erfolgt. Am Schluß werden die Ergebnisse noch einmal zusammengefaßt (Kapitel 2.6.).

2.1. Die realistische Schule

Die Werke von Thukydides, Machiavelli und Hobbes haben die klassische Tradition des Realismus in der Disziplin der Internationalen Beziehungen begründet. Der Realismus bildete somit seit mehr als zwei Jahrtausenden das vorherrschende Paradigma in der Analyse der internationalen Beziehungen. Nach dem Ende des ersten Weltkriegs weckte der Idealismus den Glauben an die Überwindung eines konkurrenzhaften Staatensystems zugunsten einer Weltgesellschaft. Die „moralisierende, internationalistisch und völkergemeinschaftlich orientierte Sicht" des Idealismus (Meyers 1991: 224) baute auf die Einsicht von vernunftgeleiteten Akteuren, die sich an einen gemeinsamen Kanon von Normen zur Erhaltung des Weltfriedens halten würden. Die Sichtweise einer durch den Völkerbund garantierten Friedensordnung, wie sie US-Präsident Wilson in seinen „14 Punkten" 1918 formuliert hatte, war aber zum Scheitern verurteilt, je offener und brutaler einzelne Staaten wie das Deutsche Reich, Italien und Japan den Status quo in den internationalen Beziehungen zu ihren Gunsten zu verändern trachteten.[1] Ende der dreißiger Jahre begann wiederum die Ablösung des Idealismus durch den Realismus. Nach dem Ende des Zweiten Weltkriegs und dem gleichzeitigen „Totalkonkurs" des Idealismus (Meyers 1991: 224) entwickelte sich der Realismus erneut zum lange Zeit vorherrschenden Paradigma in der Disziplin der Internationalen Beziehungen.[2] Seit den siebziger Jahren muß zwischen dem klassischen Realismus und der Variante des Neorealismus unterschieden werden.

2.1.1. Der klassische Realismus

Als Reaktion auf das Scheitern der hohen Erwartungen des Idealismus betrachtet der Realismus die Aussicht auf moralischen Fortschritt pessimistisch. Hans J. Morgenthau hat einen fundamentalen Gegensatz zwischen dem Idealismus und dem Realismus ausgemacht, der in deren unterschiedlichen Auffassungen vom Menschen, der Gesellschaft und der Politik begründet ist. Weil der Idealismus davon ausgeht, daß der Mensch dem Wesen nach gut ist, kommt er zu der optimistischen Einschätzung, eine auf Vernunft und Moral basierende Ordnung könne verwirklicht werden. Der Realismus hingegen betrachtet die Welt als das Ergebnis von Kräften, die dem Menschen innewohnen. In einer von entgegengesetzten Interessen und von Konflikten bestimmten Welt können daher moralische Grundsätze niemals vollkommen verwirklicht werden (Morgenthau 1961: 4).[3] Morgenthau skizziert sechs Prinzipien des politischen Realismus (Morgenthau 1961: 4-15):

---

1 In seiner Studie über die Krise der Zwischenkriegszeit, die eine grundlegende Kritik am Idealismus beinhaltete, kam Carr 1939 zu dem Ergebnis: „The characteristic feature of the crisis of the twenty years between 1919 and 1939 was the abrupt descent from the visionary hopes of the first decade to the grim despair of the second, from a utopia which took little account of reality to a reality from which every element of utopia was rigorously excluded" (Carr 1949: 224).

2 Der Realismus bildete in den 50er und 60er Jahren zwar das herrschende Paradigma in der IB-Forschung. Gleichzeitig entwickelten sich jedoch bereits in den 50er Jahren auch andere nicht-realistische Forschungsrichtungen, wie etwa die Integrationsforschung (Rittberger/Hummel 1990: 32). Zu den Großtheorien der internationalen Politik vgl. auch List/Behrens/Reichardt/Simonis (1995: 31ff).

3 Vgl. Hughes (1991: 56-59), Maghroori (1982: 14-16), Smith (1989: 8-10), Viotti/Kauppi (1987: 6-7).

(1) Politik wird durch objektive Gesetze geleitet, die ihre Wurzeln in der menschlichen Natur haben. Die Bildung einer Theorie der internationalen Beziehungen hat daher diese objektiven Gesetzmäßigkeiten zu berücksichtigen. Theoriebildung erfolgt nach diesem Verständnis induktiv, da die Ermittlung von Fakten über das Verhalten von Staatsmännern einer Erklärung dieses Phänomens vorausgeht. Internationale Politik wird somit handlungsorientiert als das Ergebnis der Handlungen von Staatsmännern erklärt.[4] (2) In den internationalen Beziehungen wird das Handeln von politischen Akteuren durch Interesse im Sinne von Macht geprägt. Die Macht einer Nation wird durch eine größere Anzahl von Faktoren bestimmt. Neben der geographischen Lage eines Staates sind dies die natürlichen Ressourcen (z..B. Nahrungsmittel und Rohstoffe), die industriellen Kapazitäten, die militärische Bereitschaft (technologische Innovationen, Qualität der militärischen Führung, Qualität und Umfang der militärischen Streitkräfte), die Größe und Entwicklung der nationalen Bevölkerung, der Nationalcharakter, die nationale Moral (Grad der Entschlossenheit, mit der eine Nation die Außenpolitik der Regierung in Kriegs- und Friedenszeiten unterstützt), die Qualität der Diplomatie und die Legitimität der Regierung (Morgenthau 1961: 110-148). Das Machtstreben stellt das kennzeichnende Merkmal der internationalen Politik dar (Morgenthau 1961: 31). Nach John Herz verkörpert die Macht in der anarchischen Staatenwelt das „regulative Prinzip, das die Grundlage aller ihrer außenpolitischen Beziehungen abgibt, [...] da Prinzipien anderer, etwa moralischer oder rechtlicher Art, in diesem Bereich bisher nicht effektiv sind" (Herz 1974: 57). Der klassische Realismus betrachtet daher das Gleichgewicht der Macht als stabilisierenden Faktor in den Staatenbeziehungen. In seiner Geschichte über den Peloponnesischen Krieg läßt Thukydides die mächtigen Athener in dem Dialog mit den schwachen Meliern sagen,

„... daß nach Recht und Gerechtigkeit in menschlichen Verhältnissen nur entschieden wird, wo man gegenseitig mit gleicher Macht sich einander zu zwingen im Stande ist, nach Möglichkeit aber der Mächtige um sich greift, und der Schwache nachgibt" (Thukydides 1919, zweiter Band: 70).

---

4   „In other words, we put ourselves in the position of a statesman who must meet a certain problem of foreign policy under certain circumstances, and we ask ourselves what the rational alternatives are from which a statesman may choose who must meet this problem under theses circumstances (presuming always that he acts in a rational manner), and which of these rational alternatives this particular statesman, acting under these circumstances, is likely to choose" (Morgenthau 1961: 5).

In einer anarchischen Welt, die von der Existenz des Sicherheitsdilemmas zwischen den Staaten geprägt ist, sehen sich die Staaten in ihrem Streben nach Sicherheit zur Machtakkumulation gezwungen. (3) Außenpolitik wird innerhalb eines politischen und kulturellen Kontexts formuliert. Die Ziele und Mittel von Außenpolitik können variieren. Die Ausübung von Macht entspricht dem jeweiligen Kontext im internationalen System. Es wird zwischen der gesamten Bandbreite möglicher Anwendungsformen von Macht unterschieden, die von eher psychologischen Mitteln bis zur physischen Gewaltanwendung reichen können. (4) Staatliches Handeln kann sich im strengen Sinne nicht an allgemeinen Moralprinzipien orientieren, sondern hat die dem Handeln zugrundeliegenden Umstände zu berücksichtigen. Nur Individuen - nicht aber der Staat - haben das Recht, sich für die Bewahrung von Moralprinzipien zu opfern. Im „Fürst" gibt Machiavelli einem Herrscher den Rat, er müsse zwar den Anschein erwecken, daß er Tugenden der Milde, Barmherzigkeit, Wahrhaftigkeit, Gerechtigkeit und Frömmigkeit besitze, doch sei ein Herrscher andererseits dann handlungsfähiger, wenn er neben den guten Eigenschaften auch schlechte besitze:

„so mußt du milde, treu, menschlich, aufrichtig sowie fromm scheinen und es auch sein; aber du mußt geistig darauf vorbereitet sein, dies alles, sobald man es nicht mehr sein darf, in sein Gegenteil verkehren zu können. Man muß nämlich einsehen, daß ein Fürst, zumal ein neu zur Macht gekommener, nicht all das befolgen kann, dessentwegen die Menschen für gut gehalten werden, da er oft gezwungen ist - um seine Herrschaft zu behaupten -, gegen die Treue, die Barmherzigkeit, die Menschlichkeit und die Religion zu verstoßen" (Machiavelli 1986: 139).

Morgenthau betrachtet die Besonnenheit als höchste Tugend in der Politik. Wird durch die Ethik das Handeln nach der Vereinbarkeit mit Moralgesetzen bewertet, so muß die politische Ethik das Handeln an den möglichen politischen Konsequenzen orientieren. (5) Die übersteigerte Betonung allgemeiner moralischer Grundsätze durch einzelne Staaten wird vom klassischen Realismus verurteilt. Vielmehr wird vor solchen Staaten gewarnt, die sich mit einem Urteil über „Gut und Böse" in den internationalen Beziehungen besonders hervortun.[5] (6) Der Realismus geht von der Autonomie des politischen Bereichs aus. Die mensch-

---

5 „There is a world of difference between the belief that all nations stand under the judgement of God, inscrutable to the human mind, and the blasphemous conviction that God is always on one's side and that what one wills oneself cannot fail to be willed by God also" (Morgenthau 1961: 11).

liche Natur kann in verschiedene autonome Bereiche - in einen „politischen",
„wirtschaftlichen", „religiösen", „moralischen" etc. Menschen - aufgespalten
werden. Der Realist, der unter dem Aspekt des Interesses denkt, fragt danach,
wie sich eine spezielle Politik auf die Macht einer Nation auswirkt.

2.1.2. Der Neorealismus

Der von Morgenthau formulierte Anspruch, eine Theorie der internationalen Beziehungen zu entwickeln, ist nach Auffassung von Kenneth Waltz nicht eingelöst worden. Zwar behandle der Realismus Morgenthaus wesentliche Grundfra-
gen der internationalen Beziehungen wie etwa jene von Krieg und Frieden.
Doch sei der klassische Realismus nicht über die Formulierung von Konzepten
und einzelnen Elementen einer Theorie hinausgekommen. Statt eine Theorie der
internationalen Beziehungen zu entwickeln, ist Morgenthau in der Tat weitgehend der Versuchung erlegen, die Außenpolitik von Staaten zu erklären
(Waltz 1990: 26). Das Denken Morgenthaus bewegt sich innerhalb einer beha-
vioristischen Logik. Sowohl auf nationaler Ebene wie in den internationalen Beziehungen stellen die Eigenschaften und Interaktionen von „behavioral units" die
direkten Ursachen für politische Ereignisse dar (Waltz 1990: 33). Waltz wendet
sich gegen den Reduktionismus solcher Versuche der Theoriebildung, die die
Ursachen internationaler Beziehungen auf der Ebene des Individuums oder des
Nationalstaates ausmachen (Waltz 1979: 18). Der induktiven Beschreibung
internationaler Beziehungen setzt Waltz ein deduktives Verfahren entgegen. Der
Neorealismus versucht, die internationalen Beziehungen als ein System, das das
Verhalten der Staaten beeinflußt, zu erklären.

Eine Theorie des Marktes kann zeigen, wie das Verhalten von Firmen durch
die Kräfte des Marktes bestimmt wird. Eine systemische Theorie internationaler
Beziehungen erklärt, wie das Verhalten der Staaten durch die Kräfte des internationalen Systems geprägt wird (Waltz 1979: 71/72). Der Neorealismus von
Waltz definiert die Struktur des internationalen Systems durch drei Dimensionen. (1) Die Anarchie zwischen den Staaten stellt das Ordnungsprinzip des
internationalen Systems dar. Es gibt somit keine Einheiten, die eine umfassende
Fähigkeit zu Autorität innerhalb des Systems besitzen. Auch durch die wachsende Bedeutung von internationalen bzw. supranationalen Organisationen kann
dieses Ordnungsprinzip nicht durchbrochen werden. Staaten verhalten sich daher

nach dem Prinzip der Selbsthilfe (Waltz 1979: 88-92). Für einen Staat gilt im internationalen System der Imperativ des „take care of yourself!" (Waltz 1979: 107). Die Anarchie stellt die Ursache für die Gewaltanwendung zwischen Staaten dar. Durch dieses Ordnungsprinzip besteht das Hauptinteresse eines Staates nicht - wie der klassische Realismus vorgibt - im Machtstreben, sondern in der Verwirklichung der Sicherheit. Da das politische Interesse eines Staates durch dieses Ziel definiert wird, nimmt das Politikfeld „Sicherheit" gegenüber anderen Politikfeldern eine dominierende Stellung ein.[6] (2) Sämtliche Einheiten im internationalen System haben die gleiche Funktion. Aus dem Ordnungsprinzip der Anarchie ergibt sich die Gleichheit zwischen den Staaten. Das internationale System kennt daher - im Gegensatz zu nationalen Gesellschaften - keine funktionale Differenzierung zwischen diesen Einheiten (Waltz 1979: 93). (3) Im internationalen System kann eine Unterscheidung bezüglich der Fähigkeiten der Einheiten eines Systems zur Durchführung von Aufgaben vorgenommen werden. Zwischen den Staaten besteht vor allem ein Unterschied bezüglich der Verteilung der Macht. Die Macht einer Einheit bestimmt deren Position und Beziehung zu den anderen Einheiten im internationalen System. Das Hauptinteresse von Staaten besteht nicht in der Maximierung von Macht, sondern in der Bewahrung ihrer Position innerhalb des internationalen Systems (Waltz 1979: 126). Die Macht stellt nicht das Ziel, sondern nur ein Mittel von Staaten dar, um das höchste Ziel, die Verwirklichung der Sicherheit, zu gewährleisten. Die Sicherheit der Staaten wird am besten durch ein Gleichgewicht der Macht im internationalen System garantiert. Die Staaten betrachten ihre Macht als ein Mittel, um das Gleichgewicht der Macht zwischen Koalitionen oder Staaten im internationalen System zu bewahren oder wiederherzustellen. Staaten neigen daher in der Regel nicht dazu, auf den Zug der stärkeren Mächtekoalition „aufzuspringen", sondern die schwächere gegenüber der stärkeren Macht zu unterstützen (Waltz 1979: 126).

Die Theorie von Waltz hat nicht den Anspruch, alle Phänomene der internationalen Beziehungen zu erklären, sondern stellt ein „schlankes erklärendes Konstrukt" dar (Waltz 1990: 32).[7] Ein von Czempiel (1991a) vorgebrachter Haupt-

---

6 „In a self-help system, considerations of security subordinate economic gain to political interest" (Waltz 1979: 107)

7 „A theory can be written only by leaving out most matters that are of practical interest" (Waltz 1990: 31).

einwand bezieht sich auf die Ausblendung der Problematik des „second image"
durch den Neorealismus. Der Neorealismus kann die Ursachen von zwischenstaatlicher Gewalt nur aus der Struktur des internationalen Systems erklären.
Eine Erklärung der unterschiedlichen internen Bedingungen innerhalb von
Staaten, die zur Gewaltanwendung und generell zu den Interaktionen im internationalen System führen, kann der Neorealismus nicht leisten.[8] Die Konzentration der neorealistischen Analyse auf die Struktur zwischen den Einheiten des
internationalen Systems blendet daher die Prozesshaftigkeit und Komplexität,
von denen die Interaktionen im internationalen System geprägt sind, aus. Der
Staat stellt nach neorealistischem Verständnis einen einheitlichen Akteur in den
internationalen Beziehungen dar. Gilpin (1981: 18) leugnet zwar nicht, daß es
im internationalen System neben dem Staat noch andere Akteure gibt. Er betrachtet jedoch Staaten als Hauptakteure, da die Beziehungsmuster zwischen
Staaten die wichtigsten Bestimmungsfaktoren in den internationalen Beziehungen darstellen. Der Neorealismus geht somit - weit mehr als der klassische Realismus - von einem internationalen System aus, dem das Staatenweltmodell im
Europa des 18. Jahrhunderts zugrundeliegt, „wo in der Tat Innenpolitik, Ideologie und Menschenrechte keine Rolle spielten" (Czempiel 1991a: 135).[9]

Zweifellos stellt das Streben nach Sicherheit ein wichtiges Ziel von Staaten
dar. Durch die Konzentration auf Begriffe wie „Macht" und „Sicherheit" hat der
klassische Realismus seine Sichtweise ursprünglich weitgehend auf Fragen der
Sicherheitspolitik begrenzt.[10] Auch die von Waltz entwickelte Theorie blendet

---

8 Czempiel merkt an, der Neorealismus sei den Beweis bisher schuldig geblieben, daß die
   Anlässe für Kriege ausschließlich in der anarchischen Struktur des internationalen Systems
   liegen: „Wenn sich Staaten innerhalb des gleichen Systems unterschiedlich verhalten, dann
   müssen die Ursachen dafür in ihnen selbst liegen. Das Modell muß also auf die so bequeme
   Vorstellung von den Billardbällen verzichten, die Büchse der Pandora öffnen und den Staat
   als das darstellen, was er im Verständnis aufgeklärter Realisten ja auch ist: ein politischer
   Mikrokosmos, dessen Außenverhalten weitgehend von seiner internen Kräftekonstellation
   und den auf sie reagierenden Umwandlungen des politischen Systems beeinflußt wird"
   (Czempiel 1991a: 139).

9 Grieco plädiert denn auch für eine Verknüpfung von Erklärungen, die auf der systemischen
   Ebene und auf der Ebene des jeweiligen Nationalstaates angesiedelt sind: „[...] I would not
   argue that approaching the problem of cooperation from a systemic perspective precludes
   attention to the impact of internal attributes and dynamics of states on their preferences and
   actions" (Grieco 1990: 24).

10 Vgl. hierzu Aron (1986: 15/16): „In dem Maße, in dem die Politik die Beziehungen zwi-
    schen Staaten betrifft, scheint ihre - ideale und zugleich objektive - Bedeutung darin zu lie-
    gen, für das einfache Überleben der Staaten zu sorgen angesichts der möglichen Bedrohung,
    die sich aus dem Vorhandensein anderer Staaten ergibt".

die jenseits der Sicherheitspolitik angesiedelten Gewaltursachen im internationalen System aus. Die weltwirtschaftlichen Krisenerscheinungen der siebziger Jahre haben den Realismus in eine Legitimitätskrise gestürzt, da er mit seiner auf die Sicherheitspolitik fixierten Sichtweise keine Erklärungen für diesen Wandel vorzuweisen hatte.[11] Hat sich der Neorealismus auch seit den siebziger Jahren vermehrt dem Politikfeld „Wohlfahrt" zugewendet, so ist er doch weiterhin vom Primat der Macht und der Sicherheit gekennzeichnet (Gilpin 1986: 305).

2.2. Realistische Annahmen über den Konfliktaustrag und über Außenpolitik

Der Realismus stellt eine schlanke Theorie dar, die sich auf die Relevanz von wenigen Variablen im internationalen System konzentriert. Die Wahrscheinlichkeit der Entstehung internationaler Regime hängt nach realistischer Auffassung von den Variablen der Macht und des Gewinns ab. Die Variable der Macht wird in dieser Arbeit als Erklärung für den Konfliktaustrag auf der systemischen Ebene herangezogen. Um eine realistische Erklärung für die Außenpolitik zu gewinnen, wird nicht nur nach der Verteilung der Gewinne im internationalen System, sondern nach dem Grad der Verteilungsempfindlichkeit der Staaten gefragt, wenn relative Gewinne entstehen.

2.2.1. Macht oder Hegemonie als Erklärung für den Konfliktaustrag?

Nach der Hegemonietheorie erfolgt im internationalen System die Bereitstellung öffentlicher Güter durch eine Führungsmacht (Kindleberger 1988a: 134). Diese muß bereit sein, einen hohen Teil der für die Bereitstellung des Gutes kurzfristig anfallenden Kosten zu tragen. Wenn sich ein Hegemon für die Bereitstellung eines Kollektivgutes einsetzt, mag er sich langfristig selbst einen Gewinn von diesem Engagement versprechen.[12] Dieser Gewinn beschränkt sich nicht auf

---

11 Keohane hält dies für eine wesentliche Schwäche des Realismus: „Realism is particularly weak in accounting for change, especially where the sources of that change lie in the world political economy or in the domestic structures of states" (Keohane 1986: 159).

12 Die Theorie der hegemonialen Stabilität versteht unter dem Begriff der „Hegemonie" die Überlegenheit bei materiellen Resourcen. Demnach müssen hegemoniale Mächte die Kon-

ökonomische Auszahlungen, sondern kann auch in der Anhäufung von zusätzlichem Ruhm oder Prestige für den Hegemon bestehen. Nimmt ein Hegemon im internationalen System eine Führungsrolle ein, muß er nach Kindleberger auch Opferbereitschaft zeigen (1988a: 134-137).[13] Die Abwesenheit von „leadership" während der Weltwirtschaftskrise von 1929 war demnach dafür verantwortlich, daß diese so schwerwiegend und dauerhaft war. Die Ausübung von Macht durch einen Hegemon wird nach Kindleberger auch zur Vermeidung des „Trittbrettfahrens" durch andere benötigt.[14]

Aus neorealistischer Sicht wird darauf verwiesen, daß eine liberale Weltwirtschaftsordnung nur durch die stabilisierende Rolle eines Hegemons aufrechterhalten werden kann. Gilpin nennt drei Voraussetzungen, die für die Existenz eines liberalen Weltmarktes notwendig sind (1987: 73/74). Nach Gilpin erfordert die Bereitstellung von kollektiven Gütern wie einer stabilen Währung oder eines offenen Marktes die Hegemonie von Staaten, die dafür Sorge tragen sollten, daß andere Staaten nicht dem Anreiz der Täuschung nachgeben (Gilpin 1987: 74). Ein Staat kann nach Gilpin in den internationalen Wirtschaftsbeziehungen nur dann eine erfolgreiche Führungsrolle übernehmen, wenn er sich selbst durch eine entsprechende nationale Wirtschaftspolitik in den Augen anderer Staaten auf eine liberale Ideologie verpflichtet hat. Die bloße Demonstration hegemonialer Macht reicht somit nicht aus, um eine liberale Weltwirtschaftsordnung aufrechtzuerhalten. Das von dem Hegemon angestrebte Ziel muß von den anderen Staaten als legitim anerkannt werden. Es muß daher ein gemeinsames Interesse zwischen den Staaten bestehen. Die ideologische Unterstützung anderer Staaten stellt nach Gilpin eine wesentliche Bedingung für die Bildung und Aufrechterhaltung eines Regimes dar. Wenn dieser ideologische Konsens durch das Verhalten des Hegemons oder durch andere Staaten gebrochen wird, erscheint die Erhaltung eines Regimes unwahrscheinlich.[15]

---

trolle über Rohstoffe, über Kapitalquellen, über Märkte und Wettbewerbsvorteile bei der Produktion hochwertiger Güter besitzen (Keohane 1984: 32).

13 „There needs to be positive leadership, backed by resources and a readiness to make some sacrifice in the international interest" (Kindleberger 1988a: 137).

14 „I conclude that the danger we face is not too much power in the international economy, but too little, not an excess of domination, but a superfluity of would-be free riders, unwilling to mind the store, and waiting for a storekeeper to appear" (Kindleberger 1988b: 194).

15 Nachdem die USA ihre Rolle als Hegemon eingebüßt haben, sieht Gilpin vor allem die Notwendigkeit einer pluralistischen Führerschaft in den internationalen Wirtschaftsbeziehungen. Den hierfür in Frage kommenden westlichen Industrieländern fehle es aber an gemein-

Keohane weist die These, daß Regimeentstehung von der Existenz eines Hegemons abhängt, zurück. Die Hegemonie eines Staates stelle weder eine notwendige noch eine hinreichende Bedingung für die Entstehung und Aufrechterhaltung von Regimen dar (Keohane 1984: 31/32). Ob Regimeentstehung die Existenz eines Hegemons voraussetzt, erscheint in mehrerer Hinsicht zweifelhaft. Die Hegemonie eines Staates stellt in den internationalen Beziehungen die historische Ausnahme dar. Eine globale Hegemonie eines Staates hat es bisher nur in den beiden historisch singulären Fällen der Pax Britannica und der Pax Americana gegeben. Die von der Theorie der hegemonialen Stabilität formulierte Annahme, wonach internationale Regime nur durch die Führung eines Hegemons errichtet und erhalten werden, hält einer näheren Betrachtung nicht stand.[16] Auch Young bemängelt, bisher sei selbst von den Proponenten der Hegemonietheorie nicht klargestellt worden, welche Formen von Führung die Entstehung von internationalen Regimen ermöglichen.[17] Young versucht, ein mehrdimensionales Konzept von Führung im internationalen System zu entwickeln, das sich weitgehend auf eine Analyse verschiedener Formen der Ausübung von Führung durch Individuen innerhalb von Verhandlungsprozessen konzentriert. Young (1991: 281) unterscheidet zwischen drei Formen von individueller „leadership". *Strukturelle* Führung stellt den Versuch von Individuen in Verhandlungsprozessen dar, die Machtressourcen eines Staates in Verhandlungsmacht zu übersetzen. Unter der Führung eines *Entrepreneurs* wird die Fähigkeit eines Individuums zur Beeinflussung des Verhandlungsverlaufs im positiven Sinne - z.B. durch den Vorschlag von Kompromißformeln - verstanden. *Intellektuelle* Führung beeinflußt vor allem die Einstellungen der Verhandlungsteilnehmer. Bei internationalen Verhandlungsprozessen entfalten diese verschiedenen Formen von Führung ihre Wirkung nach Young (1991: 307, 1994: 45) nur im Zusammenspiel. Das von Young vorgeschlagene Konzept der individuellen Führung beschränkt sich nur auf Aktionen, die einzelne Individuen innerhalb von Verhandlungsprozessen entfalten. Eine Erklärung für Regimeentstehung, die sich nur auf innere Abläufe von Verhandlungsprozessen beschränkt, blendet vor

---

samen Interessen, um eine liberale Weltwirtschaftsordnung im bisherigen Umfang aufrecht-zuerhalten (Gilpin 1987: 366 und 406).

16 Eine durch das Tübinger Regimeprojekt vorgenommene Hypothesenüberprüfung kommt ebenfalls zu dem Ergebnis, daß hegemonietheoretische Hypothesen nur geringe Aussagekraft bei der Erklärung von Regimeentstehung besitzen (vgl. Efinger/Mayer/Schwarzer 1993: 269).

17 Zur Kritik der Hegemonietheorie vgl. auch Efinger/Rittberger/Wolf/Zürn (1990: 268).

allem jene politischen Prozesse aus, die außerhalb von Verhandlungen statt-finden. Allerdings ist dieses Konzept auch leicht auf die Aktionen von anderen Akteuren wie Staaten, oder nichtstaatlichen Organisationen übertragbar, die eine oder mehrere Formen von Führung ausüben können. Young (1994: 137) hat zumindest die Variable der strukturellen Führung stets auch auf die Rolle von Staaten bei der Regimebildung bezogen.

Bei Abwesenheit eines globalen Hegemons stellt sich die Frage, über welche Machtquellen jene Staaten, die bei der Regimebildung eine Führungsrolle über-nehmen, verfügen. Michael Mann identifiziert vier Quellen von sozialer Macht in Gesellschaften, die auch auf das internationale System übertragen werden können (Mann 1990: 46-56). Führungsmächte können demnach *ideologische* Macht einsetzen, um für ihr Anliegen in anderen Staaten zu werben. Eigene vorbildliche Maßnahmen in dem betreffenden Problemfeld (z.B. einseitige Re-duzierung von Schadstoffemissionen) und das glaubhafte Image einer vorbild-lichen nationalen Umweltpolitik erhöhen die Glaubwürdigkeit und Attraktivität der Forderung des Führungsstaates nach internationaler Umweltkooperation. *Ökonomische* Macht können Führungsmächte dazu einsetzen, um die Bereit-stellung eines globalen Kollektivgutes zu ermöglichen. Da kollektive Güter oft-mals erst durch den Einsatz von positiven Anreizen bereitgestellt werden (Olson 1965: 50), die von den an der Kooperation interessierten Staaten aufzubringen sind, können diese die aufzubringenden Kosten durch eine gemeinsame Füh-rungsrolle reduzieren. *Politische* Macht setzen Führungsmächte gegenüber jenen Staaten ein, die sich dem Wunsch nach globaler Umweltkooperation verwei-gern. Diese Machtmittel reichen von der ständigen Überzeugungsarbeit auf Re-gierungsebene (z.B. während des Verhandlungsprozesses zur Bildung eines glo-balen Regimes) bis hin zur Ausübung von Druck und der Androhung möglicher Sanktionen. Mit dem Einsatz von negativen Anreizen (in Form einer Strafe) können Führungsmächte versuchen, andere Staaten zum Regimebeitritt zu zwin-gen. Der Einsatz *militärischer* Macht erscheint als ein ungeeignetes Mittel, um globale Umweltkooperation zu erreichen. Der Einsatz militärischer Machtmittel könnte zwangsläufig zur Zerstörung jenes Gutes führen, das geschützt werden soll.

Im post-hegemonialen Zeitalter tritt oft nicht nur ein einzelner mächtiger Staat als Führungsmacht auf, um die Bereitstellung eines kollektiven Gutes in den internationalen Beziehungen zu gewährleisten. Vielmehr können sich mehrere Staaten, die indessen über spezifische Machtressourcen verfügen müssen, zu einer Koalition zusammenschließen, die die „treibende Kraft" für die Bildung eines globalen Umweltregimes darstellen kann (Kohler-Koch 1989: 30). Es kann somit folgende Hypothese über den Konfliktaustrag formuliert werden:

Hypothese 1: Je größer die politischen, ökonomischen und kulturellen Machtressourcen jener Staaten sind, die an der Entstehung eines globalen Umweltregimes interessiert sind, desto wahrscheinlicher wird die Entstehung eines globalen Umweltregimes.

2.2.2. Die Verteilungsempfindlichkeit als Erklärung für Außenpolitik

Waltz (1979) hat eine systemische Erklärung dafür angeboten, warum die Regimeentstehung aus realistischer Sicht sehr unwahrscheinlich ist. Nach Waltz werden der Regimebildung durch die Struktur des internationalen Systems enge Grenzen gesetzt. Staaten sind in einem von Selbsthilfe geprägten internationalen System primär mit der Bereitstellung jener Mittel befaßt, die sie für ihre Verteidigung gegen andere benötigen. Staaten stellen vor allem die Frage nach der Verteilung des Gewinns zwischen kooperierenden Staaten. Sie fragen nicht nach dem „absoluten Gewinn", also danach, ob alle aus der Bildung eines Regimes einen Nutzen ziehen. Für die realistische Schule ist vielmehr der „relative Gewinn" entscheidend. Die Frage lautet für Realisten daher: Wer gewinnt mehr durch die Regimeentstehung? (Waltz 1979: 105).

Staaten wachen nach realistischer Auffassung besonders ängstlich darüber, daß ihre Fähigkeiten durch Regimebildung im Vergleich zu anderen Staaten erhalten bleiben. Unter Fähigkeiten versteht Grieco die ökonomischen, militärischen und politischen Ressourcen eines Staates (Grieco 1990: 39/40). Wenn ein Staat von einer stark ungleichen Verteilung des Gewinns besonders profitiert, könnte er den gegenüber anderen Staaten erzielten Profit für eine Politik benutzen, die zu deren Zerstörung führen könnte. Nach Grieco stellen Staaten „defensive Positionalisten" dar, die stets die Auswirkungen möglicher Kooperationen mit anderen Staaten auf die eigene Verteidigungsfähigkeit abschätzen (Grieco 1990: 44).

Die Struktur des internationalen Systems begrenzt Regimebildung nach Waltz jedoch noch in einer zweiten Weise. Staaten fürchten die durch eine Kooperation entstehende Abhängigkeit von anderen. Nach Waltz bedeutet ein hoher

Grad von Interdependenz für Staaten gleichzeitig ein hohes Maß an Abhängigkeit und Kontrollverlust. Von einer internationalen Arbeitsteilung versprechen sich die Staaten daher keinen Gewinn. Sie betrachten diese vielmehr argwöhnisch als Begrenzung ihrer Autarkie (Waltz 1979: 106). Die von Waltz entwickelte systemische Theorie legt nahe, daß die Möglichkeit des relativen Gewinns für einen Staat und das Problem des Erhalts der Fähigkeiten eines Staates die Entstehung von globalen Regimen in der Regel verhindern. Sie entspricht allerdings kaum den Realitäten im internationalen System, in dem - wie die Erfahrung zeigt - die Entstehung von Regimen sehr wohl möglich ist. Der steigende Grad von zwischenstaatlicher Interdependenz führt zu mehr gegenseitiger Abhängigkeit der Staaten voneinander und zu einer Einschränkung der Autarkie eines Staates. Mehr denn je beklagen nationale Regierungsbürokratien den Kontrollverlust und den steigenden Einfluß internationaler Faktoren auf nationale Entwicklungen. Die Theorie von Waltz bietet somit keine schlüssige Erklärung dafür, warum Regimebildung trotz der identifizierten schwerwiegenden Hindernisse im internationalen System möglich ist.

Grieco (1990) hat den Versuch unternommen, aus realistischer Sicht eine differenziertere Erklärung für die Regimeentstehung zu entwickeln, die sich wesentlich auf das Akteursmerkmal der Verteilungsempfindlichkeit stützt. Der Nutzen eines Regimes kann für einen Staat nach Grieco (1990: 41) durch eine Nutzenfunktion (U) errechnet werden. Diese beruht einerseits auf der individuellen Auszahlung (V), die ein Staat von einem Regime zu erwarten hat. Die Funktion beinhaltet darüber hinaus auch einen Term k(W-V), der die individuelle Auszahlung (V) in Beziehung zu der Auszahlung des Partners (W) setzt. Dem liegt die realistische Annahme zugrunde, daß der erzielte Nutzen eines Staates den Nutzen eines anderen Staates beeinflussen kann. Der Nutzen eines Staates wird allerdings nur dann beeinträchtigt, wenn die Auszahlung dem Partnerstaat einen Vorteil verschafft, also wenn W größer als V ist. Die Nutzenfunktion hängt indessen auch von dem Faktor k ab, unter dem die Verteilungsempfindlichkeit (Empfindlichkeit des betreffenden Staates bezüglich der unterschiedlichen Verteilung des Gewinns) verstanden wird. Die von Grieco erstellte Nutzenfunktion lautet somit:

$$U = V - k(W-V) \text{ [wobei k größer 0 ist].}$$

Das Verhalten von Staaten bei der Bildung normativer Institutionen ist nach Grieco nicht von purer Gewinnmaximierung zur Erlangung von eigenen Vorteilen gegenüber anderen bestimmt. Ihr Hauptinteresse besteht vielmehr darin, daß andere Staaten sich keinen Vorteil verschaffen können. Wenn die aus einem Regime erwarteten Gewinne unterschiedlich verteilt sind, besteht die Gefahr, daß kein Regime entsteht. Eine entscheidende Variable innerhalb der Nutzenfunktion stellt neben dem erzielten Nutzen des Partnerstaats der k-Faktor dar. Vom Partner der Kooperation ist es abhängig, wie groß die Empfindlichkeit eines Staates bezüglich der Verteilung von Gewinnen ist, wenn der Partnerstaat einen relativen Gewinn erzielt. Der Faktor k wird von einem Staat als niedriger eingestuft, wenn die Gewinne verbündeten Staaten zukommen. Darüber hinaus entwickeln Staaten auch eine politikfeldspezifische Verteilungsempfindlichkeit. Bei sicherheitspolitischen Fragen ist die Verteilungsempfindlichkeit (und somit der Faktor k) von Staaten höher als im Bereich der Wirtschaftspolitik.

Die Verteilungsempfindlichkeit wird auch dann zunehmen, wenn die Auszahlungen die Verteilung der Fähigkeiten und somit die Machtstruktur innerhalb eines Problemfelds oder über ein Problemfeld hinaus beeinflussen. Der k-Faktor ist auch von dem jeweiligen Machtpotential eines Staates abhängig. Grieco nimmt eine Einteilung in (1) sehr mächtige und (2) sehr schwache Staaten sowie in (3) Mittelmächte vor. Für einen sehr mächtigen Staat muß eine ungleiche Gewinnverteilung zu seinem Nachteil keine negativen Auswirkungen auf dessen Vorrangstellung haben. Allerdings gewinnt der k-Faktor bei solchen Staaten an Bedeutung, die einen relativen Machtverlust erleiden, wie dies etwa bei absteigenden Hegemonialmächten der Fall ist. Für sehr schwache Staaten ist die ungleiche Gewinnverteilung nach Grieco von nachrangiger Bedeutung, da sie auf keinen Fall ihre Sicherheit aus eigener Anstrengung bewerkstelligen können. Nur die Mittelmächte sind demnach besonders empfindlich für eine ungleiche Gewinnverteilung, da sie eine Verschiebung der Fähigkeiten zugunsten der sehr mächtigen Staaten und ein Abrutschen in die Region der schwachen Staaten befürchten müssen (Grieco 1990: 46).

Der k-Faktor stellt nicht nur ein Merkmal dar, das sich aus der Struktur des internationalen Systems ergibt (Machtverteilung, Art des Partners). Er bildet vielmehr auch ein Akteursmerkmal, das von den jeweiligen Perzeptionen und subsystemischen Einschätzungen eines Nationalstaates abhängt. Nationale Interessenprofile und der jeweilige Außenpolitiktyp eines Staates resultieren nach Zürn (1993: 289/290) aus *nicht-positionalen* und aus *positionalen* Faktoren.

Die nicht-positionalen Faktoren sind innerhalb des jeweiligen Staates angesiedelt und können sich z.B. aus den Eigenschaften des politischen Systems (polity) und des politischen Prozesses (politics) ergeben. Durch nicht-positionale Faktoren wird der Außenpolitiktyp eines Staates somit weitgehend unabhängig von anderen Staaten formuliert. Positionale Faktoren hingegen machen die jeweilige Außenpolitik vom Verhältnis zu anderen Staaten im internationalen System abhängig. Positionale Faktoren betonen somit, daß die Außenpolitik eines Staates auch davon abhängt, welche Machtposition ein Staat einnimmt. Zürn verweist insbesondere darauf, daß die Außenpolitik eines Hegemons in der Regel auf die Schaffung bzw. den Erhalt einer liberalen Weltwirtschaftsordnung ausgerichtet sein wird.[18] Darüber hinaus kann für das Interessenprofil und die Außenpolitik eines Staates auch von Bedeutung sein, welche Staaten im internationalen System durch ein internationales Regime einen relativen Gewinn erzielen. Die Außenpolitik eines Staates hängt bei der Entstehung eines relativen Gewinns von dessen Verteilungsempfindlichkeit ab. Die Verteilungsempfindlichkeit wird daher in dieser Arbeit als subsystemischer Faktor behandelt. Die Höhe des k-Faktors ist nur dann für die Beeinflussung der Außenpolitik eines Staates bei der Regimebildung von Bedeutung, wenn andere Staaten aus einem Regime einen relativen Gewinn erzielen (Grieco 1990: 41). Für diesen Fall kann folgende Hypothese formuliert werden:

Hypothese 2: Je niedriger der Grad der Verteilungsempfindlichkeit eines Staates, desto größer wird die Wahrscheinlichkeit, daß dieser Staat eine regimefreundliche Außenpolitik verfolgt.

2.3. Die pluralistische Schule

Die Kerngedanken des Liberalismus stellen den ideengeschichtlichen Vorläufer der pluralistischen Schule dar. Zur Verfolgung der ökonomischen und kulturellen Ziele fordert der Liberalismus weitgehende Freiheit für das Individuum. Um die Interessen des Individuums wirksam schützen zu können, ist daher eine Begrenzung der Tätigkeitsbereiche und Einflußmöglichkeiten des Staates notwen-

---

18 Vgl. auch Billing/Kittel/Rittberger/Schimmelfennig (1992: 8), die zwischen subsystemischen und positionalen Faktoren unterscheiden, um das unterschiedliche Verhalten verschiedener westlicher Industriestaaten in der UNESCO-Krise zu erklären.

dig. Der Liberalismus betrachtet die öffentliche Meinung und gesellschaftliche Lobbygruppen als wichtige innerstaatliche Akteure. Der Staat stellt somit keinen einheitlichen oder autonom handelnden Akteur mehr dar, da politische Entscheidungen das Ergebnis des innerstaatlichen Interessenpluralismus sind (Göhler/ Klein 1991: 362-370).

2.3.1. Die Interdependenztheorie

Die ursprünglich auf die nationalstaatliche Ebene bezogenen liberalen Annahmen wurden auch auf die internationalen Beziehungen übertragen und haben Eingang in die pluralistische Schule gefunden. Diese geht wie der Realismus ebenfalls vom Zustand der Anarchie zwischen den Staaten aus. Nach pluralistischer Auffassung hat dieses Ordnungsprinzip jedoch nicht zwangsläufig einen gewaltsamen Konfliktaustrag zwischen den Staaten zur Folge. Durch die Interdependenz zwischen den Staaten wird die Anarchie vielmehr abgeschwächt. Keohane/Nye verstehen unter Interdependenz die gegenseitige Abhängigkeit zwischen Staaten oder zwischen Akteuren in verschiedenen Staaten:[19]

„Interdependence, most simply defined, means mutual dependence. Interdependence in world politics refers to situations characterized by reciprocal effects among countries or among actors in different countries (Keohane/Nye 1977: 8) [Hervorhebungen durch die Autoren selbst]."

Ein entscheidendes Kriterium für das Vorliegen von Interdependenz stellen die Kostenwirkungen dar. Interdependenz herrscht dann, wenn durch Transaktionen (z.B. in Form von Waren- und Finanzströmen) wechselseitige Kostenwirkungen, die keineswegs symmetrisch verteilt sein müssen, verursacht werden.[20] Sind

---

19 Vgl. hierzu Czempiel (1981: 107): „Abhängigkeit besteht also dann, wenn ein Akteur ein Ziel nur mit Hilfe der Kooperation anderer Akteure erreichen kann und dieses Ziel höher bewertet als den Preis, den er für die Kooperation der anderen entrichten muß. Interdependenz bedeutet dann, daß dieses Verhältnis wechselseitig, zwischen allen die Interaktion tragenden Akteuren ist".

20 Keohane/Nye weisen besonders auf die Asymmetrien hin, die Interdependenz in der Regel kennzeichnen. Verlaufen die Abhängigkeiten zwischen den Akteuren in der Regel nicht symmetrisch, so sind sie andererseits auch nicht von Dependenz gekennzeichnet. Die meisten Fälle von Interdependenz liegen vielmehr zwischen diesen beiden Extremen (Keohane/Nye 1977: 11).

keine wechselseitigen Kostenwirkungen zu verzeichnen, so herrscht nur Verbundenheit (Keohane/Nye 1977: 9). Nach Czempiel (1981: 100) stellt das internationale System ein asymmetrisches, gebrochenes Gitter aus Handlungszusammenhängen dar, das die Untersuchung aller Akteure und Interaktionen, die diese Akteure miteinander unterhalten, erfordert.

Im internationalen System stellt asymmetrische Interdependenz eine Machtressource zwischen den Akteuren dar. In einer Akteursbeziehung verfügen solche Akteure über Macht, die im Vergleich zu anderen Akteuren weniger abhängig sind. Keohane/Nye unterscheiden zwischen zwei Dimensionen von Interdependenz. Unter der *Interdependenz-Empfindlichkeit* wird die Reaktionsfähigkeit von Staaten innerhalb eines gegebenen politischen Rahmens verstanden. Dabei wird das Ausmaß der Kostenwirkungen identifiziert, die ein Land durch Veränderungen in einem anderen Land zu tragen hat, bevor es entsprechende politische Maßnahmen ergreift. Der Begriff der Interdependenz-Empfindlichkeit umfaßt somit die in einem Staat anfallenden Sofortwirkungen, die aufgrund externer Veränderungen entstehen. Der Grad der *Interdependenz-Verwundbarkeit* umfaßt das Ausmaß bzw. die Kosten von längerfristigen Anpassungsmaßnahmen an ein verändertes externes Umfeld. Aufgrund externer Veränderungen wird die Abschätzung jener Kosten erforderlich, die veränderte politische Maßnahmen verursachen:

„In terms of the costs of dependence, sensitivity means liability to costly effects imposed from outside before policies are altered or try to change the situation. Vulnerability can be defined as an actor's liabilty to suffer costs imposed by external events even after policies have been altered" (Keohane/ Nye 1977: 13).

Nach realistischer Auffassung wird die Macht von Staaten in einer „overall power structure" im internationalen System wirksam. Für den Pluralismus erwächst die Macht von Akteuren hingegen aus der asymmetrischen Interdependenz innerhalb eines Problemfelds. Staaten erwerben und entfalten ihre Machtressourcen problemfeldspezifisch. Die Kosten eines gewaltsamen Konfliktaustrags sind im Zeitalter der Interdependenz rapide gewachsen. Verschiedene systemische Begrenzungen haben eine Delegitimierung kriegerischen Konfliktaustrags im internationalen System bewirkt. Der Aufbau von Nuklearpotentialen ist vorwiegend zur nuklearen Abschreckung und nicht als Mittel für den gewaltsamen Konfliktaustrag bestimmt. Ein gewaltsamer Konfliktaustrag ist auch mit schwerwiegenden negativen ökonomischen Auswirkungen und hohen Kosten verbunden. Vor allem in liberaldemokratischen Staaten wächst der Widerstand der nationalen Öffentlichkeiten gegen das durch einen Krieg verursachte Blutvergießen (Keohane/Nye 1987: 727).

Die Interaktionsmuster von Staaten, die ein besonders hohes Maß an wirtschaftlicher, sozialer und politischer Verflechtung aufweisen, entsprechen nach Keohane/Nye dem Modell „komplexer Interdependenz". Die Autoren betrachten dieses Modell wie den Realismus als einen Idealtyp, der die Wirklichkeit nur annähernd abbilden kann. Eine Zuordnung von Akteursbeziehungen im internationalen System vollzieht sich zwischen diesen beiden Extremen. Die Autoren gehen davon aus, daß das Modell der „komplexen Interdependenz" im Vergleich zum Realismus in der Regel die Wirklichkeit der internationalen Beziehungen besser abbilden kann (Keohane/Nye 1977: 24). Die „komplexe Interdependenz" setzt sich aus drei wesentlichen Hauptmerkmalen zusammen:

1) Im internationalen System sind die Gesellschaften durch vielfältige Kanäle miteinander verbunden. Stellen die zwischenstaatlichen Beziehungen für den Realismus den Kern der Interaktionen im internationalen System dar, so verweist die pluralistische Schule auch auf die Bedeutung von Interaktionen zwischen Regierungsbürokratien (transgouvernemental) und von transnationalen Beziehungen. In den kommerziellen Bereichen von Handel, Kapitaltransfer und Kommunikation haben transnationale Wirtschaftsunternehmen wesentlich zur Internationalisierung der Produktion von Waren und Dienstleistungen beigetragen. Die Arbeit von Verbänden und politischen Parteien ist immer mehr von der Notwendigkeit transnationaler Zusammenarbeit gekennzeichnet. Im Politikfeld Umwelt haben sich Umweltgruppen durch transnationale Zusammenarbeit als wichtige Gegenöffentlichkeit etabliert. In der pluralistischen Schule wird die traditionelle Trennung zwischen Innenpolitik und Außenpolitik aufgelöst. Außenpolitische Entscheidungen werden nicht mehr autonom von den zuständigen staatlichen Instanzen getroffen, sondern unterliegen einem offen ausgetragenen Interessenpluralismus. Der Staat verkörpert daher keinen einheitlichen Akteur mehr.[21] Wie Scharpf (1991) gezeigt hat, wird die wachsende Verflech-

---

21 In einem selbstkritischen Rückblick auf ihr Analysemodell der komplexen Interdependenz haben Keohane/Nye auf die Notwendigkeit der Beachtung einer Kombination zwischen subsystemischen und systemischen Faktoren für die Analyse von Politikergebnissen hingewiesen. „[...] in particular, we have paid too little attention to how a combination of domestic and international processes shape preferences. The need for more attention to domestic politics, and its links to international politics, leads us to believe that research at

tung zwischen den Staaten von dem Prozeß einer Enthierarchisierung zwischen Staat und Gesellschaft begleitet, da der Bedarf nach Steuerung neben dem Staat nun auch von anderen Verhandlungssystemen erfüllt wird. Die Funktion der Wohlfahrtszuteilung wird nicht mehr ausschließlich durch „hierarchische Koordination" des Staates, sondern durch neue Formen „horizontaler Selbstkoordination" erfüllt. In der internationalen Politik bleiben die Staaten zwar weiterhin wichtige Akteure, aber das politische Gewicht der Gesellschaften wächst. Die friedliche Revolution der osteuropäischen Staaten mag ein Beispiel dafür sein, daß das Modell der „Staatenwelt" durch jenes der „Gesellschaftswelt" relativiert wird (Czempiel 1991b: 88).[22]

2) Die einst überragende Bedeutung des Politikfelds Sicherheit wurde durch die wachsende Relevanz anderer Politikfelder relativiert. Im internationalen System existiert zwischen den Problemfeldern keine Hierarchie mehr: „high politics" dominiert nicht mehr länger „low politics". In der „Wirtschaftswelt" rückt „der Wohlstand als materielle Voraussetzung der Existenzentfaltung immer mehr in den Vordergrund" (Czempiel 1991b: 111). Probleme wie die Liberalisierung des Welthandels, die Bewältigung der Schuldenkrise der Entwicklungsländer oder wie die Stabilität der Währungen nehmen auf der weltpolitischen Tagesordnung einen herausragenden Rang ein. Die ökologische Interdependenz zwischen den Staaten bewirkt, daß Umweltfragen und anderen Gefährdungen wie dem Migrationsproblem, dem Problem des Bevölkerungswachstums, dem Armutsproblem, dem Hunger und Analphabetismus in der Dritten Welt, der Bekämpfung des Drogenhandels und von Aids ein herausragender Stellenwert auf der internationalen Tagesordnung zukommt (Woehlcke 1991: 259). Die Fähigkeit der Politisierung von Themen („agenda setting") bleibt nicht mehr länger auf die Regierungen beschränkt.

---

the systemic level alone may have reached a point of diminishing returns" (Keohane/Nye 1987: 753).

22 Zwischen liberaldemokratischen Staaten und Diktaturen bestehen allerdings nach wie vor noch fundamentale Unterschiede bezüglich des Einflußes und der politischen Gestaltungsmöglichkeiten von Gesellschaften. Auch Czempiel hat darauf hingewiesen, daß sich die Welt in unterschiedlichen Stadien der Entwicklung befindet: „In der OECD-Welt hat die Interdependenz die Grenzen zwischen den Staaten durchlässig gemacht für die Interaktion der gesellschaftlichen Akteure; in der EG-Welt werden diese Grenzen 1992 praktisch gefallen sein. In den Entwicklungsländern sind diese Grenzen - wie bei den früheren RGW-Staaten - noch weitgehend intakt" (Czempiel 1991b: 87).

3) Im Zustand von „komplexer Interdependenz" wird der gewaltsame Konfliktaustrag zwischen den Staaten unvorstellbar. Keohane (1989: 9) verweist darauf,
daß die Staaten aus Westeuropa, Nordamerika und Japan eine Zone komplexer
Interdependenz bilden. Obwohl die Macht auch weiterhin ein wichtiges Element
in den Beziehungen zwischen diesen Staaten darstellt, erscheint die Gewaltanwendung zwischen diesen Staaten ausgeschlossen. Komplexe Interdependenz
setzt einen hohen Grad an Institutionalisierung zwischen den Akteuren voraus.
Keohane betont neben der bedeutsamen Rolle von internationalen Regimen vor
allem den Stellenwert von informellen Institutionen in Form von Konventionen,
die das gegenseitige Verständnis und die Koordinierung des Verhaltens zwischen den Akteuren ermöglichen.[23]

Nach dem Wegfall der identifikationsstiftenden äußeren Bedrohung durch die
„kommunistische Gefahr" erscheint es zwar nicht ausgeschlossen, daß die Intensität der Konflikte zwischen diesen Staaten in der Zukunft zunimmt. Nach Junne
(1990) sind dem gewaltsamen Konfliktaustrag zwischen diesen Staaten jedoch
Grenzen gesetzt, die sich aus dem jeweiligen Sanktionspotential ergeben.
Demnach ist die Skala der Sanktionen, die Staaten gegeneinander verhängen
können, desto breiter, je enger die Verflechtung zwischen zwei Ländern ist: Je
breiter diese Skala ist, „desto geringer ist die Versuchung, militärische Mittel ins
Feld zu führen" (Junne 1990: 361). Die Anwendung von Sanktionen birgt zwar
die Gefahr eines wachsenden Eskalationsprozesses, der letztlich doch die Anwendung militärischer Mittel zur Folge haben könnte. Zusätzliche Sicherungen
verhindern nach Junne indessen, daß Konflikte zwischen solchen Staaten, die
sich im Zustand komplexer Interdependenz befinden, in gewaltsamen Konfliktaustrag umschlagen. Eine *erste* Sicherung besteht in den von Keohane betonten
hohen Kosten, die durch den Einsatz kriegerischer Mittel zur Interessendurchsetzung verursacht werden. Die *zweite* Sicherung ergibt sich aus der gemeinsamen Mitgliedschaft in einer militärischen Sicherheitsgemeinschaft. Eine *dritte*
Sicherung betrifft schließlich die zwischen diesen Ländern bestehende Hemmschwelle vor einem gewaltsamen Konfliktaustrag (Junne 1990: 362).

---

23 Keohane (1989: 3/4) unterscheidet drei Formen von internationalen Institutionen: formale
    zwischenstaatliche und nichtstaatliche internationale Organisationen, internationale Regime
    und Konventionen im Sinne von informellen Institutionen.

Der von Keohane/Nye unternommene Versuch, die realistische und liberale Theorie zu integrieren, hat nach Ansicht der Autoren zunächst vor allem zu einer Erweiterung des Neorealismus geführt.[24] Von den Autoren wird jedoch darauf verwiesen, daß das Modell der komplexen Interdependenz der liberalen Theorie zuzuordnen sei (Keohane/Nye 1987: 733-737). Für die Erklärung des Wandels von internationalen Regimen sei eine strukturelle Theorie der internationalen Beziehungen zwar auch weiterhin bedeutsam. Im Gegensatz zu einer strukturellen Theorie erfasse jedoch eine systemische Theorie nicht nur die Machtverteilung, sondern auch den politischen Prozess innerhalb eines gegebenen Problemfelds.[25] Eine Erklärung der Veränderung der Präferenzen von Staaten kann in der Tat nicht nur aus der Machtstruktur im internationalen System abgeleitet werden. Vielmehr ändern Staaten ihre Präferenzen auch aufgrund subsystemischer Faktoren, die von der realistischen Schule weitgehend ausgeblendet werden. Die Interdependenztheorie formulierte zwar den Anspruch, daß die Unterscheidung zwischen dem internationalen System und der Einheit des Nationalstaates aufgehoben wird. Die von Keohane/Nye getroffene Entscheidung, die Bedingungen für den Wandel von Regimen nur auf der systemischen Ebene zu analysieren, führte zunächst ebenfalls zur Ausblendung subsystemischer Faktoren (Keohane/ Nye 1987: 740).

Kommunikation und Kooperation ermöglichen auch ohne Anwendung von Machtmitteln eine Veränderung der Interessen und Präferenzen von Staaten. Ein nicht-struktureller Anreiz für eine Veränderung von Interessen und Präferenzen besteht z.B. in den aus den Wirtschaftsbeziehungen mit anderen Staaten erzielten Gewinnen, die ebenfalls das Staatenverhalten beeinflußen. Beide Faktoren sind von der liberalen Theorie besonders betont worden. Die Integrationstheorie hat schon frühzeitig auf die Möglichkeit des „spill over" verwiesen, wonach

---

24 Auf die Nähe der Interdependenztheorie zum Neorealismus ist auch von Czempiel hingewiesen worden: Demnach sind Keohane und Nye „die eigentlichen 'Neorealisten', weil sie die Grundlagen des Realismus nicht verwerfen, aber mit den in der Gegenwart vorfindbaren Akteuren und deren Verhaltensregulativen ergänzen. Beide Autoren haben immer wieder herausgestellt, daß unter den Zwängen und Bedingungen des internationalen Systems Staaten sich ganz unterschiedlich verhalten können, so daß die Theorie der internationalen Politik auch das zweite Bild der Welt, das der Staaten mit aufzunehmen habe" (Czempiel 1991a: 132).

25 „Neorealism is appropriate at the structural level of systemic theory; liberalism is most fruitful at the process level. We aspire to combine them into a system-level theory that incorporates process as well as structure" (Keohane/Nye 1987: 747).

erfolgreiche Integration in einem bestimmten Problemfeld einen Integrations-prozess in benachbarten Bereichen nach sich ziehen kann.[26]

Nicht nur in den Nationalstaaten, sondern auch innerhalb internationaler Orga-nisationen hat die Unsicherheit, die sich aus der Technisierung und Verwissen-schaftlichung von zwischenstaatlicher Zusammenarbeit ergibt, zu einem Bedarf an technischem Fachwissen geführt. Nach Haas/Williams/Babai (1978: 36) nehmen wissenschaftliche Experten vor allem die Rolle von Ratgebern ein.[27] Sie tragen mit der Bereitstellung des Konsens-Wissens innerhalb von internationalen Organisationen und von Nationalstaaten zur Erleichterung von Kommunikation und Kooperation zwischen Staaten bei. Auf nationaler Ebene ermöglichen sie die Veränderung der Präferenzen von Entscheidungsträgern. Die Frage nach den Perzeptionen und Lernprozessen von Entscheidungsträgern stellt für die pluralistische Schule ein wichtiges Element der Analyse der internationalen Beziehungen dar (Keohane/Nye 1987: 751).

---

26 Ernst B. Haas plädierte Mitte der siebziger Jahre dafür, die Integrationsforschung der Interdependenzforschung unterzuordnen: „... there is every reason why the study of regional integration should be both included in and subordinated to the study of changing patterns of interdependence" (E.B. Haas 1976: 208). Mittlerweile kann „mangels wissenschaftlichen Engagements" von einem völligen Bedeutungsverlust der integrationstheoretischen For-schung gesprochen werden (Bellers/Häckel 1990: 297).

27 Vgl. hierzu auch bereits Ruggie (1975) und E.B. Haas (1990).

2.4. Pluralistische Annahmen über den Konfliktaustrag und über Außenpolitik

Im Gegensatz zum Realismus gelangt der Pluralismus zu einer optimistischeren Annahme bezüglich der Wahrscheinlichkeit von Regimeentstehung in den internationalen Beziehungen. Die pluralistische Schule vertritt die Auffassung, daß militärische Gewalt in einer interdependenten Welt kein geeignetes Mittel zur Lösung internationaler Konflikte darstellt (Keohane/Nye 1977: 25). Im internationalen System sind die Staaten als rationale Akteure trotz mangelnder Zentralgewalt zur Regimebildung bereit.

2.4.1. Die Situationsstruktur als Erklärung für den Konfliktaustrag

Axelrod (1988) analysiert die Entstehung von Kooperation vor dem Hintergrund des Gefangenendilemmas und nennt verschiedene Faktoren, durch die Kooperation in iterierten - also sich wiederholenden - Spielen gefördert werden kann. *Erstens* kann der „Schatten der Zukunft" ausgedehnt werden, indem die Interaktionen zwischen Staaten dauerhafter oder häufiger gemacht werden. Hierzu können beispielsweise Organisationen - und in den internationalen Beziehungen auch internationale Regime - beitragen, indem diese für eine Konzentration der Interaktionen zwischen den betroffenen Akteuren sorgen, die Verhandlungsgegenstände in überschaubare Einheiten aufspalten und Interaktionen in relativ kleine Züge zerlegen. *Zweitens* kann durch eine Veränderung der Auszahlungen der langfristige Anreiz zur Kooperation erhöht und zur kurzfristigen Defektion vermindert werden. Akteure können z.B. die Bestrafung für defektierendes Verhalten anderer so vergrößern, „daß Kooperation unabhängig vom Verhalten des anderen Spielers die beste Entscheidung auf kurze Sicht wird" (Axelrod 1988: 120). Pluralistische Vertreter bezweifeln daher die Behauptung des Realismus, wonach die jeweiligen nationalen Interessen miteinander unvereinbar seien. Die Formulierung der Akteursinteressen hängt allerdings wesentlich von der jeweiligen Perzeption ab, über die Akteure ihr jeweiliges Interesse definieren (Axelrod/Keohane 1986: 229).[28] Die *dritte* Bedingung beinhaltet die Forderung

---

28 Akteursinteressen werden somit nicht nur von objektiven, sondern auch von rein subjektiven Faktoren mitbestimmt: „Perceptions define interests. Therefore, to understand

nach einer altruistischen Grundeinstellung der an Kooperation interessierten Akteure. Die Forderung, die Menschen darin zu unterweisen, sich umeinander zu kümmern, wird allerdings nicht einmal in den Verwandtschaftsbeziehungen, die Axelrod als Beispiel für altruistisches Verhalten anführt, verwirklicht. Kooperation wird *viertens* vor allem durch Reziprozität ermöglicht und aufrechterhalten. Während bedingungslose Kooperation dazu tendiert, „den anderen Spieler zu verderben" (Axelrod 1988: 122), verhindert die an die Bedingung der Reziprozität geknüpfte konditionale Kooperation, daß jene Akteure, die durch kooperatives Verhalten den kollektiven Nutzen vergrößern, von anderen kooperationsunwilligen Akteuren ausgebeutet werden. Die Fähigkeit, das reziproke Verhalten anderer Akteure erkennen und verifizieren zu können, stößt indessen auf gewisse Schwierigkeiten. Axelrods *fünfter* Ratschlag beruht daher darauf, die Erinnerungsfähigkeit zu verbessern, um den „anderen Spieler aus vergangenen Interaktionen wiederzuerkennen und sich an relevante Merkmale dieser Interaktionen zu erinnern" (Axelrod 1988: 125). In der Tat ist es von hoher Bedeutung für die Akteure, das Verhalten der an der Kooperation beteiligten Partner zu verifizieren und sich gegenüber Verstößen sanktionsfähig zu erweisen. Je größer die Anzahl der beteiligten Akteure ist, desto schwieriger erscheint es, das Verhalten aller Akteure zu verifizieren und zu sanktionieren. In Spielen mit N-Akteuren wächst nicht nur die Gefahr der Defektion einzelner Akteure, sondern auch das Problem der Kontrolle und möglichen Sanktionierung des Akteursverhaltens (Axelrod/ Keohane 1986: 235; Oye 1985: 19).

Effektive Reziprozität hängt nach Axelrod/Keohane davon ab, daß Spieler die Defektion anderer Akteure identifizieren und gegenüber Defektierenden Vergeltung üben können. Zudem muß ein ausreichend langfristiger Anreiz zur Bestrafung von Defektierenden bestehen. Internationale Regime können zur Lösung dieses Problems beitragen, indem durch sie Informationen über das *compliance*-Verhalten erbracht werden. Akteure fürchten in der Regel die Aufdeckung von *non-compliance*, da diese einen Verlust von Reputation in den internationalen Beziehungen zur Folge hat. Darüber hinaus besteht die Funktion internationaler Regime in einer Reduzierung der Transaktions- und Informationskosten für die einzelnen Staaten (Axelrod/Keohane 1986: 235-237). Die zusätzliche Bereitstellung von Informationen und die durch das Regime ermöglichte Interaktion

---

the degree of mutuality of interests (or to enhance this mutuality) we must understand the process by which interests are perceived and preferences determined" (Axelrod/Keohane 1986: 229).

zwischen den Akteuren mag gerade bei internationalen Umweltregimen zu einer dynamischen Weiterentwicklung eines Umweltregimes führen. Einmal errichtete Regime können daher einen wichtigen Beitrag zur weiteren Verregelung eines Problemfelds leisten.[29]

Die Wahrscheinlichkeit von Regimeentstehung hängt nach Auffassung der pluralistischen Schule ganz wesentlich von der jeweils vorherrschenden Situationsstruktur in einem Problemfeld ab. Zürn (1992) trifft eine differenzierte Unterscheidung, nach der vier verschiedene problematische soziale Situationen identifiziert werden können: eine *Rambospiel-Situation*, eine *Dilemmaspielsituation*, ein *Koordinationsspiel mit Verteilungskonflikt* und ein *Koordinationsspiel ohne Verteilungskonflikt*.[30] Zürn (1992: 168-172) weist auch auf die Rolle von sekundären Einflüssen hin, die Faktoren wie der „Schatten der Zukunft", die Machtressourcen, das Vorhandensein „ins Auge springender Lösungen", die Anzahl der in einem Problemfeld tätigen Akteure und die konkurrenzorientierte Beschaffenheit einer gesamten Akteursbeziehung auf die Wahrscheinlichkeit der Entstehung von Regimen innerhalb der verschiedenen problematischen sozialen Situationen haben.

In einer *Rambosituation* verfolgt ein Akteur die dominante Strategie, nicht zu kooperieren. Während sich dieser Akteur somit gegenüber anderen Akteuren erheblich besser stellt, wird kollektiv betrachtet ein oftmals suboptimales Ergebnis erzeugt. Der Konflikt zwischen Oberliegern und Unterliegern über die Reinhaltung eines Flußes stellt eine solche Rambo-Situation dar. Während der Oberlieger nahezu ungestört Abwässer in den Fluß einleiten kann, hat der Unterlieger die Folgen des Oberliegerverhaltens zu tragen. Die Wahrscheinlichkeit der Entstehung von normativen internationalen Institutionen ist in einer Rambosituation - verglichen mit den folgenden problematischen Situationen - am geringsten. Gleichwohl ist sie auch in dieser Situation nicht völlig ausgeschlossen. Dies gilt vor allem dann, wenn der benachteiligte Akteur - wie der Unterlieger - dazu bereit ist, den Oberlieger bei der Beseitigung der Verschmutzungsursachen finanziell zu unterstützen (Zürn 1992: 212).[31]

---

29 Keohane sieht darin die wichtigste Funktion von internationalen Regimen (Keohane 1984: 107).

30 Vgl. hierzu auch Rittberger/Zürn (1990: 39/40). Zu den Kernhypothesen des situationsstrukturellen Ansatzes vgl. Zürn (1992: 164/165).

31 Das Problemfeld „Weiträumige grenzüberschreitende Luftverschmutzung" wurde bis zum Jahr 1982 ebenfalls von einer Rambo-Situation geprägt. Erst als sich die umweltpolitische

In der Regel besteht für Individuen wie für Staaten in gleichem Maße ein Anreiz zur Übernutzung von Gemeinschafsgütern auf Kosten anderer. Ein klassisches Beispiel für eine solche Situation stellt das *Gefangenendilemma* dar.[32] Der Ertrag einer für alle Hirten offenen Weide wird z.B. nur dann stabil bleiben, wenn sich die Hirten an die begrenzte Aufnahmekapazität der Viehweide halten. Wenn einzelne Hirten allerdings den Anreiz verspüren, zusätzliche Weidetiere in ihre Herde aufzunehmen, werden sich auch andere Hirten so verhalten und somit zwangsläufig zur Überweidung und letztlich zur Zerstörung des Gemeinschaftsgutes beitragen. Nach Hardin besteht darin die Tragödie der Gemeinschaftsgüter:

„Each man is locked into a system that compels him to increase his herd without limit - in a world that is limited. Ruin is the destination toward which all men rush, each pursuing his own best interest in a society that believes in the freedom of the commons. Freedom in a commons brings ruin to all" (Hardin 1968: 1244).

In einer Dilemmasituation ist die Wahrscheinlichkeit der Entstehung normativer internationaler Institutionen am zweitniedrigsten. Eine mögliche Option zur Überwindung des Gefangenendilemmas besteht für einen Staat vor allem darin, die betreffende Frage mit anderen Problembereichen der internationalen Beziehungen zu verknüpfen (linkage) (Rittberger/Zürn 1990: 40).

In einem *Koordinationsspiel mit Verteilungskonflikt* ist kollektives Handeln zwar für alle beteiligten Akteure von Nutzen, jedoch ist die Verteilung des anfallenden Nutzens und/oder der anfallenden Kosten zwischen den Akteuren umstritten. Der Schutz eines regionalen Kollektivgutes wie z.B. eines Regionalmeeres (wie z.B. das Mittelmeer oder die Ostsee) liegt in der Regel im Interesse aller Anliegerstaaten. Gleichwohl sind die aufzubringenden Kosten für die Reinhaltung dieser Regionalmeere je nach Art und Intensität der Verschmutzung durch die einzelnen Staaten unterschiedlich hoch. In solchen Koordinationsspielen mit Verteilungskonflikt besteht eine höhere Wahrscheinlichkeit als bei

---

Interessenlage verschiedener Exportstaaten von Luftverschmutzung veränderte und die Rambo-Situation in ein Koordinationsspiel transformiert wurde, war der Weg zum Abschluß von Schadstoffprotokollen frei (Schwarzer 1990: 36/37).

32 „Bei Dilemmaspiel-Situationen führt die Verfolgung der individuell-rationalen Interessen zu Kosten, die zunächst nicht in die Kostenrechnung des Individuums eingehen, sondern vielmehr den anderen Akteuren im Problemfeld aufgebürdet weden. Da dies aber für alle Akteure gilt, kommt ein Ergebnis zustande, das von keinem der Akteure eigentlich gewünscht ist" (Zürn 1992: 198).

den oben behandelten Situationen, daß normative internationale Institutionen entstehen. Der Konflikt über die Verteilung der Kosten und des Nutzens läßt allerdings erwarten, daß der Verregelungsprozess sich weniger schnell vollzieht als in einer Situation, die ein Koordinationsspiel ohne Verteilungskonflikt darstellt (Zürn 1992: 190/191).

Ein *Koordinationsspiel ohne Verteilungskonflikt* stellt die schwächste Form einer problematischen sozialen Situation dar. Bei dieser Situationsstruktur besteht die Hauptschwierigkeit in einem Kommunikationsproblem zwischen den Akteuren. Haben die Akteure ein Problem erkannt, so kann mit einer hohen Wahrscheinlichkeit davon ausgegangen werden, daß es zur Bildung einer normativen internationalen Institution kommt. Doch selbst in Abwesenheit von normativen Institutionen kann das Akteursverhalten in dieser Situationsstruktur zu einem pareto-optimalen Ergebnis führen. Die Errichtung von normativen Institutionen ist bei einem Koordinationsspiel ohne Verteilungskonflikt also nicht zwingend notwendig (Zürn 1992: 179/180).

In einer Rambospielsituation und in einer Dilemmasituation besteht eine relativ hohe Wahrscheinlichkeit der Täuschung durch die Mitglieder einer normativen Institution. Daher muß ein hoher Bedarf für Verifikationsmaßnahmen angenommen werden. In Koordinationsspielen mit bzw. ohne Verteilungskonflikt ist die Gefahr der Täuschung durch einzelne Akteure erheblich geringer, da sich die Normen dieser institutionalisierten Kooperation gewissermaßen von selbst durchsetzen. Dadurch wird bei den Akteuren die Einsicht internalisiert, daß Kooperation einen höheren Nutzen mit sich bringt als die hypothethische Form der Täuschung.

Zwischen diesen einzelnen Typen von Situationstrukturen kann eine graduelle Unterscheidung bezüglich der Wahrscheinlichkeit, mit der in diesen problematischen Situationen normative internationale Institutionen entstehen, getroffen werden. Die situationsstrukturelle Hypothese über den Konfliktaustrag lautet:

Hypothese 3: Wenn die problematische Situation in einem umweltpolitischen Problemfeld einer Rambosituation entspricht, ist die Wahrscheinlichkeit der Entstehung eines globalen Umweltregimes am niedrigsten. Wenn die Situation einer Dilemmasspielsituation entspricht, ist die Wahrscheinlichkeit am zweitniedrigsten. Wenn die Situation ein Koordinationsspiel mit Verteilungskonflikt darstellt, ist die Wahrscheinlichkeit der Regimeentstehung am zweithöchsten.

Wenn sie einem Koordinationsspiel ohne Verteilungskonflikt entspricht, ist die Wahrscheinlichkeit für Regimeentstehung am höchsten.

2.4.2. Die Problemstruktur als Erklärung für den Konfliktaustrag

Konflikttypologien gehen davon aus, daß die Beschaffenheit eines Konfliktgegenstandes die Art seiner Bearbeitung präjudiziert. Efinger/Rittberger/Zürn (1988: 92-97) nehmen eine Unterscheidung zwischen vier Konflikttypen vor. *Wertekonflikte* und *Mittelkonflikte* stellen dissensuale Konflikte dar, die auf einem Dissens über den normativen oder empirischen Status eines Objekts beruhen (Zürn/Wolf/Efinger 1990: 157). Wenn zwischen Akteuren eine Positionsdifferenz über ein anzustrebendes Ziel besteht, existiert ein Wertekonflikt. Akteure können sich über ein anzustrebendes Ziel einig sein, jedoch einen Dissens über den für die zur Verwirklichung dieses Zieles einzuschlagenden Weg aufweisen. In diesem Falle herrscht zwischen den Akteuren ein Mittelkonflikt. *Interessenkonflikte über relativ bestimmte Güter* und *Interessenkonflikte über absolut bestimmte Güter* stellen hingegen konsensuale Konflikte dar. Bei Interessenkonflikten wollen innerhalb einer Mangelsituation alle Akteure dieselbe Sache. Um ein absolut bestimmtes Gut handelt es sich dann, wenn der Wert des Gutes unabhängig davon bestimmt wird, wieviel andere Akteure von demselben Gut besitzen. Umweltgüter wie z.B. eine saubere Luft oder saubere Gewässer stellen somit in der Regel absolut bewertete Güter dar. Bei einem relativ bewerteten Gut wird dessen Wert davon abhängig gemacht, „daß man mehr davon besitzt als Andere bzw. als die andere Konfliktpartei" (z.B. Waffenpotentiale) (Efinger/Rittberger/ Zürn 1988: 94).

Efinger/Rittberger/Zürn (1988: 97) nehmen an, daß zwischen den vier Konflikttypen Unterschiede bezüglich der Regimetauglichkeit bestehen. Wertekonflikte sind demnach kaum regimetauglich, da zwischen den Akteuren keine Einigung über ein anzustrebendes Ziel besteht. Konflikte über relativ bestimmte Güter sind nur mäßig regimetauglich, da diese Konflikte dazu neigen, einen Nullsummencharakter anzunehmen. Eine gute Regimetauglichkeit weisen Mittelkonflikte auf, da zwischen den Akteuren nur der Weg zur Bereitstellung eines Gutes, nicht aber das anzustrebende Ziel umstritten ist. Von sehr guter Regimetauglichkeit sind hingegen Interessenkonflikte über absolut bestimmte Güter (vgl. Schaubild 2.1.).

<u>Schaubild 2.1</u>: Konflikttypen und Regimetauglichkeit

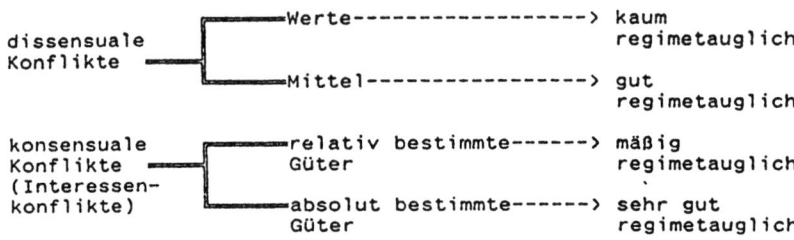

Quelle: Efinger/Rittberger/Zürn
(1988: 96)

Die Erklärung des Konfliktaustrags durch die von Efinger/Rittberger/Zürn (1988) entwickelte Konflikttypologie ist auf der systemischen Ebene angesiedelt. Konfliktgegenstände bestimmen demnach die Interaktionsmuster von Staaten im internationalen System. Efinger/Zürn (1990: 79) machen indessen darauf aufmerksam, daß die jeweilige nationale Haltung gegenüber einem Konfliktgegenstand von der Perzeption der Entscheidungsträger eines Staates bestimmt wird. Bei der Analyse von Regimen im Kontext der Ost-West-Beziehungen muß daher beachtet werden, daß Entscheidungsträger die Einschätzung eines Konfliktgegenstands auch von der jeweiligen politischen Großwetterlage in den Ost-West-Beziehungen abhängig machten. Interessenkonflikte über relativ bewertete Güter konnten bei günstigen Gesamtbeziehungen aufgrund veränderter Perzeptionen durch die Entscheidungsträger somit in Interessenkonflikte über absolut bewertete Güter transformiert werden. Die Einführung der Konflikttypologie stellt vor allem dann einen innovativen Schritt für die Regimeanalyse dar, wenn auch die Bewertung der Konfliktgegenstände durch die Entscheidungsträger auf der subsystemischen Ebene analysiert wird. Die konflikttypologische Hypothese über den Konfliktaustrag lautet:

Hypothese 4: Die Wahrscheinlichkeit der Entstehung eines globalen Umweltre-gimes nimmt in der Reihenfolge von Wertekonflikten, Interessenkonflikten über relativ bestimmte Güter, Mittelkonflikten und Interessenkonflikten über absolut bestimmte Güter immer mehr zu.

2.4.3. Epistemische Gemeinschaften als Erklärung für Außenpolitik

Experten können ihre eigentliche Rolle als Ratgeber erheblich ausweiten und eine wichtige Rolle bei der Regimeentstehung spielen.[33] In der Situation einer Krise oder eines externen Schocks, die z.B. durch eine plötzliche Umweltkata-strophe, aber auch durch einen Börsencrash oder durch schockierende wissen-schaftliche Befunde hervorgerufen werden können, besteht für eine epistemische Gemeinschaft aufgrund ihres spezifischen Sachverstands die Chance, durch die Bereitstellung des notwendigen Konsens-Wissens die Identifizierung und Formulierung der Interessen von Staaten zu beeinflussen (Haas 1992a: 15).[34]

Eine epistemische Gemeinschaft, die sowohl rein nationalen wie transnationa-len Ursprungs sein kann, stellt ein Netzwerk von Fachmännern und -frauen mit anerkanntem Expertenwissen und Kompetenz in einem bestimmten Problemfeld dar. Nach Peter M. Haas bestehen verschiedene Merkmale, die eine epistemi-sche Gemeinschaft von anderen Gruppen unterscheiden. *Erstens* erfolgt das so-ziale Handeln der Gruppenmitglieder auf der Grundlage gemeinsamer Grund-sätze und Überzeugungen. Die Gruppenmitglieder haben *zweitens* eine gemein-same Überzeugung bezüglich der Ursachen, die ein Problem erzeugen. Die Gruppe muß *drittens* gemeinsame Kriterien besitzen, die eine intersubjektiv nachvollziehbare Einschätzung des vorhandenen Wissens ermöglichen. *Viertens* muß eine epistemische Gemeinschaft auch ein gemeinsames politisches „Pro-jekt" aufweisen, das sich auf ein von der Gruppe identifiziertes bestimmtes Problem bezieht (Haas 1992a: 3).

Epistemische Gemeinschaften können in verschiedenen Phasen des politischen Prozesses Einfluß ausüben. Sie tragen aufgrund ihrer wissenschaftlichen Kom-

---

33 Vgl. hierzu Haas (1989), (1990), (1992a) und (1993).

34 Epistemische Gemeinschaften wurden nicht nur im Politikfeld Umwelt identifiziert. Für den Bereich der Kontrolle der Nuklearwaffen werden von Adler nationale epistemische Gemein-schaften identifiziert (Adler 1992). Zur Rolle des Konsens-Wissens und von epistemischen Gemeinschaften vgl. auch Peterson (1992), Hopkins (1992), Ikenberry (1992).

petenz nicht nur wesentlich zur Problemdefinition bei. Wenn zwischen den relevanten Fachdisziplinen Einigung über das Konsens-Wissen besteht, kann die Gemeinschaft auch den Eingang des Problemfelds in die nationalen Agenden und in die Agenda des internationalen Systems ermöglichen. Die epistemische Gemeinschaft besitzt die Fähigkeit des 'agenda setting' nicht zuletzt aufgrund der hohen Reputation, die Wissenschaftler in der Öffentlichkeit genießen. Besondere Bedeutung kommt Experten während Verhandlungsprozessen zu. Die epistemische Gemeinschaft kann ihr Wissen vor allem bei der Entwicklung von Handlungsalternativen zur Geltung bringen. Die Überzeugungsarbeit innerhalb von Verhandlungsprozessen kann bei nationalen Regierungen einen Lernprozess auslösen, der zu einer Neuformulierung staatlicher Präferenzen führt. Dies stellt den Kern der Handlungsmöglichkeiten einer epistemischen Gemeinschaft dar, um die Außenpolitik eines Staates dahingehend zu beeinflussen, daß dieser die Entstehung eines Regimes befürwortet. Die Gemeinschaft muß dabei allerdings als eine „Gewinnerkoalition" die Vorbehalte von jenen Koalitionen ausräumen, die das Policy-Projekt der epistemischen Gemeinschaft blockieren (Sebenius 1992: 352).[35] Außerhalb von Verhandlungsprozessen kann die epistemische Gemeinschaft in dieser Phase durch politische Überzeugungsarbeit in den jeweiligen Nationalstaaten dafür sorgen, daß der Druck auf die Entscheidungsträger vergrößert wird. Nach dem Prozess der Implementation kann die Gemeinschaft auch eine Evaluation der getroffenen Maßnahmen auf der Grundlage des Konsens-Wissens vornehmen. Dies kann dazu führen, daß ein neuer politischer Prozess in Gang kommt, der mit der Reformulierung eines politischen Problems beginnt.

Epistemischen Gemeinschaften eröffnen sich vor allem in solchen Problemfeldern große Einflußmöglichkeiten, bei denen für die politischen Entscheidungsträger große Unsicherheit über die Ursachen eines Problems sowie über die möglichen Handlungsalternativen besteht. Ökologische Problemlagen bieten somit für epistemische Gemeinschaft zweifellos eine besondere Chance, ihr Wissen für den Prozess der Entscheidungsfindung bereitzustellen.

---

35 Bisher hat der Ansatz allerdings keine theoretischen Annahmen über die Bedeutung von epistemischen Gemeinschaften für den Verhandlungsprozess entwickelt: „The actual influence of epistemic communities is ultimately exercised through bargaining, yet there is practically no theory of bargaining elaborated in the approach. Thus, while the studies of these communities often contain rich descriptive accounts of the strategic interaction leading to given outcomes, they offer little more than ad hoc generalizations about the conditions under which the influence of epistemic coalitions will affect outcomes. These are hardly fatal flaws" (Sebenius 1992: 365).

Der Ansatz über epistemische Gemeinschaften kann zweifellos wesentlichen Aufschluß darüber verschaffen, inwiefern die Verhandlungsposition eines Staates durch Konsens-Wissen und durch einzelne Experten geprägt bzw. verändert wird. Der Ansatz verschafft allerdings bisher keine Aufklärung darüber, mit welchen Mechanismen eine epistemische Gemeinschaft ihre Überzeugungen und Präferenzen in der „black-box" des Entscheidungsfindungsprozesses umsetzen kann (Sebenius 1992: 325).[36] Die Aufklärung der „politischen Infiltration" (Haas 1992a: 27), die durch epistemische Gemeinschaften in Regierungsinstitutionen betrieben wird, stößt auf erhebliche methodische Schwierigkeiten, wenn auch die Mitgliederzahl einer solchen Gemeinschaft in der Regel sehr begrenzt sein mag.[37] Eine epistemische Gemeinschaft besitzt nur dann eine „gatekeeper"-Funktion, wenn sie dazu in der Lage ist, die Durchsetzbarkeit eines politischen Projekts zu ermöglichen.[38] Nach erfolgreichem 'agenda-setting' sieht sich eine epistemische Gemeinschaft indessen mit anderen Interessen konfrontiert, die dem politischen Projekt der Gemeinschaft entgegenstehen. Die Hypothese über epistemische Gemeinschaften lautet:

Hypothese 5: Ein Staat verfolgt dann eine regimefreundliche Außenpolitik, wenn eine epistemische Gemeinschaft im Problemfeld existiert.

---

36 Die Analyse von epistemischen Gemeinschaften löst zwar die Abgrenzung zwischen Innen- und Außenpolitik auf (Adler/Haas 1992: 367). Der Nachweis, wie diese Akteure den innenpolitischen Prozeß durchdringen und die Präferenzen eines Staates bestimmen bzw. ändern, fällt allerdings oft schwach aus (Milner 1992: 479).

37 Ein Vergleich verschiedener Fallstudien über epistemische Gemeinschaften in den Politikfeldern Sicherheit, Wirtschaft und Umwelt ergab nicht nur eine große Varianz hinsichtlich der Mitgliederzahl in den einzelnen Fällen. Vielmehr wurden jeweils weniger als 35 Mitglieder identifiziert, die einer epistemischen Gemeinschaft angehörten (Adler/Haas 1992: 380).

38 Ein politisches System entwickelt Filter, die eine Überlastung des Systems mit politischen Problemen verhindern. Innerhalb dieses Kanals der politischen Vorhabenauswahl regeln „gatekeepers" den Fortgang von Problemfeldern. Diese Türöffner für politische Problemfelder üben mehrere Funktionen aus: „[...] gatekeepers are not only those who initiate a demand by first voicing it; the term also designates those whose actions, once a demand is moving through the channels of the system, at some point have the opportunity to determine its destiny" (Easton 1965: 88).

2.4.4. Die ökologische Modernisierungskapazität als Erklärung für Außenpolitik

Der vorhandene ökologische Problemdruck führt nicht zwangsläufig dazu, daß eine nationale Regierung mit entsprechenden Umweltmaßnahmen auf das Problem reagiert und auch auf internationaler Ebene eine regimefreundliche Außenpolitik betreibt. Die Haltung, die eine nationale Regierung gegenüber einem möglichen Umweltregime einnimmt, hängt vielmehr von einer größeren Anzahl von Faktoren ab, die den „umweltpolitischen Prozeß" beeinflußen (von Prittwitz 1990: 130-163).

Nach von Prittwitz (1990: 118) existiert ein umweltpolitisches Interessendreieck zwischen den Betroffenen-, den Verursacher- und sogenannten Helferinteressen. Die Betroffeneninteressen werden nicht nur von Umweltgruppen, sondern auch von Parteien und sonstigen gesellschaftlichen Gruppen repräsentiert. Diese stehen jedoch im Gegensatz zu den Verursacherinteressen, die ein starkes Interesse an der Aufrechterhaltung ihrer umweltbelastenden Tätigkeit haben. Können sich die Betroffeneninteressen auf die Unterstützung von Helferinteressen stützen, die bei der Problembewältigung von ihrer Helferrolle z.B. durch die Bereitstellung von Ersatzstoffen oder neuen umweltfreundlichen Technologien profitieren, besteht demnach eine große Aussicht dafür, daß der politische Druck dieser Interessengruppen zu einer regimefreundlichen Haltung der nationalen Regierung führt.[39]

Die von Prittwitz formulierte Kapazitätsthese verkürzt die Analyse des politischen Prozeßses, der zu einer regimefreundlichen oder regimefeindlichen Haltung eines Staates führt, auf eine Analyse der im Problemfeld vorhandenen innenpolitischen Interessen. Jänicke (1990; 1993a) hingegen betrachtet staatliche Umweltpolitik umfassender als das Ergebnis eines Prozesses der ökologischen Modernisierung und einer Modernisierung des politischen Handlungssystems. Unter Modernisierung versteht Jänicke (1993a: 17) die „Institutionalisierung und

---

39 von Prittwitz charakterisiert die Rolle von Helferinteressen im umweltpolitischen Interessendreieck wie folgt: „Helferinteressen mischen sich nicht selten in das Interessenspektrum von Betroffenen-Repräsentanten. Viele Wirtschaftsunternehmen produzieren in umweltbelastender Form und betreiben gleichzeitig Unternehmensbereiche, in denen Meßinstrumente, Umweltschutztechniken und ähnliches zur Bewältigung der jeweils produzierten Umweltbelastung hergestellt und vermarktet wird" (von Prittwitz 1990: 119).

Ausdifferenzierung eines neuen technologischen, politisch-sozialen und wissenschaftlich-kulturellen Problemlösungsniveaus".[40]

Neben der „Initialzündung" eines hohen Problemdrucks sieht Jänicke vier Bereiche, die für die umweltpolitische Modernisierungskapazität eines Staates bestimmend sind (Jänicke 1990: 222-227). Das *erste Merkmal* besteht in der *hohen Wirtschaftsleistung* eines Staates. Ein Staat mit hoher Wirtschaftsleistung trägt zwar in der Regel auch besonders stark zur Umweltzerstörung bei. Im Vergleich zu Staaten mit geringer Wirtschaftsleistung verfügt er jedoch gleichzeitig auch über größere Kapazitäten zur Beseitigung von Umweltproblemen. Der sich in hochindustrialisierten Staaten vollziehende Wertewandel begünstigt zudem die „umweltpolitische Mobilisierung" (Jänicke 1990: 223). Die Konsensfähigkeit, die das *zweite Merkmal* ökologischer Modernisierungskapazität darstellt, betrifft den *Politikstil* innerhalb eines Staates. Nach Jänicke ist es von entscheidender Bedeutung, ob innerhalb eines Staates ein auf konsensuale Verhandlungslösungen ausgerichteter Politikstil oder der Durchmarsch von starken Einzelinteressen dominiert. Im Vergleich zu Staaten mit konfliktorientiertem Politikstil werden in Staaten, in denen ein auf Konsens orientierter Politikstil vorherrscht, Umweltinteressen bei industriepolitischen Aushandlungsprozessen stärker berücksichtigt. Die *Innovationsfähigkeit* zielt als *drittes Merkmal* vor allem auf die Offenheit staatlicher und nichtstaatlicher Einrichtungen gegenüber neuen Entwicklungen und Interessen. Die Offenheit der Mechanismen politischer Meinungs- und Willensbildung begünstigen nach Jänicke ökologische Innovationen. Die Offenheit gilt insbesondere für das von den Medien bis zur Wissenschaft reichende Informationssystem, für das Parteiensystem, für die Politikarenen, die Rechtssprechung (Chancengleichheit zwischen ökologischen Interessen und Verursacherinteressen) und das Wirtschaftssystem. Unter der *Strategiefähigkeit* als dem *vierten Merkmal* versteht Jänicke „die Fähigkeit, umfassende und langfristige Ziele koordiniert und mit hinreichend langem Atem durchzusetzen" (1990: 225). Neben der Notwendigkeit langfristiger Planung stellt auch die Existenz klarer Verwaltungszuständigkeiten und Verantwortlichkeiten im Umweltbereich ein Kriterium für die Strategiefähigkeit eines Staates dar.

---

40 Nach Huber (1993: 60) bedeutet ökologische Modernisierung „eine schubweise oder kontinuierliche Rationalisierung des Verhaltens von umweltrelevanten Akteursgruppen, wie insbesondere Industrie und Gewerbe, Handel, Verbraucher, Wähler, Medien, Wissenschaft, Politik, Regierung und Behörden sie darstellen".

Regimefreundliche und regimefeindliche Außenpolitiken im Politikfeld Umwelt hängen nicht nur von dem Kräfteverhältnis jener Interessen ab, die nach von Prittwitz (1990) bei Verursachern, Betroffenen und Helfern bestehen. Sie stellen vielmehr das Ergebnis der ökologischen Modernisierungskapazität eines Staates dar. Diese beruht auf den verschiedenen strukturellen Rahmenbedingungen ökonomischer, politischer und soziokultureller Natur (Jänicke 1990: 214). Bezüglich der Außenpolitik eines Staates in einem umweltpolitischen Problemfeld läßt sich folgende Hypothese formulieren:

Hypothese 6: Je größer die ökologische Modernisierungskapazität eines Staates innerhalb eines umweltpolitischen Problemfelds ist, desto wahrscheinlicher ist es, daß dieser Staat eine regimefreundliche Außenpolitik verfolgt.

2.5. Exkurs: Die globalistische Schule

Im Gegensatz zur realistischen und pluralistischen Schule werden globalistische Theorien in dieser Arbeit nur im Rahmen eines Exkurses behandelt. Bisher haben globalistische Theorien nur wenig zur Entwicklung von Annahmen über den Konfliktaustrag und über Außenpolitik beigetragen.[41] Die Entwicklung einer globalistischen Theorie über Regimeentstehung und über regimefreundliche Außenpolitik stellt vielmehr ein weitgehend offenes Forschungsfeld für die Regimeanalyse - und somit das Thema einer eigenen Arbeit - dar. Dieser Exkurs beschränkt sich daher auf eine Darstellung der Annahmen des Globalismus über das internationale System. Auf der Grundlage dieser Annahmen sollen mögliche Bereiche skizziert werden, die wichtige Bestandteile einer globalistischen Theorie über Regimeentstehung bilden können.

Auch Realisten und Pluralisten bezeichnen ihre Sicht der internationalen Beziehungen vereinzelt als globalistisch. In Abgrenzung zur realistischen und pluralistischen Schule sollen unter dem Begriff des Globalismus hier jene Theorien zusammengefaßt werden, die sich mit der Herausbildung des kapitalistischen Weltsystems, mit dem Wettbewerb zwischen imperialistischen Staaten

---

41 Der von Keck (1991: 636) formulierte Anspruch, wonach der Neo-Institutionalismus eine Chance zur Synthese der wichtigsten Theorieansätze biete, entspricht somit bisher eher einem Wunschdenken. Der Mangel an einer globalistischen Theorie über internationale Kooperation steht dieser Synthese bisher entgegen.

und mit der Frage der Unterentwicklung der Dritten Welt befassen.[42] Der Globalismus setzt sich somit aus den drei Strängen der Weltsystemtheorie, der Imperialismustheorie und der Dependenztheorie zusammen.

2.5.1. Die Weltsystemtheorie

Dem historischen Materialismus liegt die Annahme zugrunde, daß Gesellschaften durch ökonomische Prozesse und Strukturen geprägt sind (Göhler/Klein 1991: 357). Schon im 'Kommunistischen Manifest' von 1848 hatten Karl Marx und Friedrich Engels das Profitstreben der Bourgeoisie als Triebkraft der Geschichte beschrieben. Marx und Engels konzentrierten sich nicht nur auf die Schilderung des Aufstiegs der Bourgeoisie innerhalb von Nationalstaaten, sondern auch auf die grenzüberschreitende Tätigkeit der Bourgeoisie, die eine „Abhängigkeit der Nationen voneinander" hervorbrachte (Marx/Engels 1977: 27).

Immanuel Wallerstein (1979: 32/33) stützt seine Analyse der Entwicklungsstadien von Gesellschaftssystemen auf eine historische Analyse sozialen Wandels.[43] Unter einem Weltsystem versteht er ein globales Gesellschaftssystem mit einer einzigen Arbeitsteilung und vielfältigen Kultursystemen. Weist ein Weltsystem ein gemeinsames politisches System auf, stellt dieses ein „Weltreich" dar. Ein Weltsystem ohne gemeinsames politisches System hingegen kennzeichnet Wallerstein mit dem Begriff einer „Weltwirtschaft" (1979: 35). Die vor der Neuzeit existierenden Weltreiche Chinas, Ägyptens oder Roms stellten jeweils nur einen unbedeutenden Teil der gesamten Weltwirtschaft dar. Der Entstehungsprozeß einer kapitalistischen Weltwirtschaft kann erst seit dem „langen sechzehnten Jahrhundert" in der Phase von 1450 bis 1640 verzeichnet werden.[44] In dieser Phase entwickelte sich erstmals eine einzige Arbeitsteilung mit einem Netz, „das im wesentlichen interdependent ist".

---

42 Der Globalismus wird neben dem hier verwendeten Begriff auch als „marxistische" Schule, „historischer Materialismus" oder „Strukturalismus" benannt (Banks 1985: 17).

43 Wallerstein (1979: 32) betont dabei die Bedeutung der kritischen Schulen und insbesondere des Marxismus für die Analyse einer Sozialstruktur.

44 In einer zweiten Phase, die nach 1650 einsetzt, konsolidiert sich die europäische Weltwirtschaft. Das dritte Stadium beginnt nach 1760 mit dem französischen Versuch, die britische Hegemonie zu brechen und kann nach Wallerstein eher als Industriekapitalismus bezeichnet werden. Die russische Oktoberrevolution von 1917 markiert den Beginn des vierten Stadiums (Wallerstein 1979: 54-58).

Der Ausgangspunkt der Entwicklung des kapitalistischen Weltsystems besteht in der Krise des mittelalterlichen Feudalismus. Diese Krise weist zyklische, säkulare und klimatologische Ursachen auf.[45] Im sechzehnten Jahrhundert vollzog sich die Entwicklung Nordwesteuropas zum Zentrum dieser Weltwirtschaft, die durch verschiedene Ursachen ausgelöst wurde (Wallerstein 1977: 38). Als Folge der europäischen Expansion durch die Portugiesen und Spanier nach Amerika flossen *erstens* große Mengen wertvoller Edelmetalle wie Gold und Silber nach Europa.[46] Dies eröffnete verschiedenen europäischen Staaten zusätzliche Investitionsmöglichkeiten. Zwischen den Ländern des Zentrums und der Peripherie bildeten sich *zweitens* unterschiedliche Arbeitskontrollmethoden heraus. Im Gegensatz zu anderen europäischen Staaten diversifizierte Nordwesteuropa seine landwirtschaftliche Produktion und fügte dieser Industrien hinzu. Während Nordwesteuropa sich auf eine Agrarproduktion mit höherqualifizierten Arbeitskräften konzentrierte, spezialisierten sich die peripheren Staaten Osteuropas und der westlichen Hemisphäre auf eine landwirtschaftliche Produktionsweise, die auf dem Einsatz von Sklaven und zwangsverpflichteten Landarbeitern aufbaute (Wallerstein 1979: 46). In Nordwesteuropa kam es im Gegensatz zu anderen europäischen Staaten *drittens* zur Schaffung von relativ starken Staatsapparaten. Zwischen verschiedenen lokalen Gruppen wie zum Beispiel zwischen den Grundbesitzern und dem Adel kam es demnach zu einer Konvergenz von Interessen, die die Entwicklung starker Staatsapparate begünstigte. Mit dieser Entwicklung setzte auch der Mechanismus des ungleichen Tauschs zwischen der Peripherie und dem Zentrum ein,

„[...] den starke Staaten gegen schwache, Länder des Zentrums gegen periphere Gebiete einsetzen. Kapitalismus bedeutet also nicht nur, daß die Produktionsmittelbesitzer sich von denen, die nichts anderes als ihre Arbeitskraft besitzen, den Mehrwert aneignen, son-

---

45 Das zyklische, ökonomische Argument Wallersteins für die feudalistische Krise betont, daß zu diesem Zeitpunkt der Punkt einer optimalen Ausnutzung der vorhandenen Technologie überschritten war. Die Krise spiegelt darüber hinaus eine säkulare Entwicklung wider, da sich die Gewinne unter dem Feudalsystem nach tausendjähriger Mehrwertaneignung verringerten. Die klimatologische Erklärung betont, daß eine Veränderung meteorologischer Bedingungen zu einer Beeinträchtigung der Produktivität der Böden und zu einer Ausdehnung von Epidemien führte (Wallerstein 1977: 37).

46 Der zweite und dritte Aspekt der Errichtung einer kapitalistischen Weltökonomie hängen nach Wallerstein (1974: 38) entscheidend vom ersten Aspekt ab: „The territorial expansion of Europe hence was theoretically a key prerequisite to a solution for the 'crisis of feudalism'. Without it, the European situation could well have collapsed into relative constant anarchy and further contraction".

dem Kapitalismus heißt auch die Aneignung des volkswirtschaftlichen Überschusses (Surplus) der gesamten Weltwirtschaft durch die Länder des Zentrums. Und dies galt für das Stadium des Agrarkapitalismus ebenso, wie es für das Stadium des Industriekapitalismus gilt" (Wallerstein 1979: 47).

Die politische Stabilität eines Weltsystems wird durch drei Faktoren garantiert: *erstens* durch die „Konzentration militärischer Stärke in den Händen der herrschenden Kräfte"; *zweitens* durch die starke ideologische Bindung des Mitarbeiterstabs und der Kader des Systems an das System als Ganzes; und *drittens* durch die spezifische ökonomische Rolle, die der Semiperipherie zwischen Zentrum und Peripherie zukommt (Wallerstein 1979: 51). Die Semiperipherie stellt ein „notwendiges strukturelles Element" in einer Weltwirtschaft dar. Die Funktion einer Semiperipherie besteht vor allem darin, den von der Peripherie gegenüber dem Zentrum ausgeübten politischen Druck abzuschwächen. Eine Weltwirtschaft kann demnach nur durch die Existenz einer Semiperipherie funktionieren, die sowohl ausbeutet (nämlich die Peripherie) als auch ausgebeutet wird (nämlich durch das Zentrum) (Wallerstein 1977: 349/350).

Der Versuch Wallersteins, die Entwicklung der zurückliegenden fünf Jahrhunderte als ein verschiedene Phasen durchlaufendes kapitalistisches Weltsystem zu begreifen, ist auf vielfache Kritik gestoßen. Nach Imbusch (1990: 40) stellt das moderne Weltsystem der frühen Neuzeit ein merkantiles und keinesfalls ein kapitalistisches System dar. Obwohl das Kaufmannskapital im sechzehnten Jahrhundert eine weltweite Ausdehnung erlebte, war es demnach nicht fähig, kapitalistische Verhältnisse zu erzeugen. Von einer kapitalistischen Produktionsweise kann somit erst ab der zweiten Hälfte des achtzehnten Jahrhunderts gesprochen werden. Der Staat wird in der Weltsystemtheorie nur aus seiner relativen Position innerhalb des kapitalistischen Weltsystems abgeleitet. Dies stellt zweifellos eine Schwäche des Ansatzes dar, da die Bedeutung interner Faktoren für die Position eines Staates innerhalb des internationalen Systems ausgeblendet wird (Cox 1986: 206). Dieser Einwand wird durch das von Imbusch (1990: 37) formulierte Argument konkretisiert, die Entstehung unterschiedlicher Produktionsverhältnisse in verschiedenen Regionen im sechzehnten Jahrhundert bleibe bei Wallerstein unbegriffen, da diese nur in ihrer Beziehung zum Weltmarkt und bezüglich der Profitabilität auf dem Weltmarkt analysiert werden. Imbusch kritisiert, daß Wallerstein die „internen Antagonismen der feudalen Produktionsweise, die Klassenveränderungen und Klassenauseinandersetzungen nicht mit den regional unterschiedlichen Entwicklungen zusammenbringt und systematisch außer acht läßt". Darüber hinaus kann Wallerstein den selbst formulierten Anspruch nicht einlösen, wonach seine Theorie eine Erklärung für den Wandel des kapitalistischen Weltsystems bereitstelle. Cox (1986: 206) weist darauf hin, daß Wallersteins Theorie eher eine Erklärung für die Erhaltung als für den Wandel des Weltsystems darstelle.

2.5.2. Die Imperialismustheorie

Dem Aspekt des ungleichen Tauschs und der Einbeziehung der Peripherie in die vom Zentrum bestimmte internationale Arbeitsteilung ist sowohl von der modernen Imperialismustheorie wie auch von der Dependenztheorie breite Beachtung geschenkt worden. Wichtige Vertreter der klassischen Imperialismustheorie stellen Hobson und Lenin dar. Hobson beschrieb aus nicht-marxistischer Perspektive den Kampf der um die Jahrundertwende führenden Industriestaaten nach immer größerer imperialer Ausdehnung. Die Kritik Hobsons richtete sich u.a. gegen die interessenpolitischen Motive des Imperialismus, die gegen das Gemeinwohl der imperialistischen Staaten selbst gerichtet seien. Nach Hobson (1968: 67) war der neue Imperialismus „für die Nation ein schlechtes Geschäft, (...) aber ein gutes Geschäft für bestimmte Klassen und Gewerbe innerhalb der Nation". Hegte Hobson die Hoffnung auf einen Kapitalismus, der den Imperialismus überwinden könnte, so betrachtete Lenin den Imperialismus als eine Übergangsperiode des Kapitalismus zu einer höheren gesellschaftlich-wirtschaftlichen Ordnung. Er sah den Imperialismus als eine Entwicklungsstufe des Kapitalismus, auf der die Herrschaft der Monopole und des Finanzkapitals sich herausgebildet haben, „der Kapitalexport eine hervorragende Bedeutung gewonnen, die Verteilung der Welt durch die internationalen Truste begonnen hat und die Aufteilung des gesamten Territoriums der Erde durch die größten kapitalistischen Länder abgeschlossen ist" (Lenin 1947: 72).

Für Galtung (1979) ist der Imperialismus für die Ungleichheit zwischen dem hochentwickelten Zentrum und der unterentwickelten Peripherie als eine der Hauptformen „struktureller Gewalt" verantwortlich (Galtung 1979: 29). Gewalt wird von Galtung definiert als „*die Ursache für den Unterschied zwischen dem Potentiellen und dem Aktuellen*, zwischen dem, was hätte sein können, und dem, was ist". Es liegt somit dann Gewalt vor, *„wenn Menschen so beeinflußt werden, daß ihre aktuelle somatische und geistige Verwirklichung geringer ist als ihre potentielle Verwirklichung"* [Hervorhebungen durch den Autor selbst] (Galtung 1975: 9). Von den insgesamt sechs Dimensionen von Gewalt stellt die strukturelle Gewalt für Galtung die wichtigste dar.[47] Dabei handelt es sich im Gegensatz zu direkter oder personaler Gewalt um Gewalt ohne einen Akteur. Unter dem Begriff des Imperialismus versteht Galtung eine Kombination aus inner- und internationalen Beziehungen. Auf der systemischen Ebene der internationalen Beziehungen wird unterschieden zwischen Staaten, die eine Position als Zentrum oder als Peripherie in den internationalen Beziehungen einnehmen. Die subsystemische Ebene innerhalb der Zentral- und Peripherienationen ist zudem von der Existenz eines innerstaatlichen Zentrums und einer innerstaatlichen Peripherie geprägt. Die Kluft in den Lebensbedingungen zwischen diesen Staaten wird dadurch aufrechterhalten, daß das Zentrum der Zentralnation einen Brückenkopf im Zentrum der Peripherienation unterhält. Von Imperialismus kann nach Galtung (1979: 35/36) somit dann gesprochen werden, wenn *erstens* eine Interessenharmonie zwischen dem Zentrum in der Zentralnation und dem Zentrum in der Peripherienation besteht, *zweitens* eine größere Interessendisharmonie innerhalb der Peripherienation als innerhalb der Zentralnation vorherrscht und *drittens* eine Interessendisharmonie zwischen den innerstaatlichen Peripherien der Zentral- und Peripherienation besteht.

Die vertikale Interaktionsbeziehung zwischen der Zentral- und der Peripherienation führt zu einer Ungleichheit bezüglich des Austauschs von Werten zwischen diesen Staaten. Diese ungleiche Akteursbeziehung kann verschiedene Grade annehmen, die in der Plünderung, in ungleichem Austausch und in unterschiedlichen Verarbeitungsniveaus bestehen. Eine feudale Interaktionsstruktur sorgt dafür, daß die Ungleichheit zwischen diesen Staaten aufrechterhalten bleibt. Diese Interaktionsstruktur wird nicht nur durch die Monopolisierung der Interaktionen mit der Außenwelt durch den Zentralstaat bestimmt. Vielmehr wird eine Interaktion zwischen den Peripherien von Zentral- und Peripherienation unterbunden. Die Interaktion zwischen diesen Staaten verläuft somit vertikal zugunsten des Zentralstaats (Galtung 1979: 50). Die fünf Typen des ökonomischen, politischen, militärischen, kommunikativen und kulturellen Imperialismus kennzeichnen nach Galtung (1979: 55) den Austausch zwischen diesen

---

47 Zu den sechs verschiedenen Dimensionen von Gewalt vgl. Galtung (1975: 10-15).

Staaten. Darüber hinaus wird zwischen drei historischen Phasen des Imperialismus unterschieden, die von der jeweiligen Methode abhängen, mit der „das Zentrum im *Zentrum* die Interessenharmonie zwischen sich selbst und dem Zentrum in der *Peripherienation* herzustellen pflegt" [Hervorhebungen durch den Autor selbst] (Galtung 1979: 61). In der durch Okkupation geprägten Phase des Kolonialismus ist das Zentrum der Peripherienation mit dem Zentrum der Zentralnation identisch. In der neo-kolonialistischen Phase wird die Kontrolle vor allem über internationale Organisationen in Form eines „imperialistischen Herrschaftsinstruments" (Galtung 1979: 67) ausgeübt. Sollte der Einfluß internationaler Organisationen schwinden, so würde dies eine Phase der „Augenblickskommunikation" zwischen Zentral- und Peripherienationen nach sich ziehen.

2.5.3. Die Dependenztheorie

Auch die Dependenztheorie, die weitgehend lateinamerikanischen Ursprungs ist, betrachtet Unterentwicklung als das Ergebnis der historischen Einordnung der Peripherienationen in das von den Zentralnationen bestimmte globale politisch-ökonomische System. Dependenztheoretische Analysen gehen im Gegensatz zur Modernisierungstheorie nach Valenzuela/Valenzuela (1978: 545) davon aus, daß sich jene Gewinne, die durch die herrschenden Gruppen und das Unternehmertum bei der peripheren Entwicklung erzielt werden, nicht positiv auf die kollektive Entwicklung einer Peripherienation auswirken.

Die Dependenztheorie unterscheidet nach Valenzuela/Valenzuela (1978: 546-550) zwischen vier historischen Phasen von Unterentwicklung. Auf die erste merkantilistische, koloniale Phase (zwischen 1500 und 1750) folgte die Phase äußeren Wachstums (zwischen 1750 und 1914), die durch eine weitgehende Fremdbestimmung der Produktionsstrukturen Lateinamerikas durch die äußeren Exportmärkte gekennzeichnet war. Die Entstehung eines nationalen Industriesektors wurde demnach weitgehend verhindert. Extrem niedrige Löhne und der Einsatz von Sklaven machten die Schaffung von starken nationalen Binnenmärkten unmöglich. Die beiden Weltkriege und die Weltwirtschaftskrise führten in den exportorientierten Staaten Lateinamerikas zu einem massiven Einbruch der Exporte. In dieser Phase (zwischen 1914 und 1950) herrschte ein günstigeres Klima für das Wachstum von nationalen Industriesektoren, die stärker auf die Binnennachfrage ausgerichtet waren. Die Strategie der Importsubstitution führte vor allem in Ländern wie Argentinien, Brasilien und Mexiko vorübergehend zu größeren Wachtumsraten. Nach dem Ende des zweiten Weltkriegs konnten die jeweiligen nationalen Industrialisierungsprogramme jedoch nur auf der Grundlage weiterer Auslandsverschuldung und ausländischer Investitionen weiterverfolgt werden. Die mit dem Beginn der fünfziger Jahre feststellbare Neuformierung des transnationalen Kapitalismus beendete in den Ländern Lateinamerikas schließlich die Politik der Importsubstitution. Diese Länder stellten für die multinationalen Unternehmen nun nicht nur neue Absatzmärkte dar, sondern boten darüber hinaus auch billigere Produktionsmöglichkeiten. Nach Valenzuela/ Valenzuela (1978: 549) führte dies zu einer verstärkten Errichtung von Produktionsanlagen multinationaler Unternehmen in den Peripherieländern, um den Absatz in den dortigen Binnenmärkten zu vergrößern. In dieser Phase, in der sich eine neue (wiederum ungleiche) internationale Arbeitsteilung entwickelt hat, beziehen die Peripherieländer hochwertige Güter, Technologie und verschiedene Rohstoffe von den Zentralnationen. Gleichzeitig findet eine Denationalisierung jener Industriezweige in den Peripherien statt, die die Strategie der Importsubstitution verfolgt hatten.

2.5.4. Grenzen der globalistischen Schule und Annäherung an eine globalistische Theorie über den Konfliktaustrag und über Außenpolitik

Die von der Neoimperialismus- und der Dependenztheorie vorgenommene Einteilung des internationalen Systems in Zentral- und Peripherienationen führt zu einer Sichtweise, die den Antagonismus und den asymmetrischen Charakter in den Beziehungen zwischen diesen Staatengruppen betont. Eine Hauptschwäche dieser Theorien besteht darin, daß eine differenziertere Analyse der Entwicklungsvoraussetzungen und des Verhaltens von Zentral- und Peripherienationen vernachlässigt wird. Beide Theorien sind somit nicht dazu in der Lage, eine Erklärung für das Phänomen der Herausbildung von Schwellenländern und für die wachsende Differenzierung zwischen den Entwicklungsländern zu leisten.[48]

---

48 Galtung räumt ein, man gelange zu „interessanten Ergebnissen", sofern man zwischen die Zentral- und Peripherienation eine dritte Nation schalte, die als Zwischenträger fungieren könne. Dieser Zwischenträger, der der von Wallerstein beschriebenen Semiperipherie nahekommt, stünde zwischen der Zentral- und der Peripherienation, „wenn es um den Grad der Verarbeitung ihrer Exporterzeugnisse geht" (Galtung 1979: 90).

Globalistische Theorien vernachlässigen die Analyse von subsystemischen Faktoren. Die sozialwissenschaftliche Entwicklungstheorie sieht sich daher gerade in jüngster Zeit wieder verstärkt der Konkurrenz modernisierungstheoretischer Erklärungsversuche ausgesetzt, wonach der Aufbau von geeigneten internen gesellschaftlichen Strukturen „die entscheidende Dimension zur erfolgreichen Bearbeitung der Entwicklungsproblematik darstellt" (Menzel 1992: 219/220).

In der Imperialismustheorie wird die Entstehung normativer Institutionen zwischen den Industriestaaten innerhalb der *Nord-Nord-Konfliktformation* weitgehend ausgeschlossen, da diese sich als Konkurrenten auf dem kapitalistischen Weltmarkt gegenseitig in einer Art Nullsummenspiel die Marktanteile streitig machen. Die verschärfte wirtschaftliche Konkurrenz wird begleitet von der Militarisierung und dem kriegerischen Konfliktaustrag zwischen den imperialistischen Staaten (Gill/Law 1988: 59). Rosa Luxemburg hat den Militarismus als Mittel der imperialistischen Staaten beschrieben, der die Kapitalakkumulation in allen historischen Phasen von der „primitiven Akkumulation" in der Anfangsphase des Kapitalismus bis in die Zeit des Imperialismus zu Anfang des zwanzigsten Jahrhunderts begleite (Luxemburg 1966: 367/368). Der Weltsystemansatz hält Kooperation zwischen kapitalistischen Staaten zwar nicht für gänzlich ausgeschlossen. Doch stehen die Aussagen beider Theorien bezüglich der Kooperation zwischen kapitalistischen Staaten stark dem realistischen Verständnis von Gewinnern und Verlieren im internationalen System nahe.

Gemeinsam ist allen drei Theoriesträngen der globalistischen Schule, daß sie innerhalb der *Nord-Süd-Konfliktformation* die Beziehungen zwischen den entwickelten, kapitalistischen Industriestaaten und den Entwicklungsländern als stark asymmetrisch zugunsten der Industrieländer bezeichnen. Die klassische Imperialismustheorie sah in der kolonialen Expansion und Ausbeutung eine den Kapitalismus kennzeichnende gesetzmäßige Notwendigkeit. Durch steigenden Kapitalexport, die Sicherung von Marktanteilen und von Rohstofflieferungen soll der tendenzielle Fall der Profitrate verhindert werden (Gill/Law 1988: 57). Die Dependenztheorie macht mehrere Gründe für den Ressourcenabfluß aus den Entwicklungsländern verantwortlich. Neben der kolonialen Ausbeutung wird vor allem bis heute ein Gewinntransfer aus der Dritten Welt in die Industriestaaten konstatiert, der nicht nur durch den Profittransfer multinationaler Konzerne, sondern auch durch den gewachsenen Schuldendienst, der diese Länder teilweise zum Netto-Kapitalexport zwang, verursacht wird. Die Einordnung in die ungleiche internationale Arbeitsteilung und die Unterwerfung unter den ungleichen

70

Tausch mit den Industriestaaten benachteiligt die Entwicklungsländer strukturell. Die Mechanismen dieses ungleichen Tauschs bestehen u.a. in dem Mehrwert-Transfer durch Kartelle und Monopole, in der Monopolisierung von Know-How und Technologie in den Händen der reichen Industriestaaten und in einer diskriminierenden Zoll,- Subventions- und Einwanderungspolitik dieser Länder (Hauck 1990: 71/72). Auch die Weltsystemtheorie betrachtet den ungleichen Tausch als Mechanismus der starken Staaten des Zentrums gegen die schwachen Staaten in der Peripherie.

Ein wesentliches Element einer globalistischen Theorie der Kooperation könnte daher *erstens* die Beantwortung der Frage nach der Gerechtigkeit normativer internationaler Institutionen darstellen. Diese Frage nimmt insbesondere in den Nord-Süd-Beziehungen einen herausragenden Stellenwert ein. Darüber hinaus erscheint *zweitens* durch die globalistische Theorie eine grundlegende, systematische Erfassung jener Einflußfaktoren notwendig, die aus dem Blickwinkel des globalen Kontextes für die Entstehung normativer Institutionen von Bedeutung sind. Verschiedene Bedingungen, die innerhalb des kapitalistischen Weltsystems vorherrschen (z.B. die Profitrate der Zentralnationen, Zyklen der Weltkonjunktur) wirken sich auf die Staaten und deren Fähigkeit zur Wohlfahrtszuteilung an die nationalen Gesellschaften und zum Transfer solcher Leistungen im Nord-Süd-Verhältnis aus. Aus marxistischer Sicht wird der Anstieg bzw. der Fall der Profitrate im wesentlichen nicht durch innere, sondern durch externe Faktoren verursacht, die im kapitalistischen Weltsystem verankert sind (Bornschier/ Suter 1990: 184/185).[49] Ein *drittes* Element einer globalistischen Theorie könnte darüber hinaus in einer soziologischen Analyse über die Rolle der „Brückenköpfe" in den Peripherienationen bestehen. Dabei gilt es vor allem die Frage zu klären, ob die Bereitschaft der Peripherieländer zum Beitritt zu solchen Regimen, deren Bildung weitgehend von den Zentralnationen initiiert wurde, von der Existenz solcher Brückenköpfe abhängt, die als Statthalter der kapitalistischen Interessen in den Entwicklungsländern fungieren.

---

49 Der Anstieg der durchschnittlichen weltweiten Profitrate wird demnach durch Faktoren herbeigeführt, „die eine plötzliche quantitative oder qualitative Ausdehnung des Weltmarkts (wie etwa die Revolutionen von 1848 oder die Entdeckung neuer Goldfelder 1848 und 1893), eine Verringerung in der organischen Zusammensetzung des Kapitals (technologische Revolutionen, Verfall relativer Preise von Rohstoffen) oder die Steigerung der Mehrwertrate durch einen plötzlichen Anstieg in der Ausbeutung der Arbeiterklasse (wie z.B. in den 1930er und 1940er Jahren durch den Faschismus, den zweiten Weltkrieg und den kalten Krieg) bewirken" (Bornschier/Suter 1990: 184/185).

2.6. Zusammenfassung

In den Kapiteln 1 und 2 wurden die Grundlagen für die weitere Analyse dieser
Arbeit gelegt. Zunächst wurde in Kapitel 1 dargelegt, warum dieser Arbeit eine
Regimedefinition zugrundeliegt, die mit dem zusätzlichen Kriterium der Effektivität besonders strenge definitorische Anforderungen für ein Regime aufweist.
Darüber hinaus wurden auch die abhängigen Variablen für die systemische und
subsystemische Ebene der internationalen Beziehungen entwickelt. In Kapitel 2
wurde zunächst untersucht, zu welchen Annahmen die Denkschulen des Realismus, des Pluralismus und des Globalismus über das internationale System, über
den Konfliktaustrag und über die Außenpolitik von Staaten gelangen. Nach Abschluß der Sichtung der Theorieschulen der Disziplin der Internationalen Beziehungen muß festgestellt werden, daß bisher nur zwei der drei Schulen kon-
sistente Erklärungen für die abhängigen Variablen dieser Arbeit entwickelt
haben. Der weitere Fortgang dieser Arbeit konzentriert sich somit auf die Überprüfung der von den beiden Theorieschulen des Realismus und des Pluralismus
entwickelten Annahmen. Diese werden nun im weiteren Verlauf der empirischen Analyse in den Problemfeldern 'Schutz der Ozonschicht' und 'Schutz
des globalen Klimas' überprüft.

3. Der Schutz der Ozonschicht

Die Darstellung des folgenden Kapitels vollzieht sich in sieben Schritten. Zunächst wird in Kapitel 3.1 das Problemfeld dargestellt. Daran schließt sich in Kapitel 3.2. eine Beschreibung des globalen Regimes zum Schutz der Ozonschicht an. In weiteren Schritten werden schließlich in Kapitel 3.3. der nichtregulierte Konfliktaustrag und in Kapitel 3.4. der regulierte Konfliktaustrag im Problemfeld dargestellt. In Kapitel 3.5. folgt eine deskriptive Darstellung der innenpolitischen Bestimmungsfaktoren für die Außenpolitik zweier bedeutender Akteure im Problemfeld. Eine Erklärung der Regimeentstehung und der Außenpolitik wird in Kapitel 3.6. vorgenommen. In Kapitel 3.7. werden die Ergebnisse noch einmal zusammengefaßt.

3.1. Das Problem der Zerstörung der Ozonschicht

Die stratosphärische Ozonschicht stellt einen Schutzschild für das Überleben von Menschen, Tieren und Pflanzen auf der Erde dar. Sie wirkt als Filter und absorbiert die gesamte Sonnenstrahlung (UV-B-Strahlung) im kurzen Wellenlängenbereich von 280 bis 320 nm.[1] In der Stratosphäre (bis 50 km Höhe) lagern ca. 90 Prozent des gesamten Ozons (O_3), das sich in der Erdatmosphäre befindet.[2] Ozon wird durch photochemische Prozesse in der Stratosphäre gebildet. Aus Sauerstoffmolekülen (O_2) entsteht dort durch Photodissoziation unter Einfluß von UV-Strahlung atomarer Sauerstoff (O), der sich schließlich mit O_2-Molekülen zu Ozon (O_3) verbindet. Die Ozonmoleküle spalten sich wiederum unter Ein-

---

1 Die Sonnenstrahlung wird unterteilt in UV-A-, UV-B- und UV-C-Strahlung. Die für niedrige Organismen und die Oberflächenzellen von höheren Organismen tödliche UV-C-Strahlung (mit einer Wellenlänge von weniger als 280 nm) wird bereits in der Atmosphäre absorbiert. Die UV-A-Strahlung als energieärmste Strahlung (320-400 nm) erreicht den Erdboden, jedoch abgeschwächt durch Luftmoleküle, Aerosolteilchen und Wolken. Nur die UV-B-Strahlung (280-320 nm) ist stark von der Gesamtmenge des Ozons in der Atmosphäre abhängig (vgl. Deutscher Bundestag 1990a: 336; 1992: 102)

2 Den untersten Bereich der Atmosphäre stellt die Troposphäre dar. Diese reicht bis zur Tropopause, die sich in einer Höhe von 8 bis 17 km befindet. Die Stratosphäre beginnt oberhalb der Tropopause und reicht bis eine Höhe von circa 50 km (vgl. WMO 1992a: 3).

fluß von UV-Strahlung zu Sauerstoffmolekülen und atomarem Sauerstoff. Danach beginnt von neuem ein im Prinzip endloser Kreislauf des Aufbaus und natürlichen Zerfalls von O₃ in der Stratosphäre (Deutscher Bundestag 1988: 135-138).[3] Das stratosphärische Ozon erreicht in einer Höhe zwischen 20 und 30 Kilometern seine höchste Konzentration. Neben der Funktion als Schutzfilter hat die Verteilung des Ozons auch Auswirkungen auf die Temperaturen bzw. die Dynamik der Stratosphäre. Das stratosphärische Ozon ist an einer Vielzahl von chemischen und photochemischen Prozessen beteiligt (Deutscher Bundestag 1990a: 270/271; 1992: 43, Jäger 1992: 153, WMO 1992a: 3). Wird seit den siebziger Jahren eine immer dramatischere Verringerung des Ozons in der Stratosphäre verzeichnet, so nimmt andererseits die Konzentration des bodennahen Ozons, das toxische Wirkung auf Flora und Fauna hat, in der Troposphäre ständig zu. Die verstärkte Bildung dieses sommerlichen Photo-Smogs, der bei Menschen zu einer Reizung der Augen, der Atemwege und zur Beeinträchtigung des Atemvolumens führt, ergibt sich aus der Anhäufung von Luftschadstoffen, die vor allem in den Industrieländern verzeichnet wird.

3.1.1. Die wissenschaftliche Erforschung der Ozonschicht

Im Jahre 1974 stellten die beiden amerikanischen Chemiker Rowland und Molina die These auf, daß die Anhäufung von Fluorchlorkohlenwasserstoffen und die dadurch erfolgende Freisetzung von Chloratomen in der Atmosphäre zu einem Abbau des Ozons in der Stratosphäre und somit zu einer Gefährdung allen Lebens auf dem Planeten führen könne (Molina/Rowland 1974: 810-812). Diese These löste über einen Zeitraum von mehr als einem Jahrzehnt hinweg einen wahrhaften Glaubenskrieg aus, der nicht nur zwischen den wissenschaftlichen Verfechtern der FCKW-Hypothese und der chemischen Industrie, sondern auch zwischen den Mitgliedern der 'scientific community' selbst sehr heftig ausgetragen wurde.

Die Gesamtozonverteilung in der Atmosphäre wird seit dem Geophysikalischen Jahr 1957/58 von Bodenmeßstationen aus mit sogenannten Dobson-Spektrophotometern und Filterozonmetern gemessen. Im Jahr 1988 wurden weltweit 85 solcher Bodenmeßstationen verzeichnet, die auch Messungen über

---

3   Vgl. auch Fabian (1992: 35-49)

die vertikale Verteilung des Ozons in der Atmosphäre vornehmen (Deutscher Bundestag 1988: 105). Die Ozonkonzentration an einer bestimmten Stelle der Erdatmosphäre wird dabei in sogenannten Dobson-Units (DU) angegeben. Zusätzliche Daten über den Gesamtozongehalt liefern verschiedene Meßgeräte, die an Bord des US-Satelliten NIMBUS 7 stationiert sind. Das „Solar-Backscatter Ultraviolett-Gerät" (SBUV) und das „Total Ozone Mapping Spectrometer" (TOMS) überwachen seit 1979 die globale Ozonverteilung. Mit LIDAR- und Mikrowellenverfahren können seit einigen Jahren zusätzliche Messungen vom Boden aus vorgenommen werden.[4] Darüber hinaus können vom Boden aus auch Ballon- und Raketensonden zur Messung des Ozongehalts eingesetzt werden (WMO 1989: 164-174). Diese bodennahen und luftgestützten Meßstationen wurden seit dem Geophysikalischen Jahr von 1957 zu einem globalen Überwachungsprogramm, dem von der WMO koordinierten 'Global Ozone Observing System' (GO$_3$OS) ausgebaut. In sechzig Staaten befinden sich derzeit rund 140 boden- und luftgestützte Ozonmeßstationen (WMO 1992a: 7).

Die wissenschaftliche Forschung über den vermuteten Abbau von Ozon in der Stratosphäre wurde im Auftrag der US-Bundesregierung von 1976 bis 1984 von der amerikanischen Akademie der Wissenschaften (NAS) vorangetrieben und koordiniert. Die Aussagen der in diesem Zeitraum von der NAS veröffentlichten vier Berichte variierten allerdings erheblich. Im ersten NAS-Report von 1976 wurde noch von einem durchschnittlichen Ozonverlust von 7 Prozent und einer möglichen Marge von 2 bis 20 Prozent ausgegangen. Die weiteren NAS-Berichte schraubten die erwartete Verminderung der Ozonschicht auf 16,3 Prozent (NAS-Report von 1979) und auf 5 bis 9 Prozent (NAS-Report von 1982) zurück. Der vierte NAS-Report von 1984 gab schließlich eine noch stärker verminderte Prognose ab. Demnach wurde nur noch von einem Rückgang des stratosphärischen Ozons um 2 bis 4 Prozent ausgegangen (Roan 1989: 112).

Das Forschungsteam des 'British Arctic Survey' veröffentlichte 1985 Ergebnisse über die Ozonabnahmen über der Antarktis, die mit dem Dobson-Spektrometer vom Boden aus an der britischen Forschungsstation 'Halley Bay' im Zeitraum von 1977 bis 1984 vorgenommen wurden. Das dadurch identifizierte antarktische Ozonloch betrug nach diesen Messungen im Oktobermonat nahezu 40 Prozent. Im Vergleich zu der Ozonkonzentration von 320 Dobson Units (DU) in den Oktobermonaten von 1957-1964 betrug die Konzentration im Jahr 1984

---

4   Der am Boden stationierte Ozon-LIDAR arbeitet mit dem Licht eines starken Ultraviolett-Lasers.

weniger als 200 DU (Farman/Gardiner/Shanklin 1985). Messungen der japanischen Antarktisstation Syowa hatten schon zuvor im Jahr 1984 von Ozonverlusten über der Antarktis berichtet. Eine von der NASA veranlaßte Neubewertung der durch den US-Satelliten NIMBUS-7 gewonnenen Daten über die globale Ozonkonzentration bestätigte 1985 die zuvor bekannt gewordenen Ergebnisse und lieferte nun auch Satellitenaufzeichungen über die Größe des antarktischen Ozonlochs.[5]

Die Erkenntnisse über das antarktische Ozonloch führten zu einer erheblichen Intensivierung der wissenschaftlichen Erforschung dieses Phänomens. Im Juli 1986 wurde die von der NASA koordinierte Studie „Atmospheric Ozone" veröffentlicht, die bis dahin die umfangreichste Bestandsaufnahme über den Zustand der Ozonschicht darstellte. In dieser Studie wurde nicht nur über eine Verdoppelung der Konzentration der FCKW 11 und 12 in der Atmosphäre seit 1975 berichtet. Vielmehr wurde auch eine Zerstörung der globalen Ozonschicht um durchschnittlich 9 Prozent vorausgesagt.[6] Die von den USA ins Leben gerufene Meßkampagne NOZE (National Ozone Expedition) nahm 1986 an der Antarktisstation Mc Murdo mit Hilfe von Forschungsballonen Messungen über den Zustand der Ozonschicht und mit Spektrometern über die Zusammensetzung der Ozonschicht vor (Roan 1989:169-171). Von der chilenischen Stadt Punta Arenas aus unternahm die umfassendere Expedition NOZE II, an der 120 Wissenschaftler und Techniker beteiligt waren, Messungen von Flugzeugen und vom Boden aus. Die NASA hatte mit einer DC-8 nicht nur ein „fliegendes Labor", sondern mit der ER-2 ein für extreme Flughöhen von 12 bis 18 km geeignetes Flugzeug bereitgestellt, das direkt in das antarktische Ozonloch hineinfliegen konnte.[7]

Die Messungen von NOZE-II konnten nicht nur den Nachweis über eine stark erhöhte Konzentration von Chlormonoxid in der Atmosphäre erbringen, das von Fluorchlorkohlenwasserstoffen stammt. Wie die Meßdaten von NOZE-II zeigten, war das antarktische Ozonloch nun auf ca. 50 Prozent im August und

---

5   Die Bildung des Ozonlochs beginnt Anfang September mit dem Erscheinen der Frühjahrssonne und dauert ca. einen Monat. Zwischen Ende September und Ende Oktober erreichen die Ozonwerte dann ihren Tiefpunkt. Danach setzt dann wieder eine Erhöhung der Ozonwerte ein (vgl. Deutscher Bundestag 1990a: 259).

6   Auf diesen ersten Bericht von 1986 sind inzwischen in den Jahren 1989 und 1991 weitere wissenschaftliche Berichte gefolgt (vgl. U.a. WMO 1986, WMO 1989 und WMO 1991).

7   Vgl. Frankfurter Allgemeine Zeitung vom 5.10.1987.

September 1987 angewachsen (Roan 1989: 218). Im Oktober 1991 wurde nur noch eine Konzentration von 110 DU gemessen. Dies entspricht einem Verlust von ca. 60 Prozent gegenüber den Ende der siebziger Jahre gemessenen Werten (Deutscher Bundestag 1992: 45). Noch dramatischer fiel der Ozonverlust über der Antarktis im Jahr 1992 aus, als ein Rückgang um bis zu 65 Prozent beobachtet wurde.[8] Entsprechenden Messungen des NIMBUS-7-Satelliten der NASA zufolge nahm das antarktische Ozonloch 1992 ein neues Rekordausmaß von 23,5 Millionen km^2 an.[9] In den Monaten August bis Oktober 1993 wurde über der Antarktis erneut eine Rekordabnahme des Ozons gemessen.[10]

Schaubild 3.1.: Jährliche Veränderungen der über der Antarktis beobachteten Ozonkonzentration im Monat Oktober im Zeitraum von 1956-1991

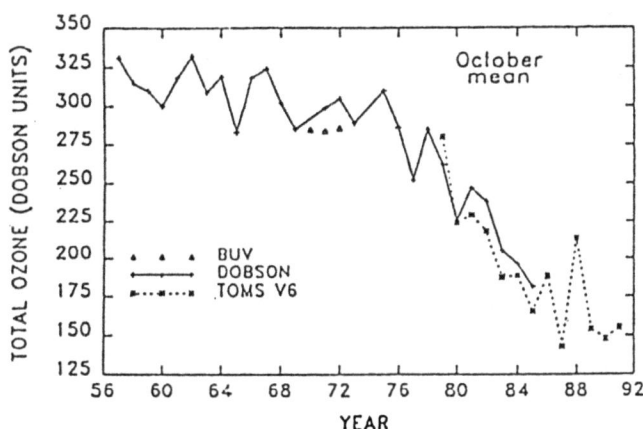

Erläuterung zum Schaubild: Das Dobson-Meßgerät befindet sich an der Arktis-station Halley Bay. Das TOMS-Gerät nimmt die Messungen von Bord des US-Satelliten Nimbus 7 vor. Das Backscatter Ultraviolett Gerät (BUV) nahm über 3 Jahre hinweg Messungen vom US-Satelliten Nimbus 4 vor. Quelle: WMO (1992b: 4.6)

---

8   Vgl. WMO Press Release No. 490 vom 13.11. 1992; die tageszeitung vom 14.11.1992.
9   Vgl. die tageszeitung vom 1.10.1992.
10 Vgl. World Climate News, January 1994, S. 7/8 und Madronich/McKenzie/ Caldwell/Bjoern (1995: 149).

Die Aufgabe des unter Leitung der NASA einberufenen Ozone Trends Panel (OTP), das 1986 seine Arbeit aufgenommen hatte, bestand darin, vorhandene Daten über den Ozongehalt in der Atmosphäre zu überprüfen. An dieser umfangreichen Neubewertung langjähriger Ozonmeßreihen waren 150 Wissenschaftler aus der ganzen Welt beteiligt.[11] Der 1988 vorgelegte Bericht des OTP kam zu dem Ergebnis, daß nicht nur über dem Südpol eine Ozonabnahme verzeichnet werden muß. Vielmehr stellten die Wissenschaftler einen Rückgang des Gesamtozons in der globalen Atmosphäre fest. Für die Nordhemisphäre ermittelten die Wissenschaftler innerhalb des Breitenbands von 30 bis 64° N einen Rückgang der Ozonsäulendichte von 1,7 bis 3 Prozent zwischen 1969 und 1986. In den Wintermonaten betrug die Abnahme zwischen 2,3 und 6,2 Prozent. In diesem Breitenband befinden sich die USA, Kanada, Westeuropa, China, Japan und die Sowjetunion. Das OTP stellte u.a. weiterhin fest, daß die Dichte der Ozongesamtsäule seit 1979 im Breitenband südlich von etwa 60° S um circa 5 Prozent abgenommen hat (WMO 1988:4/5; Watson 1988: 76/77). Neuere von der WMO veröffentlichte Daten haben die Größenordnung dieser Abnahme weitgehend bestätigt (WMO 1992b).

Die Erforschung des Ozongehalts über dem Nordpol wurde erstmals in einer von unter Leitung der NASA 1989 begonnenen Flugzeugmeßkampagne 'Airborne Arctic Stratospheric Expedition' (AASE), an der auch europäische Forscher beteiligt waren, in Angriff genommen. Die Bemühungen der NASA und der europäischen Ozonmeßkampagne 'European Arctic Stratosphere Ozone Experiment' (EASOE) haben mittlerweile zu der Erkenntnis geführt, daß der Ozongehalt auch über der Nordhemisphäre abnimmt. Im Winter 1991/1992 lag die Konzentration des Gesamtozons in den Monaten Dezember, Januar und Februar zwischen 10 und 20 Prozent unter den Normalwerten.[12] Für die Wintermonate 1992/93 wurden von der WMO mit einer Ozonnabnahme von mehr als 20 Prozent über der Nordhemisphäre neue Rekordwerte bekanntgegeben.[13]

---

11 Die Arbeit des OTP fand in Zusammenarbeit der NASA mit der Federal Aviation Administration (FAA), der National Oceanic and Atmospheric Administration (NOAA), der Weltorganisation für Meteorologie (WMO) und dem UN-Umweltprogramm (UNEP) statt.

12 Vgl. WMO Press Release No. 490, 13.11. 1992; Deutscher Bundestag (1992: 98); Ökologische Briefe vom 4.3.1992; Der Spiegel vom 30.11.92; die tageszeitung vom 5.2.92; die tageszeitung vom 14.11.1992.

13 Diese Messungen beziehen sich auf die Monate Januar und Februar (vgl. WMO Press Release No. 504 vom 5.3.1993).

3.1.2. Die Auswirkungen der Abnahme des Ozons

Die durch den Ozonabbau verstärkt auftretende UV-B-Strahlung hat direkte und indirekte Auswirkungen auf den Menschen. Die direkten Auswirkungen auf den Menschen betreffen drei Bereiche: das Auge, das Immunsystem und die Haut. Wie neuere Studien zeigen, kann eine verstärkte UV-B-Strahlung beim menschlichen Auge zu einer größeren Häufigkeit von Katarakten, einer anhaltenden Trübung der Augenlinse, führen. Da eine zu hohe UV-Strahlung zu einer Schwächung der Immunabwehr führt, wird mit einer Zunahme der Infektionskrankheiten gerechnet. Die steigende Zahl verschiedener Hautkarzinome wird ebenfalls auf eine erhöhte UV-B-Einwirkung zurückgeführt. Die Erkrankungen mit Melanomen haben seit Mitte der siebziger Jahre weltweit bereits in hohem Maße zugenommen.[14]

Der Mensch ist durch das Ozonloch auch schwerwiegenden indirekten Auswirkungen ausgesetzt, die sich aus den Veränderungen in den gesamten Ökosystemen der Erde ergeben. Eine verstärkte UV-B-Strahlung zieht weitreichende Konsequenzen für die Tier- und Pflanzenwelt nach sich. Bei Landpflanzen werden das Wachstum, der Stoffwechsel und das Blühverhalten beeinträchtigt. Bei steigender UV-B-Strahlung muß daher mit einem Rückgang der Biomasseproduktion gerechnet werden. Weitreichende negative Auswirkungen wurden darüber hinaus für die marinen Ökosysteme prognostiziert. Unter vermehrter UV-B-Strahlung werden besonders für die pflanzlichen Mikroorganismen (Phytoplankton), die die Grundlage der biologischen Nahrungskette und einen Teil des globalen Kohlenstoffkreislaufs darstellen, massive Schädigungen erwartet. Während dem Auftreten des antarktischen Ozonlochs konnte in den Gewässern der Antarktis eine Abnahme der im Meer vorfindbaren Photosyntheseleistung um 30 Prozent beobachtet werden.

---

14 Bei Basalzell- und Plattenepithelkarzinomen handelt es sich um kanzerogene Veränderungen der Epidermiszellen der Haut. Maligne Melanome stellen bösartige Tumore der Pigmentzellen der Haut dar. Zwischen 1974 und 1986 betrug die jährliche Zuwachsrate von Melanomerkrankungen in den USA zwischen drei und vier Prozent (vgl. Deutscher Bundestag 1990a: 349/350).

3.1.3. Die Ursachen der globalen Zerstörung der Ozonschicht

Der Ozonabbau in der Stratosphäre wird durch die Anreicherung verschiedener Chemikalien in der Atmosphäre verursacht. Es handelt sich um die Stoffgruppen der Fluorchlorkohlenwasserstoffe, die in vollhalogenierte (FCKW) und teilhalogenierte (H-FCKW) Substanzen unterteilt werden können, um die Halone (HALogenated hydrocarBON) und um chlorierte Kohlenwasserstoffe (CKW).[15] Die jeweiligen Chemikalien besitzen ein unterschiedlich großes Potential zur Zerstörung von Ozon, das mit dem sogenannten ODP-Wert (Ozone Depletion Potential) erfaßt wird.[16] Eine wichtige Größe für die Ozonwirksamkeit einer Substanz stellt der CLP-Wert (Chlorine Loading Potential) dar. Damit wird der maximale Chlorgehalt einer Substanz angegeben, der in die Stratosphäre transportiert wird. Die ozonzerstörenden Stoffe absorbieren darüber hinaus einen Teil der Infrarotstrahlung und tragen auch in einem erheblichen Maß zum Treibhauseffekt bei. Dieser Beitrag der FCKW zum Treibhauseffekt wird durch den GWP-Wert (Greenhouse Warming Potential) abgeschätzt.

Seit den dreißiger Jahren werden Fluorchlorkohlenwasserstoffe (FCKW) industriell produziert.[17] *Vollhalogenierte* FCKW, die nur aus Chlor, Fluor und Kohlenstoff bestehen, stellen chemisch sehr inerte Verbindungen dar. Sie weisen ein hohes Ozonzerstörungspotential auf und werden praktisch nur in der Stratosphäre photochemisch abgebaut. *Teilhalogenierte* Fluorchlorkohlenwasserstoffe (H-FCKW), die neben Halogen- und Kohlenstoffatomen zusätzliche Wasserstoffatome enthalten, sind chemisch weniger beständige Substanzen, deren Abbau sich bereits überwiegend in der Troposphäre vollzieht. Sie weisen im Vergleich zu vollhalogenierten FCKW ein geringeres Ozonzerstörungspotential auf.[18]

Einige dieser Substanzen haben darüber hinaus auch eine sehr hohe Lebensdauer. Während teilhalogenierte Substanzen eine atmosphärische Verweildauer zwischen zwei und vierzig Jahren aufweisen, so beträgt diese bei vollha-

---

15 Halogene stellen eine Gruppe von Nichtmetallen dar, die aus den Elementen Fluor (F), Chlor (Cl), Brom (Br), Jod (J) und Astat (At) besteht (vgl. Deutscher Bundestag 1992: 200).

16 Für den ODP-Wert wurde das FCKW 11 als Bezugsgröße mit dem Wert 1 festgesetzt (vgl. WMO 1989: xxix).

17 Die Chemie der organischen Fluorverbindungen wurde durch den Belgier Swarts im Jahr 1892 begründet. Die Kältemittel FCKW 11 und 12 wurden 1929 durch Midgley entdeckt (vgl. Deutscher Bundestag 1988: 174).

18 Vgl. UNEP IE/PAC 1992 Vol. 1, S. 7.

logenierten FCKW zwischen sechzig und vierhundert Jahren (WMO 1989). Die bereits erfolgte Anreicherung dieser ozonzerstörenden Chemikalien in der Atmosphäre stellt daher ein Langzeitproblem dar. Im Zeitraum von 1931 bis 1987 sind nach Schätzungen der 'Chemical Manufacturers Association' (CMA) von den FCKW 11 (mit einer Verweilzeit von 65 Jahren) und FCKW 12 (Verweilzeit von 130 Jahren) mehr als 16,5 Millionen Tonnen als Altlast in die Atmosphäre freigesetzt worden. Der mittlere Chlorgehalt in der Atmosphäre betrug in den Jahren 1970 und 1980 noch 1,5 ppbv bzw. 2,5 ppbv. Als Folge der emittierten Fluorchlorkohlenwasserstoffe ist der mittlere atmosphärische Chlorgehalt mittlerweile auf 3,6 ppbv angestiegen. Trotz der auf internationaler Ebene getroffenen Reduktionsmaßnahmen wird der Chlorgehalt der Stratosphäre aufgrund der emittierten Altlasten zunächst noch weiter zunehmen. Der zunächst weitere Anstieg auf einen Wert von 4,1 ppbv bis zum Jahre 2000 kann auch durch jene inzwischen getroffenen Maßnahmen zur Reduzierung ozonschädlicher Substanzen nicht mehr verhindert werden. Ein Rückgang des mittleren Chlorgehalts der Atmosphäre auf etwa 2 ppbv ist somit erst für das Jahr 2050 abzusehen (vgl. WMO 1992 b: 8.13).

Halone stellen reaktionsträge, nicht brennbare Substanzen dar, die eine geringe Toxizität aufweisen. Halone sind vollhalogenierte organische Verbindungen, die mindestens ein Bromatom enthalten. Analog zu den Chloratomen wirken auch die Bromatome als Katalysator beim Abbau von Ozon in der Stratosphäre. Halone weisen im Vergleich zu FCKW ein mehrfach erhöhtes Ozonzerstörungspotential auf.[19] Sie zeichnen sich überdies ebenfalls durch eine teilweise hohe atmosphärische Verweildauer aus und tragen auch zum Treibhauseffekt bei.

Von der Gruppe der chlorierten Kohlenwasserstoffe (CKW) haben vor allem die Stoffe Tetrachlorkohlenstoff und Methylchloroform ein hohes Ozonzerstörungs- und Treibhauspotential. Die Fluorkohlenwasserstoffe (FKW) schließlich weisen kein Ozonzerstörungspotential auf, tragen aber zum Treibhauseffekt bei. Wie verschiedene H-FCKW werden die FKW für eine längere Übergangszeit als wichtige Ersatzstoffe für FCKW angesehen. Dem Stoff Methylbromid, der eine geringere Lebensdauer als die FCKW aufweist, wird ebenfalls ein erheblicher Beitrag zur Zerstörung der Ozonschicht zugemessen.

---

19 Für den Ozonabbau ist vor allem ein gekoppelter ClOx/BrOx-Zyklus verantwortlich. Im Vergleich zu Chloratomen zerstören die von den Halonen und anderen bromierten Verbindungen stammenden Bromatome die Ozonschicht drei- bis zehnmal wirksamer als die FCKW (vgl. Deutscher Bundestag 1990a: 296).

Seit Anfang der sechziger Jahre wird ein starker Anstieg der globalen Produktion und des Verbrauchs von FCKW verzeichnet.[20] Die Weltjahresproduktion erreichte bis Mitte der siebziger Jahre einen Stand zwischen 0,7 und 0,9 Millionen Tonnen (Benedick 1991: 27; Rowland 1988: 104). Nach einem geringen Rückgang stieg die globale Produktion in den achtziger Jahren wieder an. Im Jahr 1986 betrug der globale Verbrauch rund 1,4 Millionen Tonnen.[21] Die Produktion dieser Stoffe belief sich in diesem Jahr auf mehr als 1,1 Millionen Tonnen (UNEP 1989). Der überwiegende Teil entfiel dabei auf die FCKW 11 und 12. Nachdem die Chemieindustrie lange nur bedingt bereit war, Auskunft über den Umfang der jeweiligen nationalen und globalen FCKW-Produktion zu erteilen (vgl. Grießhammer/Hey/Hennicke/Kalberlah 1989: 22/23), sind die Unternehmen seit Ende der achtziger Jahre zu einer erheblich offeneren Informationspolitik übergegangen. Angaben über die globalen Produktionszahlen von FCKW lagen von der Chemical Manufacturers Association (CMA) vor. Diese Angaben deckten aber nicht die gesamte Weltproduktion ab, da über die FCKW-Produktion der Staaten Osteuropas, der Sowjetunion und der Dritten Welt lange Zeit nur grobe Schätzungen vorlagen, die nicht in die Auflistung der CMA einflossen.

Fluorchlorkohlenwasserstoffe wurden in der Vergangenheit weitgehend in den Industrieländern produziert und verbraucht. Die USA, die EG-Länder und Japan deckten dabei mit rund 80 Prozent den Hauptanteil an der globalen FCKW-Produktion ab. Der Anteil der EG-Länder belief sich im Jahr 1986 auf circa 40 Prozent der Weltjahresproduktion.[22] Der Anteil der USA betrug circa 30 Prozent.[23] Auch Japan, das einen Anteil von rund 14 Prozent an der globalen Produktion aufwies, stellte einen weiteren bedeutenden FCKW-Produzenten

---

20 Die folgenden Produktionszahlen über FCKW schließen nicht die Halone und die Stoffe Methylchloroform und Tetrachlorkohlenstoff ein. Zur industriellen Produktion von FCKW seit den dreißiger Jahren vgl. Deutscher Bundestag 1988 und 1990a, Grießhammer/Hey/Hennicke/Kalberlah 1989, IPCC 1990, Henseling 1992, UNEP IE/PAC 1992 Vol. 1,2,4 und 5.

21 Vgl. UNEP/OzL.Pro.6/5, S. 6.

22 Für das Jahr 1986 gab die EG eine Jahresproduktion von 454.000 Tonnen an (vgl. Deutscher Bundestag 1992: 90).

23 Dem Bericht des Economic Panel zufolge, das zur Bewertung der in Montreal 1987 getroffenen Maßnahmen eingesetzt wurde, betrug 1986 der Anteil der USA und Kanadas an der globalen Produktion 29 Prozent. Kanada verfügte über keine nennenswerten Produktionskapazitäten (Vgl. UNEP 1989a: 25).

dar.[24] Die Produktion der osteuropäischen Staaten machte einen Anteil von ca. 12 Prozent aus, wovon der größte Teil auf die Sowjetunion entfiel (UNEP 1989a: 17). Eine geringere Menge wurde überdies in verschiedenen Staaten Lateinamerikas, Asiens und im Pazifik produziert. In den EG-Staaten wurden FCKW nicht nur für den Verbrauch innerhalb der Mitgliedsstaaten, sondern auch für den Export produziert.[25]

Circa 80 Prozent der globalen Jahresproduktion wurden von insgesamt sechs multinationalen Unternehmen abgedeckt, deren Firmensitze sich in den USA und in Europa befinden. Die Produktionszahlen dieser multinationalen Firmen beziehen sich auf verschiedene Produktionsstandorte in unterschiedlichen Ländern. Den Spitzenreiter bei der globalen FCKW-Produktion bildete die US-Firma Du Pont. Es folgten die Firmen Atochem aus Frankreich und Allied Signals aus den USA. In der Gruppe der sechs großen FCKW-produzierenden multinationalen Unternehmen befanden sich auch Imperial Chemical Industries (ICI) aus Großbritannien, die Hoechst AG aus der Bundesrepublik Deutschland und Montefluos aus Italien (King/Munasinghe 1991: 4).[26] Im Jahr 1986 entfielen ca. 65 Prozent des globalen Verbrauchs von FCKW und Halonen auf Europa und Nordamerika. Die asiatischen Staaten verbrauchten ca 19 Prozent, Osteuropa ca. 14 Prozent, Afrika ca. 1,5 Prozent und Lateinamerika ca. 0,5 Prozent.[27]

In den vergangenen zwei Jahrzehnten ist auch der Halonverbrauch weltweit drastisch angestiegen. Die globale Produktion von Halonen belief sich 1986 auf 22.700 bis 26.700 Tonnen. Die Europäische Gemeinschaft und die Vereinigten Staaten hatten dabei einen Anteil von nahezu zwei Dritteln an der globalen Jahresproduktion (Deutscher Bundestag 1992: 91). Ungefähr 80 Prozent des globalen Halonverbrauchs wurden durch die fünf Herstellerfirmen Du Pont (USA), Great Lakes Corporation (USA), Imperial Chemical Industries (Großbritannien),

---

24 Die Enquete-Kommission des Deutschen Bundestags bezifferte die japanische FCKW-Produktion auf ca. 160.000 Tonnen (vgl. Deutscher Bundestag 1988: 259).

25 Im Jahr 1986 wurden weltweit ca. 150.000 Tonnen FCKW für den Export produziert. Davon entfallen rund 110.000 Tonnen auf den Export der EG (Vgl. UNEP 1989a: 15).

26 Für das Jahr 1988 gibt die Firma Hoechst eine globale Produktion von 73.000 Tonnen an, die sich allerdings nur auf vollhalogenierte FCKW bezieht. In den Jahren zuvor belief sich die FCKW-Produktion von Hoechst auf ca. 80.000 Tonnen. Davon wurden 85 Prozent am Hauptstandort in Frankfurt produziert. Die Restproduktion von Hoechst entfiel auf den zweiten Produktionsstandort in Suzano/Brasilien. Die Produktion von Hoechst sank im Jahr 1992 auf 31.800 Tonnen (Mitteilung der Firma Hoechst vom 29.4.1993).

27 Vgl. UNEP/OzL.Pro.6/5, S. 6.

Atochem (Frankreich) und Kali-Chemie (Deutschland) abgedeckt (Deutscher Bundestag 1990a: 290).

Tetrachlorkohlenstoff stellte einen wichtigen chemischen Baustein für die Herstellung anderer FCKW dar. Es wurde bei der FCKW-Herstellung verwendet und bildete nur durch die Folgeprodukte der FCKW eine Gefahr für die Ozonschicht. Die Produktion von Tetrachlorkohlenstoff, die Ende der achtziger Jahre noch 750.000 Tonnen jährlich betrug, ist mittlerweile drastisch gesunken (UNEP IE/PAC Vol. 5 1992: 13). Seit Anfang der siebziger Jahre hat sich die globale Produktion von Methylchloroform auf insgesamt 700.000 Tonnen im Jahr 1988 mehr als verdreifacht (Deutscher Bundestag 1990a: 309). Dem Stoff Methylbromid, von dem jährlich derzeit ca. 20.000 Tonnen produziert werden, wird ein Beitrag am Rückgang der Ozonschicht zwischen 5 und 10 Prozent zugemessen. Methylbromid wird zum Pflanzenschutz in der Landwirtschaft, bzw. zum Schutz von leicht verderblichen Waren oder langlebigen Konsumgütern - verwendet (Burdick 1993: 87).

3.1.4. Einsatzbereiche ozonzerstörender Stoffe

Fluorchlorkohlenwasserstoffe wurden in der Vergangenheit hauptsächlich in vier Bereichen eingesetzt. FCKW wurden als Aerosole, bei der Kunststoffverschäumung, im Bereich der Kühl- und Klimatechnik und als Löse- und Reinigungsmittel verwendet. Halone wurden überwiegend zur Feuerlöschung und zur Unterdrückung von Explosionen verwendet. Neben einer Darstellung der jeweiligen Einsatzbereiche dieser Stoffe soll in den folgenden Abschnitten jeweils auch die Frage beantwortet werden, durch welche Stoffe diese ozonzerstörenden Substanzen ersetzt werden können.

Einsatz im Aerosolbereich und Anwendung bei der Sterilisierung
Fluorchlorkohlenwasserstoffe eigneten sich in der Vergangenheit besonders für den Einsatz als Treib- und Lösungsmittel in Sprays, da sie weder brennbar, explosiv oder giftig sind. Mitte der siebziger Jahre wurden noch 60 Prozent aller FCKW 11 und 12 im Aerosolbereich verwendet. Im Jahr 1986 machte diese

Form der Verwendung 27 Prozent des globalen FCKW-Verbrauchs aus, was einem FCKW-Verbrauch in Spraydosen von 300.000 Tonnen entsprach.[28]

Die wichtigsten im Aerosolbereich eingesetzten FCKW stellten die Stoffe FCKW 11, 12 und - in geringerem Umfang - das FCKW 114 dar. Jährlich wurden weltweit circa 8 Milliarden Spraydosen produziert, die unter anderem zur Verteilung von Deodorants, Rasierschaum, Parfüms, Lacken, Insektiziden, Fensterreinigern, Herdreinigern, pharmazeutischen und tiermedizinischen Produkten, Farben, und Klebstoffen dienten. Durch ihre kühlende Wirkung waren FCKW in der Vergangenheit auch als Lokalanästhetikum in der Sportmedizin und bei der Reparatur von Rohrleitungen von Nutzen. FCKW 12 wurde auch als Komponente bei der Sterilisierung medizinischer Ausrüstung verwendet.

Im Aerosolbereich wurden verschiedene Ersatzstoffe für FCKW entwickelt, die den unterschiedlichen Ansprüchen bezüglich ihrer geplanten Anwendung entsprechen. Dimethyläther und verschiedene Kohlenwasserstoffe wie Propan, Butan, Isobutan und Pentan können vor allem in solchen Bereichen als Treibmittel eingesetzt werden, in denen das Risiko der Brennbarkeit dieser Substanzen durch technische Mittel reduziert werden kann.[29] Andere Gase bzw. Gasgemische wie Luft, Stickstoff, Stickoxide und Kohlendioxid werden ebenfalls als Treibmittel eingesetzt (UNEP IE/PAC Vol 5 1992: 17; Deutscher Bundestag 1990a: 315). Einzelne Fluorkohlenwasserstoffe (FKW) wurden in den letzten Jahren als Ersatzstoffe für FCKW entwickelt. Einen Ersatz für Treibmittel stellte die erfolgreiche Suche nach neuen technischen Alternativen für das bisherige Aerosolkonzept dar, wie die Einführung von Deorollern oder von mechanischen Pumpen für medizinische Inhaliersprays zeigt.

Einsatz in der Kühl- und Klimatechnik

Im Jahr 1986 wurden 25 Prozent aller produzierten FCKW in der Kühl- und Klimatechnik eingesetzt.[30] Neben den wichtigsten FCKW 11 und 12 wurden auch die FCKW 13 und 114, das teilhalogenierte H-FCKW 22 und die Stoffe R-500 und 502, bei denen es sich um Mischungen zwischen voll- und teilhalogenierten FCKW handelt, verwendet. Im Jahr 1991 nahmen die drei Einsatzbe-

---

28 Vgl. UNEP IE/PAC Vol.5 (1992: 10).
29 Diese Substanzen stellen allerdings sogenannte flüchtige organische Verbindungen (VOCs) dar, die unter Beteiligung von Sonnenstrahlung an chemischen Reaktionen in der Atmosphäre beteiligt sind, welche zur Bildung des troposphärischen Ozons (Sommer-Smog) führen (Vgl. UNEP IE/PAC Vol. 5 1992: 16).
30 Vgl. zu den folgenden Daten UNEP IE/PAC Vol. 1 (1992).

reiche der mobilen Klimaanlagen mit 49,1 Prozent, der Kühlung im Handel mit 26 Prozent und der Verarbeitung und Lagerung im Einzelhandel mit 11,7 Prozent einen Gesamtanteil von 86,8 Prozent des FCKW-Einsatzes in der Kühl- und Klimatechnik ein. Kleinere Mengen FCKW fanden darüber hinaus bei Klimaanlagen, bei Transportmitteln und bei industriellen und privaten Kühlanlagen Verwendung.[31]

Im Jahr 1987 wurden circa 22 Millionen Autos, Busse und Lastwagen mit Klimaanlagen ausgerüstet, bei denen das FCKW 12 das Kühlmittel darstellte. Damit wurde die Hälfte des im Bereich der Kühl- und Klimatechnik eingesetzten FCKW 12 für Klimaanlagen in Fahrzeugen verwendet.[32] Die in mobilen Klimaanlagen pro Jahr verbrauchten 128.000 Tonnen von FCKW 12 stellten somit ungefähr 10 Prozent des jährlichen Gesamtverbrauchs aller FCKW dar. Die FCKW 11, 12, 114 und das H-FCKW 22 fanden auch als Kühlmittel in den Klimaanlagen privater und öffentlicher Gebäude Verwendung. FCKW 12 wurde neben R 502 und dem H-FCKW 22 auch in Kühlanlagen im Einzelhandel und als Kühlmittel in Kühlschränken für private Haushalte eingesetzt.

Im Jahr 1990 wurden weltweit 56,33 Millionen Kühlgeräte für die Nutzung in privaten Haushalten produziert.[33] Eine Kühleinheit enthielt dabei zwischen 140 und 200 g FCKW 12 als Kühlmittel. Dem Recycling von Kühlmitteln aus Altanlagen kommt daher besondere Bedeutung zu.

Als Ersatzprodukte wurden in den letzten Jahren Substanzen entwickelt, die (wie verschiedene H-FCKW) nur ein geringes (und wie die FKW) oder keinerlei Ozonzerstörungspotential aufweisen. Auch das Treibhauspotential von H-FCKW und FKW liegt unter jenem der FCKW. Für die Ausstattung von Kühlanlagen wurden mittlerweile eine Reihe von Ersatzprodukten entwickelt. Innerhalb weniger Jahre waren die Hersteller trotz anfänglichen Zögerns relativ schnell dazu in der Lage, FCKW-freie Kühlgeräte anzubieten.

---

31 Vgl. UNEP IE/PAC Vol.1 (1992: 11/12).

32 Dies sind 48 Prozent aller in diesem Jahr weltweit produzierten Fahrzeuge.

33 Den größten Anteil an der Produktion von Kühlgeräten für Privathaushalte nahm dabei Westeuropa mit 15,81 Millionen Einheiten ein, gefolgt von Asien mit 15,75, Nordamerika mit 10,91 und Osteuropa mit 10,85 Millionen Einheiten (UNEP IE/ PAC Vol. 1 1992: 12).

Einsatz in der Kunststoffverschäumung

Die Kunststoffverschäumung nahm im Jahr 1986 einen Anteil von 25 Prozent am globalen FCKW-Verbrauch ein. Dies entsprach einer FCKW-Menge von 267.000 Tonnen. Der Umfang der in der Kunststoffverschäumung vor allem als Treibmittel eingesetzten FCKW konnte bis zum Jahr 1990 weltweit um 35 Prozent auf 174.000 reduziert werden (UNEP IE/PAC Vol. 4 1992: 10). Die wichtigsten eingesetzten Stoffe stellten die FCKW 11, 12, 113 und 114 dar.

Fluorchlorkohlenwasserstoffe wurden in der Kunststoffverschäumung überwiegend für die Herstellung von Polyurethanschäumen (PUR) verwendet, die in Hart- und Weichschäume unterteilt werden können (UNEP IE/PAC Vol. 4 1992: 10). PUR-Weichschäume fanden vor allem bei der Polsterung in der Möbel-, Matratzen- und Autoindustrie Verwendung. PUR-Hartschäume dienten zur Wärmedämmung (z.B. bei der Dach- und Mauerisolierung), als Konstruktionsschaum in Kühlmöbeln und als Montageschaum (Deutscher Bundestag 1990a: 301). FCKW wurden auch bei der Herstellung von thermoplastischen Polystyrolschäumen (Polystyrene und Polyolefin) eingesetzt, die als Wärmedämmstoffe und als Verpackungsmittel dienten.

Neben der Entwicklung möglicher Ersatzprodukte für FCKW bestand im Bereich der Produktion von Kunststoffschäumen auch die Möglichkeit, durch eine Veränderung gängiger Produktionsverfahren und durch die Entwicklung FCKW-freier Schäume den FCKW-Verbrauch bereits kurz- und mittelfristig erheblich einzuschränken.

Einsatz als Reinigungs- und Lösemittel

Die Nutzung von Fluorchlorkohlenwasserstoffen als Reinigungs- und Lösemittel wurde seit den siebziger Jahren erheblich ausgeweitet. Der Anteil am globalen FCKW-Gesamtverbrauch erreichte im Jahr 1986 rund 16 Prozent. Als wichtigste Reinigungs- und Lösemittel galten insbesondere das FCKW 113 und Methylchloroform. Ungefähr 45 Prozent der im Reinigungs- und Lösemittelbereich verbrauchten FCKW entfielen auf die Elektronikindustrie. Im Jahr 1988 wurden dort circa 80.000 Tonnen FCKW 113 eingesetzt. Die Menge des in der Elektronikindustrie ebenfalls verwendeten Methylchloroforms betrug im Jahr 1989 36.000 Tonnen (UNEP IE/PAC Vol. 2 1992: 10-12).

Eine weitere Anwendungsform von FCKW 113 und Methylchlorofom stellte die Reinigung besonders empfindlicher Oberflächen und Instrumente aus Metall, Kunststoffen oder Glas dar (z.B. Computerlaufwerke, Bestandteile von Instrumenten aus der Optik, dem Fernmelde- und Nachrichtenwesen, dem Luft- und Raumfahrtwesen, sowie verschiedene Waffensysteme). Der Einsatz von Lösungsmitteln war überdies in einer großen Anzahl industrieller Fertigungsprozesse erforderlich, um organische Bestandteile wie Fette, Öle und sonstige Verunreinigungen von der Oberfläche von Metallen zu beseitigen (UNEP IE/PAC Vol. 2 1992: 15; Deutscher Bundestag 1990a: 300).

Die Anwendung von FCKW als Lösungs- und Reinigungsmittel kann durch verschiedene andere Stoffe ersetzt werden, die neben anderen organischen Reinigungsmitteln, einzelne H-FCKW und verschiedene Alkohole und Gemische mit niedrigerem ODP-Wert umfassten. Zudem wurden alternative Reinigungsverfahren auf Wasserbasis entwickelt. In der Elektronikindustrie wurde seit Anfang der neunziger Jahre zunehmend auf die Anwendung FCKW-haltiger Lösungs- und Reinigungsmittel verzichtet (UNEP IE/PAC Vol. 2 1992: 19-35).

Einsatz von Halonen in Feuerlöschanlagen

Halone wurden vor allem deshalb als Brandbekämpfungsmittel eingesetzt, da schon eine Halonkonzentration zwischen fünf und sieben Prozent ausreicht, um ein Feuer sofort zu ersticken. Bei der Feuerlöschung stellten die Halone 1211 und 1301 die wichtigsten Verbindungen dar. Entsprechenden Schätzungen zufolge wurden zwischen 1960 und 1990 rund 150.000 Tonnen der Halone 1211 und 1301 in die Atmosphäre emittiert (UNEP IE/PAC Vol. 3 1993: 23). In geringerem Umfang wurde auch das Halon 2402 verwendet. Das Halon 1301 wurde als Löschmittel in stationären Raumschutzanlagen, in Datenverarbeitungs- und sonstigen elektrischen Anlagen verwendet. In Handfeuerlöschern und mobilen Löschgeräten kam das Halon 1211 zum Einsatz (Deutscher Bundestag 1990a: 306-308; UNEP IE/PAC Vol. 3 1993: 11/12). Mögliche Alternativen für den Einsatz der Halone in Feuerlöschanlagen boten neben Kohlendioxid vor allem Wasser, sowie die Anwendung von Schaum und Pulver.

3.2. Das globale Regime zum Schutz der Ozonschicht

Das globale Ozonregime besteht aus einem umfangreichen Katalog von Prinzipien, Normen, Regeln und Entscheidungsprozeduren, der seit Mitte der achtziger Jahre erheblich ausgeweitet wurde. Die Entwicklung dieser Regimebestandteile vollzog sich in zwei Abschnitten. Die im Jahr 1985 verabschiedete Wiener 'Konvention zum Schutz der Ozonschicht' stellt eine Rahmenkonvention dar, die zur Koordinierung der weiteren Zusammenarbeit der Staatengemeinschaft im Problemfeld diente.[34] Sind in der Konvention schon verschiedene Prinzipien und Normen enthalten, so ist der Bereich der darin enthaltenen Regeln äußerst schwach ausgebildet. Die Konvention enthält weder eine Norm noch Regeln zur Reduktion ozonzerstörender Stoffe. Auf den bisher drei Konferenzen der Vertragsparteien der Konvention, die im April 1989 in Helsinki, im Juni 1991 in Nairobi und im November 1993 in Bangkok stattfanden, wurden neben der Verabschiedung des jeweiligen Haushaltes für das Konventionssekretariat zusätzliche Verfahrensregeln und Bestimmungen über die Streitschlichtung beschlossen.[35]

Das 'Montrealer Protokoll über Stoffe, die zu einem Abbau der Ozonschicht führen' von 1987 stellt ein Schadstoffprotokoll jener Staaten dar, die Vertragsparteien der Wiener Konvention sind.[36] Es enthält konkrete Regelungsmaßnahmen über die Reduzierung ozonzerstörender Substanzen. Diese Regelungsmaßnahmen sind auf den Folgekonferenzen des Montrealer Protokolls von London im Juni 1990 und Kopenhagen im November 1992 erheblich überarbeitet und ausgedehnt worden.[37] Auf der Wiener Folgekonferenz vom Dezember 1995 wurden weitere Regeländerungen vorgenommen.[38] Vier weitere Konferenzen der Vertragsstaaten des Protokolls fanden im Mai 1989 in Helsinki, im Juni 1991 in Nairobi, im November 1993 in Bangkok und im Oktober 1994 in Nairobi statt.[39]

---

34 Vgl. Brunnée (1988: 317-330), Gehring (1994: 216-218), Hohmann (1992: 364-373), Lang (1986), Rummel-Bulska (1986: 287-295), Sand (1985) und UNEP/IG.53/4. Das Wiener Übereinkommen ist abgedruckt im Bundesgesetzblatt (BGBl.) 1988 Teil II, S. 901-922.
35 Vgl. UNEP/OzL.Conv.1/5, UNEP/OzL.Conv.2/7 und UNEP/OzL.Conv.3/6.
36 Vgl. BGBl. 1988, Teil II S. 1014-1028.
37 Vgl. UNEP/OzL.Pro.2/3 und UNEP/OzL.Pro.4/15. Die in London (1990) beschlossenen Anpassungen und Änderungen sind abgedruckt in: BGBl. 1991, Teil II, S. 1331-1351.
38 Vgl. UNEP/OzL.Pro.7/9/Rev.1 und UNEP/OzL.Pro.7/12.
39 Vgl. UNEP/OzL.Pro.1/5, UNEP/OzL.Pro.3/11, UNEP/OzL.Pro.5/12, UNEP/ OzL.Pro.6/7.

3.2.1. Prinzipien

In Artikel 2 (1) der Wiener Konvention wird die Absicht der Vertragsstaaten formuliert, durch „geeignete Maßnahmen [...] die menschliche Gesundheit und die Umwelt vor schädlichen Auswirkungen zu schützen".[40] In Artikel 2 (2) der Konvention wird dieses Schutzprinzip allerdings durch den Zusatz, wonach die von den Staaten in Angriff zu nehmenden Maßnahmen „entsprechend den ihnen zur Verfügung stehenden Mitteln und ihren Möglichkeiten" erfolgen, wieder eingeschränkt. In der Präambel des Montrealer Ozonprotokolls wird dieses Schutzprinzip zu einem Vorsorgeprinzip erweitert. Die Staaten sind demnach entschlossen, die Ozonschicht „durch Vorsorgemaßnahmen zur ausgewogenen Regelung der gesamten weltweiten Emissionen von Stoffen, die zu einem Abbau der Ozonschicht führen, zu schützen". Eingeschränkt wird dieses Vorsorgeprinzip allerdings wiederum durch den in der Präambel des Protokolls enthaltenen Zusatz, daß technische und wirtschaftliche Erwägungen bei der Verwirklichung dieses Ziels zu berücksichtigen sind. In der Präambel der Wiener Konvention von 1985 wird auf die Notwendigkeit der internationalen Zusammenarbeit verwiesen. In diesem Kooperationsprinzip bekennen sich die Staaten dazu, „daß Maßnahmen zum Schutz der Ozonschicht [...] internationale Zusammenarbeit und internationales Handeln erfordern".

3.2.2. Normen

In der Präambel des Montrealer Ozonprotokolls wird das Ziel formuliert, die ozonzerstörenden Stoffe „auf der Grundlage der Entwicklung wissenschaftlicher Kenntnisse zu beseitigen". Diese Norm zur Reduktion ozonzerstörender Stoffe ist in der Wiener Konvention noch nicht enthalten. In Artikel 2 (1) der Konvention wird nur die unverbindliche Absicht der Staaten formuliert, daß diese „geeignete Maßnahmen" zum Schutz der Ozonschicht treffen. Eine weitere Norm über die Bewertung, Überprüfung und Änderung der getroffenen Regelungsmaßnahmen ist in Artikel 6 des Protokolls enthalten. Die getroffenen Maßnahmen sollen demnach jeweils auf der Grundlage neuer wissenschaftlicher, ökologischer, technischer und wirtschaftlicher Kenntnisse neu bewertet werden. Das

---

40 Zu den folgenden Zitaten vgl. die Angaben in den Fußnoten Nr. 34, 36 und 37.

Montrealer Ozonprotokoll enthält in Artikel 4 zudem eine Norm zur Beschränkung des Handels geregelter Stoffe mit Nichtvertragsparteien.

Die in Artikel 5 des Protokolls enthaltene Norm über die besondere Lage der Entwicklungsländer bezieht sich nicht nur auf den besonderen Bedarf der Entwicklungsländer bezüglich des Zugangs zu den im Protokoll geregelten Stoffen. Der in Montreal 1987 verabschiedete Artikel 10 enthielt noch allgemeine Bestimmungen über die Förderung der technischen Unterstützung für die Entwicklungsländer. Auf der Londoner Konferenz der Vertragsstaaten 1990 wurde der entsprechende Absatz der Präambel über den besonderen Bedarf der Entwicklungsländer und der Artikel 10 des Montrealer Protokolls zu einer Norm erweitert, die nicht nur die besondere Lage der Entwicklungsländer, sondern auch deren Bedürfnis nach finanzieller und technischer Hilfe und nach einem Technologietransfer umfaßt.[41]

Eine weitere Norm, die in Artikel 8 des Montrealer Protokolls enthalten ist, betrifft die Nichteinhaltung des Protokolls durch Vertragsstaaten. Die im Protokoll von 1987 enthaltene Nichteinhaltungsnorm war zunächst allerdings nur vage formuliert. Das Montrealer Protokoll von 1987 erteilte den Vertragsstaaten die Aufgabe, beim nächsten Treffen der Vertragsstaaten näheres zu beschließen. Normen über die zwischenstaatliche Zusammenarbeit in den Bereichen des Informationsaustauschs, der Forschung und systematischen Beobachtung und im rechtlichen, wissenschaftlichen und technischen Bereich sind in den Artikeln 2 bis 4 enthalten.

3.2.3. Regeln

Unter dem globalen Regime zum Schutz der Ozonschicht wurde ein breiter Katalog von Regeln entwickelt. In der folgenden Darstellung der Regeln des Ozonregimes wird eine Unterteilung vorgenommen, die *erstens* die Regeln über die Reduktion ozonzerstörender Stoffe, *zweitens* die Regeln über den besonderen Bedarf der Entwicklungsländer und *drittens* die sonstigen Regeln des Regimes umfaßt. Um die weitere Errichtung von Reduktionsregeln zu erleichtern, wurden für mögliche *Änderungen* (amendments) und *Anpassungen* (adjustments) innerhalb des Regimes eigene Regeln entwickelt. In Artikel 9 (1) der Wiener Kon-

---

41 Vgl. UNEP/OzL.Pro 2/3, Annex II S. 34-36.

vention wurde festgelegt, daß Änderungen des Übereinkommens oder eines Protokolls vorgenommen werden können. Bei den in der Konvention und dem Protokoll enthaltenen Anlagen können zudem nach den Artikeln 10 der Konvention und 2 (9) des Protokolls Anpassungen an den jeweiligen Stand, der sich aus der Neubewertung wissenschaftlicher Erkenntnisse ergibt, vorgenommen werden.[42] *Änderungen* werden u.a. vorgenommen, um die Neuaufnahme von Stoffen in das Protokoll zu bewerkstelligen. *Anpassungen* betreffen die Verschärfung der Regeln für die im Protokoll geregelten Stoffe.

Teil 1: Die Entwicklung der Regeln über die Reduktion ozonzerstörender Stoffe

Die wichtigsten und überdies detailliertesten Regeln des Ozonregimes leiten sich aus der Norm zur Reduktion ozonzerstörender Substanzen durch die Vertragsstaaten ab. Die Regeln zur Reduktion ozonzerstörender Stoffe wurden bis 1995 in einem vierstufigen Prozeß, der sich von den in Montreal 1987 ergriffenen Maßnahmen über die zusätzlichen Vereinbarungen von London (1990), Kopenhagen (1992) und Wien (1995) erstreckt, entwickelt.[43] Die im Protokoll geregelten Stoffe werden in verschiedenen Anlagen, die Bestandteile des Protokolls bilden, aufgeführt. Neben den im Montrealer Protokol von 1987 in der Anlage A geregelten Stoffen traten inzwischen weitere Stoffgruppen, die in den Anlagen B, C und E aufgeführt sind. Neben einer Ausweitung der Regelung von Stoffen kann innerhalb einzelner Anlagen eine Verschärfung der ursprünglich formulierten Reduktionsschritte und eine Verkürzung des für die Reduktion dieser Stoffe vorgesehenen Zeitplans verzeichnet werden. Überdies haben sich verschiedene Staaten und Staatengruppen darauf verständigt, die innerhalb des Montrealer Protokolls geltenden Regeln über den Reduktionsgrad und über den Zeitplan für die Reduktion der geregelten Stoffe zusätzlich zu verschärfen. Die

---

42 Nach Artikel 9 (3 und 4) der Wiener Konvention werden Änderungen der Konvention mit Dreiviertelmehrheit, Änderungen des Protokolls mit ZweiDrittel-Mehrheit der anwesenden und abstimmenden Vertragsparteien beschlossen. Die Änderung der Anlage eines Protokolls wird nach Artikel 2 (9) des Montrealer Protokolls mit einer Zweidrittelmehrheit beschlossen, wobei der Beschluß gleichzeitig sowohl durch eine Mehrheit der Entwicklungs- wie auch der Industrieländer getragen werden muß (vgl. UNEP/OzL.Pro.2/3, Annex II, S. 27).

43 Eine Übersicht über die Regelungen von Montreal 1987 und London 1990 findet sich bei Benedick (1991: 190/191), Deutscher Bundestag (1990: 363-370), Szell (1991: 170-173) und UNEP (1992: 13-15). Zu den Regelungen von London 1990 vgl. auch Ott (1991).

von einzelnen Staaten und Staatengruppen über das globale Regime hinausgehenden getroffenen Regelungen stehen in Einklang mit Artikel 2 (3) der Wiener Konvention. Darin wird das Recht der Vertragsparteien formuliert, zusätzliche Maßnahmen zu treffen. Bezüglich der Verminderung des Verbrauchs und der Produktion von ozonzerstörenden Stoffen gelten für die Industrie- und Entwicklungsländer unterschiedliche Regelungen. Im wesentlichen ist für die Entwicklungsländer ein verspäteter Ausstieg aus diesen Stoffen vorgesehen (vgl. Teil 2: Regeln über den besonderen Bedarf der Entwicklungsländer).

1a) Mittelfristiger Ausstieg statt 50-Prozent-Lösung für die FCKW 11, 12, 113, 114 und 115: Im Montrealer Protokoll von 1987 wurden unter Artikel 2 erstmals Regeln zur Reduktion verschiedener ozonzerstörender Substanzen entwickelt. In Anlage A des Protokolls wurde zwischen zwei Gruppen von Stoffen unterschieden. Die Gruppe I der geregelten Stoffe enthielt die vollhalogenierten FCKW 11, 12, 113, 114 und 115. Ab dem 1. Juli 1989 mußten demnach innnerhalb eines Jahres die Produktion und der Verbrauch dieser Stoffe an die im Jahr 1986 produzierte und verbrauchte Menge angeglichen werden und durften diese danach nicht mehr übersteigen. Dies bedeutete ein Einfrieren der Produktion und des Verbrauchs dieser Stoffe. Ab dem 1. Juli 1993 sollten überdies die Produktion und der Verbrauch der Stoffe in Gruppe I innerhalb eines Jahres um 20 Prozent, und ab dem 1. Juli 1998 innerhalb eines Jahres um 50 Prozent der im Jahr 1986 verbuchten Menge reduziert werden.

Auf der zweiten Konferenz der Vertragsstaaten des Montrealer Ozonprotokolls in London 1990 wurden für die in Anlage A geregelten Stoffe Anpassungsmaßnahmen erlassen, die für die Stoffe der Gruppe I eine zeitliche Verkürzung der Reduktion sowie eine Verschärfung der Reduktionsmaßnahmen beinhalteten. Für die FCKW 11, 12, 113, 114 und 115 wurde ein Einfrieren der Produktion und des Verbrauch dieser Stoffe im Zeitraum zwischen dem 1. Juli 1991 und dem 31. Dezember beschlossen. Eine in London 1990 verschärfte Reduktionsregel sah eine Verminderung des Verbrauchs und der Produktion dieser FCKW ab dem 1. Januar 1995 um 50 Prozent vor. Ab dem 1. Januar 1997 sollte diese Menge innerhalb eines Jahres um mindestens 85 Prozent reduziert werden. Der Ausstieg aus der Produktion und dem Verbrauch der Stoffe in Gruppe I der Anlage A war demnach mit dem Beginn des Jahres 2000 innerhalb eines Jahres vorgesehen.[44] Die auf der vierten Konferenz der Vertragsstaaten in Kopenhagen 1992 beschlossenen Anpassungen des Montrealer Protokolls legen nun für die Stoffe FCKW 11, 12, 113, 114, 115 fest, daß ab dem 1. Januar 1994 innerhalb eines Jahres eine Verminderung um 75 Prozent erzielt werden muß. Ein Ausstieg mußte ab dem 1. Januar 1996 innerhalb eines Jahres vorgenommen werden.[45] Die in Montreal 1987 beschlossenen Regeln, die eine Reduktion um 50 Prozent bis 1998 vorsahen, wurden somit für die Stoffe der Gruppe I in Anlage A innerhalb eines Zeitraums von fünf Jahren zu Regeln über den völligen Ausstieg aus diesen Stoffen weiterentwickelt.

1b) Mittelfristiger Ausstieg statt Einfrieren für die Halone 1301, 1211 und 2402: In Gruppe II der Anlage A des Montrealer Protokolls von 1987 wurden die Halone 1301, 1211 und 2402 aufgenommen. Das Montrealer Protokoll von 1987 sah ein Einfrieren der Produktion und des Verbrauchs dieser Stoffe ab dem 1. Februar 1992 auf dem Stand von 1986 vor. Die in London 1992 beschlossenen Anpassungsmaßnahmen für die Halone 1301, 1211 und 2402 beinhalteten neue Regeln. Neben der ursprünglichen Regel des Einfrierens wurde zusätzlich für diese Halone nun eine Reduktion um 50 Prozent der 1986 verbuchten Menge festgelegt, die ab dem 1. Juli 1995 innerhalb eines Jahres erreicht werden mußte. Weiterhin wurde bestimmt, daß ab dem Beginn des Jahres 2000 innerhalb eines Jahres ein Ausstieg aus der Produktion und dem Verbrauch dieser Halone erreicht werden mußte.[46] Die seit der Kopenhagener Konferenz 1992 gültige Anpassung lautet nun, daß bereits ab dem 1. Januar 1994 innerhalb eines Jahres der völlige Ausstieg aus der Produktion und dem Verbrauch dieser Halone erzielt werden mußte.[47] Die Einfrier-Regel des Montrealer Protokolls wurde somit zu einer Regel über den völligen Ausstieg aus den Halonen 1301, 1211 und 2402 verschärft.

1c) Neuaufnahme der FCKW 13, 111, 112, 211 bis 217 und mittelfristiger Ausstieg: Neben diesen Anpassungsmaßnahmen wurden auf der Londoner Konferenz 1990 eine große Anzahl von neuen Regeln verabschiedet. Diese neuen Regeln stellten Änderungen des Montrealer Protokolls dar, da diese Bestimmun-

---

44 Vgl. UNEP/OzL.Pro.2/3, Annex I, S.22/23.
45 Vgl. UNEP/OzL.Pro.4/15 Annex I, S. 32.
46 Vgl. UNEP/OzL.Pro.2/3, Annex I, S. 23/24.
47 Vgl. UNEP/OzL.Pro.4/15 Annex I, S. 32.

gen zu Substanzen beinhalteten, die bisher nicht im Protokoll enthalten waren. Hierfür wurde der Annex B neu in das Protokoll aufgenommen. Dieser enthält in Gruppe I die FCKW 13, 111, 112, und 211 bis 217, für die innerhalb des Zeitraums der Jahre von 1993 bis 2000 ein dreistufiges Reduktionszenario festgelegt wurde. Mußten ab dem 1. Januar 1993 die Produktion und der Verbrauch innerhalb eines Jahres um 20 Prozent der Menge des Jahres 1989 vermindert werden, so sollte ab dem 1. Januar 1997 diese Menge um 85 Prozent zurückgeführt werden. Mit dem Beginn des Jahres 2000 sollte innerhalb eines Jahres ein völliger Ausstieg aus diesen Stoffen erfolgen.[48] Die in London 1990 erlassenen Regeln wurden auf der Kopenhagener Konferenz 1992 erheblich verschärft. Die nun gültigen Anpassungsmaßnahmen legen fest, daß ab dem Beginn des Jahres 1993 innerhalb eines Jahres eine Reduktion des Verbrauchs um 20 Prozent der in Gruppe I der Anlage B geregelten Stoffe erfolgen mußte. Mit dem Beginn des Jahres 1994 mußte innerhalb eines Jahres zudem eine Reduktion dieser Stoffe um 75 Prozent der im Jahr 1989 verbuchten Menge erreicht werden. Ein völliger Ausstieg aus dem Verbrauch der FCKW 13, 111, 112, 211 bis 217 mußte demnach jetzt innerhalb des Jahres 1996 erreicht werden.[49] Wurden in Montreal 1987 noch keine Regeln über diese Stoffe erlassen, so sahen die nun in Kopenhagen 1992 erlassenen Regelungsmaßnahmen gar einen Ausstieg bis 1996 vor.

1d) Neuaufnahme von Tetrachlorkohlenstoff und mittelfristiger Ausstieg: In London wurden im Jahr 1990 auch erstmals Regeln über den Stoff Tetrachlorkohlenstoff erlassen. Die Produktion und der Verbrauch der in Gruppe II der Anlage B aufgeführten Substanz sollte ab 1. Januar 1995 innerhalb eines Jahres um 85 Prozent der 1986 verbuchten Menge reduziert werden und ab dem Jahr 2000 innerhalb eines Jahres völlig auslaufen.[50] Die in Kopenhagen 1992 verschärften Regeln legen nun fest, daß neben der bis 1995 geforderten Reduktion bis zum Beginn des Jahres 1996 innerhalb eines Jahres ein völliger Ausstieg aus der Produktion und dem Verbrauch von Tetrachlorkohlenstoff erreicht werden mußte.[51] Während das Montrealer Protokoll von 1987 noch keine Regeln über Tetrachlorkohlenstoff enthielt, konnte mit der Kopenhagener Anpassung auch ein Ausstieg aus diesem Stoff bis 1996 erzielt werden.

---

48 Vgl. UNEP/OzL.Pro.2/3, Annex II, S.27/28.
49 Vgl. UNEP/OzL.Pro.4/15, Annex II S. 33.
50 Vgl. UNEP/OzL.Pro.2/3, Annex II, S. 28.
51 Vgl. UNEP/OzL.Pro.4/15, Annex II, S. 34.

1e) Neuaufnahme von Methylchloroform und mittelfristiger Ausstieg: Der Stoff Methylchloroform wurde in Gruppe III der Anlage B aufgeführt. Für diese Substanz sahen die in London 1990 verabschiedeten Änderungen des Montrealer Protokolls von 1987 vor, daß ab dem 1. Januar 1993 innerhalb eines Jahres die Produktion und der Verbrauch von Methylchloroform auf der Basis des Jahres 1989 eingefroren werden. Mit dem Beginn des Jahres 1995 sollte innerhalb eines Jahres eine Reduktion um 30 Prozent und ab dem 1. Januar 2000 innerhalb eines Jahres eine Reduktion um 70 Prozent vorgenommen werden. Schließlich sollte ab dem Beginn des Jahres 2005 innerhalb eines Jahres ein völliger Ausstieg aus dem Verbrauch und der Produktion von Methylchloroform erfolgen.[52] In Kopenhagen wurden Anpassungsmaßnahmen erlassen, die schon bereits ab dem Jahr 1994 innerhalb eines Jahres eine Reduktion der Produktion und des Verbrauchs um 50 Prozent festlegten. Ab dem 1. Januar 1996 mußte dann innerhalb eines Jahres ein völliger Ausstieg aus dem Stoff Methylchloroform erreicht sein.[53] Auch für den im Montrealer Protokoll von 1987 nicht geregelten Stoff Methylchloroform wurden somit innerhalb weniger Jahre Regeln erlassen, die neben drastischen Reduktionsmaßnahmen einen mittelfristigen Ausstieg verlangten.

1f) Neuaufnahme und langfristige Verminderung der teilhalogenierten FCKW: In London wurde im Jahr 1990 überdies eine Änderung des Montrealer Protokolls vereinbart, daß eine weitere Anlage C über sogenannte Übergangssubstanzen in das Protokoll aufgenomen wird. Diese Anlage enthält in Gruppe I die als Ersatzstoffe eingeschätzten teilhalogenierten Fluorchlorkohlenwasserstoffe H-FCKW 21, 22, 31, 121 bis 124, 131 bis 133, 141, 142, 151, 221 bis 226, 231 bis 235, 241 bis 244, 251 bis 253, 261, 262 und 271.[54] In Kopenhagen wurde die Gruppe I der Anlage C um die Stoffe H-FCKW 141b, 142b, 225ca und 225cb erweitert.[55] Für die in London aufgeführten Stoffe wurden im Jahr 1990 keine Regeln über das Einfrieren oder über Reduktionen erlassen. Jedoch wurde festgelegt, daß die Vertragsparteien zur Übermittlung von Daten über die in Anlage C aufgeführten Stoffe verpflichtet sind, die auch über geregelte Substanzen erhoben werden.[56] In einer Resolution legten die Regierungen in London überdies so-

---

52 Vgl. UNEP/OzL.Pro.2/3, Annex II, S. 29.
53 Vgl. UNEP/OzL.Pro.4/15, Annex II, S. 34/35.
54 Vgl. UNEP/OzL.Pro.2/3, Annex II, Annex C, S. 38.
55 Vgl. UNEP/OzL.Pro.4/15, Annex II, S. 43/44.
56 Vgl. UNEP/OzL.Pro.2/3, Annex II, S. 33.

genannte „guidelines" für die Übergangssubstanzen der Anlage C fest. Diese enthielten neben der Aufforderung, die Anwendung dieser Stoffe strikt zu begrenzen, eine Ausstiegsoption der Vertragsstaaten. Dieser Ausstieg sollte keinesfalls später als bis zum Jahr 2040, und falls möglich bereits bis zum Jahr 2020 erfolgen.[57] In Kopenhagen wurden im Jahr 1992 für die Stoffe der Anlage C dann durch die verabschiedeten Änderungen Regeln entwickelt, die ein mehrstufiges Reduktionsszenario vorsehen. Ab dem 1. Januar 1996 durfte der Verbrauch der in Gruppe I der Anlage C enthaltenen Stoffe die Summe von 3,1 Prozent der in Gruppe I der Anlage A aufgeführten Substanzen des Jahres 1989 und des Verbrauchs der Gruppe I der Anlage C nicht übersteigen.[58] Mit dieser Regel sollte verhindert werden, daß durch den Ausstieg aus den vollhalogenierten FCKW ein starker Anstieg des Verbrauchs von H-FCKW einsetzt, der den Umfang und den Verbrauch der bisherigen FCKW-Produktion erheblich übersteigt. Ab dem 1. Januar des Jahres 2004 mußte der Verbrauch um 35 Prozent, ab 2010 um 65 Prozent und ab 2015 um 90 Prozent der oben angeführten Summe vermindert werden. Durften ab 2020 nur noch 0,5 Prozent der obigen Summe verbraucht werden, so mußte bis zum Beginn des Jahres 2030 ein völliger Ausstieg aus dem Verbrauch dieser Stoffe erreicht sein.[59] Die in Wien 1995 getroffenen Regeln sehen nun eine Verkürzung des Reduktionsszenarios für die Industrieländer vor, die den HFCKW-Ausstieg um zehn Jahre auf das Jahr 2020 vorziehen.[60]

1g) Neuaufnahme der bromierten FKW und mittelfristiger Ausstieg: Eine weitere Änderung des Montrealer Protokolls, die in Kopenhagen 1992 vorgenommen wurde, betrifft die Aufnahme von 34 bromierten Fluorkohlenwasserstoffen (FKW) in die neu errichtete Gruppe II der Anlage C. Die in Kopenhagen neu errichtete Regel sieht bezüglich dieser Stoffe vor, daß ab dem 1. Januar 1996 innerhalb eines Jahres ein völliger Ausstieg aus diesen Stoffen, die als mögliche Ersatzstoffe über ein teilweise hohes Ozonzerstörungspotential verfügen, vorgenommen werden mußte.[61]

---

57 Vgl. UNEP/OzL.Pro.2/3, Annex VII, S. 68.
58 Die Wiener Konferenz von 1995 hat den erlaubten Verbrauch von 3,1 auf 2,8 Prozent weiter reduziert.
59 Vgl. UNEP/OzL./Pro.4/15, Annex III, S. 37/38.
60 Zu den Regelungen von Wien 1995 vgl. UNEP/OzL.Pro.7/12, UNEP/OzL.Pro. 7/2/Rev.1 und UNEP/ OzL.Pro.7/9/Rev.1 und Ozone Action No. 17, January 1996.
61 Vgl. UNEP/OzL.Pro.4/15, Annex III, S. 38 und 44.

1h) Neuaufnahme von Methylbromid: Eine in Kopenhagen neu geschaffene Anlage E enthält als Änderung des Montrealer Protokolls die Substanz Methylbromid, deren Verbrauch und Produktion ab dem 1. Januar 1995 innerhalb eines Jahres eingefroren werden mußte.[62] In einer in Kopenhagen verabschiedeten Resolution betonten die Vertragsstaaten ihre Absicht, nicht später als bis zum Jahr 1995 auch für den Stoff Methylbromid konkrete Reduktionsziele zu formulieren, die langfristig den völligen Ausstieg aus dem Verbrauch von Methylbromid bedeuten sollten. Als ein erster Schritt wurde von den Staaten eine mögliche Reduktion von Methylbromid um 25 Prozent spätestens ab dem Jahr 2000 in Aussicht gestellt.[63] In Wien wurden 1995 neue Regeln verabschiedet, wonach ab 2001 bis zum Anfang des Jahres 2010 der Verbrauch und die Produktion von Methylbromid schrittweise verboten wird.

Teil 2: Regeln über den besonderen Bedarf der Entwicklungsländer

Die in Montreal 1987 verabschiedeten Regeln über den besonderen Bedarf der Entwicklungsländer sehen in Artikel 5 (1) Ausnahme- und Übergangsregeln bezüglich der Reduktion ozonzerstörender Stoffe vor. Zur Deckung der „grundlegenden nationalen Bedürfnisse" der Entwicklungsländer wurden die in Montreal festgelegten Reduktionsmaßnahmen für diese Länder um zehn Jahre hinausgeschoben. Der jährliche pro-Kopf-Verbrauch der Entwicklungsländer durfte für die in Anlage A geregelten Stoffe weniger als 0,3 kg betragen. Diese Regel einer um zehn Jahre verspäteten Erfüllung gilt auch für die in London 1990 beschlossenen Reduktionsmaßnahmen für die Stoffe der Anlagen A und B. Allerdings darf der jährliche Verbrauch der Entwicklungsländer für die in Anlage B geregelten Stoffe nur noch 0,2 Kg pro Kopf betragen. Bei den Anlagen A und B gelten Ausnahmeregeln bezüglich der Produktionsobergrenzen. Innerhalb der verschiedenen Reduktionsschritte dürfen die festgelegten Produktionsobergrenzen um 10 bis 15 Prozent überschritten werden, wenn diese Überschreitung der erlaubten Produktion und des Verbrauchs geregelter Substanzen zur Befriedigung der grundlegenden nationalen Bedürfnisse der Entwicklungsländer dient. Da die Entwicklungsländer nur über begrenzte Produktionskapazitäten für die geregelten Stoffe verfügen, sollte mit dieser Regel sichergestellt werden, daß

---

62 Vgl. UNEP/OzL.Pro.4/15, Annex III, S. 38 und 45.
63 Vgl. UNEP/OzL.Pro.4/15, Annex XV, S. 74.

diese Länder eine begrenzte Menge dieser Stoffe für eine Übergangszeit aus den Industriestaaten importieren können. In dem in London beschlossenen Artikel 5 (8) des Protokolls wurde festgelegt, daß spätestens bis zum Jahr 1995 eine Überarbeitung der für die Entwicklungsländer geltenden Kontrollmaßnahmen vorgenommen werden sollte.[64] Der die Entwicklungsländer betreffende Artikel 5 (1) des Protokolls wurde in Kopenhagen 1992 mit einem Zusatz versehen, wonach bis 1995 eine Entscheidung über die Regelungsmaßnahmen für Entwicklungsländer herbeigeführt werden sollte.[65]

Die in London 1990 und in Kopenhagen 1992 vorgenommene Ausweitung der geregelten Substanzen und die drastische Verschärfung der Reduktionsfristen traf nur auf die Industrieländer zu, wohingegen eine Entscheidung über die Regeln für die Entwicklungsländer auf der Grundlage eines 'Review'-Prozesses vorgenommen werden sollte, der zur Überprüfung der wirtschaftlichen und technologischen Machbarkeit der Verminderung ozonzerstörender Stoffe in den Entwicklungsländer dienen sollte. Auf der Konferenz der Vertragsstaaten in Bangkok vom November 1993 wurden zwei wissenschaftliche Panels damit beauftragt, Empfehlungen zur Verabschiedung diesbezüglicher Regeln abzugeben.[66] Die in Wien 1995 verabschiedeten Regeln sehen für die Anlagen A und B im wesentlichen einen um zehn Jahre verspäteten Ausstieg der Entwicklungsländer auf der Grundlage der Regelungen von London 1990 vor. Der Ausstieg aus den in den Anlagen A und B geregelten Stoffen (vollhalogenierte FCKW, Halone, Tetrachlorkohlenstoff) soll schrittweise bis zum Jahr 2010 bzw. 2005 (Methylchloroform) erfolgen. Der Verbrauch der in Gruppe I von Anlage C geregelten teilhalogenierten FCKW (H-FCKW) wird für die Entwicklungsländer ab 2016 auf der Grundlage des Jahres 2015 eingefroren. Ein Verzicht der Entwicklungsländer ist erst ab 2040 vorgesehen. Die Produktion und der Verbrauch des in Anlage E geregelten Stoffes Methylbromid wird ab dem Jahr 2002 auf dem Stand der jährlichen Durchschnittsproduktion zwischen 1995 bis 1998 eingefroren.

In London wurden mit der in Artikel 10 formulierten Änderung weitreichende Regeln über einen Finanzierungsmechanismus errichtet.[67] Während der Fonds

---

64 Vgl. UNEP/OzL.Pro.2/3, Annex II, S.33.
65 Ein entsprechender kürzerer Passus wurde bereits in London 1990 in das Protokoll eingefügt.
66 Vgl. UNEP/OzL.Pro.5/12, S.17.
67 Vgl. UNEP/OzL.Pro.2/3, Annex II, S. 32 und S. 34-36.

zunächst nur für drei Jahre bis 1993 errichtet wurde, machte die Kopenhagener Konferenz 1992 den Fonds zur Dauereinrichtung. Mit diesem Mechanismus soll die Erfüllung der Regelungsmaßnahmen des Protokolls durch die unter Artikel 5 (1) besonders erwähnten Entwicklungsländer ermöglicht werden. In Artikel 10 (2) wird die Errichtung eines Multilateralen Fonds festgelegt. Dieser hat nach Artikel 10 (3) nicht nur die Aufgabe, die Mehrkosten der Entwicklungsländer zu decken, die diesen durch die Einhaltung der Protokollregelungen entstehen. Die Deckung dieser Kosten soll durch Zuschüsse und Darlehen zu Vorzugsbedingungen erfolgen. Der Fonds hat darüber hinaus neben den Sekretariatsdiensten des Fonds auch die Tätigkeit einer Verrechnungsstelle zu finanzieren, um den Entwicklungsländern die Durchführung landesspezifischer Untersuchungen zu ermöglichen, die ihre Bedürfnisse bezüglich der Zusammenarbeit ermitteln. Neben einer Erleichterung der technischen Zusammenarbeit soll durch diese Verrechnungsstelle auch die Verteilung von Informationen und Materialien, die Abhaltung von Arbeits- und Schulungsseminaren für Teilnehmer aus den Entwicklungsländern und die sonstige multilaterale, regionale und bilaterale Zusammenarbeit gefördert werden.

In dem in London 1990 als Änderung zusätzlich in das Protokoll aufgenommenen Artikel 10 A werden überdies Regeln zum Technologietransfer formuliert. Die Vertragsstaaten verpflichten sich dabei, die „besten verfügbaren umweltverträglichen Ersatzprodukte und damit zusammenhängenden Technologien" an die Entwicklungsländer weiterzugeben [Artikel 10 A (a)]. Dieser Transfer soll zudem „unter gerechten und möglichst günstigen Bedingungen" erfolgen [Artikel 10 A (b)].[68]

Teil 3: Sonstige Regeln des Ozonregimes

Für die Staaten der Europäischen Gemeinschaft wurde nach Artikel 1 (6) der Wiener Konvention der Status einer „Organisation der regionalen Wirtschaftsintegration" geschaffen. Bei der Erfüllung der im Protokoll enthaltenen Regelungsmaßnahmen gilt für diese Staaten eine Sonderregel. Nach Artikel 2 (8) des Protokolls können Staaten einer solchen Organisation ihre Verpflichtungen zur Reduktion der in den einzelnen Anlagen aufgeführten geregelten Stoffe gemein-

---

68 Zit. nach: BGBl. 1991, Teil II, S. 1345/1346.

sam erfüllen. In Artikel 4 des Montrealer Protokolls von 1987 wurden Regeln über den Handel von geregelten Stoffen mit Nichtvertragsparteien festgelegt. Diese Regeln wurden auf der Londoner Konferenz der Vertragsparteien 1990 weitgehend neu formuliert und darüber hinaus erheblich erweitert.[69] Zusätzliche Änderungen, die zu einer weiteren Konkretisierung der Regeln führten, wurden in Kopenhagen 1992 vorgenommen.[70] Nach Artikel 4 (1) und 4 (2) wird für die Mitgliedsstaaten des Regimes der Import- und Exporthandel der in den Anlagen A und B und in Gruppe II von Anlage C geregelten Stoffe mit den Nichtvertragsstaaten verboten. Überdies enthalten die Artikel 4 (3) und 4 (4) Regeln, wonach die Einfuhr von Erzeugnissen, die Stoffe enthalten, welche in den Anlagen A, B und in Gruppe II von Anlage C aufgeführt sind, verboten ist. Für die in den einzelnen Anlagen geregelten Stoffe soll jeweils eine zusätzliche Anlage entwickelt werden, die aus einer Liste jener Erzeugnisse besteht, die geregelte Stoffe enthalten bzw. mit geregelten Stoffen hergestellt werden. In Nairobi 1991 wurde mit Anlage D bereits eine Liste über Produkte verabschiedet, die geregelte Substanzen nach Anlage A des Protokolls enthalten.[71] Die in den Artikeln 4 (3) und 4 (4) enthaltenen Regeln sehen vor, daß für die in den Anlagen B und in Gruppe II der Anlage C geregelten Stoffe ebenfalls solche Listen erstellt werden. Die Regeln über die Handelsbeschränkungen des Ozonregimes stehen nicht im Widerspruch zu den Regeln des GATT. In Artikel XX des GATT-Abkommens sind Beschränkungen des Imports und Exports von Waren unter anderem dann erlaubt, wenn sie zum Schutz des Lebens von Menschen, Tieren oder Pflanzen und zum Erhalt endlicher Naturschätze notwendig sind.[72]

Die Frage der Nichteinhaltung wurde in Artikel 8 des Montrealer Protokolls von 1987 nur durch die formulierte Festlegung behandelt, daß noch „Verfahren und institutionelle Mechanismen" für die Feststellung der Nichteinhaltung und die Behandlung der betreffenden Vertragsstaaten entwickelt werden müssen. Die in London 1990 zunächst auf einer Interimsbasis beschlossenen Verfahrensregeln über die Nichteinhaltung wurden in Kopenhagen 1992 schließlich er-

---

69 Vgl. UNEP/OzL.Pro.2/3, Annex II, S. 30/31.
70 Vgl. UNEP/OzL.Pro.4/15, Annex II, S.39/40.
71 Vgl. UNEP/OzL.Pro.3/11, Annex V, S. 36.
72 Diese in den Artikeln XX (b) und XX (g) des GATT enthaltenen Ausnahmeregelungen dürfen jedoch nur auf der Basis der Nicht-Diskriminierung praktiziert werden (vgl. Temple Lang 1991: 181, vgl. auch Szell 1991: 171 und Brunnée 1988: 332). Der Text des Allgemeinen Zoll- und Handelsabkommens ist abgedruckt in: Senti (1986: 371-432).

weitert.[73] Diese sehen neben Regeln über das Verfahren zur Feststellung der Nichteinhaltung auch die Einrichtung eines Implementationsausschusses (Implementation Committee) vor.[74] Darüber hinaus wurde eine Liste möglicher Maßnahmen für den Fall der Nichteinhaltung verabschiedet, die einen dreistufigen Katalog von Hilfs- und Sanktionsmaßnahmen umfaßt. Neben Maßnahmen zur finanziellen und technischen Hilfe können für den Fall der Nichteinhaltung auch Verwarnungen und der Ausschluß von bestimmten Rechten und Privilegien getroffen werden.[75] Die Überprüfung der Einhaltung der Konvention und des Protokolls soll überdies durch die in den Artikeln 5 der Konvention und Artikel 7 des Protokolls erlassenen Regeln über den Austausch von Informationen und Daten über die getroffenen Maßnahmen ermöglicht werden.

3.2.4. Entscheidungsverfahren

Die Wiener Konvention und das Montrealer Protokoll sehen jeweils die Errichtung eines Sekretariats vor. Diese Sekretariate sind beim Umweltprogramm der Vereinten Nationen in Nairobi organisatorisch vereint als sogenanntes 'Ozone Secretariat' angesiedelt. Von UNEP wird auch der Haushalt des Sekretariats treuhänderisch verwaltet. Der gemeinsame Haushalt für das Sekretariat wurde für den Zeitraum zwischen 1993 und 1995 auf 10,72 Millionen US-Dollar veranschlagt.[76] Dem Sekretariat sind durch die Konvention und das Protokoll Koordinierungsaufgaben zugewiesen. Neben der Erarbeitung und Verbreitung von Berichten und Informationen dient es auch zur Vorbereitung der jeweiligen Konferenzen der Vertragsparteien der Konvention bzw. des Protokolls. Die Konferenz der Vertragsparteien stellt jeweils das höchste Organ dar und dient zur Überprüfung der Durchführung der Konvention bzw. des Protokolls. Die Konferenz der Vertragsstaaten des Montrealer Protokolls kann u.a. mögliche Änderungen

---

73 Diese sind allerdings nicht als formale Änderung in das Protokoll eingegangen. Zu den Interimsregeln von London 1990 vgl. Decision II/5 in: UNEP/OzL.Pro.2/3, S. 11 und Annex III, S. 40/41).

74 Vgl. UNEP/OzL.Pro.4/15, Annex IV, S.46/47.

75 Vgl. UNEP/OzL.Pro.4/15, Annex V, S. 48.

76 Die Kosten für das Ozonsekretariat werden im Rahmen eines an den VN-Beitragsschlüssel angelehnten Umlageverfahren durch die Vertragsstaaten aufgebracht. Zum Haushalt des Sekretariats vgl. UNEP/OzL.Conv.3/6, Annex II, S. 18-21 und UNEP/OzL.Pro.5/12, Annex IV, S. 54-57.

oder Anpassungen der Regelungsmaßnahmen der in den Anlagen enthaltenen geregelten Stoffe beschließen.

Der in Montreal angesiedelte Multilaterale Fonds wird durch einen 14-köpfigen Exekutivausschuß verwaltet, der bei seiner Tätigkeit durch ein Fondssekretariat unterstützt wird. Die geplanten Kosten für das Fondssekretariat beliefen sich im Jahr 1994 auf 2,16 Millionen US-Dollar.[77] Die von dem Fonds finanzierten Aktivitäten werden durch vier internationale Organisationen umgesetzt. Es handelt sich dabei um die Weltbank, das 'Industry and Environment Programme Activity Centre' des UN-Umweltprogramms (UNEP IE/PAC), das UN-Entwicklungsprogramm (UNDP) und um die UN-Organisation für industrielle Entwicklung (UNIDO). Das UN-Umweltprogramm (UNEP) wirkt als Treuhänder des Fonds. Die Geberländer können bis zu 20 Prozent ihrer Beiträge für bilaterale oder regionale Kooperation mit Empfängerstaaten einsetzen.

Die Vertragsstaaten des Protokolls haben eine Liste verabschiedet, in der die Bereiche der zuschußfähigen Mehrkosten für die Entwicklungsländer aufgeführt werden. Diese Liste umfaßt drei Bereiche von Mehrkosten. Der erste Bereich betrifft die Versorgung mit Ersatzprodukten. Dies betrifft insbesondere Kosten für die Umrüstung bestehender Produktionsanlagen und für die Neuerrichtung von Anlagen für Ersatzprodukte. Neben Kosten für Patente und Kapitalkosten umfaßt dieser Bereich auch Kosten für Trainingsmaßnahmen. Der zweite Bereich betrifft die Nutzung von kontrollierten Produkten bei der Herstellung von Zwischenprodukten. Der dritte Bereich umfaßt den Einsatz geregelter Stoffe für den Endverbrauch. Hier werden u.a. Kosten für das Recycling und die Zerstörung ozonzerstörender Stoffe ersetzt. Dieser Bereich umfaßt auch Kosten für technische Hilfe zur Reduzierung des Verbrauchs und der Emission ozonzerstörender Stoffe.[78]

Im Zeitraum zwischen 1991 und 1993 sollten in dem Fonds 240 Millionen US-Dollar bereitgestellt werden, um die Entwicklungsländer bei der Erfüllung der Regelungsmaßnahmen zu unterstützen.[79] Auf der Konferenz der Vertrags-

---

77 Vgl. UNEP/OzL.Pro.4/15, Annex XIII, S.70.

78 Vgl. UNEP/OzL.Pro.4/15, Annex VIII, S. 51/52. Zur Bestimmung der inhaltlichen Aufgaben und von organisatorischen und verfahrenstechnischen Richtlinien des Multilateralen Fonds vgl. auch van der Tak (1991: 15-28).

79 In den Jahren 1991 und 1992 beliefen sich die erwarteten Beiträge und Ausgaben für den Fonds auf 53,33 und 73,33 Millionen US-Dollar. Für das Jahr 1993 wurden diese auf 113,34 Millionen US-Dollar erhöht (Vgl. UNEP/OzL.Pro.3/11, Annex IX, S.50 und UNEP/OzL.Pro.4/15, S.19).

staaten in Bangkok wurde im November 1993 beschlossen, daß zwischen 1994 und 1996 Mittel in Höhe von 510 Millionen US-Dollar bereitgestellt werden sollen.. Dieser Betrag setzt sich aus einer zwischen 1991 und 1993 nicht abgeflossenen Summe von 55 Millionen US-Dollar sowie aus Mitteln von 455 Millionen US-Dollar zusammen, die von den Industrieländern zwischen 1994 und 1996 aufgebracht wurden.[80] Die Finanzierung des Fonds erfolgt nach Artikel 10 (6) des Protokolls durch solche Staaten, die keine Entwicklungsländer sind. Für die Periode von 1994 bis 1996 waren nach dem Stand von 1994 ingesamt 42 Staaten zur Leistung von Beiträgen verpflichtet.[81] Die Höhe des Beitrags orientiert sich an dem Beitragsschlüssel zu den Vereinten Nationen. Da die Empfängerländer aber keinen Beitrag zum Fonds leisten, wird der für die Geberländer geltende prozentuale Beitragssatz bis zu einer Obergrenze von 25 Prozent entsprechend erhöht.[82] Der Zahlungseingang der Beiträge verläuft allerdings nicht völlig reibungslos. Von dem für die Jahre 1991 und 1992 vorgesehenen Betrag von 126,66 Millionen US-Dollar waren bis Mitte 1993 nur 99 Millionen US-Dollar beim Fonds eingegangen. Es standen zu diesem Zeitpunkt somit noch rund 22 Prozent der für 1991 und 1992 festgelegten Finanzmittel aus.[83] Hierfür waren nicht nur fehlende schriftlich fixierte Modalitäten über die Zahlung durch die Geberländer verantwortlich. Die Russische Föderation hat dem Exekutivkommittee im Jahr 1993 mitgeteilt, daß sich das Land aufgrund der schwierigen wirtschaftlichen Situation noch nicht in der Lage sieht, den vorgesehenen Beitrag zum Fonds zu leisten.[84] Von den bis Ende 1992 fälligen Zahlungen standen bis Mitte 1993 auch noch von anderen Ländern entweder der Gesamtbetrag oder

---

80 Vgl. UNEP/OzL.Pro.5/12, S.13.

81 Sechs dieser Beitragszahler stellen allerdings Entwicklungsländer dar. Darunter befinden sich u.a. Saudi Arabien, Kuwait und die Vereinigten arabischen Emirate (vgl. UNEP/OzL.Pro.5/12, Annex II, S. 48).

82 In den Jahren 1994 bis 1996 entfiel der Hauptanteil des jährlichen Beitrags von 151,66 Millionen Dollar auf die Vereinigten Staaten mit jeweils 37,91 Millionen Dollar (25 Prozent), Japan mit 21,71 Millionen Dollar (14,31 Prozent), Deutschland mit 15,57 Millionen Dollar (10,27 Prozent), die Russische Föderation mit 11,70 Millionen Dollar (7,71 Prozent), Frankreich mit 10,46 Millionen Dollar (6,90 Prozent), Großbritannien mit 8,75 Millionen Dollar (5,77 Prozent), Italien mit 7,48 Millionen Dollar (4,93 Prozent) und Kanada mit 5,42 Millionen Dollar (3,57 Prozent) (vgl. UNEP/OzL.Pro.5/12, Annex II, S. 46-49).

83 Vgl. UNEP/OzL.Pro/ExCom/10/40, Annex I, S. 9.

84 Gleichzeitig wurde die Bereitschaft betont, einen Teil des Beitrags zu leisten. Bis Mitte 1993 standen allein von der Russischen Förderation noch bis Ende 1992 fällige Beiträge Ende 1992 in Höhe von 14,7 Millionen US-Dollar aus. Vgl. UNEP/OzL.ExCom/10/40, S. 5-7 und UNEP/OzL.Pro/ExCom/10/40, Annex I, S. 43.

beträchtliche Teile der Beiträge aus. Verschiedene westliche Industrieländer bevorzugten die Praxis, ihre Jahresbeiträge in Teilbeträgen an den Fonds zu überweisen. Aufgrund der schwierigen wirtschaftlichen Situation wurde den osteuropäischen Staaten darüber hinaus die Möglichkeit eingeräumt, ihren Beitrag „wo immer es möglich erscheint" in Sachwerten zu leisten (z.B. durch Technologietransfer, Experten- und Informationsaustausch).[85]

Nach dem Stand vom März 1993 waren 58 Staaten berechtigt, die finanzielle Hilfe des Fonds in Anspruch zu nehmen.[86] Für den Zeitraum zwischen 1992 und 1996 wurden z.B. für die Volksrepublik China bereits insgesamt 52 Projekte mit unterschiedlicher Lauffrist genehmigt, die ein Finanzvolumen von 21 Millionen US-Dollar ausmachten. Diese Mittel dienten unter anderem für Projekte, die in verschiedenen Regionen Chinas den Ausstieg aus der Produktion und dem Verbrauch von FCKW im Aerosolbereich, bei der Kunststoffverschäumung, in der Kühltechnik bei Löse- und Reinigungsmitteln und den Ausstieg aus der Anwendung von Halonen ermöglichen sollten. Hierzu wurden neben Investitionen in Ersatztechnologien unter anderem auch Mittel für Workshops und Aufklärungsmaßnahmen eingesetzt.[87] Nach Angaben des Fondssekretariats wurden von dem Fonds bis zum Jahr 1995 über 1000 Maßnahmen zur Verminderung ozonzerstörender Stoffe in den Entwicklungsländern genehmigt. Mit rund 54 Prozent floß der Hauptanteil der Mittel in die asiatisch-pazifischen Staaten. Rund 22 Prozent flossen in die Staaten Lateinamerikas und der Karibik, 13 Prozent nach Afrika (The Multilateral Fund 1995).

Innerhalb des Regimes wurde eine Reihe weiterer Organe gebildet. Um eine regelmäßige Bewertung und Überprüfung der Regelungsmaßnahmen des Protokolls zu gewährleisten, werden Gruppen von Sachverständigen gebildet, wie dies in Artikel 6 des Protokolls vorgesehen ist. Zudem sorgen verschiedene Ad Hoc-Arbeitsgruppen für die weitere Bearbeitung rechtlicher und organisatorischer Probleme, die mit dem Protokoll verbunden sind. Innerhalb des Regimes sind laufend verschiedene 'Panels' damit befaßt, technisch-wirtschaftliche Fragen und die neuesten wissenschaftlichen Erkenntnisse über die Ozonzerstörung zu bearbeiten und diese Informationen in den politischen Prozess einzubringen.

---

85 Vgl. UNEP/OzL.Pro/ExCom/10/40, Annex 1, S. 42/43 und Annex VI, S.1, sowie: UNEP/-OzL.Pro.5/12, S.14.
86 Vgl. The Multilateral Fund 1993a.
87 Vgl. The Multilateral Fund (1993b: 31-48).

Seit der Verabschiedung der Wiener Konvention und des Montrealer Protokolls sind auch Verfahrensregeln für die Konferenzen der Vertragsparteien der Konvention und des Protokolls und für den Exekutivausschuß des Multilateralen Fonds verabschiedet worden.[88] Mit einer Verabschiedung der jeweiligen „Terms of Reference" wurden für den Multilateralen Fonds, den Exekutivausschuß und die Treuhandfonds für die Verwaltung der Konvention und des Protokolls Regeln über die Aufgabenbereiche und Funktionsweise dieser Organe festgelegt.[89] Nach Artikel 11 (3a) der Konvention besteht für den Fall von Streitigkeiten der Vertragsparteien der Konvention die Möglichkeit der Durchführung eines Schiedsverfahrens. Dieses Schiedsverfahren wurde auf der ersten Vertragsstaatenkonferenz der Konvention in Helsinki 1989 verabschiedet.[90]

3.2.5. Effektivität

Innerhalb des Ozonregimes können vier Bereiche identifiziert werden, die Bestandteile der Effektivität des Regimes bilden. Abgesehen von einigen Ausnahmen kann *erstens* ein hoher Grad der Einhaltung der Regeln über die Verminderung ozonzerstörender Stoffe festgestellt werden. Von Bedeutung erscheint vor allem, daß verschiedene Industrieländer teilweise noch schärfere nationale Regelungen erlassen haben, als durch das Protokoll festgelegt wird. Dies betrifft sowohl die Verkürzung der Reduktionsfristen wie auch die Verschärfung der einzelnen Reduktionsschritte durch verschiedene Staaten.[91] Als Schwachpunkt erweisen sich allerdings die langen Übergangsfristen für den Ausstieg der Entwicklungsländer aus den einzelnen Stoffen. Die schlechte Zahlungsmoral einzelner Staaten innerhalb des multilateralen Fonds stellt ebenfalls eine Schwachstelle innerhalb des Regimes dar. Seit wenigen Jahren kann insgesamt ein bedeu-

---

88 Vgl. UNEP/OzL.Conv.1/5, Annex I, S. 1-13; UNEP/OzL.Pro.1/5, Annex I S. 1-13 und UNEP/OzL.Pro.3/11, Annex VI, S. 37-40.
89 Vgl. UNEP/OzL.Pro 4/15, Annex IX, S. 54/55 und Annex X, S.55/56; UNEP/OzL.Conv.1/5, Annex III, S. 1/2 und UNEP/OzL.Pro.1/5, Annex II, S. 1-3.
90 Vgl. UNEP/OzL.Conv.1/5, Annex II, S. 1-3.
91 Diesem Umstand wird auch in dem vom Implementationsausschuß auf der Kopenhagener Konferenz 1992 vorgetragenen Bericht besondere Aufmerksamkeit beigemessen. In dem zusammenfassenden Bericht über die Kopenhagener Konferenz heißt es diesbezüglich, „that many Parties, which accounted for a major portion of the production and consumption of controlled substances in the world, had reduced their consumption much beyond the extent called for by the Protocol" (vgl. UNEP/OzL.Pro.4/15, S.8).

106

tender Rückgang der globalen FCKW-Produktion beobachtet werden. Allerdings stieg Anfang der neunziger Jahre - als Folge der Ausnahmeregel einer um zehn Jahre verspäteten Erfüllung der Regeln für die Entwicklungsländer - der FCKW-Verbrauch der Entwicklungsländer noch an. Einige Entwicklungsländer - und insbesondere China und verschiedene südostasiatische Länder - haben Anfang der neunziger Jahre noch neue Produktionsanlagen für FCKW errichtet. Die Industrieländer stellten die FCKW-Produktion Mitte der neunziger Jahr völlig ein. Mit dem Näherrücken des auch für die Dritte Welt geforderten FCKW-Ausstiegs hat sich der Neubau weiterer Produktionsanlagen als wenig reizvoll erwiesen. China, Indien und andere Entwicklungsländer waren in den vergangenen Jahren zunehmend bereit, in Zusammenarbeit mit den Industrieländern den Umstieg auf weniger schädliche Ersatzstoffe vorzunehmen, obwohl die Übergangsregeln dies erst in mehreren Jahren erforderlich machen. In den letzten Jahren sind allerdings Probleme bezüglich der Einhaltung der Regeln des Regimes durch einige osteuropäische Staaten entstanden, die nicht nur die Umsetzung des für 1996 geplanten FCKW-Ausstiegs, sondern auch die erforderlichen Zahlungen für den Ozonfonds betreffen.

Innerhalb eines halben Jahrzehnts konnte bis zu den in Kopenhagen erlassenen Regeln *zweitens* eine erhebliche Ausdehnung der Regelungsdichte erreicht werden. Während in Montreal 1987 nur Regeln über eine stufenweise Reduktion der fünf in Gruppe I der Anlage A aufgeführten vollhalogenierten FCKW und zum Einfrieren von drei in Gruppe II der Anlage A aufgeführten Halonen erreicht werden konnten, wurde durch die in London 1990 und in Kopenhagen 1992 erlassenen Regelungsmaßnahmen über die Stoffe der Anlagen B, C und E eine erhebliche Ausdehnung der Regelungsdichte erreicht. Im gleichen Zeitraum konnte darüber hinaus *drittens* eine drastische Zunahme der Regelungsschärfe erreicht werden. Mit den Regeln von London 1990 und Kopenhagen 1992 wurde nicht nur eine erhebliche Verschärfung der Reduktionsschritte, sondern auch eine Verkürzung der Reduktionsfristen vorgenommen. Die Wiener Konferenz von 1995 mag immerhin einen ersten Schritt zu schärferen Regeln für die Entwicklungsländer darstellen. Darüber hinaus kann *viertens* eine stark gewachsene Zahl von Beitritten zum Montrealer Protokoll verzeichnet werden. Bis zum Juli 1995 sind die Regeln des Montrealer Protokolls von 1987 und die Anpassungsmaßnahmen von 1990 und 1992 für 149 Staaten in Kraft getreten. Die in London 1990 vorgenommenen Änderungsmaßnahmen waren zu diesem Zeitpunkt für 102 Staaten, die Änderungen von Kopenhagen von 1992 waren für 41

Staaten in Kraft getreten. Es kann als Erfolg gewertet werden, daß das Protokoll von 1987 und die Londoner Änderungen von 1990 nun auch so bevölkerungsreiche Staaten wie die Volksrepublik China und Indien seit 1991 bzw. 1992 einschließt.

Die Effektivität des globalen Ozonregimes ist seit den erstmals verabschiedeten Regeln von Montreal im Jahr 1987 erheblich gewachsen. Das ökologische Problem der Altlasten in der Stratosphäre kann allerdings auch durch die jetzigen Regeln des Regimes nicht mehr beseitigt werden. Trotz effektiver Konfliktbearbeitung wird das Umweltproblem zunächst noch weiter wachsen, bevor der Chlorgehalt in der Atmosphäre wieder merklich sinkt.

3.3. Der nichtregulierte Konfliktaustrag von 1977 bis 1987

Die Periode des nichtregulierten Konfliktaustrags zwischen den Staaten kann in insgesamt drei Phasen eingeteilt werden. In einer *ersten* Phase von 1977 bis 1981 wird das Problemfeld auf die internationale Tagesordnung gesetzt. Dabei werden von einzelnen Staaten erstmals nationale Regelungsmaßnahmen für FCKW erlassen. In der *zweiten* Phase von 1982 bis 1985 wird im Rahmen eines Verhandlungsprozesses versucht, die Konflikte einer Bearbeitung zwischen den Staaten zuzuführen. Diese Phase wird mit der Verabschiedung der Wiener Konvention 1985 abgeschlossen. Zwischen 1986 und 1987 finden dann in einer *dritten* Phase weitere Verhandlungen statt, die zum Abschluß des Montrealer Protokolls führen. Das Jahr 1987 markiert somit den Übergang vom nichtregulierten zum regulierten Konfliktaustrag.

3.3.1. Die Konfliktgegenstände im Problemfeld

Der Konfliktaustrag zwischen den Staaten wurde von drei Konfliktgegenständen bestimmt. Den *ersten Konfliktgegenstand* stellt die unterschiedliche Bewertung des vorhandenen Wissens über die Zerstörung der Ozonschicht durch die Konfliktparteien dar. Zwischen den Staaten herrschten bis in die zweite Hälfte der achtziger Jahre hinein unterschiedliche Auffassungen darüber, ob die vorhandenen wissenschaftlichen Erkenntnisse dazu berechtigten, von einer möglichen Gefährdung oder gar Zerstörung der Ozonschicht durch Fluorchlorkohlenwasserstoffe zu sprechen. Der *zweite Konfliktgegenstand* betrifft die erforderlichen Maßnahmen zum Schutz der Ozonschicht. Es handelt sich dabei um einen Konflikt über Regelungsmaßnahmen für ozonzerstörende Substanzen. Dieser Konfliktgegenstand hat im Verlauf des Konfliktaustrags eine erhebliche Ausdifferenzierung erfahren. In einer frühen Phase des Konfliktaustrags waren nur sehr begrenzte Regelungsmaßnahmen Gegenstand des Konfliktaustrags. Eine erhebliche Erweiterung des Konfliktgegenstandes, die seit Mitte der achtziger Jahre zu verzeichnen ist, betrifft nicht nur die Einbeziehung einer immer größeren Anzahl von ozonzerstörenden Stoffen in den Konfliktaustrag. Vielmehr stellt auch die Verschärfung der möglichen Reduktionsschritte für die einzelnen Substanzen ein wichtiges Element dieses Konfliktgegenstandes dar. Ein *dritter Konfliktgegenstand* schließlich hat in der Phase des regulierten Konfliktaustrags seit 1987 erheblich an Bedeutung gewonnen. Es handelt sich dabei um einen Konflikt über die finanzielle und technische Hilfe für die Entwicklungsländer.

3.3.2. Erste Reaktionen auf nationaler und internationaler Ebene von 1977 bis 1981

Das UN-Umweltprogramm UNEP hielt im März 1977 in Washington eine internationale Expertenkonferenz ab, auf der die Problematik der Zerstörung der Ozonschicht auf internationaler Ebene erstmals erörtert wurde. Auf dieser von Regierungen, zwischenstaatlichen und nicht-staatlichen Organisationen besuchten Konferenz wurde der 'Weltaktionsplan für die Ozonschicht' (World Action Plan on the Ozone Layer) verabschiedet, der insgesamt 21 Punkte für die weitere Erforschung der Ozonschicht auflistete. Darüber hinaus beschloß das Governing Council des UN-Umweltprogramms im Mai 1977, ein 'Co-ordinating Committee on the Ozone Layer' (CCOL) zu errichten (Rummel-Bulska 1986: 281). Dieses Komitee, in dem neben verschiedenen UN-Organisationen und nicht-staatlichen Organisationen auch Länder vertreten waren, die sich mit besonderen Programmen an der wissenschaftlichen Erforschung des Problems beteiligten, kam in der folgenden Zeit in der Regel zu jährlichen Treffen zusammen. Dabei wurde die jeweilige Einschätzung des Ozonproblems erörtert und überdies die aktuellen Zahlen über die Produktion der FCKW 11 und 12 veröffentlicht (Rummel Bulska 1986: 282, UNEP 1989b: 7). Die von UNEP 1981 initiierte Umweltrechtskonferenz von Montevideo räumte dem Schutz der stratosphäri-

schen Ozonschicht einen herausragenden Stellenwert für die zukünftige Umweltpolitik innerhalb der Vereinten Nationen ein (Kloepfer 1989: 323).

Auf Initiative der US-Regierung wurde im April 1977 auf einer Regierungs-
konferenz in Washington, an der auch die größten Hersteller und Verbraucher
von FCKW beteiligt waren, über mögliche Maßnahmen beraten, die zu einer
Reduzierung der Verwendung von FCKW insbesondere im Aerosolbereich führen könnten. Der überwiegende Teil der teilnehmenden Delegationen zog sich
dabei auf die Position zurück, daß noch erhebliche wissenschaftliche Unsicherheiten über die Auswirkungen von FCKW auf die Ozonschicht bestehen. Die
US-Regierung hatte auf der Konferenz dafür plädiert, im Aerosolbereich eine
Verminderung der FCKW vorzunehmen (Deutscher Bundestag 1988: 195). Eine
in München 1978 von der Bundesregierung veranstaltete internationale Regie-
rungskonferenz, an der u.a. auch die damals 13 wichtigsten Hersteller- und Ver-
braucherstaaten von FCKW teilnahmen, sprach die völkerrechtlich unverbindliche Empfehlung aus, eine Verminderung des FCKW-Einsatzes in Aerosolen
vorzunehmen (Deutscher Bundestag 1988: 198).

Der Versuch, die Staaten zu einer gemeinsamen Reduzierung von ozonzerstörenden Substanzen im Aerosolbereich zu veranlassen, war jedoch in dieser
frühen Phase erfolglos. Die ersten Maßnahmen zur Reduzierung von FCKW
blieben auf die nationale Ebene einzelner Staaten beschränkt. In den USA wurde
im Jahr 1978 ein FCKW-Verbot in Spraydosen erlassen. Diesem Vorbild folgten
in den kommenden Jahren weitere Staaten. Bis 1981 trafen neben Kanada,
dessen nationale FCKW-Produktion gering war, auch die Nicht-Produktions-
länder Schweden und Norwegen Verbotsmaßnahmen für FCKW in Spraydosen
(Williams 1986: 271). Eine Kennzeichnungspflicht für FCKW-haltige Spraydosen wurde 1978 in den Niederlanden eingeführt.[92] In der Bundesrepublik traf
der damalige Bundesinnenminister mit den betroffenen Industrieverbänden im
Jahr 1977 eine Übereinkunft, den FCKW-Einsatz in Aerosolen bis 1979 um 30
Prozent gegenüber dem Volumen von 1975 zu reduzieren (Deutscher Bundestag
1988: 195).

In einer Entschließung vom Mai 1978 betonte der Rat der Europäischen Gemeinschaft zunächst vor allem die Notwendigkeit, die Entwicklung von Ersatz-

---

92 Vgl. Benedick (1991: 24), Deutscher Bundestag (1988: 258), Lobos (1987: 102/103) und
    Morrisette (1989: 806).

produkten zu intensivieren.[93] Mit einer Ratsentscheidung vom März 1980 sprach sich die EG für Maßnahmen in den EG-Mitgliedsländern aus, die neben einem Einfrieren der aktuellen Produktionskapazität auch eine Reduzierung des FCKW-Einsatzes in Aerosolen um 30 Prozent bis Ende 1981 auf der Basis von 1976 vorsahen.[94] Die damalige FCKW-Produktion der EG-Länder betrug indessen nur circa 65 Prozent der möglichen Produktionskapazität (Morrisette 1989: 809). Die Entscheidung des Rates der EG, die Produktionskapazität einzufrieren, hatte aufgrund der bestehenden Überkapazitäten somit keinerlei Auswirkungen auf die damals bestehende FCKW-Produktion in den Mitgliedsländern. Da der Absatz von FCKW in Spraydosen seit 1976 in den EG-Staaten bereits um nahezu 30 Prozent gesunken war, war auch das zweite in dieser EG-Ratsentscheidung formulierte Reduktionsziel rein symbolischer Art.[95] Die Bundesrepublik, Dänemark und die Niederlande behielten sich indessen vor, weitergehendere nationale Maßnahmen zur Reduzierung von FCKW zu ergreifen (Deutscher Bundestag 1988: 199). In der Europäischen Gemeinschaft erwiesen sich Frankreich und Großbritannien als die schärfsten Gegner von Maßnahmen zur Reduzierung von FCKW. Aus der Perspektive der britischen Regierung waren die sehr begrenzten Maßnahmen der EG für Großbritannien vorteilhaft, da durch gemeinsame Maßnahmen der EG-Länder auf dem „niedrigsten gemeinsamen Nenner" weitere schärfere Maßnahmen von einzelnen EG-Staaten zunächst verhindert werden konnten.[96]

---

93 In der Entschließung des Rates heißt es zudem: „Es müssen alle geeigneten Maßnahmen getroffen werden, damit die Gemeinschaftsindustrie die Produktionskapazität für die Chlorfluorkohlenstoffe F-11 und F-12 nicht erhöht". Vgl. ABl. Nr. C 133 vom 7.6. 1978, S. 1/2.
94 Vgl. ABl. Nr. L 90 vom 3.4.1980, S.45.
95 Vgl. insbesondere Jachtenfuchs (1990: 263) und Benedick (1991: 25), die die in der EG-Ratsentscheidung im März 1980 enthaltenen Maßnahmen für bedeutungslos erachten. Dieser Bewertung schließen sich auch Haigh (1992: 244), Mintzer/Miller (1992: 86/87), Morrisette (1989: 806), Shea (1989: 30) und Thomas (1992: 221/222) an.
96 Vgl. Maxwell/Weiner (1993: 23): „From the British perspective, the EC regulatory policy served several purposes. It helped to deflect criticism from American policy-makers and to forestall discussion of retaliatory trade measures directed at European CFC producers and users. In addition, community action prevented Germany and some other EC countries from enacting unilateral requirements that might harm the sales of British products in European markets. Community regulation produced large benefits for the British government without limiting the markets for aerosols or even the level of CFC production by British industry".

3.3.3. Der Verhandlungsprozeß zur Wiener Konvention von 1982 bis 1985

Das Governing Council von UNEP beschloß im Mai 1981 die Errichtung der 'Ad Hoc Working Group of Legal and Technical Experts', um einen Verhandlungsprozess für eine globale Rahmenkonvention zum Schutz der Ozonschicht zu initiieren (Brunnée 1988: 313). Bei den Verhandlungen über eine globale Rahmenkonvention standen sich zwei Staatenkoalitionen mit unterschiedlichen Verhandlungspositionen gegenüber. Schon auf der ersten Verhandlungssitzung im Januar 1982 unterbreiteten Schweden, Finnland und Norwegen einen Entwurf für eine Konvention, der unter anderem eine allgemeine Verpflichtung zur Reduzierung ozonzerstörender Substanzen enthielt. Diese Staaten setzten darauf, daß konkrete Regelungsmaßnahmen über ozonzerstörende Substanzen in einem Anhang der Konvention festgelegt werden könnten.[97] Während der zweiten Verhandlungsrunde von Dezember 1982 bis zum April 1983 erneuerten die nordischen Staaten ihren Vorschlag für umfassende Maßnahmen zur Regelung von FCKW.

Die Länder der Europäischen Gemeinschaft befürworteten mit dem Einfrieren der Produktionskapazität der FCKW 11 und 12 und einer Reduzierung des FCKW-Einsatzes in Aerosolen um 30 Prozent jene Maßnahmen, die in der Ratsentscheidung von 1980 bereits für die EG-Mitgliedsstaaten festgeschrieben worden waren. In einer Entscheidung vom November 1982 bestätigte der EG-Ministerrat die bereits im März 1980 getroffene Ratsentscheidung.[98] Weitere konkrete Entscheidungen, die über die 1980 beschlossenen Maßnahmen hinausgingen, enthielt die Ratsentscheidung von 1982 indessen nicht. Bei der Vorberatung dieser neuen Ratsentscheidung hatte der Wirtschafts- und Sozialausschuß der Europäischen Gemeinschaft ein Jahr zuvor bereits betont, daß „die grundlegenden wissenschaftlichen Daten noch nicht gesichert sind". Er schloß sich daher der Meinung der EG-Kommission an, zu diesem Zeitpunkt gebe „es keine Hinweise dafür", daß die FCKW „tatsächlich einen Einfluß auf die Ozonschicht

---

97 In dem damaligen Artikel 1 des Entwurfs dieser Staaten heißt es: „The contracting parties shall limit, reduce and prevent activities under their jurisdiction or control which have or are likely to have adverse effects upon the stratospheric ozone-layer" (Vgl. UNEP/WG.69/3, S.1).

98 Vgl. ABl. Nr. L 329 vom 25.11. 1982, S. 29/30.

ausüben".[99] In den Jahren 1982 und 1983 relativierten neue wissenschaftliche Abschätzungen die ursprüngliche Hypothese über den Abbau der Ozonschicht in erheblichem Maße. Die EG-Kommission verschob daher die in der Ratsentscheidung vom November 1982 vorgesehene Prüfung von zusätzlichen Maßnahmen (Deutscher Bundestag 1988: 206).

Nachdem die nordischen Staaten mit ihrem Versuch einer umfassenden Regelung von FCKW gescheitert waren, unterbreiteten diese einen modifizierten Vorschlag, der zunächst den weitgehenden Ausstieg aus dem Einsatz der FCKW 11 und 12 in Aerosolen vorsah. Darüber hinaus wurden im Entwurf dieser Länder weitere Reduzierungsmaßnahmen' für FCKW in den Bereichen der Kunststoffverschäumung, der Kühltechnik, bei Lösungs- und Reinigungsmittel und bei sonstigen Verwendungen vorgeschlagen. Neben Kanada und Neuseeland schlossen sich der Forderung nach einem weitgehenden Verbot des FCKW-Einsatzes in Aerosolen nun auch die USA an, die diesbezüglich bereits entsprechende nationale Maßnahmen erlassen hatten. Weitergehende Maßnahmen in anderen Anwendungsbereichen von FCKW lehnten die USA indessen zu diesem Zeitpunkt ab. Der nordische Vorschlag fand die Unterstützung von Australien, Dänemark, den Niederlanden und der Schweiz. Während Japan den nordischen Vorschlag völlig ablehnte, sprachen sich einige EG-Staaten - unter ihnen die Bundesrepublik, Frankreich und Großbritannien - nur für weitere Forschungsmaßnahmen aus.

Die Verhandlungen waren aufgrund der gegensätzlichen Präferenzen der Staaten der Toronto-Gruppe und der Europäischen Gemeinschaft in eine Blockadesituation geraten.[100] Die Verhandlungsziele der beiden wichtigsten Staatengruppen waren miteinander unvereinbar. Der von der EG unterbreitete Vorschlag eines Einfrierens der Produktionskapazität war für die Toronto-Gruppe unannehmbar. Zwischen den Vertragsparteien eines Protokolls wäre damit die Verteilung der Produktion von FCKW auf dem Weltmarkt festgeschrieben worden. Da in den EG-Staaten bedeutende Überkapazitäten bei der FCKW-Produktion bestanden, hätte eine solche Regelung den Produktionsländern von FCKW in der EG gegenüber den Vereinigten Staaten zukünftig einen Vorteil verschafft. Die EG-

---

99 Vgl. ABl. Nr. C 348 vom 31.12. 1981, S. 19/20.
100 Während der zweiten Verhandlungsrunde in Toronto im April 1983 bildeten Kanada, Finnland, Norwegen, Schweden und die Schweiz die „Toronto-Gruppe". Die USA schlossen sich der Toronto-Gruppe im Oktober 1983 an (Vgl. Szell 1991: 169).

Staaten wären im Gegensatz zu den USA selbst bei einer Begrenzung der Produktionskapazität in die Lage versetzt worden, ihre FCKW-Produktion noch zu steigern. Überdies wären jene Staaten, die zu diesem Zeitpunkt über keine Produktionskapazitäten für FCKW verfügten, zukünftig von der Herstellung dieser Produkte ausgeschlossen worden und somit in die Abhängigkeit von Importen aus den Produktionsländern geraten. Da die US-Firmen bereits das nationale FCKW-Verbot in Aerosolen umgesetzt hatten, hätten diese Firmen im Gegensatz zu den EG-Firmen die bereits erzielten Einsparpotentiale im Treibmittelbereich nicht mehr durch den verstärkten Einsatz von FCKW in anderen Bereichen kompensieren können. Überdies wären den Firmen in der EG Vorteile auf dem Exportmarkt festgeschrieben worden. Während die EG-Firmen einen Teil ihrer Produktion auf dem Weltmarkt absetzten, beschränkten die US-Firmen sich überwiegend auf die Versorgung des US-Binnenmarkts mit FCKW. Durch die bestehenden Überkapazitäten bestand hier sogar noch ein begrenztes Wachstumspotential für den FCKW-Absatz europäischer Firmen auf dem Weltmarkt.[101] Auch die von der EG getroffene Maßnahme einer Reduktion des FCKW-Einsatzes in Aerosolen um 30 Prozent war in den Augen der Toronto-Gruppe unzureichend, da die USA, Schweden, Norwegen und Kanada diese Anwendungsform von FCKW bereits völlig verboten hatten (Lammers 1988: 228/229).

Dem „single-option"-Ansatz einer Begrenzung der Produktionskapazität begegnete die Toronto-Gruppe in der Schlußphase der Verhandlungen mit einem „multi-option"-Ansatz.[102] Dieser Ansatz bestand aus insgesamt vier Optionen möglicher Maßnahmen, zwischen denen die Vertragsparteien eine Auswahl vornehmen konnten. Die Optionen I und II konzentrierten sich auf die Reduzierung des Verbrauchs und des Exports von FCKW in Aerosolen und ließen somit andere wachsende Anwendungsbereiche von FCKW außer acht.[103] Die EG-Posi-

---

101 Zwischen 1976 und 1985 war der Export von FCKW durch die EG-Staaten um 43 Prozent gestiegen. Der Exportanteil belief sich bei den EG-Staaten nun auf circa ein Drittel der gesamten Produktion in diesen Staaten. Als besonderer Wachtumsmarkt erwiesen sich in diesen Jahren besonders die Entwicklungsländer (Benedick 1991: 26).

102 Zu den unterschiedlichen Standpunkten zwischen den USA und der EG über die beiden Ansätze vgl. UNEP/IG.53/4, Annex II, S. 3-7.

103 Während Option I eine Reduktion des FCKW-Einsatzes in Aerosolen um 80 Prozent innerhalb von sechs Jahren nach Inkrafttreten eines Protokolls vorsah, beinhaltete Option II einen völligen Ausstieg aus dieser Anwendungsform, der allerdings durch Ausnahmeregelungen, die von den jeweiligen Vertragsstaaten selbst erlassen werden konnten, erheblich abgeschwächt werden konnte.

tion einer Begrenzung der Produktionskapazität war in Option III enthalten, die allerdings nur dann zum Zuge kommen sollte, falls alle Produktionsländer von FCKW Mitglied des Protokolls wurden und sich darüber hinaus gemeinsam für diese Option aussprachen. Eine Reduktion um 20 Prozent bei allen Anwendungsformen von FCKW umfaßte schließlich die Option IV.[104]

Neben den EG-Staaten lehnten auch Japan und die Sowjetunion als bedeutende FCKW-Produzenten den „multi-option"-Ansatz der Toronto-Gruppe ab.[105] Die in dieser frühen Phase des Konfliktaustrags zahlenmäßig noch schwach vertretenen Entwicklungsländer zogen sich auf eine neutrale Position zurück. Die unterschiedlichen Verhandlungspositionen und insbesondere die starre Haltung der EG, die sogar gegen eine weitere Reduzierung von FCKW im Aerosolbereich war, schlossen einen Kompromiß zwischen der Toronto-Gruppe und den EG-Staaten in dieser Phase des Konfliktaustrags aus. Mit ihrer jeweiligen Verhandlungsposition schoben sich die Staatengruppen gegenseitig die Verantwortung für entsprechende Maßnahmen zu.[106]

Das Ergebnis der Verhandlungen bildete im März 1985 die Verabschiedung der Wiener Konvention, die zwei Annexe über die zwischenstaatliche Zusammenarbeit in den Bereichen der Forschung und des Informationsaustausches beinhaltete.[107] Auf der Wiener Konferenz der Regierungsbevollmächtigten im März 1985 konnten die Toronto-Gruppe und die EG keine Annäherung bei den zentralen Konfliktgegenständen erzielen.[108] Auf der Konferenz in Wien im März

---

104 Vgl. Lammers (1988: 227/228).

105 Parson (1993: 71) verweist darauf, daß dieser Ansatz wenig erfolgversprechend war, da er zu unterschiedliche Verhandlungspositionen miteinander vereinen mußte: „The failed 'multi-option approach' of the Toronto Group in 1984-85 indicates precisely the problem of seeking to accomodate disparate domestic control measures in a post-hoc international agreement. Without ccordination from the start, domestic interests in existing regulations can thwart international collaboration".

106 Zu diesem Ergebnis gelangt auch Lammers (1988: 230): „In fact, in their proposal both groups of states did not go beyond what had already been provided for in their national or regional legislation".

107 Die in den Annexen der Wiener Konvention genannten Bereiche der zwischenstaatlichen Zusammenarbeit waren für die folgende Entwicklung jedoch von untergeordneter Bedeutung (vgl. auch Gehring 1990: 705).

108 Die USA machten auf der abschließenden Sitzung der Ad Hoc Working Group im Januar 1985 erneut auf die Möglichkeit einer Zerstörung der Ozonschicht durch FCKW aufmerksam. Dem Sitzungsbericht zufolge vertrat der US-Vertreter folgende Auffassung: „Despite the complexity of the forces determining future changes, it now seemed clear that if CFC use continued to grow, some depletion of the ozone layer was likely to occur. (...) While

1985 initiierten die USA und andere Staaten eine Resolution, die unter anderem auch von den drei EG-Staaten Bundesrepublik Deutschland, Dänemark und den Niederlanden unterstützt wurde. In dieser Resolution wurde festgelegt, daß die Staaten die Arbeit an einem Protokoll zur Regelung von FCKW fortsetzen und - „wenn möglich" - im Jahr 1987 zu einer diplomatischen Konferenz zur Verabschiedung eines solchen Protokolls zusammenkommen.[109]

3.3.4. Der Weg zum Montrealer Protokoll von 1985 bis 1987

Die Konfliktgegenstände über die Bewertung des vorhandenen Wissens und über die erforderlichen Maßnahmen zum Schutz der Ozonschicht blieben zwischen den Staaten während des Verhandlungsprozesses zur Wiener Konvention umstritten. In der folgenden Periode zwischen 1985 und 1987 wurde ein erneuter Versuch unternommen, diese Konfliktgegenstände einer kooperativen Bearbeitung zuzuführen. Größere Bedeutung erfuhr nun auch der Konflikt über den besonderen Bedarf der Entwicklungsländer.

Die Phase vor den Verhandlungen
Nach dem Ende der wirtschaftlichen Rezession wurde seit 1983 ein jährlicher Anstieg der Produktion der verschiedenen FCKW zwischen 5 und 10 Prozent verzeichnet. Der jährliche Anstieg der Halon-Produktion ging sogar noch darüber hinaus. Bis zum Jahr 1986 hatte die globale FCKW-Produktion wieder den Stand von 1974 erreicht (Doniger 1988: 87). Die im Mai 1985 in der Zeitschrift 'Nature' veröffentlichten Ergebnisse einer britischen Forschergruppe über die Abnahme des Ozons über der Antarktis sorgten dafür, daß das Problemfeld in das Bewußtsein der Weltöffentlichkeit geriet.[110] Innerhalb des

---

cooperation in research, as provided for in the Convention, was necessary, the potential risks made it essential to adopt in addition a protocol which could lead to meaningful reductions in CFC emissions in the short term" (Vgl. UNEP/IG.53/4, Annex II, S. 3)

109 In der Resolution heißt es dazu wörtlich, der Exekutivdirektor von UNEP werde aufgefordert, „[...] to convene a working group to continue work on a protocol that addresses both short and long term strategies to control equitably global production, emissions and use of CFCs, taking into account the particular situation of developing countries as well as updated scientific and economic research" (Vgl. UNEP 1985: 8).

110 Zu dieser Einschätzung gelangt auch Thomas (1992: 224): „The publication of Joe Farman's findings relating to the existence of the Antarctic hole stimulated greater public and governmental concern in the industrialized countries on the issue of ozone depletion".

späteren Verhandlungsprozesses, der zum Montrealer Ozonprotokoll führte, spielten die Erkenntnisse über das antarktische Ozonloch indessen nur eine begrenzte Rolle. Selbst zum Zeitpunkt der Unterzeichnung des Montrealer Protokolls waren die Ursachen des Ozonlochs nicht völlig geklärt. [111]

Ein im Mai 1986 von UNEP in Rom veranstalteter Workshop, bei dem einige EG-Staaten vor allem durch Repräsentanten der Chemieindustrie vertreten waren, brachte keine Annäherung zwischen den EG-Staaten und den USA. Die Industrievertreter aus den EG-Ländern weigerten sich, den neuerlichen Anstieg der FCKW-Produktion als dauerhafte Entwicklung anzusehen, der in der Zukunft zu einer Zerstörung der Ozonschicht führen könnte (Roan 1989: 155; Benedick 1991: 48). Auf einem weiteren Workshop im September 1986 in Leesburg vertraten indessen erstmals auch Vertreter von Staaten, die sich bisher gegen Maßnahmen zur Reduzierung von FCKW ausgesprochen hatten, die Ansicht, daß konkrete Regelungsmaßnahmen nicht länger ausgeschlossen werden könnten. Hierzu hatte neben einem von UNEP und der EPA im Juni 1986 in Arlington (USA) ausgerichteter Workshop vor allem der „Atmospheric Ozone"-Bericht beigetragen, der von der NASA mit der finanziellen und wissenschaftlichen Unterstützung der WMO, UNEP einigen US-Behörden und dem Ministerium für Forschung und Technologie der Bundesrepublik im Juli 1986 veröffentlicht worden war. [112]

Die FCKW-produzierenden Chemiefirmen hatten bisher nicht nur darauf verwiesen, daß es keine wissenschaftlichen Beweise für die Zerstörung der Ozonschicht durch FCKW gibt. Die Hersteller stützten sich vielmehr auch auf

---

Roan (1989: 151) verweist auf das breite Medieninteresse im Jahr 1986, das durch die Existenz eines Ozonlochs über der Antarktis hervorgerufen wurde.

111 Benedick (1992: 19) weist insbesondere auf die Wirkung des Ozonlochs in der Öffentlichkeit hin. Demnach konnte zu diesem Zeitpunkt nur eine geringe Wirkung der Meldungen über das Ozonloch auf die politischen Entscheidungsträger ausgemacht werden. Hinzu trat die Unsicherheit der Wissenschaftler in den Jahren 1986 und 1987, ob FCKW bei der Entstehung des antarktischen Ozonlochs tatsächlich eine Rolle spielen. Diese Ansicht vertritt auch Parson (1993: 60).

112 Doniger (1988: 88) weist diesen Workshops eine wichtige konsensstiftende Rolle zu. Die Hauptproduktions- und Hauptverbraucherländer von FCKW erzielten nicht nur Einigung über die Tatsache der wieder wachsenden Produktion und des Verbrauchs von FCKW. Die wachsenden Altlasten von FCKW und Halonen in der Atmosphäre veranlaßten die Workshop-Teilnehmer aus Regierungen und Industrie zunehmend zu der Einsicht, daß Maßnahmen zur Regelung dieser Substanzen erforderlich sind. Das bis dahin noch ungeklärte Phänomen des antarktischen Ozonlochs hing zudem als Damoklesschwert über den Teilnehmern dieser Workshops.

das Argument, daß keine geeigneten Ersatzstoffe für FCKW verfügbar seien. In Leesburg räumte die Firma Du Pont als weltweit größter FCKW-Produzent im September 1986 erstmals ein, daß die Entwicklung von Ersatzstoffen innerhalb weniger Jahre möglich sei. Das Haupthindernis für Ersatzstoffe stelle nicht die chemische Entwicklung dieser Produkte, sondern vielmehr der gegenüber den bisherigen FCKW um ein mehrfaches höhere Preis von Ersatzstoffen dar (Doniger 1988: 88; Roan 1989: 189).[113] Diese teureren Stoffe konnten sich somit nur dann auf dem Markt behaupten, wenn durch entsprechende politische Maß-nahmen die Marktbedingungen für Ersatzstoffe verbessert wurden. Das wichtig-ste Kriterium hierfür stellte der langfristige Ausstieg aus den billigeren FCKW-Produkten dar. Im September 1986 erklärte die 'Alliance for Responsible CFC Policy', die als ein Zusammenschluß von mehreren hundert FCKW-produzieren-den und FCKW-verarbeitenden Firmen in den USA maßgeblichen Einfluß auf die US-Politik auszuüben versuchte, sie trete für eine Zusammenarbeit der USA mit anderen Staaten ein, um den globalen Anstieg von FCKW zu begrenzen. Wenige Tage später ging Du Pont über die Ankündigung der 'Alliance for Responsible CFC Policy' hinaus und erklärte sich erstmals mit einer Begrenzung der globalen FCKW-Produktion einverstanden (Roan 1989: 193, Goldstein 1988: 6/7).

Der Verhandlungsprozess zum Montrealer Protokoll

Im Dezember 1986 wurden auf der Grundlage der in Wien 1985 verabschie-deten Resolution erneut Verhandlungen über ein Protokoll zur Reduzierung von FCKW aufgenommen, die im Rahmen der von UNEP koordinierten 'Ad Hoc Working Group of Legal and Technical Experts' stattfanden. Die EG-Kommission legte im November 1986 die Ergebnisse der Überprüfung der bisherigen Gemeinschaftspolitik im FCKW-Bereich vor. Die Kommission kam dabei zu dem Schluß, „daß die bisherigen Maßnahmen einen grundlegend gesunden politischen Rahmen darstellen".[114] Die EG-Kommission erhielt von den Mitgliedsstaaten zwar ein Mandat, an den Verhandlungen teilzunehmen. Gleichwohl verfügte die EG-Kommission nur über einen sehr begrenzten Spiel-

---

113 Verschiedene Teilnehmer waren nach dem Workshop von Leesburg im September erstmals optimistisch, daß es zu Regelungen über die Reduzierung von FCKW kommen würde. Nur die Frage der entsprechenden Reduktionsschritte und weiterer Einzelheiten schien ihnen noch strittig (vgl. Roan 1989: 191 und Benedick 1991: 49/50).

114 Pressemitteilung des Bundesministers für Umwelt, Naturschutz und Reaktorsicherheit vom 5. März 1987, S. 6

raum innerhalb der Verhandlungen, da selbst Detailveränderungen der bestehenden Gemeinschaftspolitik - wie auch das Bundesumweltministerium bemängelte - nur durch vorherige Zustimmung der EG-Umweltminister möglich waren (Jachtenfuchs 1990: 265). Die EG-Länder modifizierten zunächst ihre in der Ratsentscheidung vom März 1980 formulierte Position nur unwesentlich. Gegenüber der früheren Position des Einfrierens der Produktionskapazität schlugen die EG-Länder nun ein Einfrieren der Produktion der FCKW 11 und 12 vor (Doniger 1988: 88, Lammers 1988: 237, Lobos 1987: 110/111).

Nachdem die frühere US-Verhandlungsposition zur Durchsetzung eines globalen Aerosolverbots bei den Verhandlungen zwischen 1982 und 1985 nicht durchsetzbar war, hatten die USA eine Neuformulierung ihres Verhandlungsziels vorgenommen und sprachen sich im Gegensatz zu der früher favorisierten Reduzierung von FCKW in einem bestimmten Anwendungsbereich nun für eine umfassende Reduzierung von FCKW aus. Dieser Ansatz beinhaltete zudem Reduktionsziele, die weit über das in der früheren Phase des Konfliktaustrags vertretene Verhandlungsziel hinausgingen.[115] Der in der ersten Verhandlungsrunde im Dezember 1986 eingereichte Entwurf sah vor, die Emissionen von FCKW und Halonen auf dem Stand von 1986 einzufrieren und in verschiedenen Schritten Reduktionsmaßnahmen um bis zu 95 Prozent vorzunehmen (Benedick 1991: 70, Doniger 1988: 89, Lammers 1988: 232/233).[116] Die nordischen Staaten (Finnland, Norwegen und Schweden) unterstützten den von den USA unterbreiteten Vorschlag, legten aber einen eigenen Zusatz zu dem US-Entwurf vor. Dieser forderte, daß bei den Regelungsmaßnahmen mit einem sofortigen Einstieg (an Stelle eines Einfrierens) in Reduzierungsmaßnahmen begonnen werden sollte.

Bei der Europäischen Gemeinschaft und Japan stießen diese Vorschläge zunächst auf scharfe Ablehnung, da sie über ein Einfrieren der Produktion weit hinausgingen. Während der zweiten Verhandlungsrunde im Februar 1987 erklär-

---

115 Die USA hatten im 'Circular 175', einem internen unter Federführung des State Departments entworfenen Dokument im November 1986 ihre Verhandlungsposition festgelegt. Diese bestand aus insgesamt drei Punkten: *erstens* aus einer Regelung für ein baldiges 'freeze' für die Produktion der wichtigsten ozonzerstörenden Stoffe; *zweitens* aus einer langfristig festgelegten Reduzierung dieser Chemikalien bis hin zum weitgehenden Ausstieg, von dem nur wenige Anwendungen ausgenommen werden sollten. Dies entsprach einer Reduzierung ozonzerstörender Stoffe um 95 Prozent; *drittens* aus einer regelmäßigen Überprüfung und Neubewertung der getroffenen Maßnahmen im Lichte neuester wissenschaftlicher Erkenntnisse (Vgl. Benedick 1991: 53, und Lobos 1987: 113).

116 Vgl. Benedick (1991: 69), Morrisette (1989: 810), Doniger (1988: 89), Lammers (1988: 232), Lobos (1987: 113).

te sich die EG zu einer Reduzierung von FCKW um höchstens 20 Prozent bereit. Zu diesem Zeitpunkt begann die einheitliche Koalition der EG-Staaten bei den Verhandlungen auseinanderzubrechen. Während die Bundesrepublik nun innerhalb der EG auf eine reduktionsfreundlichere Haltung drängte, behielten Frankreich und Großbritannien ihre ablehnende Haltung bei (Lobos 1987: 111).[117] Die USA schlossen in dieser Phase der Verhandlungen daher ein Importverbot für FCKW-belastete Waren nicht aus, sollten die EG-Staaten ihre unbewegliche Haltung aufrechterhalten.[118]

Die an den Verhandlungen beteiligten Staaten erwogen im Februar 1987 mehrheitlich erstmals die Möglichkeit einer Reduktion um bis zu 50 Prozent. Der Versuch Großbritanniens, dieses in einem unverbindlichen Dokument enthaltene Reduktionsziel abzuschwächen, konnte mit der Unterstützung Belgiens, der Bundesrepublik, Dänemarks und der Niederlande unterbunden werden (Benedick 1991: 84). Die Bundesregierung bewertete dieses Zwischenergebnis als einen deutlichen Fortschritt.[119]

Bei der folgenden Verhandlungsrunde im April 1987 erfuhr das Ziel einer Verminderung der FCKW um 50 Prozent eine immer größere Unterstützung durch die Staaten. Die EG hingegen weigerte sich, ein Reduktionsziel zu akzeptieren, das über die bereits vorgeschlagene Verminderung von FCKW um

---

117 Der zuständige Bundesumweltminister gab hierzu nach der ersten Verhandlungsrunde die Erklärung ab, die Bundesregierung werde sich dafür einsetzen, „daß die zuständigen EG-Gremien die Frage der zukünftigen EG-Position bei den weiteren FCKW-Protokollverhandlungen möglichst frühzeitig aufgreifen und daß sich die übrigen Mitgliedsstaaten nicht nur mit dem Einfrieren, sondern auch mit einer Verringerung der FCKW-Emissionen einverstanden erklären" (Presseerklärung des BMU vom 5.3.1987, S. 8).

118 Diese Drohung gegenüber den EG-Staaten wurde von dem amerikanische Unterstaatssekretär Benedick im Februar 1987 ausgesprochen (vgl. Der Spiegel vom 23.2. 1987). Haigh (1992: 246) macht vor allem den durch die USA in den Jahren 1986 und 1987 ausgeübten politischen Druck auf die EG-Staaten für den erfolgreichen Abschluß der Verhandlungen veantwortlich: „The US deserves the credit for creating the pressure in 1986 and 1987 for significant reductions in CFC production, and US negotiators did not always conceal their irritation with the EC for what they saw as foot-dragging and the complications that it introduced".

119 Das Bundesumweltministerium erklärte im März 1987 hierzu: „Erfreulich ist auch, daß die Europäischen Gemeinschaften aufgrund des von der Bundesrepublik Deutschland am 13.02.1987 überreichten Memorandums nunmehr [...] eine aktive und konstruktive Rolle übernommen und sich für eine baldige Reduzierung der FCKW-Produktion eingesetzt haben. [...] In ihrem kürzlich der EG-Kommission (übergebenen) Memorandum hat die Bundesregierung (auf) ein Einfrieren und (eine) anschließende Senkung der Produktion in kurzer Frist, sowie auf ein Verbot im Spraybereich gedrängt" (Pressemitteilung des BMU vom 5.3.1987).

20 Prozent hinausging. Die Bundesrepublik und Dänemark kritisierten während der Verhandlungen nun öffentlich die weiterhin starre Haltung der EG (Jachtenfuchs 1990: 266). In informellen Gesprächen unter Leitung von Mostafa Tolba, dem Exekutivdirektor des UN-Umweltprogramms UNEP, versuchten die Verhandlungsteilnehmer Ende Juni 1987 in Brüssel einen Konsens über den Grad der erforderlichen Reduktionsmaßnahmen zu erzielen. In einem unverbindlichen Textentwurf schlug dieser neben dem Einfrieren von FCKW einen ersten Reduktionsschritt um 20 Prozent vor, dem eine weitere Verminderung um 30 Prozent folgen sollte. Bei der abschließenden Runde in Montreal unterstützte neben einer großen Anzahl von Staaten nun auch Japan dieses Reduktionsszenario. Die EG, die sich ursprünglich gegen einen zweiten Reduktionsschritt um weitere 30 Prozent ausgesprochen hatte, akzeptierte auf einer Tagung der EG-Umweltminister im Juli 1987 nun auch diese weitere Verminderung von FCKW (Haas 1992b: 211). Ein in Montreal ausgehandelter Kompromiß legte dann neben dem Einfrieren der Produktion und des Verbrauchs im Jahr 1990 eine Verminderung von fünf FCKW in zwei Stufen um insgesamt 50 Prozent fest. Auf eine erste Verminderung um 20 Prozent ab Mitte 1993 folgte ein zweiter Reduktionsschritt um weitere 30 Prozent, der für die Mitte des Jahres 1998 vorgesehen war. Großbritannien und Frankreich erzielten einen Teilerfolg, da der zweite Reduktionsschritt erst nach mehr als einem Jahrzehnt vorgenommen werden sollte.

Weitere Konflikte bei den Verhandlungen zum Montrealer Protokoll

Auch die Zahl der verschiedenen FCKW und Halone, die in die Regelungsmaßnahmen einbezogen werden sollten, war zwischen diesen Staatengruppen umstritten. Die EG und Japan waren zunächst nur zu einer Regelung der FCKW 11 und 12 bereit, während die USA und die sie unterstützenden Staaten einen umfassenden Ansatz zur Regelung der wichtigsten Stoffe vertraten. Japan wandte sich dabei insbesondere gegen die Einbeziehung des für die Reinigung in der Elektronikindustrie wichtigen FCKW 113 (Doniger 1988: 89). Ein wissenschaftlicher Konsens über jene Stoffe, die zukünftigen Regelungsmaßnahmen unterliegen sollten, entwickelte sich im Rahmen eines im April 1987 in Würzburg durchgeführten Expertentreffens. Die dort anwesenden Wissenschaftler kamen dabei zu dem Ergebnis, daß selbst bei einer Verminderung der wichtigsten FCKW um 50 Prozent mit einer Zerstörung der Ozonschicht um 5 bis 20 Prozent gerechnet werden muß. Die Experten verwiesen darüber hinaus auf die

Notwendigkeit von Regelungsmaßnahmen für die FCKW 11, 12, 113, 114 und 115 und für die Halone (Benedick 1991: 79, Haas 1992b: 211). Aufgrund dieser Erkenntnisse erklärte sich Japan bereit, auch das FCKW 113 in die Regelungsmaßnahmen einzubeziehen. Die Europäische Gemeinschaft verweigerte auch weiterhin ihre Zustimmung zur Verminderung der Halone. Der erzielte Kompromiß enthielt keine Maßnahmen zur Verminderung der Halone und verschob den Beginn des Einfrierens auf 1992.

Die Bemessungsgrundlage für die „Emissionen" sollte nach den Vorstellungen der USA der als „angeglichene Produktion" bezeichnete Verbrauch der Staaten bilden.[120] Diese Formel verschaffte allerdings solchen Staaten einen Vorteil, die wie die USA einen geringen Exportanteil bei der FCKW-Produktion aufwiesen. Der von den USA favorisierte Vorschlag sah vor, daß nach einer Übergangszeit die Exporte in Nichtvertragsstaaten nicht mehr länger von der Produktion abgezogen, sondern zu Lasten des nationalen Verbrauchs des Exporteurs verbucht werden.[121] Auf der Grundlage prozentualer Reduktionsschritte wäre der EG durch diese Formel eine größere Verminderung von FCKW als den USA abverlangt worden. Die EG plädierte demgegenüber für einen Ansatz, der nur die Produktion von FCKW eines jeweiligen Landes als Grundlage der Verminderung dieser Stoffe betrachtete. Der Produktions-Ansatz verschaffte Exportländern von FCKW einen Vorteil, da im Gegensatz zu dem Ansatz der „angeglichenen Produktion" die Produktion nicht um die Menge der Exporte bereinigt wurde. Die Festschreibung eines Monopols für die damaligen Produktionsländer hätte den Nichtproduktionsstaaten (und Ländern mit einer geringen Produktionsquote) den Anreiz zu einem Beitritt zum Montrealer Protokoll weitgehend entzogen. Die bei den Verhandlungen in dieser Frage zunehmend isolierte EG akzeptierte schließlich eine Lösung, nach der sowohl die Produktion als auch der Verbrauch der geregelten Stoffe vermindert oder eingefroren werden.

Die Forderung der Europäischen Gemeinschaft, als regionale Wirtschaftsorganisation den Status einer Vertragspartei des Protokolls zu erlangen, bildete bei den abschließenden Verhandlungen in Montreal einen zusätzlichen Konflikt

---

120 Der Verbrauch errechnete sich entsprechend einer von den USA vorgeschlagenen Formel. Von der Summe aus der Produktion (P) und der Importe (I) wurden die Exporte (E) und die vernichteten FCKW-Mengen (D) abgezogen. Die angeglichene Produktion errechnete sich somit folgendermaßen: AP = P plus I minus E minus D (vgl. Lammers 1988: 233).

121 Da sich für die Exporteure durch dieses Verfahren innerhalb der einzelnen Reduktionsschritte jeweils ein höheres Reduktionsvolumen ergab, bestand für diese ebenfalls ein Anreiz, ihre Kunden zu einem Beitritt zum Protokoll zu bewegen (vgl. Benedick 1991: 81).

zwischen der EG und den USA. Die USA erhoben gegen diese Forderung den Einwand, bei der Erfüllung der Regelungsmaßnahmen durch die EG als Gruppe bestehe die Gefahr, daß die in einem EG-Land erreichten überproportionalen Reduktionsschritte anderen EG-Ländern die Möglichkeit verschafften, geringere Verminderungen von FCKW vornehmen zu können. Die USA konnten zwar nicht verhindern, daß den EG-Staaten dieses Privileg eingeräumt wurde. Sie setzten sich indessen mit ihrer Forderung durch, daß neben der Europäischen Gemeinschaft auch die EG-Mitliedsstaaten einzeln dem Protokoll beitraten (Lang 1988: 106/107). Da die Sowjetunion die Planung und den Bau zusätzlicher Produktionsanlagen von FCKW bereits in Angriff genommen hatte, wurde dieser ebenfalls eine Ausnahmeregelung zugestanden.[122]

Die USA forderten in der Schlußphase der Verhandlungen, daß für das Inkrafttreten des Protokolls erst nach dem Beitritt jener Anzahl von Staaten erfolgen dürfe, die 90 Prozent des globalen FCKW-Verbrauchs repräsentieren. Die USA wollten damit erreichen, daß die amerikanischen FCKW-Hersteller im Vergleich zu anderen Produzenten nicht früher mit Reduzierungsmaßnahmen beginnen mußten. Die USA akzeptierten schließlich eine Regelung, die das Inkrafttreten des Protokolls von der Ratifizierung solcher Staaten, die zwei Drittel des Verbrauchs repräsentierten, abhängig machte (Roan 1989: 208/209).

Die Verhandlungen zum Montrealer Protokoll von 1987 waren mehr von einem West-West-Konflikt zwischen den USA und der Europäischen Gemeinschaft und weit weniger von einem Konflikt zwischen Industrie- und Entwicklungsländern geprägt.[123] Aufgrund des bestehenden Nachholbedarfs der Entwicklungsländer für den zukünftigen Einsatz von FCKW in verschiedenen Anwendungsbereichen bestand indessen die Gefahr, daß diese durch einen Nichtbeitritt die Rolle eines „Trittbrettfahrers" einnehmen und zukünftig für eine Steigerung der Produktion und des Verbrauchs von FCKW sorgen. Allein von den Industrie-

---

122 Die Produktion der zum Zeitpunkt der Verabschiedung des Montrealer Protokolls bereits geplanten bzw. im Bau befindlichen und vor 1991 fertiggestellten Produktionsanlagen durfte zu der Produktion des Basisjahres 1986 hinzugerechnet werden.

123 Die Beteiligung der Entwicklungsländer an den Verhandlungen zum Montrealer Protokoll war zunächst gering. Von den bei der ersten Verhandlungsrunde anwesenden 25 Staaten waren allein 19 Industrieländer. Die Zahl der teilnehmenden Entwicklungsländer nahm im Laufe der Verhandlungen zu. Bei der dritten Verhandlungsrunde kamen von den 33 anwesenden Verhandlungsdelegationen 11 aus Entwicklungsländern. Auf dem abschließenden Treffen in Montreal waren über 60 Staaten vertreten, wovon mehr als die Hälfte Entwicklungsländer waren.

ländern getroffene Maßnahmen erwiesen sich somit langfristig als ineffektiv. Aus der Sicht der Industrieländer mußte überdies verhindert werden, daß die FCKW-Hersteller ihre Produktion in Nichtvertragsstaaten verlagerten. Ein wichtiges Problem bestand somit darin, innerhalb des Protokolls eine Anreizstruktur für einen Beitritt der Entwicklungsländer zu schaffen. Auf Vorschlag der USA enthielt das Protokoll in seiner ersten Fassung von 1987 zwar bereits auch Regeln, die eine Beschränkung des Handels geregelter Stoffe mit Nichtvertragsstaaten festlegen. Die Frage finanzieller und technologischer Unterstützung für die Entwicklungsländer blieb jedoch zunächst weitgehend ungelöst. Dieser Konfliktgegenstand führte daher nach der Verabschiedung des Montrealer Protokolls von 1987 zu einer verstärkten Auseinandersetzung zwischen den Industrie- und den Entwicklungsländern. Die im Montrealer Protokoll von 1987 geschaffene Anreizstruktur aus Ausnahme- und Übergangsregelungen bot jedoch neben den enthaltenen negativen Anreizen noch zu wenig positive Anreize, um auch die bevölkerungsreichen Staaten wie China und Indien zum sofortigen Beitritt zu bewegen.[124]

3.4. Der regulierte Konfliktaustrag von 1987 bis 1995

In Montreal war es zwar gelungen, einen Kompromiß zwischen allen Hauptproduktionsländern von FCKW zu erreichen. Trotz der erstmals getroffenen Regeln bestand zwischen den Mitgliedern des Regimes auch weiterhin ein Konflikt über die Reduzierung ozonzerstörender Stoffe. Dieser Konflikt beinhaltete nun die Frage der Ausweitung der Regeln auf bis dahin ungeregelte Stoffe und der Verschärfung der getroffenen Maßnahmen zur Verminderung bzw. des Einfrierens geregelter Stoffe. In der Folgezeit rückte zudem der Konfliktgegenstand über die finanzielle und technologische Unterstützung für die Entwicklungsländer immer stärker in den Mittelpunkt der Konfliktbearbeitung.

---

124 Ramakrishna (1992: 152) beschreibt die wachsende Unzufriedenheit der Entwicklungsländer nach der Verabschiedung des Protokolls von Montreal 1987: „While these concessions were enough to attract some developing countries as signatories, India and China, to name but two countries among the developing world, called it inquitious and have not yet joined the agreements. Even among those countries that have signed on as parties to the agreements, a feeling that they were 'caught napping' before and during the negotiations is gaining ground. If another opportunity were to present itself, many believe that they should react differently".

124

3.4.1. Der endgültige wissenschaftliche Beweis

Beim Abschluß des Montrealer Protokolls im September 1987 fehlte noch der endgültige wissenschaftliche Beweis für die These, daß die Zerstörung der Ozonschicht durch Fluorchlorkohlenwasserstoffe und andere verwandte Substanzen verursacht wird. Im Oktober 1987 wurden indessen die Ergebnisse der amerikanischen NOZE-II-Expedition über eine Erweiterung des antarktischen Ozonlochs auf nun 50 Prozent veröffentlicht. Gleichzeitig gelang den Wissenschaftlern im Herbst 1987 engültig der Nachweis, daß die vom Menschen verursachten Chloremissionen in die Atmosphäre für die Zerstörung der Ozonschicht verantwortlich sind. Das Ozone Trends Panel (OTP) legte 1988 einen Bericht über einen globalen Rückgang des atmosphärischen Ozons vor. In dem OTP-Bericht wurden hierfür in erster Linie die FCKW verantwortlich gemacht. Auf der Basis dieser neuen wissenschaftlichen Erkenntnisse kamen Modellrechnungen zu dem Schluß, daß das antarktische Ozonloch selbst beim Beitritt aller Staaten zum Montrealer Protokoll eine dauerhafte Erscheinung bleiben würde. Die Regelungen von Montreal, so die neuen wissenschaftlichen Modelle, konnten nicht verhindern, daß sich der Chlorgehalt in der Atmosphäre von damals circa 3 ppbv noch einmal verdoppeln wird. Um den atmosphärischen Chlorgehalt wieder auf einen Wert um 2 ppbv zurückzuführen, sei demnach mindestens eine Reduzierung um 85 Prozent oder gar der völlige Ausstieg aus den FCKW erforderlich.[125]

Damit hatte die Wissenschaft den Beweis erbracht, daß die Zerstörung der Ozonschicht durch FCKW verursacht wird.[126] Dies versetzte nun auch die FCKW-Herstellerfirmen und jene Industriezweige, die FCKW verarbeiten, unter verstärkten Handlungszwang. Nach Bekanntwerden der Ergebnisse des OTP kündigt die Firma Du Pont im März 1988 den geordneten Ausstieg aus dem Geschäft mit vollhalogenierten FCKW an.[127] Diese Ankündigung des weltweit größten FCKW-Produzenten stellte ein richtungsweisendes Signal dar, daß die

---

125 Vgl. die von Watson (1988: 88) verfaßte Zusammenfassung über die neuen wissenschaftlichen Erkenntnisse, die durch NOZE-II 1987 und den OTP-Bericht 1988 gewonnen wurden. Rowland (1988: 113) beschrieb die Funktion des Montrealer Protokols denn auch wie folgt: „The scientific function of the Montreal Protocol is essentially to maintain into the 21st century the rate of growth in chlorine concentrations which has characterized the past 15 years - to prevent an even more rapid increase than is already occuring".

126 Vgl. auch Rowlands (1995: 57).

127 Vgl. Du Pont de Nemours (1992).

Chemieindustrie dazu in der Lage war, den Ausstieg aus der Produktion vollhalogenierter FCKW zu ermöglichen. Der von Du Pont getroffenen Entscheidung folgten in den folgenden Monaten weitere Chemiefirmen und Industriezweige. Im August 1988 kündigte die britische Chemiefirma ICI an, daß sie sich dem von Du Pont gewählten Ausstieg aus den vollhalogenierten FCKW anschließe (Maxwell/Weiner 1993: 34). Anfang 1989 kündigte auch die Hoechst AG die völlige Einstellung der Produktion vollhalogenierter FCKW bis zum Jahr 1995 an.[128] Mit der Erklärung von Du Pont hatte gleichzeitig der Wettbewerb der multinationalen Chemiefirmen um die Anteile an dem zukünftig schnell wachsenden und profitablen Markt für Ersatzprodukte begonnen.

Die Europäische Gemeinschaft anerkannte in einer Ratsentschließung vom Oktober 1988 zwar offiziell, daß die Ozonschicht durch FCKW und Halone zerstört wird.[129] Eine zum gleichen Zeitpunkt verabschiedete Verordnung der EG ging indessen nicht über die im Montrealer Protokoll getroffenen Regelungsmaßnahmen hinaus, wie dies ursprünglich von der Bundesrepublik gefordert worden war.[130] Das Europäische Parlament hatte zuvor im Juni 1988 ebenfalls Ergänzungen zu den von der EG-Kommission vorgelegten Entwürfen der Entscheidung des Rates und der EG-Verordnung gefordert. Die EG-Kommission wurde vom Europäischen Parlament dabei insbesondere dazu aufgefordert, die Gemeinschaft möge von der in Artikel 2 (11) des Protokolls formulierten Möglichkeit Gebrauch machen, weitergehendere Maßnahmen für ihr Gebiet zu beschließen.[131]

Obwohl der Rat der EG zunächst keine strengeren Regelungsmaßnahmen beschlossen hatte, zeichnete sich seit der Veröffentlichung des wissenschaftlichen Beweises für die FCKW-Hypothese eine verstärkte Bereitschaft zu weitergehen-

---

128 Vgl. Hoechst AG (1991: 7).

129 In der betreffenden Ratsentschließung vom 14. Oktober 1988 heißt es dazu: „Es steht fest, daß die fortgesetzte Emission von bestimmten Fluorchlorkohlenwasserstoffen und Halonen im gegenwärtigen Umfang zu schwerwiegenden Schäden an der Ozonschicht führen kann. Es besteht weltweit Einvernehmen darüber, daß sowohl die Produktion als auch der Verbrauch dieser Stoffe erheblich eingeschränkt werden müssen" (vgl. ABL. Nr. C 285 vom 9.11.1988, S.1.

130 Vgl. die Verordnung der EG Nr. 3322/88 vom 14.10. 1988 in: ABL. Nr. L 297 vom 31.10.1988, S. 1-5.

131 Die Änderungsvorschläge des Europäischen Parlaments sind abgedruckt in: ABL. Nr. C 187 vom 18.7.1988, S. 46/47 und S. 48-52.

deren Maßnahmen ab.[132] Ein wichtiger Grund hierfür bestand darin, daß vor allem das ursprüngliche Bremserland Großbritannien im Jahr 1988 seine ablehnende Haltung aufgab. Auf einer im Oktober 1988 in Den Haag veranstalteten Umweltkonferenz wurden die im Montrealer Protokoll vereinbarten Maßnahmen auf der Grundlage der neuen wissenschaftlichen Erkenntnisse überprüft. Die Teilnehmerstaaten kamen dabei zu dem Ergebnis, daß bis zum Ende des Jahres 1999 eine FCKW-Reduzierung um mindestens 85 Prozent erforderlich sei. Erstmals unterstützte nun auch Großbritannien ein so weitreichendes Reduktionsziel (Thomas 1992: 228).

3.4.2. Die Erklärung von Helsinki 1989

Im März 1989 hat sich neben den USA auch der Umweltministerrat der Europäischen Gemeinschaft dafür ausgesprochen, die FCKW um mindestens 85 Prozent zu vermindern und bis zum Ende des Jahrhunderts völlig aus der Produktion und dem Verbrauch von FCKW auszusteigen.[133] Auf einer von der britischen Regierung nur wenige Tage später in London veranstalteten Konferenz über den Schutz der Ozonschicht wurde eine Zehnpunkte-Erklärung verabschiedet. Darin forderten die Delegierten aus 123 Staaten einen „totalen Stop" der Produktion und des Verbrauchs von FCKW. Ein Zeitpunkt für den völligen FCKW-Ausstieg wurde jedoch nicht genannt. In Bezug auf Indien und China, die zu diesem Zeitpunkt keine Mitglieder des Regimes waren, forderte die britische Premierministerin Thatcher eine Beteiligung aller Staaten am Schutz der Ozonschicht. Die Vertreter Indiens und Chinas forderten indessen einen umfassenden kostenlosen Technologietransfer für die Unterzeichnerstaaten des Protokolls. Hierfür solle - so die Forderung dieser Staaten - ein internationaler Fonds geschaffen werden.[134]

---

132 In einer Ratsentschließung vom 14.10.1988 wurde betont, daß „zusätzlich zu der Verordnung (EWG) Nr. 3322/88 unverzüglich Maßnahmen ergriffen werden sollten, um [...] die Verwendung von Fluorchlorkohlenwasserstoffen und Halonen in Erzeugnissen und Geräten, in denen diese enthalten sind, oder bei Arbeitsprozessen, bei denen diese verwendet werden, zu beschränken" (zit. nach ABL. Nr. C 285 vom 9.11.1988, S.1).

133 Vgl. Bundesminister für Umwelt, Naturschutz und Reaktorsicherheit vom Juli 1989, S. 3.

134 Vgl. The Times vom 6. März 1989; Neue Zürcher Zeitung vom 7. März 1989; Süddeutsche Zeitung vom 8. März 1989; Frankfurter Rundschau vom 8. März 1989 sowie: Environmental Policy and Law 19:2 (1989), S. 45/46.

Auf der ersten Konferenz der Vertragsstaaten des Montrealer Protokolls, die im Mai 1989 in Helsinki zusammentrat, wurden die beiden Konfliktgegenstände über die Verminderung der ozonzerstörenden Stoffe und über die finanzielle und technologische Unterstützung der Entwicklungsländer eingehend beraten.[135] Die zum Abschluß der Konferenz verabschiedete Helsinki-Erklärung betont den breiten Konsens zwischen den Wissenschaftlern darüber, daß strenge Regelungsmaßnahmen für ozonzerstörende Stoffe notwendig sind.[136] Daher kündigten die Staaten spätestens bis zum Jahr 2000 nicht nur den Ausstieg aus den im Montrealer Protokoll geregelten FCKW und Halonen, sondern auch Regelungsmaßnahmen für andere ozonzerstörende Stoffe an. Die völkerrechtlich unverbindliche Erklärung von Helsinki enthielt allerdings keine Maßnahmen zur Regelung der als Ersatzstoffe betrachteten H-FCKW, die zum Treibhauseffekt beitragen. Keine Einigung erzielten die Staaten in Helsinki über die Errichtung eines Fonds für die Entwicklungsländer. Die USA befürchteten, die Schaffung eines solchen Fonds präjudiziere ähnliche Maßnahmen bei der Bearbeitung anderer umweltpolitischer Probleme wie etwa der globalen Klimaproblematik. Da auch die EG und Japan zunächst einen globalen Fonds ablehnten, wurde die Entscheidung über einen Fonds zur Unterstützung der Entwicklungsländer mit der Einsetzung einer Arbeitsgruppe vertagt (Benedick 1991: 126, Handl 1990: 252/253). In dem entsprechenden Kompromiß wird die Errichtung eines Fonds für die Zukunft indessen nicht ausgeschlossen.[137]

---

135 Vgl. UNEP/OzL.Pro.1/5.

136 Vgl. UNEP/OzL.Pro.1/5, Appendix I.

137 Der diesbezügliche Beschluß lautet: „To develop an open-ended working group of the Contracting Parties to develop modalities for such mechanisms, including adequate international funding mechanisms which do not exclude the possbility of an international Fund and to report the results of their deliberations to the Conference of the Parties at its second meeting in 1990 (Vgl. UNEP/OzL.Pro.1/5, S.20)". Die berechtigte Enttäuschung der Entwicklungsländer über eine Vertagung der Bearbeitung dieses Konfliktgegenstandes wird auch von Handl (1990: 253) geteilt: „So far, the call for financial transfers from North to South has, however, largely remained unanswered, although states do continue to pay lip-service to the need for such assistance".

3.4.3. Die Weiterentwicklung des Regimes in London 1990

Für die zweite Konferenz der Vertragsstaaten des Montrealer Protokolls, die im Juni 1990 in London stattfand, hatten verschiedene Arbeitsgruppen zuvor Berichte über die wissenschaftliche, technische, ökonomische und ökologische Einschätzung der getroffenen und zu treffenden Regelungsmaßnahmen erstellt. Die zuvor in Helsinki 1989 angekündigten Maßnahmen zur Verschärfung des Montrealer Protokolls wurden nun in entsprechende Regeln umgesetzt. Anpassungsmaßnahmen wurden für die in Gruppe I der Anlage A des Montrealer Protokolls von 1987 geregelten fünf FCKW (11, 12, 113, 114, und 115) und die in Gruppe II der Anlage A geregelten drei Halone (1301, 1211 und 2402) erlassen, für die ein stufenweiser Ausstieg bis zum Jahr 2000 vereinbart wurde. Während sich die USA, Japan und die UdSSR mit diesem Reduktionsziel durchsetzten, verlangte eine aus den Nordischen Staaten, vier EG-Staaten (der Bundesrepublik, Dänemark, Belgien), der EG-Kommission, Australien, Österreich, Liechtenstein und Neuseeland zusammengesetzte Koalition, den Ausstieg aus den vollhalogenierten FCKW bereits spätestens bis zum Jahr 1997 vorzunehmen. Diese Staaten erklärten schließlich einseitig ihre feste Entschlossenheit, den Ausstieg bis 1997 zu erzielen.[138] Gleichzeitig setzten sie durch, daß im Jahr 1992 eine Überprüfung dieser Anpassungsmaßnahmen durch die Vertragsstaaten vorgenommen wird. Die Europäische Gemeinschaft legte in einer im März 1991 verabschiedeten Verordnung fest, daß der Ausstieg aus den FCKW und aus der Substanz Tetrachlorkohlenstoff bereits bis Mitte 1997 erreicht werden sollte.[139] Der in London erzielte Kompromiß bot Anlaß für erhebliche Kritik. Berechnungen ergaben, daß das für die Stoffe der Anlage A verabschiedete Reduktionsszenario für den Zeitraum bis zum Jahr 2000 weitere Gesamtemissionen erlaubte, die um das sechsfache über den Emissionen des Jahres 1986 lagen (Ott 1991: 195).

Einen Fortschritt stellten die in London mit der Neuschaffung des Annexes B vorgenommenen Änderungsmaßnahmen des Protokolls dar. Für die nun in Gruppe I geregelten zusätzlichen vollhalogenierten FCKW wurde wie für den in

---

138 Der Vertreter der Europäischen Gemeinschaft wies in diesem Zusammenhang insbesondere auf die neuesten wissenschaftlichen Befunde über eine Abnahme der Ozonschicht in hohen nördlichen und südlichen Breitengraden und auf den Beitrag der FCKW zum Treibhauseffekt hin (vgl. UNEP/OzL.Pro.2/3, S. 20).
139 Vgl. Council Regulation (EEC) No 594/91 of 4 March 1991, in: OJ No L 67, 14.3.1991, S. 1-10.

Gruppe II aufgeführten Stoff Tetrachlorkohlenstoff ein stufenweiser Ausstieg bis zum Jahr 2000 festgelegt. Der Ausstieg des in Gruppe III von Annex B enthaltenen Stoffs Methylchloroform sollte stufenweise bis zum Jahr 2005 erfolgen.[140] Die in London vertretenen Umweltverbände wie Greenpeace und Friends of the Earth kritisierten indessen nicht nur die zu langen Ausstiegsfristen für vollhalogenierte FCKW bis zum Jahr 2000. Vielmehr erachteten sie auch die weitere Nichtberücksichtigung der teilhalogenierten H-FCKW bei den Regelungsmaßnahmen als schwerwiegenden Mangel.[141] Nachdem ein früherer Entwurf Maßnahmen zur Regelung von H-FCKW enthielt, wurde dies auf Druck der Chemieindustrie verhindert (Ott 1991: 196). Die teilhalogenierten Stoffe wurden vielmehr in einen neu geschaffenen Annex C als sogenannte „Übergangsstoffe" aufgenommen. Die Staaten waren auf der Londoner Konferenz zudem nicht bereit, zusätzlich zu den in Gruppe II des Annexes A geregelten Halonen noch weitere Halone aufzunehmen. In einer Resolution über „andere Halone" erklärten die Staaten, die Produktion und den Verbrauch dieser Halone weitgehend zu unterlassen.[142] Mit diesen in London beschlossenen Regeln wurde zwar eine Ausdehnung auf eine große Anzahl von Stoffen erreicht (Szell 1991: 173). Gleichzeitig stellten diese Regeln oftmals nur Kompromisse dar, die in den Augen vieler Beobachter und Teilnehmer die Folgekonferenz im Jahr 1992 nicht überdauerten (Ott 1991: 208).

Die Bearbeitung des Nord-Süd-Konflikts über die finanzielle und technologische Unterstützung für die Entwicklungsländer stellte das wohl wichtigste Ergebnis der Londoner Konferenz von 1990 dar. Seit der Helsinki-Konferenz 1989 trafen sich die Staaten innerhalb einer 'Open-Ended Working Group', um Möglichkeiten zur Regelung dieses Konflikts zu finden. Angeführt von den Vertragsstaaten Mexiko und Venezuela und den Nichtvertragsstaaten China und Indien stellten die Entwicklungsländer mehrere Forderungen. Diese umfaßten *erstens* die Errichtung eines eigenständigen multilateralen Fonds unter Leitung von UNEP. Dieser Fonds sollte *zweitens* durch rechtlich verbindliche Verpflichtungen der Industrieländer finanziert werden. Die Beiträge sollten von den Industrieländern *drittens* zusätzlich zu den laufenden Hilfsmaßnahmen erbracht und keineswegs von diesen abgezogen werden. *Viertens* forderten diese Staaten eine

---

140 Vgl. UNEP/OzL.Pro.2/3, S. 27-30.
141 Vgl. Frankfurter Rundschau vom 2.7. 1990; Stuttgarter Zeitung vom 2.7. 1990; die tageszeitung vom 2.7.1990.
142 Vgl. UNEP/OzL.Pro.2/3, Annex VII, S. 67,

Garantie über den freien Zugang zu entsprechenden Technologien (Benedick 1991: 153).

Im Rahmen mehrerer Länderstudien wurde zunächst der finanzielle Bedarf für einzelne Entwicklungsländer errechnet. Die Staaten einigten sich darauf, daß der Fonds für den folgenden 3-Jahreszeitraum mit 160 Millionen Dollar ausgestattet werden sollte. Für den Fall eines Beitritts Indiens und Chinas wurde diese Summe um weitere 80 Millionen Dollar erhöht. Die USA, Japan und einige EG-Staaten waren der Auffassung, für den Fonds dürfe keine neue Institution geschaffen werden.[143] Der bis zum Abschluß der Londoner Konferenz bestehende Konflikt wurde letztlich so gelöst, daß die Betreuung des Fonds nicht nur durch die von den Industrieländern hierfür vorgeschlagene Weltbank erfolgt. Vielmehr wurde die Errichtung eines Exekutivkomitees beschlossen, das an der Umsetzung des Fonds wesentlich beteiligt ist.[144] Neben der Weltbank wurden auch UNEP, das UNDP und andere Organisationen in die Umsetzung dieses Fonds einbezogen. Zu der von den Entwicklungsländern vorgetragenen Forderung, die Mittel für den multilateralen Fonds müßten zusätzlich zu laufenden Finanztranfers bereitgestellt werden, verweigerten die USA indessen lange ihre Zustimmung. Diese Mittel sollten nach Auffassung der USA vielmehr durch Umschichtungen innerhalb der Weltbank freigemacht werden. Nicht nur bei den Entwicklungsländern, sondern auch bei den anderen Industrieländern stieß diese Haltung der USA indessen weitgehend auf Unverständnis.[145]

Entsprechend der Forderung der Entwicklungsländer legte der in London verabschiedete Artikel 10 (1) daher fest, daß der mulitlaterale Fonds durch Beiträge der Industrieländer gespeist wird, „die zusätzlich zu anderen finanziellen Zuwendungen" an die Entwicklungsländer geleistet werden. Der von den USA gestellten Forderung, die Errichtung des Ozon-Fonds dürfe keinen Präzedenzfall für die Bearbeitung anderer Umweltfragen darstellen, wurde mit dem in London ebenfalls neu formulierten Artikel 10 (10) Rechnung getragen. Darin wurde festgelegt, daß der Finanzierungsmechanismus „künftige Regelungen, die mög-

---

143 Vgl. hierzu die tageszeitung vom 28.6.1990.
144 Vgl. UNEP/OzL.Pro.2/3, S. 12-14 und UNEP/OzL.Pro.2/3, Annex IV. S.45.
145 Auch in der amerikanischen Öffentlichkeit stieß die Haltung der US-Regierung auf scharfe Ablehnung. In einem Brief an Präsident Bush protestierten 12 republikanische Senatoren gegen die Haltung der Regierung mit der Einschätzung: „There has rarely been, we believe, a better example of 'pennywise, pound-foolish" (vgl. International Herald Tribune vom 11.5.1990).

licherweise im Hinblick auf andere Umweltfragen entwickelt werden, unberührt" lasse.

Die Erfüllung der von den Entwicklungsländern gestellten Forderung nach einem freien Zugang zu Technologien zu kostengünstigen Bedingungen stieß auf starken Widerstand von privaten Firmen und den Industrieländern. Diese brachten den Einwand vor, ein weitgehend kostenloser Transfer von Technologien führe zu einer schwerwiegenden Begünstigung von Firmen in den Entwicklungsländern (Benedick 1991: 157/158, Ott: 1991: 200). Ein als Artikel 10A in das Protokoll eingegangener Kompromiß stellte nun die rasche Weitergabe der „besten verfügbaren umweltverträglichen Ersatzprodukte und damit zusammenhängenden Technologien" an die Entwicklungsländer sicher. Diese Weitergabe müsse zudem „unter gerechten und möglichst günstigen Bedingungen erfolgen".

Auf der Londoner Konferenz von 1990 war es somit gelungen, Regeln über die finanzielle und technologische Unterstützung für die Entwicklungsländer zu formulieren. China und Indien, wo mehr als ein Drittel der Weltbevölkerung leben, stellten daher am Ende der Konferenz ihren Beitritt zur Wiener Konvention und zum Montrealer Protokoll in Aussicht.

3.4.4. Schnellere und weitreichendere Maßnahmen in Kopenhagen 1992

Im November 1992 fand in Kopenhagen die vierte Konferenz der Vertragsstaaten des Montrealer Protokolls statt. Die dort vorgestellten Berichte der 'Assessment Panels' kamen zu dem Ergebnis, daß gegenüber 1990 noch eine erheblich stärkere Ozonabnahme zu verzeichnen sei. Nach Berechnungen dieser Panels mußte trotz der in London 1990 getroffenen Regelungsmaßnahmen mit einem weiteren Anstieg des Chlorgehalts in der Atmosphäre von 3,5 auf über 4 ppbv bis zum Jahr 2000 gerechnet werden. Die Wissenschaftler machten nun überdies auf den ozonzerstörenden Stoff Methylbromid aufmerksam.[146]
UNEP konnte von einer frühzeitigen Umsetzung der Londoner Regelungsmaßnahmen durch die Staaten berichten, die den Londoner Reduktionszeitplan um drei Jahre unterschritt. Technologische und ökonomische Faktoren hatten diese Entwicklung erheblich beschleunigt. Die Chemiefirmen hatten bei der Entwicklung und Produktion von Ersatzstoffen mittlerweile einen Durchbruch

---

146 Vgl. UNEP/OzL.Pro.4/15, S. 5/6.

erzielt. Die Verminderung des Einsatzes von FCKW und Halonen in den verschiedenen Anwendungsbereichen vollzog sich zudem erheblich schneller, als ursprünglich angenommen wurde. Schon vor der Kopenhagener Konferenz hatten die USA und die Europäische Gemeinschaft in wichtigen Bereichen Einigung über eine weitere Beschleunigung des FCKW-Ausstiegs erzielt. Der Rat der EG verabschiedete im März 1991 eine Verordnung, die auch zur Umsetzung der von der EG in London eingenommenen Vorreiterrolle beim schnelleren Ausstieg aus den vollhalogenierten FCKW und aus dem Stoff Tetrachlorkohlenstoff bis 1997 diente.[147] Nach Bekanntwerden weiterer alarmierender Meldungen über den Rückgang der Ozonschicht über der Nordhalbkugel im Winter 1991/92 sprachen sich die USA und die EG für einen schnelleren Ausstieg aus den vollhalogenierten FCKW und den Halonen aus.[148]

In Kopenhagen bestand ein breiter Konsens über entsprechende Anpassungsmaßnahmen. Diese sahen einen schnelleren Ausstieg aus den vollhalogenierten FCKW (Gruppe I von Annex A sowie Gruppe I von Annex B) bis Ende 1995 und aus den Halonen (Gruppe II von Annex A) bis Ende 1993 vor. Ein vorgezogener Ausstieg bis Ende 1995 wurde auch für Tetrachlorkohlenstoff (Gruppe II von Annex B) und Methylchloroform (Gruppe III von Annex B) festgelegt.

Eine weitere Maßnahme stellte die Einbeziehung der teilhalogenierten H-FCKW in den Reduktionsfahrplan von Kopenhagen dar. Die Änderung der Londoner Regeln sah für die in Gruppe I von Annex C enthaltenen Stoffe einen stufenweisen Ausstieg bis 2030 vor. In Bangkok 1993 erklärten neben der Europäischen Gemeinschaft weitere elf Staaten in einer gemeinsamen Erklärung ihre Bereitschaft, den Ausstieg aus den H-FCKW spätestens bis zum Jahr 2015 vorzunehmen.[149] Die Vertragsparteien sprachen sich in Bangkok 1993 und auf der Konferenz in Nairobi 1994 zwar gegen Ausnahmeregelungen für die Produktion und den Verbrauch von Halonen für unverzichtbare Anwendungen in Industrieländern aus. In Nairobi 1994 wurde allerdings für die Jahre 1996 und 1997 eine Ausnahmegenehmigung für den Verbrauch von 16.500 Tonnen

---

147 Vgl. Council Regulation No. 594/91 of 4 March 1991 in: OJL 67 14.3.1991, S.1-9.
148 Vgl. Ökologische Briefe vom 19.2.1992, vom 26.2.1992 und vom 18.3.1992; die tageszeitung vom 13.2.1992, vom 24.2.1992, vom 25.3.1992 und vom 8.4.1992; Schwäbisches Tagblatt vom 24.3.1992; WMO Press Release No. 504 vom 5.3.1992.
149 Vgl. UNEP/OzL.Pro.5/12, Annex V, S.61.

FCKW erteilt, die zum Einsatz bei Inhalationsapparten, beim Einsatz des Space Shuttle der NASA und für analytische Zwecke vorgesehen sind.[150]

Unbefriedigender verliefen in Kopenhagen 1992 indessen die Verhandlungen über Maßnahmen zur Einbeziehung und Verminderung von Methylbromid. Die Entwicklungsländer befürchteten negative wirtschaftliche Auswirkungen von Regelungsmaßnahmen für diesen Stoff.[151] Die USA und die EG verzichteten zunächst auf eine Forderung nach dem Verbot des weiteren Verbrauchs von Methylbromid.[152] Statt dessen einigte sich die Konferenz zunächst darauf, den Verbrauch dieses in Annex E enthaltenen Stoffes ab 1995 auf der Grundlage des Verbrauchs von 1991 einzufrieren. In einer Resolution legten die Vertragsstaaten fest, daß von zwei Panels zunächst Berichte über Methylbromid vorgelegt werden sollten. Auf der Grundlage dieser Ergebnisse sollte im Jahr 1995 ein Fahrplan zur Verminderung von Methylbromid beschlossen werden.[153] Die Entwicklungsländer wurden indessen zunächst von den Regelungsmaßnahmen für H-FCKW, bromierte FKW und für Methylbromid ausgenommen. In Artikel 5 des geänderten Protokolls wurde festgeschrieben, daß für die Entwicklungsländer bis Ende 1995 entsprechende Regelungsmaßnahmen für diese Stoffe getroffen werden sollten. In Bangkok 1993 erklärten fünfzehn Staaten - darunter u.a. die USA, Deutschland, Großbritannien, Israel und Italien - daß sie ihren Verbrauch von Methylbromid bis zum Jahr 2000 um mindestens 25 Prozent vermindern und so bald wie möglich den völligen Ausstieg vornehmen werden.[154]

Die Schaffung des multilateralen Fonds für die Entwicklungsländer, der in London zunächst nur als Interimslösung errichtet worden war, wurde in Kopenhagen bestätigt. Allerdings ging dieser Entscheidung zunächst eine längere Debatte darüber voraus, ob der mulitlaterale Fonds eng an die globale Umweltfazilität bei der Weltbank angebunden werden sollte, wie dies auf der UN-Konferenz über Umwelt und Entwicklung in Rio de Janeiro 1992 zuvor für die Konventionen über das Klima und die Biodiversität beschlossen worden war.[155]

---

150 Vgl. Ozone Action No. 13 (January 1995), S.7.
151 Neben den Entwicklungsländern weigerte sich auch Israel als bedeutendes Herstellerland gegen Regelungsmaßnahmen für Methylbromid (Vgl. UNEP/OzL.Pro/WG.1/8/2, S.9 und Kommission der Europäischen Gemeinschaften 1993a).
152 Vgl. die Tageszeitung vom 23.11.1992 und vom 24.11.1992.
153 Vgl. UNEP/OzL.Pro.4/15, Annex XV, S. 74.
154 Vgl. UNEP/OzL.Pro.5/12, Annex VII, S.62.
155 Vgl. hierzu Rowlands (1995: 179-181).

Gleichzeitig erklärten sich die Geberländer bereit, ihren jährlichen Beitrag auf 113 Millionen Dollar zu erhöhen. Der UNEP-Exekutivdirektor beklagte allerdings den schleppenden Eingang der Zahlungen durch die Geberländer. Von den für 1991 vorgesehenen 53 Millionen Dollar waren zu diesem Zeitpunkt nur 40 Millionen Dollar tatsächlich beim Fonds eingegangen.[156] Auf der Konferenz von Bangkok wurde 1993 eine Erhöhung der jährlichen Zahlungen bis 1996 auf 151,6 Millionen Dollar beschlossen.

Die nach der Konferenz von Kopenhagen 1992 verbliebenen Konfliktgegenstände stellten neben der ausstehenden Regelung für Methylbromid insbesondere die Verschärfung des Reduktionsfahrplans für die teilhalogenierten FCKW sowie eine Entscheidung über die Modifizierung der Übergangs- und Ausnahmeregelungen für die Entwicklungsländer an. Dies galt insbesondere für die notwendige Einbeziehung der Entwicklungsländer in die Regelungsmaßnahmen für teilhalogenierte FCKW, für bromierte FKW und für Methylbromid.

Die von der EU mittlerweile in Angriff genommenen Maßnahmen setzen nicht nur die in Kopenhagen beschlossenen Anpassungen und Änderungen des Protokolls um.[157] Die EU hat den im Protokoll nun für Anfang 1996 vorgesehenen Ausstieg für die Halone auf Ende 1993, für die FCKW und Tetrachlorkohlenstoff auf Ende 1994 und für Methylchloroform auf Ende 1995 vorgezogen.[158] Nach einem von der EG-Kommission im Juni 1993 vorgelegten Vorschlag für eine neue EU-Verordnung über ozonzerstörende Stoffe gab es „zwingende, umweltrelevante Gründe dafür, über die Kopenhagener Änderung hinauszugehen und in der Gemeinschaft strengere Kontrollen durchzusetzen". Die ökologische Notwendigkeit weiterer Regelungsmaßnahmen wird nach Ansicht der EG-Kommission auch durch die im Winter 1992/93 beobachtete Abnahme des Ozons über der Nordhalbkugel verdeutlicht.[159] Ein von den EU-Umweltministern im Dezember 1994 verabschiedeter Plan sieht einen Reduktionsfahrplan für die Stoffe Methylbromid und H-FCKW vor, der über die Regelungen von Kopenhagen 1992 hinausgeht. Zwischen dem Jahr 2004 und 2015

---

156 Vgl. UNEP News Release 1992/38 vom 9.11.1992.

157 Nachdem die Verträge von Maastricht in Kraft getreten sind, nennt sich die Gemeinschaft nun Europäische Union. Der Terminus „EG" wird im folgenden dann benutzt, wenn auf die in Angriff genommenen Maßnahmen dieser Staaten vor der Umbenennung in „EU" Bezug genommen wird.

158 Vgl. hierzu die EG-Verordnung Nr. 3952/92 vom 30.12.1992, in: OJL 405 vom 31.12.1992, S. 41-43.

159 Vgl. Kommission der Europäischen Gemeinschaften (1993a).

soll der H-FCKW-Verbrauch in den EU-Ländern stufenweise verboten werden. Einen Austieg aus der Produktion und dem Verbrauch von Methylbromid soll bis 2001 erreicht sein.[160] Bereits bis Anfang 1994 war der FCKW-Verbrauch in den EU-Staaten auf 15 Prozent der im Jahr 1986 verbrauchten Menge zurückgegangen.[161]

3.4.5. Zehn Jahre nach der Wiener Konvention: Die Konferenz von Wien 1995

Die Mitgliedsstaaten des Regimes trafen sich zehn Jahre nach dem Abschluß der Konvention von 1985 auf der Konferenz der Vertragsstaaten des Montrealer Protokolls im Dezember 1995 wiederum in Wien. Die ursprünglich von der Chemieindustrie angefeindeten Urheber der Hypothese über die Zerstörung der Ozonschicht durch FCKW und andere Stoffe - Mario Molina und Sherwood Rowland - waren mit dem Atmosphärenchemiker Paul Crutzen inzwischen mit dem Nobelpreis für Chemie ausgezeichnet worden. Die neue Exekutivdirektorin von UNEP, Elizabeth Dowdeswell, räumte auf der Wiener Ozonkonferenz ein, daß die Staatengemeinschaft zwischen der Veröffentlichung von Molinas und Rowlands' Ozonhypothese im Jahr 1974 und dem Abschluß der Wiener Konvention von 1985, die ja noch keine konkreten Regln zur Verminderung dieser Substanzen enthielt, zu viel Zeit verstreichen ließ.[162]

Obwohl das Ozonregime oftmals als eines der erfolgreichsten globalen Umweltregime bezeichnet wird, dessen Regeln seit Montreal 1987 erheblich erweitert wurden, zeigte die Wiener Konferenz von 1995, daß eine Reihe von wichtigen Konfliktgegenständen nach wie vor unzureichend geregelt sind. Dies betrifft insbesondere die Frage der Verkürzung des Zeitplans bzw. eine Verschärfung des Ausstiegs der Entwicklungsländer aus dem Verbrauch von H-FCKW, der Produktion und dem Verbrauch von FCKW, und die Frage der Verminderung von Methylbromid.

---

160 Vgl. WBGU (1995: 133).

161 Vgl. European Chemical Industry Council (1995).

162 Vgl. Speech by Ms. Elizabeth Dowdeswell at the Commemorative Function for the Tenth Anniversary of the Vienna Convention and Ozone Awards Ceremony, Austria Center, Vienna, 4 December 1995.

Den Industrieländern ist es auf der Wiener Konferenz nicht gelungen, die Entwicklungsländer zu einem früheren Ausstieg aus der Produktion und dem Verbrauch von FCKW zu bewegen.[163] Die Industrieländer sind in Wien auch mit ihrer Forderung gescheitert, daß sich die Entwicklungsländer dem Ausstieg aus dem Stoff Methylbromid anschließen. Während die Industrieländer den Stoff Methylbromid ab dem Jahr 2001 schrittweise bis zum Jahr 2010 verbieten, wurde für die Entwicklungsländer nur ein Formelkompromiß gefunden. Darin ist ein Einfrieren des Stoffes Methylbromid ab dem Jahr 2002 vorgesehen, wobei der Durchschnitt der in den Jahren 1995 bis 1998 verbrauchten Menge die Grundlage für den Verbrauch dieser Staaten darstellt. Eine sehr unbefriedigende Regelung stellt der Beschluß über die Verschärfung der Regeln für teilhalogenierte FCKW dar. Während die Industrieländer den für das Jahr 2020 beschlossenen H-FCKW-Ausstieg nun zehn Jahre früher vornehmen werden, ist dieser für die Entwicklungsländer erst bis zum Jahr 2040 vorgesehen. Dabei wurde beschlossen, daß die Entwicklungsländer die Produktion von H-FCKW ab dem Jahr 2016 auf der Grundlage der Produktion des Jahres 2015 einfrieren. Diese Regel erscheint vor dem Hintergrund, daß der H-FCKW-Einsatz in den Entwicklungsländern in den kommenden zwei Jahrzehnten noch weiter ansteigen kann, wenig sinnvoll. Sie dürfte wie die Regeln über Methylbromid und FCKW nur so lange Bestand haben, bis es den Entwicklungsländern gelungen ist, die Frage von schärferen Regeln mit der Zusage von weiteren Finanzmitteln durch die Industrieländer zu verknüpfen. Es stellte ein grundlegendes Problem dar, daß auf der Wiener Konferenz nicht über die zukünftigen Finanzmittel für den multilateralen Fonds beraten wurde, worüber erst im Jahr 1996 eine Entscheidung gefällt werden sollte. Daher war es nicht möglich, den Entwicklungsländern größere finanzielle Anreize für ein Einlenken in diesen Streitfragen anzubieten. Weitere Fortschritte bei diesen Konfliktgegenständen hängen somit vor allem von der Bereitschaft der Industrieländer ab, für die Entwicklungsländer entsprechend höhere Finanzmittel bereitzustellen, um die Verminderung und den Ausstieg aus diesen Stoffen zu erleichtern.

Neben den durchaus vorhandenen Erfolgen bei der Bearbeitung eines der drängendsten globalen Umweltproblem ergeben sich zudem auch neue Probleme, die langfristig die Effektivität des Regimes beeinträchtigen könnten. Bis Mitte der neunziger Jahre sah sich das 'Implementation Committee' mit der Tat-

---

163 Zu den Ergebnissen der Wiener Konferenz von 1995 vgl. auch FAZ vom 9.12.1995.

sache konfrontiert, daß viele Staaten ihre Daten über die Produktion und den Verbrauch von ozonzerstörenden Stoffen nur unzureichend oder gar nicht übermittelten. Bis zum August 1995 hatten allein 45 Entwicklungsländer keine Daten für das Jahr 1993 übermittelt. UNEP, die UNIDO und das UNDP gewährten in den vergangenen Jahren bereits Unterstützung bei der Datengewinnung, wodurch dieses Problem immerhin etwas verringert wurde. Die korrekte und rechtzeitige Datenübermittlung durch die Entwicklungsländer ist vor allem zur Überwachung der Einhaltung der Regeln des Ozonregimes erforderlich.

Eine besonders kritische Entwicklung der letzten Jahre stellte die lange ausgebliebene Datenübermittlung durch die Russische Förderation dar, die nicht nur ein bedeutsamer Verbraucher, sondern ein wichtiger Produzent von ozonzerstörenden Stoffen ist. Die erheblichen Probleme Rußlands bei der nationalen Umsetzung und somit auch der Einhaltung der internationalen Regeln des Ozonregimes wurden vom russischen Ministerpräsidenten Tschernomyrdin 1995 in einem Brief an das 'Implementation Committee' eingeräumt.[164] Da auch andere osteuropäische Staaten wie Polen, Bulgarien, Weißrussland und die Ukraine ankündigten, sie könnten für ihre Länder die Einhaltung des für 1996 vereinbarten FCKW-Verbots nicht garantieren, stellte die Frage der Nicht-Einhaltung der Länder mit „Wirtschaften im Übergang" ein wichtiges Problem der Wiener Konferenz dar. Die russische Delegation konnte sich mit ihrer vorgebrachten Forderung, die im Regime getroffenen Verbotsmaßnahmen für diese osteuropäischen Staaten für mehrere Jahre auszusetzen, und diesen Ländern einen besonderen Status innerhalb des Regimes zuzuweisen, nicht durchsetzen. Eine Lösung für das Problem der Einhaltung der Regelungen des Regimes durch die Staaten Osteuropas stellen die in Aussicht gestellten finanziellen Mittel durch die globale Umweltfazilität der Weltbank dar, die den raschen Ausstieg aus den ozonzerstörenden Stoffen ermöglichen sollen. Damit würde innerhalb des Regimes eine Situation geschaffen, in der die zur Zahlung von Beiträgen an den multilateralen Fonds verpflichteten - aber zahlungsunfähigen - Staaten Osteuropas nun zu Empfängern von Finanzleistungen der Weltbank gemacht werden. Der von den Regimemitgliedern gewählte Ansatz, die Einhaltung der Regeln notfalls durch weitere finanzielle Unterstützung zu gewährleisten, stellt allerdings vor dem Hintergrund mangelnder finanzieller und technologischer Ressourcen in diesen Ländern einen vernünftigen Ansatz dar.

---

164 Vgl. UNEP/OzL.Pro/ImpCom/10/4, S.7.

3.5. Innenpolitische Faktoren für die Außenpolitik von Akteuren im Problemfeld

Im folgenden sollen jene innenpolitischen Faktoren näher dargestellt werden, die die Außenpolitik von zwei wichtigen Akteuren - den USA, und Großbritanniens - während der Regimeentstehung bestimmten. Diese beiden Staaten wurden ausgewählt, da sie zentrale Akteure während des Konfliktaustrags darstellten. Während die USA mit Unterstützung der nordischen Staaten besonders stark an der Entstehung eines globalen Regimes interessiert waren, stellte Großbritannien mit Frankreich innerhalb der EG den entschiedensten Gegner globaler Regelungsmaßnahmen dar.

3.5.1. Die USA

Anfang der siebziger Jahre begann in den Vereinigten Staaten eine Diskussion über den möglichen Abbau des stratosphärischen Ozons durch die Stickoxidemissionen von Überschallflugzeugen. Das im Jahr 1971 vom Kongreß mit einer Untersuchung dieser Frage beauftragte 'Department of Transportation' errichtete das dreijährige Forschungsprogramm CIAP (Climate Impact Assessment Program), dessen Ergebnisse im Januar 1975 vorgestellt wurden (Dotto/Schiff 1978: 67/68).[165] Die Kontroverse über die ökologischen Auswirkungen von Überschallflugzeugen war ein wichtiger Vorläufer für die in der Öffentlichkeit bedeutsamer werdende Frage der Zerstörung der Ozonschicht durch Fluorchlorkohlenwasserstoffe.

Auf die Veröffentlichung der FCKW-Hypothese antworteten die amerikanischen Verbraucher mit einem Boykott von Aerosol-Produkten. In den Jahren 1974 und 1975 wurde ein deutlicher Rückgang des Verkaufs von FCKW-haltigen Produkten verzeichnet, der zu einem Produktionsrückgang von FCKW um

---

165 Die in den USA bestehenden Bedenken über die ökologischen Auswirkungen der Überschallflugzeuge auf die Ozonschicht und über einen möglichen Beitrag zum Hautkrebs führten zu einem schweren Konflikt zwischen den USA einerseits und Großbritannien und Frankreich, die als Produzenten der Concorde an den Landerechten für das Überschallflugzeug in den USA interessiert waren (Vgl. Dotto/Schiff 1978: 90-119, Morrisette (1989: 802/803).

15 Prozent im Jahr 1975 führte (Dotto/Schiff 1978: 171).[166] Auf die von Rowland und Molina 1974 veröffentlichte FCKW-Hypothese reagierte die US-Regierung Anfang 1975 mit der Einsetzung des 'Committee on the Inadvertent Modification of the Stratosphere' (IMOS). In dem im Juni 1975 vorgelegten IMOS-Bericht wird die Möglichkeit einer Verminderung von FCKW nicht ausgeschlossen und dem Ozonproblem der Status eines wichtigen Problems eingeräumt.

In den Jahren 1975/76 fand durch das 'Subcommittee on the Upper Atmosphere' des Senats eine Reihe von Anhörungen statt, in denen die Vertreter der chemischen Industrie den Zusammenhang zwischen der Emission von FCKW und einer möglichen Zerstörung der Ozonschicht bestritten. Die Chemiefirmen sprachen sich vehement gegen mögliche Verminderungsmaßnahmen wie ein Verbot für FCKW in Aerosolen aus. Sie verwiesen insbesondere auf die negativen Auswirkungen auf die Arbeitsplätze in der chemischen Industrie. Die Industrievertreter räumten jedoch ein, für den Fall eines vorhandenen Beweises dieser Hypothese seien die Produzenten und Verbraucher zu einem Ausstieg aus den FCKW bereit.[167] Bis zum Jahr 1975 waren 16 Gesetzesinitiativen zur Verminderung von FCKW in den amerikanischen Kongreß eingebracht worden (Roan 1989: 42). Im Juni 1975 wurde in Oregon ein Gesetz verabschiedet, das den Verkauf FCKW-haltiger Spraydosen in diesem Bundesstaat verbot. Im Bundesstaat New York wurde eine Kennzeichnungspflicht für FCKW-haltige Spraydosen beschlossen (Dotto/Schiff 1978: 195-197).

Die von der amerikanischen Akademie der Wissenschaften veröffentlichten Berichte haben wesentlich zur Verabschiedung des Aerosolverbots von 1978 beigetragen. Der NAS-Bericht von 1976 unterstützte die FCKW-Hypothese und stellte einen Zusammenhang zwischen dem möglichen Rückgang der Ozonschicht und einem möglichen Anstieg der Anzahl von Hautkrebserkrankungen her. Die Umweltbehörde EPA erhielt nach einem im Jahr 1976 verabschiedeten Gesetz zur Kontrolle toxischer Substanzen (Toxic Substances Control Act) die Kompetenz, gesetzliche Regelungen für Chemikalien zu erlassen, die ein

---

166 Nach Roan (1989: 58) hatte Mitte der siebziger Jahre seit dem Vietnam-Krieg kein anderes politisches Problem eine solche Flut von Briefen an die US-Bundesregierung ausgelöst.

167 Die amerikanische Öffentlichkeit erinnerte sich noch lange an die vor dem Subcommitte im Jahr 1975 gemachte Aussage des Du Pont-Managers Schuyler, der sich über die FCKW-Hypothese und den möglichen Ausstieg aus den FCKW folgendermaßen äußerte: „if it were not refutable, and if we could look at the data and the data were reasonable and right and could be sustained, certainly we would withdraw it" (zit. nach Roan 1989: 46).

unverhältnismäßig hohes Risiko für die Gesundheit oder die Umwelt darstellen (Stilkind 1992: 13). Im Mai 1977 kündigte die EPA zusammen mit der 'Food and Drug Administration' und der 'Consumer Products Safety Commission' ein Verbot für verzichtbare Anwendungen (non essential uses) von FCKW in Spraydosen an. Dieses im 'Bundesgesetz über Nahrungsmittel, Drogen und Kosmetika' vom März 1978 verabschiedete Verbot trat im Dezember 1978 in Kraft.[168] In den 1977 verabschiedeten Zusätzen zum 'Gesetz zur Reinhaltung der Luft' (Clean Air Act) wurden der US-Umweltbehörde EPA weitgehende Kompetenzen eingeräumt, um notfalls zusätzliche Regelungen über die Reduzierung von FCKW vorzuschlagen (Lobos 1987: 96/97 und Morrisette 1989: 805).

Von 1978 bis 1983 ging in der amerikanischen Öffentlichkeit und bei politischen Entscheidungsträgern die Aufmerksamkeit für das Problem stark zurück. Ein von der EPA im Oktober 1980 veröffentlichter Vorschlag, die FCKW-Produktion in den USA einzufrieren, scheiterte. Einen wichtigen Grund hierfür stellten die rückläufigen Prognosen der NAS-Berichte zwischen 1979 und 1984 dar, die eine geringere Dringlichkeit des Problems nahelegten. Mit dem Beginn der Reagan-Administration stellte die EPA zunächst ihre Befassung mit dem Ozonproblem ein (Miller/Mintzer 1986: 21, Doniger 1989: 87). Erst nach der 1983 erfolgten Ablösung der seit 1981 amtierenden Leiterin der EPA, Anne Gorsuch Burford, befürwortete die EPA jene von den nordischen Staaten auf internationaler Ebene vorgeschlagenen Maßnahmen und setzte sich innerhalb der US-Regierung für eine regimefreundliche Außenpolitik in dieser Frage ein. Bei den Verhandlungen nahmen die USA in der Folgezeit immer mehr die Rolle einer Führungsmacht ein (Roan 1989: 105, Benedick 1991: 42).

Einen Anstoß für die geänderte Haltung der EPA bildete auch eine 1984 vom 'Natural Resources Defense Council' gegen die Umweltbehörde angestrengte Klage, um diese auf der Grundlage der im 'Clean Air Act' formulierten Handlungsmöglichkeiten zu schärferen nationalen FCKW-Regelungen zu zwingen. In einem gerichtlich mit dem NRDC geschlossenen Vergleich erklärte sich die EPA damit einverstanden, bis zum November 1987 eine Entscheidung darüber zu treffen, ob zusätzliche nationale Maßnahmen zur FCKW-Reduzierung ergriffen werden sollten (Lobos 1987: 97, Doniger 1988: 88). Durch die nicht abschließend entschiedene Klage des NRDC hätte für den Fall eines Scheiterns der Verhandlungen zum Montrealer Protokoll für die EPA die Möglichkeit

---

168 Von diesem FCKW-Verbot in Spraydosen wurden nur wenige medizinische Anwendungen von FCKW ausgenommen (vgl. Lobos 1987: 96).

bestanden, daß sie gerichtlich zu einseitigen nationalen Maßnahmen zur Verminderung der FCKW gezwungen worden wäre (Benedick 1991: 66).

Nachdem die US-Umweltbehörde dem Ozonproblem nach 1983 wieder einen bedeutenden Stellenwert einräumte, wuchsen auch die Einflußmöglichkeiten der an amerikanischen Universitäten und in verschiedenen Behörden wie der NASA und der NOAA tätigen Wissenschaftler. Diese Wissenschaftler und verschiedene Entscheidungsträger innerhalb der EPA und dem 'Bureau of Oceans and International Environmental and Scientific Affairs' (OES) des US-Außenministeriums bildeten eine Gruppe, die nicht nur eine gemeinsame Auffassung über den Zusammenhang zwischen Ursache und Wirkung des Ozonproblems aufwies. Die Mitglieder dieser Gruppe · teilten vielmehr auch die Überzeugung, daß strenge internationale Maßnahmen zur FCKW-Reduzierung erforderlich sind und übernahmen bei den Verhandlungen zum Montrealer Protokoll innerhalb der US-Verhandlungsdelegation eine wichtige Rolle als Experten und Ratgeber.[169] Die Vernetzung dieser Gruppe reichte weit über die nationale Ebene der USA hinaus. Zahlreiche Wissenschaftler und Experten aus anderen Ländern und internationalen Organisationen wie UNEP und der WMO haben zu der Entstehung des Konsens-Wissens und von regimefreundlichen Außenpolitiken der Nationalstaaten in dieser Frage beigetragen.

Wissenschaftler, Vertreter von Interessengruppen und politische Entscheidungsträger waren in den USA dazu in der Lage, sich gegen die entgegengesetzten Interessen einer reduktionsfeindlichen Industrielobby durchzuzetzen. Im Jahr 1987 wurde innerhalb der US-Administration von Gegnern globaler Regelungsmaßnahmen erneut die Debatte über die Notwendigkeit solcher Maßnahmen und über den Stand der wissenschaftlichen Erkenntnisse über die Ozonproblematik eröffnet.[170] In einer im Juni 1987 mit 80:2 Stimmen verabschiedeten Resolution sprach sich der US-Senat jedoch für einschneidende internationale Maßnahmen aus. Die amerikanische Verhandlungsposition erfuhr überdies durch die Drohung verschiedener Kongreßabgeordneter, für den Fall des Scheiterns der Verhandlungen notfalls einseitige Maßnahmen und ein Importverbot für FCKW-haltige

---

169 Vgl. Haas (1992b: 191).
170 Der US-Innenminister Hodel ließ sich in seiner regimefeindlichen Haltung zu der Empfehlung an die amerikanische Öffentlichkeit hinreisen, den durch die Abnahme der Ozonschicht bedingten möglichen Hautkrebserkrankungen durch das Tragen von Hüten und Sonnenbrillen und durch das Auftragen von Sonnenschutzmitteln zu begegnen (vgl. Morrisette 1989: 811, Benedick 1991: 60).

Waren zu erlassen, starke innenpolitische Unterstützung. Seit die Existenz des antarktischen Ozonlochs bekanntgeworden war, wurde dem Problem in der amerikanischen Öffentlichkeit erneut große Aufmerksamkeit eingeräumt.

Die 'Alliance for a Responsible CFC Policy' lehnte als Interessenverband der Hersteller- und Verbraucherfirmen von FCKW in den USA bis zum Jahr 1986 Reduktionsmaßnahmen ab. Anfang der achtziger Jahre hatten Du Pont und andere US-Firmen die Suche nach Ersatzprodukten zunächst wieder eingestellt. Das im September 1986 von der 'Alliance' unterbreitete Zugeständnis für eine Begrenzung des Wachstums der FCKW-Produktion wurde von Du Pont mit der Ankündigung übertroffen, daß die Firma für die Begrenzung der weltweiten Produktion im Rahmen der von UNEP geleiteten Verhandlungen eintrete. Zu diesem Zeitpunkt schwenkten die US-Produzenten auf die Haltung ein, wonach die Nachteile, die für diese Firmen aus den drohenden einseitigen nationalen Maßnahmen der US-Regierung entstehen, nur durch ein weltweit gültiges Protokoll verhindert werden konnten. Die amerikanische Chemieindustrie nahm 1986 die Suche nach Ersatzprodukten wieder auf. Als erster Hersteller verkündete Du Pont 1988 den geordneten Ausstieg aus dem Geschäft mit vollhalogenierten FCKW. Gleichzeitig begann die Firma mit der Planung und dem Bau mehrerer Produktionsanlagen von Ersatzstoffen im In- und Ausland.[171] Die Ausstiegserklärung von 1988 erfolgte nur kurz nach der Veröffentlichung der Ergebnisse des Ozone Trends Panel. Dem durch amerikanische Umweltorganisationen in dieser Frage immmer stärker unter Druck geratenen Konzern gelang durch diese Entscheidung überdies ein erheblicher Imagegewinn im In- und Ausland. Die Entscheidung über einen Ausstieg aus der FCKW-Produktion wurde dem Konzern auch dadurch erleichtert, daß das FCKW-Geschäft des weltgrößten Herstellers nur mit 2 Prozent zum Gesamtumsatz der Du Pont-Gruppe beitrug (Du Pont de Nemours 1992). Die mit dem zukünftigen Ersatzstoffgeschäft verbundene langfristige Gewinnerwartung wog die kurzfristig aus dem FCKW-Ausstieg entstehenden wirtschaftlichen Nachteile des Konzerns auf.

---

171 Noch im Jahr 1988 wurde mit dem Bau einer Anlage für den Ersatzstoff FKW 134a in Texas begonnen. 1989 begann der Bau einer Anlage für einen Ersatzstoff für FCKW-Treibmittel in Aerosolen in England und für H-FCKW 123 in Kanada. 1992 wurde in New Jersey mit dem Bau eines Werkes für die Produktion von FKW 125 begonnen. In den Niederlanden rüstete der Konzern 1992 alle FCKW-Produktionsanlagen für die Herstellung von FKW um (vgl. Du Pont de Nemours 1992).

3.5.2. Großbritannien

Unter der konservativen Regierung von Premierministerin Margaret Thatcher wurde der Umweltpolitik bis weit in die zweite Hälfte der achtziger Jahre hinein kein besonderer Stellenwert eingeräumt. Die Wahlkämpfe von 1979, 1983 und 1987 wurden vor allem von wirtschafts-, sicherheits- und sozialpolitischen Themen bestimmt (Bradbeer 1993: 77). Die Thatcher-Regierung zögerte mit der Verabschiedung von nationalen Umweltgesetzen und ordnete diese in der Regel der Frage des wirtschaftlichen Wachstums unter.

In verschiedenen Bereichen der britischen Gesellschaft konnte seit Anfang der achtziger Jahre eine gesteigerte Aufmerksamkeit für umweltpolitische Fragen beobachtet werden. Vor allem seit dem Beginn der zweiten Amtszeit der Thatcher Regierung im Jahr 1983 vollzog sich ein „Ergrünen" der britischen Politik, worunter zunächst die intensivere Befassung der britischen Parteien und der Öffentlichkeit mit Umweltfragen verstanden wurde.[172]

Im gleichen Zeitraum wurde auch eine Zunahme der Mitgliedschaft und der Arbeit der britischen Umweltgruppen verzeichnet, bei denen vor allem lokale Themen aus dem Bereich des Naturschutzes dominierten (Rothgang 1990). Einen Zugang zu lokalen Verwaltungen und zur Regierungsadministration erlangten vor allem am Naturschutz interessierte Umweltgruppen, während stärker politisierte Ökologiegruppen wie Greenpeace oder Friends of the Earth sich außerhalb oder am Rand des Prozesses der Entscheidungsfindung befanden (Robinson 1992: 39).

Britische Wissenschaftler betrachteten die FCKW-Hypothese im Gegensatz zu ihren amerikanischen Kollegen lange Zeit mit erheblicher Skepsis. Ein vom britischen 'Department of the Environment' (DoE) 1976 veröffentlichter Bericht betonte nicht nur die bestehenden wissenschaftlichen Unsicherheiten, sondern sprach sich auch gegen sofortige Regelungsmaßnahmen aus. Die britischen Wissenschaftler mißtrauten vor allem den Modellrechnungen, die den amerikanischen Berichten zugrunde lagen. In einem weiteren DoE-Bericht von 1979 wurde diese Einschätzung wiederholt. Während die NAS-Berichte vor allem den

---

172 Robinson (1992: 25) macht darauf aufmerksam, daß das gesteigerte Umweltbewußtsein in dieser Zeit in Großbritannien zunächst zu keinen konkreten politischen Maßnahmen führte: „Mrs. Thatcher's second term saw little significant environmental legislation. However, the period did see a dramatic increase in party political rhetoric centred on the environment. Attention was paid to environmental issues in speeches by leading party figures and spokesmen".

möglichen Auswirkungen des Ozonrückgangs große Aufmerksamkeit widmeten, ließen die DoE-Berichte die Gefahr des Hautkrebses nahezu unberücksichtigt. Spielte in der amerikanischen Öffentlichkeit das Problem vermehrter Hautkrebserkrankungen eine wichtige Rolle, so wurde diese Frage in der britischen Öffentlichkeit zunächst in geringerem Ausmaß wahrgenommen (Maxwell/Weiner 1993: 21/22).

Die britische FCKW-Produktion verdoppelte sich zwischen den Jahren 1974 und 1986 nahezu von 65.500 auf 123.700 Tonnen. Die Firma ICI, die Anfang der achtziger Jahre die Entwicklung von Ersatzprodukten wieder eingestellt hatte, konzentrierte sich seitdem auf die Ausweitung der herkömmlichen FCKW-Produktion. Ende der achtziger Jahre betrug der Anteil von ICI an der britischen FCKW-Produktion über 80 Prozent.[173] ICI unternahm dabei über viele Jahre hinweg erfolgreich den Versuch, die außenpolitische Haltung der britischen Regierung so zu beeinflussen, daß diese zunächst eine reduktionsfeindliche Position einnahm (Ward/Samways/Benton 1992: 241).

Ein von ICI im Oktober 1986 veröffentlichter Bericht akzeptierte zwar die von den Wissenschaftlern veröffentlichten Zahlen über das mögliche Ausmaß des globalen Ozonrückgangs. Der ICI-Bericht betonte aber die bis dahin vorhandenen wissenschaftlichen Unsicherheiten.[174] Die für die Regierung mit der wissenschaftlichen Bewertung des Ozonproblems befaßte 'Stratospheric Ozone Review Group' (SORG) äußerte mit dem 'Department of the Environment' zur gleichen Zeit die Auffassung, daß dem Rückgang des globalen Ozons nur eine geringe Bedeutung beigemessen werden müsse. Im Interesse des größten britischen FCKW-Produzenten wurde die bestehende Gefährdung weitgehend heruntergespielt:

„The remarkable aspect of British CFC policy between 1985 and 1987 is the extent to which this concern was minimized, the uncertainties being used to justify a cautious stance on policy. The Antarctic ozone hole was not considered a sufficient justification for precipitious action, but an anomaly that underscored the inadequacies of existing scientific theories (Maxwell/Weiner 1993: 29)".

---

173 Vgl. Maxwell/Weiner (1993: 33).
174 Zu diesem Zeitpunkt hatte die Firma Du Pont bereits den Vorschlag für eine globale Begrenzung der FCKW-Produktion veröffentlicht.

In dieser Phase der Verhandlungen zum Montrealer Protokoll wurde die britische Außenpolitik durch eine sehr enge Allianz bestimmt, die sich aus Vertretern von ICI, dem DoE und dem 'Department of Trade and Industry' zusammensetzte. Die Aufgabe der Regierung bestand dabei darin, als „Advokat der Industrie" auf internationaler Ebene eine industriefreundliche Politik in dieser Frage zu vertreten.[175]

Die Einflußnahme ICI's auf die britische Außenpolitik wurde dadurch erleichtert, daß dem Ozonproblem in der britischen Öffentlichkeit, bei britischen Umweltgruppen und bei den im Parlament vertretenen Parteien erst nach der Veröffentlichung der Ergebnisse der von den USA geleiteten Antarktisexpedition im September 1987 und des Berichts des Ozone Trends Panel im Frühjahr 1988 großes Interesse entgegengebracht wurde. Das britische Einlenken während der Verhandlungen zum Montrealer Protokoll im Jahr 1987 kann somit weniger auf innenpolitischen Druck oder auf einen hohen Grad der Betroffenheit in der britischen Öffentlichkeit zurückgeführt werden. Vielmehr stellt das - immerhin sehr zögerliche - Einlenken das Ergebnis eines in der EG vorhandenen Zwangs zum Kompromiß dar, der durch den von den USA in dieser Phase der Verhandlungen ausgeübten politischen Druck noch vergrößert wurde.

Die Thatcher-Regierung widmete der Umweltproblematik erst im Jahr 1988 stärkere Aufmerksamkeit, als Meinungsumfragen auf die gewachsene Bedeutung von Umweltfragen als wahlentscheidendes Thema aufmerksam machten. Einen Wendepunkt in der Umweltpolitik der Regierung markierte eine von Premierministerin Margaret Thatcher im September 1988 vor der Royal Society gehaltene Ansprache. Der Schwerpunkt dieser Rede enthielt Aussagen zu verschiedenen Umweltproblemen, womit die Premierministerin - wie sie später selbst einräumte - „politisches Neuland" erschloß (Thatcher 1993: 881).

Die von Großbritannien ab 1988/89 eingenommene Haltung, wonach dem Schutz der Ozonschicht nun auch in der britischen Außenpolitik oberste Priorität eingeräumt wurde, kann weitgehend auf den verstärkten innenpolitischen Druck zurückgeführt werden, dem die konservative Regierung in der Umweltpolitik plötzlich ausgesetzt war. Globale Umweltfragen wie der Zerstörung der Ozon-

---

175 Vgl. Maxwell/Weiner (1993: 30). Den starken Einfluß von ICI auf die britische Regierung betont auch Benedick (1991: 39): „One company with a major stake in the production of CFCs and halons - Imperial Chemical Industries (ICI) - influenced U.K. government policy throughout this period. ICI was also the driving force in the European Council of Chemical Manufacturers' Federations, which was an active lobbyist in Brussels and a conspicuous presence during the negotiations".

schicht und dem Schutz des Klimas wurden in Meinungsumfragen von den britischen Wählern als ernsthafte Gefährdungen bezeichnet.[176] Das nun zugunsten der Umweltpolitik völlig veränderte Meinungsklima führte auch dazu, daß die grüne Partei bei den Europawahlen im Juni 1989 in Großbritannien einen Stimmenanteil von 14,9 Prozent erzielte.[177]

In diesem innenpolitisch veränderten Meinungsklima war die britische Regierung gezwungen, ihre Kompetenz in einzelnen umweltpolitischen Problemfeldern unter Beweis zu stellen. Die veränderte außenpolitische Haltung der britischen Regierung, die Premierministerin Margaret Thatcher auch auf der von der britischen Regierung initiierten Londoner Ozonkonferenz vom März 1989 unter Beweis stellte, diente somit auch als ein Zugeständnis an veränderte politische Prioritäten der Wähler.[178]

„High-profile government interest in the protection of the ozone layer by Mrs Thatcher at the end of the 1980s, for instance, can be seen as an action of environmental appeasement, carefully selected to exhibit the government's environmental credentials and yet not to undermine Conservative Party priorities (Robinson 1992: 200/201)".

Die Eindeutigkeit des Konsens-Wissens wurde nun im September 1988 auch in einem zweiten SORG-Bericht anerkannt. Die Nachrichten über abnehmende Ozonkonzentrationen über der nördlichen Hemisphäre in den Wintermonaten lösten auch in der britischen Öffentlichkeit große Betroffenheit aus. Verschiedene Umweltskandale wie das Robbensterben und der Trinkwasserskandal trugen dazu bei, daß Umweltfragen in den Jahren 1988 und 1989 in Großbritannien ein hoher politischer Stellenwert beigemessen wurde. Auf der Londoner

---

176 Aus einer Auswahl von 21 Umweltproblemen wurde die Zerstörung der Ozonschicht einer Umfrage des britischen 'Department of the Environment' aus dem Jahr 1989 zufolge von den Briten als viertwichtigstes Problem eingestuft (Hope/Parker/Peake 1992: 342/343).

177 Bei den Unterhauswahlen vom Juni 1987 betrug das Wahlergebnis für die britischen Grünen nur 1,3 Prozent. Zur Übersicht der Wahlergebnisse der britischen Grünen in den achtziger Jahren vgl. Robinson (1992: 209).

178 Die Entdeckung der Umweltproblematik durch die britische Premierministerin wurde von der Neuen Zürcher Zeitung anläßlich der Londoner Ozonkonferenz vom März 1989 folgendermaßen kommentiert: „Nachdem sie neun Jahre lang im Bereich des Umweltschutzes wenig geleistet hatte, gab sie sich im vergangenen Herbst plötzlich einen grünen Anstrich, als die Oppositionsparteien mit entsprechenden Postulaten den Beifall der Öffentlichkeit ernteten. Die Ozonkonferenz bietet nun der Premierministerin eine Gelegenheit, ihr kürzlich erwachtes Interesse am Umweltschutz zur Schau zu stellen" (Neue Zürcher Zeitung vom 7.3.1989).

Konferenz zum Schutz der Ozonschicht stellte Prinz Charles im März 1989 fest, erst der Einsatz der Umweltschützer und grünen Lobby-Gruppen hätten die Nation auf das Problem aufmerksam gemacht.[179] Die Zunahme des innenpolitischen Drucks, die Anerkennung des Zusammenhangs zwischen der Emission von FCKW und der Abnahme der Ozonschicht durch die britischen Wissenschaftler und der Einstieg von ICI in die Ersatzstoffproduktion haben letztlich zu der geänderten außenpolitischen Haltung Großbritannien beigetragen.

ICI entschloß sich im Jahr 1986, die stillgelegte Entwicklung von Ersatzprodukten wiederaufzunehmen. Das zunehmende Bewußtsein der britischen Verbraucher setzte indessen auch ICI unter größeren Druck und bedrohte das Image und den Umsatz der gesamten Firmengruppe. Zudem erkannte ICI die Bedeutung des zukünftigen Marktes für Ersatzstoffe. Nachdem Du Pont bereits entsprechende Maßnahmen öffentlich angekündigt hatte, versprach sich auch ICI langfristig ökonomische Vorteile von einem Umstieg in die Ersatzstoffproduktion. ICI's zügiger Einstieg in die Produktion des Ersatzstoffes 134a verschaffte der Firma neben Du Pont schnell eine starke Marktposition. Das Regime von 1987 erbrachte für ICI keine Nachteile beim Wettbewerb mit den amerikanischen Herstellern.[180] Die beschlossene Verminderung der FCKW und die zukünftig mögliche Verschärfung des Protokolls veränderten allerdings grundlegend die bisher gültigen Rahmenbedingungen für den globalen FCKW-Markt. Bereits mittelfristig eröffnete sich ein neuer Markt für Ersatzprodukte, in dem die Marktanteile zwischen den FCKW-Produzenten neu aufgeteilt wurden. Der durch die Beschlüsse von London (1990) und Kopenhagen (1992) festgelegte völlige Ausstieg aus der FCKW-Produktion und die Beschränkungen für H-FCKW führten dazu, daß der globale Ersatzstoffmarkt nun nur noch rund ein Viertel des Volumens des ehemaligen FCKW-Markts beträgt. Die erhebliche Verkleinerung des Ersatzstoffmarkts und die möglichen Verschiebungen der Wettbewerbspositionen waren zum Zeitpunkt der Regimeentstehung 1987 nicht

---

179 Vgl. Frankfurter Rundschau vom 8.3.1989.

180 Da die Verminderung erst nach einer langen Übergangsfrist umgesetzt werden sollte, hatten die europäischen Firmen Zeit für die Entwicklung von Ersatzprodukten gewonnen. Nach Einschätzung der EG-Kommission machten die europäischen Produzenten in den zurückliegenden Jahren seit 1987 die Erfahrung, daß der Ausstieg „für die Wirtschaft mit deutlich niedrigeren Kosten als erwartet verbunden ist" und in vielen Fällen „relativ preiswerte, teilweise sogar rentable Alternativen zu ozonabbauenden Stoffen gefunden wurden" (Europäische Gemeinschaft 1993a: 4).

absehbar. Die beiden Firmen Du Pont und ICI teilten sich im Jahr 1993 einen Großteil des globalen Marktes für derzeit wichtigsten Ersatzstoff FKW 134a auf.

3.6. Realistische und pluralistische Erklärungen für den Konfliktaustrag und die Außenpolitik der Staaten

In einem ersten Schritt sollen zunächst der Konfliktaustrag und die Außenpolitik wichtiger Akteure im Problemfeld durch Ansätze der realistischen und pluralistischen Schule erklärt werden. In einem zweiten Schritt stellt sich dann die Frage, ob eine Überlegenheit einer Schule bei der Erklärung der Regimeentstehung und der Außenpolitik besteht, oder ob eine Integration der Erklärungsansätze der beiden Schulen vorgenommen werden kann.

1) Die Rolle der Macht als realistische Erklärung für den Konfliktaustrag
Während des Verhandlungsprozesses zum Montrealer Protokoll von 1987 setzten die USA gegenüber der EG ihre politischen, ökonomischen und kulturellen Machtressourcen ein, um die Regimebildung zu ermöglichen. Auf die EG übten die USA bis zum Abschluß des Montrealer Protokolls 1987 erheblichen politischen Druck aus. Die unterschiedlichen Interessen und der mangelnde Zusammenhalt innerhalb der EG führten schließlich zu einem Zusammenbruch der EG-Bremser-Koalition. Die USA akzeptierten auch die durch das Montrealer Protokoll von 1987 zunächst entstandene ungleiche Kostenverteilung. Für die USA ergaben sich aus der in Montreal vereinbarten FCKW-Verminderung um 50 Prozent im Vergleich zu der Europäischen Gemeinschaft höhere Kosten, da dort der FCKW-Einsatz in Aerosolen schon verboten und das entsprechende Reduktionspotential im Aerosolbereich somit bereits ausgeschöpft war (Parson 1993: 69). Die USA waren somit als Vorreiter bereit, auch ökonomische Ressourcen für die Regimebildung einzusetzen, da die im Montrealer Protokoll ursprünglich geforderte Verminderung der FCKW um 50 Prozent für die ehemaligen Bremserstaaten leichter zu erreichen war als für die Vorreiterstaaten, die schon vorher entsprechende Maßnahmen erlassen hatten. Allerdings wurde durch die nachfolgende Dynamik der weiteren Verschärfung des Montrealer Protokolls dieser ursprüngliche Nachteil für die USA wieder ausgeglichen, da für die Industrieländer der weitreichende Ausstieg aus einer Vielzahl ozonzerstörender Substanzen bis zum Jahr 1996 vereinbart wurde, der die erforderliche

Verminderung des Verbrauchs und Konsums der FCKW und Halone und des Verbrauchs von H-FCKW auch für die ehemaligen Bremserstaaten verbindlich festschrieb.

Der Drohung der USA, im Fall eines Scheiterns der Verhandlungen einseitige nationale Maßnahmen zu erlassen, konnte die EG zwar keine gleichrangige ökonomische Machtressource entgegensetzen. Es bestehen jedoch Zweifel, ob die USA tatsächlich einen einseitigen Handelsboykott gegenüber der EG in dieser Frage verhängt hätten. Die Androhung von Sanktionen mag vielmehr als indirektes ökonomisches Druckmittel gegenüber der uneinigen Koalition der EG-Staaten gedient haben. Die USA verfügten während der Verhandlungen auch über kulturelle Machtressourcen, da sie die Diskussion über den wissenschaftlichen Forschungsstand und über mögliche Maßnahmen zur Verminderung ozonzerstörender Stoffe außerhalb und innerhalb des Verhandlungsprozesses entscheidend bestimmten. Die von den USA und anderen Staaten bereits ergriffenen Maßnahmen wirkten sich als ein Vorbild prägend auf die globale Diskussion über mögliche Maßnahmen zur Verminderung ozonzerstörender Stoffe aus. Die von den USA Mitte der achtziger Jahre betriebene politische Überzeugungsoffensive, an der neben amerikanischen Politikern vor allem auch viele renommierte Wissenschaftler beteiligt waren, beeinflußte auch die jeweilige nationale Öffentlichkeit in den Bremserstaaten.

2) Die Verteilungsempfindlichkeit als realistische Erklärung für die Außenpolitik
Die Regelungsmaßnahmen von Montreal 1987 führten zwischen den Industriestaaten nicht zwangsläufig zur Entstehung von relativen Gewinnen. Rückblickend erweisen sich die von einigen Bremserländern innerhalb der Europäischen Gemeinschaft geäußerten Befürchtungen, wonach die Wettbewerbsfähigkeit der europäischen Chemieunternehmen durch einen Ausstieg aus den ozonzerstörenden Substanzen beeinträchtigt werden könnte, als wenig stichhaltig. Die Regelungen zum Ausstieg aus ozonzerstörenden Stoffen gelten für alle führenden Chemieunternehmen in gleichem Maße. Dem Bremserland Großbritannien sind keine relativen Nachteile durch die Regelungen des Ozonregimes entstanden, wie der beträchtliche Marktanteil von ICI an der globalen Produktion des derzeit wichtigsten Ersatzstoffes FKW 134a zeigt. In manchen Industrieländern wie Großbritannien wurde die Verteilungsempfindlichkeit ursprünglich von wirtschaftlichen Interessengruppen betont, die mit dem Argument des Verlustes von Arbeitsplätzen und eines möglichen Vorteils für die amerikanische Chemieindu-

strie versuchten, ihre wirtschaftlichen Partikularinteressen mit der Unterstützung der nationalen Regierung zu bewahren.

Die Entwicklungsländer hingegen wurden durch die Regelungen von Montreal 1987 zunächst benachteiligt. Ihnen wurde nicht nur der Aufbau einer eigenen FCKW-Industrie erschwert. Die Entwicklungsländer besaßen auch nicht die erforderlichen technologischen und finanziellen Ressourcen zum Aufbau einer umweltfreundlichen Ersatzstoffproduktion. Die hohe Verteilungsempfindlichkeit dieser Länder verminderte sich erst, als der relative Gewinn der Industrieländer mit den Londoner Beschlüssen von 1990 zur Bereitstellung von Finanzmitteln vermindert wurde. Das von den Entwicklungsländern angeführte Argument, daß der von den Industrieländern geforderte Ausstieg nur machbar sei, wenn diese hierfür die erforderlichen Finanzmittel und Technologien bereitstellen, besitzt auch für den zukünftigen politischen Prozeß seine Bedeutung. Die Verkürzung der Ausstiegsfristen und eine Verschärfung des Ausstiegs aus der Produktion und dem Verbrauch von ozonzerstörenden Stoffen in den Entwicklungsländern ist nur durch die Bereitstellung von weiteren Finanzmitteln durch die Industrieländer erreichbar.

3) Die Situationstruktur als pluralistische Erklärung für den Konfliktaustrag
Im Konflikt über die Verminderung ozonzerstörender Stoffe herrschte zwischen 1980 und 1986 eine Rambosituation, durch die die Entstehung eines Regimes verhindert wurde.[181] Erst die sukzessive Neubestimmung der Präferenzen innerhalb der Europäischen Gemeinschaft sorgte dafür, daß die Rambosituation sich mit der Verabschiedung des 20-Prozent-Vorschlags der EG im Februar 1987 in ein Koordinationsspiel mit Verteilungskonflikt umwandelte. Die Entwicklungsländer hatten kein primäres Interesse an der Verweigerung der Kooperation mit den Industrieländern, sondern wollten einen möglichst großen Finanz- und Technologietransfer erreichen. Da diese Forderung auch im historischen Nord-Süd-Kontext eine heftig umstrittene Frage darstellte, war der Verteilungskonflikt zunächst sehr stark ausgeprägt. Obwohl im Politikfeld „Umwelt" bereits früher schon in kleinerem Umfang verschiedene internationale Umwelt-

---

181 Die Präferenz der USA bestand dabei bis 1985 darin, ein globales Aerosolverbot durchzusetzen. Die EG hingegen wiederholte bis Ende 1986 ihre Position, daß sie nur zu einer Begrenzung der Produktionskapazität bereit sei. Der von den USA Ende 1986 entwickelten Verhandlungsposition einer umfassenden Verminderung ozonzerstörender Stoffe um 95 Prozent setzte die EG ihr Ziel einer Begrenzung der Produktion gegenüber.

fonds eingerichtet worden waren, erwies sich die Frage eines Finanz- und Technologietransfers im Problemfeld 'Schutz der Ozonschicht' unter anderem auch deshalb als so konfliktbeladen, da Ende der achtziger Jahre im Rahmen der globalen Diskussion über „Umwelt und Entwicklung" viele Industrieländer fürchteten, daß die Einrichtung eines Ozonfonds ein Präjudiz für die Bearbeitung anderer Umweltkonflikte darstellt.[182] Aus der Sicht der Industrieländer erschien das „Trittbrettfahren" wichtiger Entwicklungsländer letztlich als die schlechteste Lösung, da dies den Aufbau neuer FCKW-Produktionskapazitäten außerhalb des Regimes nach sich gezogen hätte.

Verschiedene sekundäre Einflußfaktoren begünstigten die Regimeentstehung. Neben dem machtpolitischen Einsatz der USA wirkte auch der lange „Schatten der Zukunft" (Axelrod 1988: 113) zwischen den Staaten kooperationsfördernd. Durch die Existenz eines globalen Verhandlungsforums wuchs der Wert zukünftiger Auszahlungen im Problemfeld, da die Interaktionen zwischen den Akteuren in diesem langfristigen Spiel dauerhaften Charakter annahmen. Die Aufspaltung des Konflikts über die Verminderung ozonzerstörender Stoffe erlaubte den Staaten, zunächst kleinere Züge bei der Bearbeitung des gesamten Konflikts vorzunehmen, die eine gradualistische Annäherung bzw. Angleichung der Präferenzen ermöglichten. Die Verhandlungen zum Montrealer Protokoll von 1987 wurden zunächst weitgehend vom Konflikt zwischen der Toronto-Gruppe und der EG bestimmt. Da die Frage des Beitritts der Entwicklungsländer und des Finanztransfers zunächst ausgeklammert wurde, konnten bis zur Regimeentstehung im Jahr 1987 die Zahl der Akteure und somit auch die zu verhandelnden Konfliktgegenstände begrenzt werden.

4) Die Problemstruktur als pluralistische Erklärung für den Konfliktaustrag
Die globale Ozonschicht stellt ein absolut bewertetes Gut dar, dessen Problemstruktur die Wahrscheinlichkeit der Regimebildung erhöht. Der Interessenkonflikt über dieses absolut bewertete Gut wurde jedoch von einem weiteren sekundären Wertekonflikt überlagert, der zwischen den USA und der EG über die Bewertung des vorhandenen Wissens bestand. Bis 1986/87 bestand zwischen diesen beiden Akteuren ein grundsätzlicher Dissens darüber, wie die von Molina und Rowland formulierte Hypothese über den Abbau von stratosphärischem Ozon einzuschätzen sei. Erst die innerhalb der EG aufbrechende verstärkte Dis-

---

182 Zur Rolle internationaler Finanzierungsmechanismen im Politikfeld 'Umwelt' vgl. Sand (1995).

kussion über die möglichen Gefahren für die Ozonschicht führte dazu, daß die Bremserstaaten innerhalb der EG die Haltung der Europäischen Gemeinschaft in dieser Frage nicht mehr länger bestimmen konnten. Die von der EG vollzogene Neubewertung des Wissens hat letztlich dazu geführt, daß zwischen den Industrieländern bis Ende der achtziger Jahre weitgehende Übereinstimmung über die Notwendigkeit des Ausstiegs aus ozonzerstörenden Stoffen erzielt werden konnte.

Einen weiteren sekundären Konflikt stellte die Positionsdifferenz über die Verminderung ozonzerstörender Stoffe dar. Dieser Konflikt nahm teilweise auch Züge eines Interessenkonflikts über relativ bewertete Güter an. Die Haltung wichtiger EG-Länder - wie z.B. Großbritanniens - war auch von der Angst der nationalen Chemiefirmen geprägt, ihre günstige Marktposition im internationalen Wettbewerb mit anderen US-Firmen einzubüßen und durch globale Regelungsmaßnahmen Arbeitsplätze zu verlieren. Allerdings war die Haltung anderer wichtiger EG-Staaten wie der Bundesrepublik Deutschland oder der Niederlande weniger von solchen Überlegungen geprägt. Großbritannien und Frankreich (und teilweise auch Italien) waren hauptsächlich verantwortlich dafür, daß die EG nicht schon früher dazu bereit war, erste Schritte (wenn auch in kleinerem Umfang) zur Verminderung ozonzerstörender Stoffe mit der Toronto-Gruppe zu vereinbaren.

Im Verhältnis zu den Entwicklungsländern spielte der sekundäre Wertekonflikt über die Bewertung des bestehenden Wissens keine bedeutsame Rolle, da der Nord-Süd-Konflikt erst nach der Verifizierung der Ozonhypothese wichtiger wurde und sich die Verhandlungen bis 1987 vor allem auf die Beilegung des Konflikts zwischen den Industrieländern konzentrierten. Die Zusage eines Finanz- und Technologietransfers für die Entwicklungsländer bildete die Voraussetzung für die globale Bearbeitung des Interessenkonflikts über das absolut bewertete Gut der Ozonschicht. Der Konflikt über die Einbeziehung der Entwicklungsländer in das globale Reduktionsszenario für ozonzerstörende Stoffe trägt ebenfalls teilweise Züge eines Interessenkonflikts über relativ bewertete Güter, da die Entwicklungsländer die finanziellen und wirtschaftlichen Auswirkungen betonen, die sich durch ein schnelleres Verbot dieser Stoffe ergeben.

Einen entscheidenden Faktor für die Umwandlung dieser sekundären Konflikttypen stellt das zusätzlich entwickelte Konsens-Wissen über die Ursachen und Auswirkungen der Zerstörung der Ozonschicht und die Neubewertung des Wissens durch die Entscheidungsträger dar. Je eindeutiger das Wissen über das

Ozonproblem wurde, desto größer wurde somit die Wahrscheinlichkeit der Verregelung des Interessenkonflikts über das absolut bewertete Gut der globalen Ozonschicht. Der machtpolitische Einsatz der USA spielte zumindest während der Verhandlungen zum Montrealer Protokoll eine förderliche Rolle, um die EG bezüglich der sekundären Konflikte über die Verminderung ozonzerstörender Stoffe und über die Bewertung des vorhandenen Wissens zum Einlenken zu bewegen.

5) Die epistemische Gemeinschaft als pluralistische Erklärung für die Außenpolitik

Wissenschaftler, Diplomaten, Mitglieder von Umweltgruppen und Angehörige von nationalen Behörden und internationalen Organisationen forcierten die Formulierung des Konsens-Wissens im Problemefeld und trugen somit wesentlich zur Formulierung einer regimefreundlichen Außenpolitik wichtiger Akteure im Problemfeld bei. Diese Akteure, die allerdings kaum als festgefügte Gruppe angesehen werden können, lösten durch die Herstellung des Konsens-Wissens Lernprozesse bei politischen Entscheidungsträgern aus. Einen großen Anteil an der Entstehung einer regimefreundlichen Außenpolitik hatten die 'scientific community' und ihre Verbündeten vor allem in den USA. Nachdem den mit dem Problem der Zerstörung der Ozonschicht befaßten Wissenschaftlern innerhalb der Regierungsadministration seit 1983 ein größerer Stellenwert eingeräumt wurde, übernahmen die USA innerhalb des Verhandlungsprozesses immer mehr eine Führungsrolle. Das Konsens-Wissen gewann überdies Mitte der achtziger Jahre auch in einigen EG-Ländern immer größere Bedeutung und trug wesentlich zu einer Neuformulierung der Präferenzen in wichtigen Ländern (z.B. in der Bundesrepublik) bei. In Großbritannien und Frankreich hingegen behielten die regimefeindlichen Interessengruppen gegenüber den Vertretern des Konsens-Wissens am längsten die Oberhand.

In den Entwicklungsländern war der Einfluß des Konsens-Wissens hingegen zunächst weniger stark ausgeprägt. Die Weiterentwicklung des Regimes wurde insbesondere durch regimeinterne Mechanismen, die eine Überprüfung der getroffenen Regeln im Lichte der jeweils vorhandenen wissenschaftlichen Erkenntnisse und technologischen Kapazitäten vorsehen, positiv beeinflußt. Diese 'review mechanisms' haben dazu geführt, daß zwischen den einzelnen Konferenzen der Vertragsstaaten eingesetzte Arbeitsgruppen (sogenannte 'Panels') aus Wissenschaftlern und Experten stets mit der Aufarbeitung neuer wissenschaftlicher Resultate über den Zustand der Ozonschicht, die Entwicklung des Verbrauchs und der Produktion der ozonzerstörenden Stoffe, die wirtschaftliche Machbarkeit verschiedener Ausstiegsszenarien usw. beschäftigt waren. Die Berichte dieser Arbeitsgruppen bereiteten jeweils eine wichtige Entscheidungsgrundlage für die Konferenzen der Vertragsparteien. Dieser regimeinterne Prozeß der ständigen Weiterentwicklung des vorhandenen Wissens beeinflußte den weiteren Prozeß der Ausweitung und Verschärfung der Regeln über ozonzerstörende Stoffe in besonderem Maße.[183] Über den gesamten politischen Prozeß der zurückliegenden anderthalb Jahrzehnte hinweg war die Rolle des 'Wissens' letztlich bedeutsamer für die Entstehung und Weiterentwicklung des Regimes als die Rolle einer 'epistemischen Gemeinschaft'.[184] Allerdings haben Wissenschaftler (z.B. innerhalb der NASA und der EPA) z.B. innerhalb der U.S.-Administration und innerhalb von UNEP und der WMO eine wichtige Rolle dabei gespielt, die Entscheidungsträger für die Problematik zu sensibilieren.

6) Die Ökologische Modernisierungskapazität als pluralistische Erklärung für die Außenpolitik

In Großbritannien hatten lange Zeit nur die Interessenvertreter der Chemieindustrie Zugang zu politischen Entscheidungsträgern. Im Gegensatz zu Großbritannien haben die USA, die Bundesrepublik und die skandinavischen Staaten einzelnen Umweltfragen frühzeitig einen höheren Rang eingeräumt. Das politische System der USA bewies eine relativ große Offenheit für die Forderungen der Wissenschaftler und Ökologen. Dies wirkte sich vor allem in einer schnellen Aufnahme des Problems der Zerstörung der Ozonschicht in den Parteien und Institutionen des politischen Systems aus. Der Kongreß und die Regierungsadministration der USA verstanden sich - im Gegensatz zu Großbritannien - nicht als einseitiger Interessenvertreter der Chemieindustrie, sondern berücksichtigten sowohl die neuesten wissenschaftlichen Erkenntnisse wie auch die ökonomischen Argumente der US-Chemieindustrie bezüglich des Wettbewerbs mit den europäischen FCKW-Herstellern. In den USA vollzog sich über viele Jahre hinweg ein politischer „bargaining"-Prozeß zwischen den relevanten Akteuren aus der Wirtschaft, der Umweltbewegung und der Regierungsadministration. Das US-Rechtssystem bot den Umweltgruppen überdies die vom NRDC mit Erfolg in Angriff genommene Möglichkeit der juristischen Klage gegen die Politik der

---

183 Vgl. hierzu auch Gehring (1994: 274 und 337) und Parson/Greene (1995: 18/19).
184 Vgl. Litfin (1994: 185ff).

Regierung in dieser Frage. Ein vom „bargaining" bestimmter Politikstil wurde auch in der Bundesrepublik verfolgt. Der Dialog zwischen Regierung, Wirtschaft und Wissenschaft wurde in der 1987 errichteten Enquete-Kommission institutionalisiert, die sich zunächst in ihrem ersten - 1988 vorgelegten - Bericht auf das Problem der Zerstörung der Ozonschicht konzentrierte.

3.6.1. Konkurrenz oder Integration realistischer und pluralistischer Hypothesen?

Auf der systemischen Ebene der internationalen Beziehungen wurden für beide Schulen verschiedene Hypothesen über den Konfliktaustrag und die Außenpolitik entwickelt. Aus der Sicht der *realistischen Schule* konnte die Hypothese 1 über die Notwendigkeit von Machtressourcen zur Bildung des Ozonregimes bestätigt werden. Der Einsatz von Macht ist allerdings auch aus der Sicht der *pluralistischen Schule* möglich bzw. notwendig, um die Bildung eines internationalen Regimes zu ermöglichen. Der Einsatz von Macht bietet zudem keine hinreichende Erklärung für den Konfliktaustrag, sondern stellt eine notwendige Bedingung für die Entstehung des Ozonregimes dar, da andere Faktoren zu einer Schwächung der EG als Bremserkoalition führten. Die USA setzten ihre Macht zur Regimebildung auch keineswegs nur im Sinne des von Waltz vertretenen „strukturellen" Machtkonzepts ein, sondern besannen sich auch auf „weiche" Formen der Machtausübung, wie die Zusammenarbeit von U.S.-Regierung, Wissenschaftlern und internationalen Organisationen wie UNEP und der WMO beim Rühren der Werbetrommel für das Thema auf internationaler Ebene während der achtziger Jahre zeigt.

Aus der Sicht der *pluralistischen Schule* bestätigten sich die Hypothesen 3 und 4 über die im Problemfeld vorhandene problematische Situation bzw. den Konflikttyp und über die Wahrscheinlichkeit der Regimeentstehung. Die Situationsstruktur und der Konflikttyp stellen ebenfalls notwendige Bedingungen für die Entstehung des Ozonregimes dar. Für den situationsstrukturellen Ansatz stellt sich die Frage, womit die Transformation von einer regimefeindlichen zu einer regimefreundlichen Situationsstruktur erklärt werden kann. Die machtpolitische Erklärung konnte als sekundärer Einflußfaktor für die Transformation der problematischen sozialen Situation in den situationsstrukturellen Ansatz integriert werden. Das wachsende Konsens-Wissen trug zur Regimebildung und zur Umwandlung der zunächst regimefeindlichen Situationsstruktur bei, auch wenn zum Zeitpunkt des Abschlusses des Montrealer Protokolls noch kein endgültiger wissenschaftlicher Beweis für die Ozon-Hypothese vorhanden war. Auch der sekundäre Wertekonflikt über die Bewertung des vorhandenen Wissens und der Konflikt über die Verminderung ozonzerstörender Stoffe, der innerhalb des Interessenkonflikts über das absolut bewertete Gut der Ozonschicht einen sekundären Interessenkonflikt über relative Güter darstellte, konnten durch die machtpolitische Rolle der USA und durch die Erweiterung des Konsens-Wissens transformiert bzw. abgeschwächt werden. Das Konsens-Wissen gewann somit stärkere Bedeutung während der Phase der Weiterentwicklung des Regimes in London (1990), Kopenhagen (1992) und Wien (1995).

Die *realistische* Variable der Verteilungsempfindlichkeit kann nur dann als subsystemische Erklärung für die Außenpolitik dienen, wenn durch das Regime relative Gewinne entstehen. Für die USA entstanden durch das Montrealer Protokoll von 1987 zwar zunächst höhere Kosten. Diese stellten jedoch keinen nennenswerten relativen Gewinn für die EG dar, zumal mit dem Einstieg in erste Regelungsmaßnahmen ein wichtiges politisches Signal für den langfristigen Ausstieg aus diesen Stoffen gesetzt worden war. Den USA bot sich die Möglichkeit, durch eine Weiterentwicklung der Regeln des Regimes ihr ursprüngliches Ziel eines weitreichenden FCKW-Verbots durchzusetzen. Da die Hypothese 2 über die Verteilungsempfindlichkeit nur eine Teilerklärung für die zunächst regimefeindliche Außenpolitik verschiedener - aber nicht aller - Entwicklungsländer darstellt, bietet diese realistische Variable somit keine überzeugende Gesamterklärung für die außenpolitische Haltung der Nationalstaaten im Problemfeld. Die pluralistischen Variablen konnten hingegen in größerem Maße zur Erklärung der Außenpolitik der Staaten beitragen. Die in der *pluralistischen* Hypothese 5 enthaltene Aussage, wonach eine regimefreundliche Außenpolitik durch eine epistemische Gemeinschaft erzeugt wird, muß indessen insofern abgewandelt werden, daß der Rolle des Wissens im Vergleich zu der Rolle einer festgefügten epistemischen Gemeinschaft letztlich größere Bedeutung zukommt. Wie in der *pluralistischen* Hypothese 6 formuliert wurde, bewirkt die ökologische Modernisierungskapazität eines Staates, daß das Konsens-Wissen und der Problemdruck in eine regimefreundliche Außenpolitik umgesetzt wird. Das Vorhandensein eines eindeutigen Konsens-Wissens und von ökologischer Modernisierungskapazität stellen notwendige Bedingungen für die regimefreundliche

Außenpolitik von Staaten im Problemfeld dar. Keine der beiden Schulen kann somit einen exklusiven Erklärungsanspruch für die Regimeentstehung erheben.

3.7. Zusammenfassung

Die Bearbeitung des Problemfelds 'Schutz der Ozonschicht' wurde in mehreren Schritten vorgenommen. Zunächst wurden in Kapitel 3.1. die Grundlagen des Problems dargestellt, die sowohl die Ursachen und die Folgen der Zerstörung der Ozonschicht, wie auch den Verlauf der wissenschaftlichen Erforschung und den Bereich des 'Monitoring' betreffen. In Kapitel 3.2. wurde die Entwicklung der Bestandteile des Regimes, also der Prinzipien, Normen, Regeln und Entscheidungsprozeduren aufgezeigt und die Effektivitätsprüfung vorgenommen. Der nichtregulierte Konfliktaustrag im Problemfeld wurde in Kapitel 3.3. beschrieben. Im Jahr 1987 erfolgte der Übergang von der Phase des nichtregulierten zur Phase des regulierten Konfliktaustrags, die in Kapitel 3.4. dargestellt wurde. Auf den Konferenzen von London 1990 und Kopenhagen 1992 und Wien 1995 wurde das 1987 errichtete globale Regime zum Schutz der Ozonschicht erheblich erweitert. Im Kapitel 3.5. wurde ein Blick auf jene innenpolitischen Faktoren gerichtet, die die Außenpolitik der USA und Großbritanniens im Problemfeld bestimmten. Die in Kapitel 2 dieser Arbeit aus den Schulen des Realismus und des Pluralismus gewonnenen Ansätze wurden in Kapitel 3.6. für die Erklärung des Konfliktaustrags und der Außenpolitik angewandt.

4. Der Schutz des globalen Klimas

Der Aufbau der folgenden Fallstudie wird von sechs Schritten bestimmt. In Kapitel 4.1. werden die Grundlagen des Problemfelds beschrieben. Neben der Darstellung der durch die Klimakonvention formulierten Prinzipien, Normen, Regeln und Entscheidungsprozeduren erfolgt in Kapitel 4.2. auch eine Überprüfung der Effektivität der Regeln. Darüber hinaus wird auch die Frage beantwortet, ob die Bestimmungen der Klimakonvention bereits Regimecharakter besitzen. Die Darstellung des Konfliktaustrags bis Ende 1995 wird in Kapitel 4.3. vorgenommen. In Kapitel 4.4. erfolgt wiederum eine deskriptive Darstellung der innenpolitischen Bestimmungsfaktoren für die Außenpolitik zweier herausragender Akteure im Problemfeld. Daran schließt sich in Kapitel 4.5. die Erklärung des Konfliktaustrags und der Außenpolitik durch realistische und pluralistische Erklärungsansätze an. In Kapitel 4.6. werden die Ergebnisse der Fallstudie noch einmal zusammengefaßt.

4.1. Das Problem der anthropogenen globalen Klimaänderungen

Während das tägliche Wetter eine kurzfristige Erscheinung darstellt, wird unter dem Klima der Durchschnittswert der Witterungserscheinungen eines langfristigen Zeitabschnitts verstanden.[1] Das Klima stellt ein äußerst komplexes System dar, das sich aus mehreren Bestandteilen zusammensetzt. Die in der Atmosphäre ablaufenden Prozesse sind stark mit der Landoberfläche, den Ozeanen, den eisbedeckten Teilen der Erdoberfläche und mit der Biosphäre (Vegetation und Lebewesen) verknüpft.[2] Von entscheidender Bedeutung für das Klima ist darüber hinaus der Strahlungshaushalt der Erde. Rund 70 Prozent der Sonnenstrahlung werden von der Atmosphäre und der Erdoberfläche absorbiert. Die restlichen 30 Prozent dieser Strahlung werden in das Weltall reflektiert. Die kurzwellige Sonnenstrahlung wird an der Erdoberfläche und in der Atmosphäre in

---

1 Die Weltorganisation für Meteorologie (WMO) betrachtet als Grundeinheit des Klimas den Zeitabschnitt von 30 Jahren (vgl. Graßl/Klingholz 1990: 21).
2 Vgl. IPCC 1990, Working Group I, S. VII und IPCC (1992a: 8/9).

langwellige Wärmestrahlung umgewandelt. Während die kurzwellige Sonnenstrahlung relativ ungehindert in die Atmosphäre eindringen kann, verhindern
verschiedene Spurengase in der Atmosphäre die völlige Abstrahlung jener lang-
welligen Infrarotstrahlung, die aus der Umwandlung der Sonnenstrahlung an der
Erdoberfläche stammt. Erst dieser natürliche Treibhauseffekt verursacht die auf
der Erde herrschenden Klimabedingungen. Verschiedene atmosphärische Spurengase sorgen durch die Absorption der Wärmestrahlung dafür, daß die globale
Durchschnittstemperatur plus 15 Grad Celsius beträgt. Ohne diesen natürlichen
Treibhauseffekt würde die Temperatur an der Erdoberfläche minus 18 Grad
Celsius betragen. Mit über 60 Prozent hat der atmosphärische Wasserdampf den
größten Anteil am natürlichen Treibhauseffekt von 33 Grad Celsius.[3]

Die Klimabedingungen waren auf der Erde in der Vergangenheit immer
wieder starken Veränderungen ausgesetzt. Die Strahlungsbilanz und somit die
Klimabedingungen können durch eine Veränderung der Sonnenstrahlung, durch
eine veränderte Albedo der Landoberfläche (z.B. durch Wüstenbildung und fort-
schreitende Entwaldung) und durch die Anreicherung von Spurengasen in der
Atmosphäre verändert werden (IPCC 1990 WG. 1: viii). Als Ursache für das
Auftreten von Eiszeiten und Warmperioden wird eine veränderte Neigung der
Rotationsachse der Erde vermutet, die eine Veränderung der Sonneneinstrahlung
zur Folge hat (Mc Elroy 1992: 66/67). Die Konzentration von Spurengasen in
der Atmosphäre stellt darüber hinaus ebenfalls einen bedeutsamen Faktor für die
herrschenden Klimabedingungen auf der Erde dar. Durch Bohrungen in der Eis-
schicht der Antarktis konnte nachgewiesen werden, daß in den zurückliegenden
160.000 Jahren eine parallele Entwicklung zwischen der jeweiligen Konzentration der Spurengase Kohlendioxid und Methan in der Atmosphäre und den
jeweils vorfindbaren Temperaturen auf der Erde bestand (IPCC 1990 WG. 1:
11/12). Die beim Ausbruch von Vulkanen emittierten Aerosole können hingegen
für einen kurzen Zeitraum zu einer relativen Abkühlung der Atmosphäre führen.

---

3   Dem Wasserdampf wird ein Erwärmungspotential von 20,6 Grad Celsius zugeschrieben. Es
     folgt das atmosphärische Kohlendioxid mit 7,2 Grad Celsius. Darüber hinaus haben auch
     das Ozon mit 2,4 Grad Celsius, das Distickstoffoxid mit 1,4 Grad Celsius und das Methan
     mit 0,8 Grad Celsius einen Anteil am natürlichen Treibhauseffekt (vgl. Deutscher Bundestag
     1990a: 90; vgl. auch IPCC 1990 WG. 1: 83-85, IPCC 1992a: 8/9).

4.1.1. Die organisatorischen Grundlagen der wissenschaftlichen Erforschung des Klimas

Die zwischenstaatliche Kooperation im Bereich der Meteorologie begann mit der Gründung der Internationalen Organisation für Meteorologie (IMO) im Jahr 1873. Als deren Nachfolgeorganisation wurde im Jahr 1950 die Weltorganisation für Meteorologie (WMO) gegründet.[4] Seit den sechziger Jahren wurde die zwischenstaatliche Zusammenarbeit im Bereich der Meteorologie erheblich ausgeweitet. Im Jahr 1963 wurde das System des 'World Weather Watch' errichtet. Es dient zur Sammlung, dem Austausch und der Analyse von Wetterdaten zwischen den Staaten und wird durch die Mitgliedsstaaten umgesetzt.[5] Anfang der neunziger Jahre umfaßte dieses System der globalen Wetterüberwachung mehr als 9500 landgestützte und circa 7000 auf Schiffen befindliche Beobachtungsstationen. Es wurde zudem von ungefähr 3000 Flugzeug-, 600 Radarstationen und 200 Boyen ergänzt. Darüber hinaus erfolgt eine weltraumgestützte Überwachung durch Satelliten in der Höhe zwischen 800 und 1000 km und im geostationären Orbit in circa 36000 km Höhe (WMO 1990a: 15, WMO 1990b: 17). Zur Verarbeitung dieser Wetterdaten wurden welt- und regionalmeteorologische Zentren geschaffen, von denen die kurz-, mittel- und langfristigen Wettervorhersagen und andere Dienstleistungen an die nationalen meteorologischen Zentren weitergeleitet werden (WMO 1990a: 16).

Die Errichtung des 'Weltklimaprogramms' stellte das Ergebnis der ersten Weltklimakonferenz von 1979 in Genf dar. Die Hauptsäule dieses Programms bildet das 'Weltklimaforschungsprogramm' (World Climate Research Programme), mit dem die Arbeit des in den sechziger Jahren begonnenen 'Global Atmospheric Research Programme' (GARP) fortgesetzt wird.[6] Die WMO und das

---

4   Zur Geschichte der internationalen Kooperation im Bereich der Meteorologie vgl. Bruce (1990: 27), Davies (1986), WMO (1990a) und Soroos/Nikitina (1995).

5   Das System des World Weather Watch besteht aus drei Hauptbestandteilen: 1. das 'Global Data-processing System' (GDPS) besteht aus globalen, regionalen und nationalen meteorologischen Zentren zur Bereitstellung verarbeiteter Daten, Analysen und Voraussagen; 2. das 'Global Oberserving System' (GOS) besteht aus land-, see-, luft- und weltraumgestützten Beobachtungseinrichtungen; 3. das 'Global Telecommunication System' (GTS) stellt ein Netzwerk aus Telekommunikatiomnseinrichtungen zur raschen Gewinnung und Verteilung von Daten dar (vgl. WMO 1988: 13-23; WMO 1992c: 2).

6   Darüber hinaus enthält das Weltklimaforschungsprogramm drei weitere Programme. 1. Mit dem 'World Climate Data and Monitoring Programme' soll die Verwaltung und Nutzung von Klimadaten in den Entwicklungsländern verbessert werden. Zudem wird innerhalb

'International Council of Scientific Unions' (ICSU), die 1967 eine enge Zusammenarbeit bei der Durchführung von GARP vereinbarten, setzen diese Kooperation auch unter dem Weltklimaforschungsprogramm fort. Dieses Forschungsprogramm, das als eine der weitreichendsten wissenschaftlichen Unternehmungen der bisherigen Geschichte gilt, soll das Wissen über die den Klimawandel hervorrufenden Mechanismen und über das Ausmaß der Beeinflussung des Klimas durch den Menschen erweitern und eine Verbesserung der Klimavorhersagen ermöglichen.[7] Dabei ist ein enger Austausch mit dem Internationalen Geosphäre-Biosphäre-Programm (IGBP) vorgesehen, das vom ICSU Ende der achtziger Jahre begonnen wurde (Böhme 1989: 190). An der Umsetzung des gesamten 'Weltklimaprogramms' sind neben dem ICSU auch weitere internationale Organisationen wie z.B. UNEP und die UNESCO beteiligt. In Genf wurde 1990 auf der zweiten Weltklimakonferenz überdies die Schaffung eines globalen Systems der Klimaüberwachung (Global Climate Oberserving System) beschlossen.[8]

Die Überwachung der Umweltverschmutzung wird durch das System des 'Global Atmosphere Watch' (GAW) der WMO ergänzt, das einen Bestandteil des neuen 'Global Climate Oberserving System' darstellt. Das GAW besteht aus dem 'Global Ozone Observing System' (GO_3OS) und dem 'Background Air Pollution Monitoring Network' (BAPMoN). In mehr als 60 Ländern befinden sich derzeit 140 Ozonmeßstationen des GO_3OS. In den nahezu 200 BAPMoN-Stationen, die in ebenfalls mehr als 60 Ländern angesiedelt sind, wird neben der chemischen Zusammensetzung und dem Verschmutzungsgrad der Niederschläge u.a. auch der Gehalt einzelner anthropogener Spurengase in der Atmosphäre gemessen. BAPMoN beinhaltet das zentrale Netz von Stationen zur globalen Messung des CO_2-Gehalts in der Atmosphäre. In rund 50 Stationen werden gegenwärtig regelmäßige Messungen des CO_2-Gehalts vorgenommen (WMO 1992e: 10). Das BAPMoN-Meßnetz trägt in großem Umfang zur Gewinung von

---

dieses Programms eine periodische Analyse der Anomalien im Klimasystem vorgenommen. 2. Innerhalb des 'World Climate Apllications and Services Programme' soll die Anwendung vorhandener Klimadaten in den Bereichen 'Ernährung', 'Wasser', 'Energie', bei der 'Landnutzung' und in 'städtischen Gebieten' verbessert werden. 3. In dem von UNEP koordinierten 'World Climate Impact Assessment and Response Strategies Programme' werden vor allem die Auswirkungen des Klimawandels abgeschätzt (vgl. Bruce 1991: 151/152; WMO 1992d: 20 und 32;). Zu GARP und zum Weltklimaforschungsprogramm vgl. auch Lambright/O'Leary (1991: 53-55).

7   Vgl. Bruce (1990: 32); Schönwiese/Diekmann (1987: 24), WMO (1992d: 36).

8   Vgl. die Schlußerklärung der zweiten Weltklimakonferenz 1990 in: Jäger/Ferguson (1991: 499).

klimarelevanten Daten für das von UNEP initiierte 'Global Environment Monitoring System' (GEMS) bei. Unter diesem globalen Umweltüberwachungssystem werden in nahezu allen Nationalstaaten laufend wichtige umweltrelevante Parameter in den Bereichen der Atmosphäre und des Klimas, den sonstigen Umweltschadstoffen, und den natürlichen Ressourcen der Erde gemessen und ausgewertet (UNEP 1990). Das unter dem Dach der ECE-Konvention über 'Weiträumige grenzüberschreitende Luftverschmutzung' angesiedelte EMEP-Überwachungsprogramm ('Environmental Monitoring and Evaluation Programme of Long-Range Transmission of Air Pollutants in Europe') nimmt vor allem Messungen von Luftschadstoffen vor, die für den Sauren Regen und für die Zunahme des bodennahen Ozons verantwortlich sind (Dovland 1987: 12; ECE 1992: 111/112).

4.1.2. Die Entwicklung des wissenschaftlichen Forschungsstandes über die Klimaänderungen

Auf den Zusammenhang zwischen dem CO_2-Gehalt der Atmosphäre und der Temperatur wurde bereits 1895 von dem schwedischen Physiochemiker Arrhenius hingewiesen. In den siebziger Jahren wurde zunächst angenommen, daß die Zunahme der atmosphärischen Luftschadstoffe zu einer Abkühlung der Atmosphäre führen könnte (Flohn 1989: 31). Auf der ersten Weltklimakonferenz von 1979 warnten die dort anwesenden Wissenschaftler dann vor dem ansteigenden CO_2-Gehalt in der Atmosphäre und einer möglichen Erwärmung als Folge des Treibhauseffektes.[9] In den achtziger Jahren wurde die Problematik des Treibhauseffektes auf mehreren Klimaworkshops behandelt.[10] Auf einem ersten von UNEP, der WMO und dem ICSU in Villach organisierten Expertentrefffen wurde im September 1980 der anthropogene Klimawandel als wichtiges Umweltproblem dargestellt. Auf der zweiten Konferenz von Villach im Oktober 1985 wiesen die teilnehmenden Wissenschaftler nicht nur auf den steigenden Gehalt verschiedener Treibhausgase in der Atmosphäre hin. Sie machten viel-

---

9   In der Schlußerklärung der ersten Weltklimakonferenz von 1979 heißt es dazu: „Carbon dioxide plays a fundamental role in determining the temperature of the earth's atmosphere, and it appears plausible that an increased amount of carbon dioxide in the atmosphere can contribute to a gradual warming of the lower atmosphere..." (zit. nach WMO 1979: 714).

10 Vgl. Breitmeier (1992: 26) und Ramakrishna/Young (1992: 254/255).

mehr auch auf die weitreichenden Auswirkungen des möglichen Treibhauseffekts für die Landwirtschaft, den möglichen Anstieg des Meeresspiegels und
auf die Konsequenzen für das globale Ökosystem aufmerksam (ICSU/WMO/
UNEP 1986: 20-23).[11] Im Herbst 1987 wurden auf zwei Workshops in Villach
und Bellagio Szenarien für den Anstieg der Temperatur und des Meeresspiegels,
die Auswirkungen des Klimawandels auf die verschiedenen Erdregionen, mögliche Strategien der Eindämmung und Anpassung und politische Strategien zur
Bearbeitung des Problems behandelt (WMO/UNEP 1988a). Einen Meilenstein
für die Synthese und Weiterentwicklung des wissenschaftlichen Forschungsstandes über den globalen Klimawandel bildet die Errichtung des 'Intergovernmental Panel on Climate Change' (IPCC) durch die WMO und UNEP im Jahr
1988. Die Abschätzung des Wissens über den Klimawandel, der ökologischen
und sozio-ökonomischen Auswirkungen des Klimawandels und die Formulierung von politischen Strategien stellen die wesentlichen Aufgabenbereiche des
IPCC dar.[12] In den 1990 und 1992 vorgelegten Berichten des IPCC wird eine Bestandsaufnahme des aktuellen Wissenstands über die Problematik des globalen
Klimawandels vorgenommen.[13]

4.1.3. Die Auswirkungen der globalen Klimaänderungen

Mit Klimamodellen wird versucht, die zukünftige Konzentration der Spurengase
in der Atmosphäre und die Auswirkungen der veränderten atmosphärischen
Zusammensetzung auf den Strahlungshaushalt und auf die globale Temperatur
abzuschätzen. Nach dem 'Business as Usual Scenario' des IPCC von 1990 wird
eine weiterhin ungebremste Emission der klimarelevanten Spurengase zu einer
Verdoppelung der äquivalenten CO_2-Emissionen bis zum Jahr 2025 führen
(IPCC 1990).[14] Dies würde zu einem Anstieg der globalen Temperatur zwischen

---

11 In ihrer Erklärung stellten die Wissenschaftler fest: „As a result of the increasing concentra-
    tions of greenhouse gases, it is now believed that in the first half of the next centruy a rise of
    global mean temperature could occur which is greater than any in man's history" (zit. nach
    ICSU/UNEP/WMO 1986: 1).

12 Vgl. IPCC-1 (1988: 4).

13 Vgl. IPCC (1990) und (1992a).

14 Bei der äquivalenten Kohlendioxid-Konzentration wird die Treibhauswirkung der anderen
    klimarelevanten Spurengase entsprechend berücksichtigt. Zu den Klimamodellen vgl. IPCC
    (1990) und (1992a) und Deutscher Bundestag (1992: 103-109).

164

1,5 und 4,5 Grad Celsius führen. Um die Konzentration der verschiedenen Treibhausgase in der Atmosphäre auf dem jetzigen Stand zu stabilisieren, wäre eine Verminderung der anthropogenen Emissionen von Kohlendioxid um 60 Prozent, von Methan um 15 bis 20 Prozent, des Stickstoffoxids um 70 bis 80 Prozent und der FCKW um 70 bis 85 Prozent erforderlich. Auf der Grundlage unterschiedlicher Annahmen über die Entwicklung von Einflußfaktoren wie des Anstiegs der Weltbevölkerung, des Wachstums der Weltwirtschaft, der Energieversorgung, der Regelungsmaßnahmen für FCKW und sonstiger politischer und ökologischer Entwicklungen wurden innerhalb des IPCC 1992 sechs aktualisierte Modelle simuliert. Diese bestätigten für den Fall ausbleibender politischer Regelungsmaßnahmen für klimarelevante Spurengase den prognostizierten Temperaturanstieg (IPCC 1992a: 18). Trotz des erweiterten Wissens über den Treibhauseffekt besteht eine Reihe von derzeit noch nicht ausreichend erforschten Teilproblemen innerhalb der Klimaproblematik. Eine Erweiterung des Wissens ist besonders über die Quellen und Senken der Treibhausgase, die Rolle der Wolken und des atmosphärischen Wasserdampfs, die Rolle der Ozeane, der polaren Eisdecke und über die Prozesse und Rückwirkungen an der Landoberfläche erforderlich (vgl. IPCC 1992a: 20).

Nach der Abschätzung des IPCC führt ein ungebremster Anstieg der klimarelevanten Spurengase bis zum Jahr 2100 zu einem Meeresspiegelanstieg um bis zu circa einen Meter.[15] Schwerwiegende Auswirkungen würde der prognostizierte Anstieg des Meeresspiegels für nur wenige Meter über dem Meeresspiegel liegende Territorien kleiner Inselstaaten (z.B. die Marschall-Inseln, die Malediven, Kiribati, Takelau oder Tonga), für dichtbesiedelte Mündungsbereiche von Flüßen und für Küstenstaaten hervorrufen. Betroffen wären z.B. die Mündungsbereiche des Nils, des Ganges, des Jangtze, des Mekong, des Mississippi oder des Niger. Der Anstieg des Meeresspiegels um einen Meter würde allein im Nildelta und in Alexandria circa 5 Millionen Menschen (ca. 10 Prozent der Bevölkerung Ägyptens) betreffen. Im dichtbesiedelten Bangladesh (110 Millionen Einwohner innerhalb von 144.000 km²), das sich im Delta des Ganges, des Brahmaputra und des Meghna befindet, sind bereits heute 65 Prozent des Territoriums Sturmfluten ausgesetzt. In Nigeria, wo

---

15 Die Berechnungen des IPCC gehen von einem wahrscheinlichsten Wert des Anstiegs bis 2030 von ca. 18 cm und bis 2070 von 44 cm aus. Der Anstieg des Meeresspiegels wird vor allem durch die thermische Ausdehnung des Meereswassers und durch das Abschmelzen der Gebirgsgletscher ausgelöst (vgl. IPCC 1990 WG.1: 277).

sich ein Großteil der Bevölkerung und der Wirtschaft entlang der 853 km langen Küste des Landes befindet, wären von einem Anstieg des Meeresspiegels um einen Meter nahezu 3,7 Millionen Menschen betroffen (vgl. IPCC 1992b: 17-19). Die ökologischen Auswirkungen dieses Anstiegs bestehen u.a. in einer Erosion der Küstenlinie, einer Überflutung küstennaher Feuchtgebiete, in der Versalzung von Flußmündungen und Grundwasservorkommen und in einer Verstärkung von Sturmfluten.

Durch die Veränderung verschiedener Klimaparameter (Niederschläge, Temperatur) werden negative Auswirkungen auf die Landwirtschaft und die Nahrungsmittelversorgung in verschiedenen Erdregionen mit semi-ariden Vegetationszonen erwartet, die bereits heute besonders empfindlich auf eine Veränderung der Klimabedingungen reagieren. Die Klimaänderungen könnten zwar zu einer gewissen Zunahme der landwirtschaftlichen Produktivität in hohen und mittleren Breitengraden, insbesondere in der Nordhemisphäre, führen. Die in anderen Erdregionen entstehenden Ausfälle bei der Nahrungsproduktion können dadurch jedoch nicht ausgeglichen werden (IPCC 1990 WG. 2: 2). Durch die polwärtige Verschiebung der Vegetationszonen sind die klimaökologischen Bedingungen für die Waldgebiete durch den Klimawandel schwerwiegenden Veränderungen unterworfen. Die Waldgebiete der Erde unterliegen in den kommenden Jahrzehnten verstärkt ökologischem Streß, der sich u.a. auch auf die Nutzbarkeit der Wälder negativ auswirken wird (Deutscher Bundestag 1992: 128). Der Treibhauseffekt könnte nicht nur innerhalb der terrestrischen Ökosysteme zu einer Verminderung der globalen Artenvielfalt führen. Auch für die marinen Ökosysteme werden die Lebensbedingungen entscheidend verändert. Dabei wird nicht nur mit einer Veränderung der Artenzusammensetzung, sondern auch mit dem verstärkten Auftreten von Anomalien wie dem El-Nino-Effekt gerechnet.[16]

---

16 Das El-Nino-Ereignis stellt ein innerhalb von 2 bis 10 Jahren immer wiederkehrendes Phänomen vor der Küste Perus dar. Durch Störungen in der globalen atmosphärischen Zirkulation kommt es zu einer Erwärmung der Meeresoberfläche, die zu einem erheblichen Rückgang der Meereslebewesen (und somit der Fischfangerträge) führt (vgl. IPCC 1990 WG. 2, Kap. 6, S.26).

166

4.1.4. Die Ursachen des Treibhauseffektes

Die Konzentration verschiedener Treibhausgase hat sich durch menschliche Aktivitäten seit dem Beginn des industriellen Zeitalters beträchtlich erhöht. Der atmosphärische CO_2-Gehalt betrug gegen Ende des 18. Jahrhunderts noch ca. 280 ppm. Im Jahr 1991 ist die Kohlendioxid-Konzentration hingegen auf einen Wert von 355 ppm angestiegen. Ein besonders schneller Anstieg des globalen CO_2-Gehalts in der Atmosphäre läßt sich vor allem seit dem enormen Anstieg der weltwirtschaftlichen Wachstumsraten nach dem Ende des zweiten Weltkriegs verzeichnen. Ein weiterhin ungebremstes Wachstum der Kohlendioxidemissionen würde bis zum Jahr 2030 zu einer CO_2-Konzentration von 550 ppm führen (Deutscher Bundestag 1992: 12).

Im letzten Jahrhundert hat sich die mittlere Temperatur um 0,3 bis 0,6 Grad Celsius erhöht.[17] Diese globale Temperaturerhöhung stellt nach den Ergebnissen des IPCC-Berichts von 1990 einen zusätzlichen Treibhauseffekt dar, der auf die verstärkte Konzentration atmosphärischer Spurengase zurückzuführen ist. Die Temperaturerhöhung könnte zwar als eine Folge natürlicher Klimavariabilität interpretiert werden. Es besteht jedoch auch die Möglichkeit, daß ein noch größerer Treibhauseffekt durch die natürliche Klimavariabilität teilweise ausgeglichen wurde.[18] Die Änderung verschiedener Klimaparameter weist auf einen bereits anhaltenden Treibhauseffekt hin. Im letzten Jahrhundert wurde z.B. ein erheblicher Rückgang der Inlandsgletscher beobachtet. Im gleichen Zeitraum wurde überdies ein Anstieg des Meeresspiegels um 10 bis 20 cm festgestellt. Neben der seit 1973 erfolgten Abnahme der jährlichen Schneebedeckung in der Nordhemisphäre um rund 8 Prozent wird in den letzten beiden Jahrzehnten auch eine Erhöhung der mittleren Windgeschwindigkeit verzeichnet.[19]

---

17 Bei der Erhöhung der Temperatur bestanden regionale Unterschiede. Seit 1860 wurden die sieben wärmsten Jahre (in der jeweiligen Reihenfolge) 1944, 1989, 1987, 1983, 1988, 1991 und 1990 (bisheriger Spitzenwert bis 1993) verzeichnet.

18 Vgl. IPCC (1990 WG.1: 257) und IPCC (1992a: 80).

19 Vgl. Crutzen/Golitsyn (1992: 17/18); Deutscher Bundestag (1992: 25-29); Houghton (1991: 39-41); IPCC (1992a: 18/19).

Schaubild 4.1: Abweichung der globalen Durchschnittstemperatur zwischen 1861 und 1990 vom Durchschnittswert zwischen 1951 und 1980

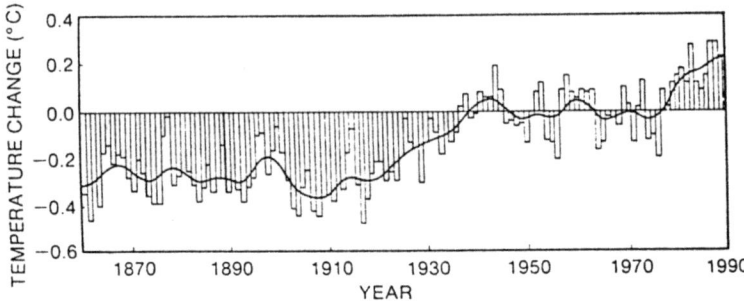

Quelle: Jäger/Ferguson (1991: 40)

Für den Treibhauseffekt werden die Spurengase Kohlendioxid (CO_2), Methan (CH_4), FCKW und Distickstoffoxid (N_2O) verantwortlich gemacht. Darüber hinaus wird auch dem bodennahen Ozon (O_3), dessen photochemische Entstehung in der unteren Atmosphäre durch verschiedene Luftschadstoffe verursacht wird, ein gewisser Treibhauseffekt zugemessen. Nach den Berechnungen des IPCC und der Enquete-Kommission des Deutschen Bundestages hat die zusätzliche CO_2-Belastung der Atmophäre einen Anteil zwischen 50 und 55 Prozent am Treibhauseffekt. Der Anteil der FCKW am Treibhauseffekt beläuft sich auf 22 Prozent. Neben dem Methan, dessen Beitrag zwischen 13 und 15 Prozent beträgt, wird auch dem Distickstoffoxid ein Anteil zwischen 5 und 6 Prozent an der globalen Erwärmung zugemessen. Der Beitrag des bodennahen Ozons und des stratosphärischen Wasserdampfs zum Treibhauseffekt wird nur von der Enquete-Kommission, nicht aber vom IPCC prozentual bestimmt. Dem Ozon mißt die Enquete-Kommission einen Anteil von 7 Prozent, dem stratosphärischen Wasserdampf einen Anteil von 3 Prozent an der globalen Erwärmung zu (IPCC 1990 WG. 1: 11; Deutscher Bundestag 1992: 53). Neben den einzelnen Quellen für die Treibhausgase existieren auch natürliche Senken, die zum Abbau dieser Gase beitragen. Neben den Tropenwäldern stellen z.B. auch die Ozeane wichtige Senken für den Abbau der CO_2-Emissionen dar.

Mit einem Anteil zwischen 50 und 55 Prozent leisten die CO_2-Emissionen den Hauptanteil am globalen Treibhauseffekt. Dabei stammen 80 Prozent der globalen CO_2-Emissionen aus der Nutzung fossiler Energieträger (Kohle, Öl und Gas).

Im Jahr 1989 betrugen die globalen energiebedingten CO_2-Emissionen 21,6 Milliarden Tonnen.[20] Der Anteil der Industrieländer an den globalen energiebedingten CO_2-Emissionen belief sich auf 75 Prozent. Dabei wiesen allein die OECD-Staaten einen Anteil von 47 Prozent an den globalen CO_2-Emissionen auf. Die Hälfte des OECD-Anteils entfiel auf die USA, die mit 25 Prozent den weltweit größten Beitrag an den energiebedingten CO_2-Emissionen leisten. Weitere Hauptemittenten von CO_2 innerhalb der Gruppe der OECD-Staaten stellen neben Japan (4,9 Prozent der globalen CO_2-Emissionen) die Bundesrepublik (4,8 Prozent einschließlich der ehemaligen DDR), Großbritannien (2,7 Prozent), Italien (2 Prozent) und Frankreich (1,9 Prozent) dar. Der Anteil der ehemaligen Staatshandelsländer Osteuropas an den globalen energiebedingten CO_2-Emissionen belief sich auf 25 Prozent, wobei der Hauptanteil von 16,8 Prozent auf die ehemalige UdSSR entfiel. Die Volksrepublik China hatte im Jahr 1989 einen Anteil von 10,6 Prozent an den globalen energiebedingten CO_2-Emissionen. Die USA bilden auch den Spitzenreiter bei der Berechnung der pro-Kopf-Emissionen von Kohlendioxid. Während in Europa und in Japan im Jahr 1990 pro Kopf circa 9 Tonnen CO_2 emittiert wurden, lag der Wert für die USA mehr als doppelt so hoch bei 22 Tonnen CO_2 pro Kopf. In Afrika und Asien hingegen betrugen die durchschnittlichen pro-Kopf-Emissionen im Jahr 1990 nur 1,0 bzw. 0,9 Tonnen CO_2 (Deutscher Bundestag 1992: 63). Berechnungen für den Zeitraum zwischen 1800 und 1988 ergeben, daß die Länder aus Nordamerika, Ost- und Westeuropa, sowie die UdSSR, Japan, Australien und Neuseeland für 83,7 Prozent der globalen energiebedingten CO_2-Emissionen verantwortlich sind (Grübler/ Nakicenovic 1992: 17).

Derzeit bestehen noch große Unsicherheiten über die Quantifizierung der Quellen und Senken der Methanemissionen (vgl. Deutscher Bundestag 1990a: 100; Grübler/Nakicenovic 1992: 22; IPCC 1992a: 10). Es kann davon ausgegangen werden, daß die Entwicklungsländer einen bedeutenden Anteil an den globalen Methanemissionen aufweisen.[21] Für die anthropogenen Emissionen von

---

20 Weitere 20 Prozent der CO_2-Emissionen entstehen bei der Verbrennung und Verrottung der tropischen Regenwälder. Zu den folgenden Daten vgl. Deutscher Bundestag (1992: 60-63).

21 Grübler/Nakicenovic (1992: 24) berechnen die Aufteilung der Methanemissionen zwischen Nord und Süd. Während sich die Methanemissionen von Nord und Süd bei den anthropogenen Quellen aus der Tierhaltung und der fossilen Biomasseverbrennung nur in geringerem Maße unterscheiden, ist der Süden weitgehend für die Emissionen aus dem Reisanbau verantwortlich. Daher wird mit einem etwas größeren Beitrag des Südens (ca. 60 Prozent) als des Nordens (ca. 40 Prozent) bei den globalen Methanemissionen gerechnet.

Distickstoffoxid und die Emissionen der indirekt wirksamen Treibhausgase wie z.B. der Stickstoffoxide (NO_x) und des Kohlenmonoxids (CO), die zur Entstehung des troposphärischen Ozons beitragen, kann noch keine verlässliche Abschätzung über den Beitrag einzelner Emissionsquellen vorgenommen werden.[22] Zuverlässige Daten sind indessen für die Quellen und Produktionsentwicklung der Fluorchlorkohlenwasserstoffe und Halone vorhanden. In den achtziger Jahren wiesen die Industrieländer einen Anteil von rund 80 Prozent an der globalen Produktion von FCKW auf (vgl. Kapitel 3.1).

4.1.5. Der Beitrag einzelner Sektoren zum Treibhauseffekt

Die klimarelevanten Spurengase CO_2, CH_4, FCKW, N_2O und O_3 stammen aus verschiedenen Sektoren, die im folgenden näher betrachtet werden. Es handelt sich dabei *erstens* um den Sektor der Energienutzung, der auch die Verbrennung fossiler Brennstoffe im Verkehrsbereich umfaßt und *zweitens* um den Beitrag der Emissionen aus dem Sektor der Landwirtschaft und der Waldrodung. Einen weiteren Sektor stellen *drittens* die durch die Produktion der FCKW und Halone verursachten Treibhausgasemissionen dar, die bereits in Kapitel 3.1. näher dargestellt wurden.

Der Beitrag aus dem Energie- und Verkehrssektor
Im Zeitraum zwischen 1950 und 1985 hat sich der Weltenergieverbrauch nahezu vervierfacht (IPCC 1990 WG. 3: 49). Zwischen 1983 und 1989 betrug der jährliche Anstieg des globalen Energieverbrauchs 2,8 Prozent. Besonders stark wuchs in den vergangenen zwei Jahrzehnten der Energieverbrauch der Entwicklungsländer, deren Anteil sich von 20 Prozent im Jahr 1970 auf 31 Prozent im Jahr 1990 vergrößerte. Während der Anteil der Industrieländer von 60 Prozent auf rund 48 Prozent zurückging, erhöhte sich jener der früheren Staatshandelsländer geringfügig auf nun 21 Prozent. Betrug das durchschnittliche jährliche Wachstum des Energieverbrauchs der Entwicklungsländer zwischen 1970 und 1990 4,5 Prozent, so stieg der Energieverbrauch in den Industrieländern in

---

22 Die Enquete-Kommission rechnet mit jährlichen Emissionen zwischen 3,0 und 4,5 Millionen Tonnen Distickstoffoxid, die überwiegend aus der Landwirtschaft stammen (vgl. Deutscher Bundestag 1992: 84).

diesem Zeitraum im Durchschnitt jährlich um 1,3 Prozent an.[23] Diese Entwicklung wurde nur in den Jahren 1974/75 und 1980 bis 1983 gebremst, als ein Rückgang des Wirtschaftswachstums und ein gleichzeitiger Anstieg der Ölpreise zu verzeichnen waren.

In den Industrieländern vollzog sich im Zeitalter der Informations- und Dienstleistungsgesellschaft zwar ein struktureller und technologischer Wandel, der einen Rückgang der Energieintensität (Verhältnis des Einsatzes von Primärenergie zum Bruttosozialprodukt) bewirkte. Seit 1982 stagniert indessen der Rückgang der Energieintensität in diesen Ländern. Diese Entwicklung wurde durch den seit 1986 feststellbaren Rückgang der Ölpreise verstärkt. Die in den siebziger Jahren in den OECD-Staaten begonnenen nationalen Energiesparprogramme haben nur zu begrenzten Energieeinsparungseffekten geführt und wurden überdies in den achtziger Jahren zum Teil abgeschwächt (Öko-Institut 1991: 28/29; Schipper/Meyers/Grubb/Chadwick/Kristoferson 1992: 41). Der strukturelle und technologische Wandel hat in den OECD-Ländern nur im Industriesektor zur Verminderung des Primärenergieeinsatzes geführt. Das gesteigerte Verkehrsaufkommen verursachte in den westlichen Industriestaaten hingegen eine Erhöhung des Primärenergieverbrauchs im Verkehrssektor. In den letzten 30 Jahren hat sich die motorisierte Mobilität pro Kopf im globalem Maßstab verdoppelt. Obwohl die OECD-Länder nur 16 Prozent der globalen Bevölkerung repräsentieren, sind sie für 50 Prozent des globalen Verkehrsaufkommens verantwortlich. Die wachsende Mobilität des Individuums in der Dritten Welt dürfte die diesbezügliche Kluft zwischen Industrie- und Entwicklungsländern in den kommenden Jahrzehnten allerdings verkleinern (Schäfer 1995: 19). In der Europäischen Gemeinschaft stieg der Energieverbrauch im Straßenverkehr in den letzten beiden Jahrzehnten um 103 Prozent (durchschnittlicher jährlicher Zuwachs 3,8 Prozent). Im Luftverkehr wurde in diesem Zeitraum ein Anstieg des Energieverbrauchs um 93 Prozent (jährlicher Zuwachs 3,6 Prozent) verzeichnet.[24] Für die Zukunft wird in den OECD-Ländern überdies eine weitere Steigerung des Verkehrsaufkommens erwartet.[25]

---

23 Zu diesen Daten vgl. Schipper/Meyers/Grubb/Chadwick/Kristoferson (1992: 16). Siehe auch Grubb (1991: 35-37) und Deutscher Bundestag (1992: 59/60).

24 In der Europäischen Gemeinschaft beträgt der Energieverbrauch des Verkehrssektors ca. 30 Prozent des gesamten Endenergieverbrauchs. Dies entspricht ungefähr dem Energieverbrauch im Industriesektor (vgl. Kommission der Europäischen Gemeinschaft 1993b: 38).

25 Die EG geht davon aus, daß eine weitere Entwicklung innerhalb des Verkehrssektors in der EG entsprechend einem 'business as usual'-Szenario die CO_2-Emissionen innerhalb des

Der starke Bevölkerungsanstieg und die teilweise überdurchschnittlich hohen wirtschaftlichen Wachtumsraten haben zu einem Anstieg des Anteils der Entwicklungsländer am Weltenergieverbrauch geführt. Das derzeit größte wirtschaftliche Wachtum verzeichnet die Volksrepublik China, die im Jahr 1992 mit 12,8 Prozent den höchsten Anstieg des nationalen Bruttosozialprodukts aller Länder aufwies (United Nations 1993: 51). Nach den Berechnungen des 'World Energy Council' muß bis zur Mitte des nächsten Jahrhunderts mit einer Verdoppelung der Weltbevölkerung gerechnet werden. Die wirtschaftliche Produktion wird bis zum Jahr 2050 um das drei- bis fünffache ansteigen. Trotz weiterer Verbesserungen bei der Energieintensität wird mit einem weiteren Anstieg der Nachfrage nach Primärenergie gerechnet, der zwischen 100 und 150 Prozent liegen dürfte. Bis zum Jahr 2020 wird sich die Welt weiterhin überwiegend auf fossile Energieträger verlassen müssen. Die Entwicklung alternativer Energieträger und andere strukturelle Maßnahmen werden erst mittel- und langfristig positive Effekte dahingehend erzeugen, daß der Einsatz von kohlenstoffhaltigen Energieträgern vermindert werden kann.[26]

Der Beitrag aus der Landwirtschaft und der Tropenwaldzerstörung
Zwischen 1882 und 1991 ist der globale Bestand an Ackerland und Grün- und Weideland um 174 bzw. 213 Prozent gewachsen. Während sich die Weltbevölkerung seit 1950 verdoppelt hat, ist die Fleischproduktion auf der Erde gleichzeitig um das vierfache angestiegen. Der stark gewachsene Nahrungsmittelbedarf hat zu einem erheblichen Anstieg der Emissionen klimarelevanter Spurengase in der Landwirtschaft geführt. Der Landwirtschaft und verschiedenen anderen Bereichen wie etwa den Mülldeponien und der Zementherstellung wird ein Beitrag von insgesamt 15 Prozent am anthropogenen Treibhauseffekt zugemessen. Die wichtigsten klimarelevanten Spurengase stellen dabei die Emission von Methan (CH_4), Distickstoffoxid (N_2O) und von Kohlendioxid (CO_2) dar.

Ein bedeutender Anteil an den globalen Methanemissionen stammt aus dem Reisanbau. Seit 1940 hat sich die globale Reisproduktion nahezu verdoppelt. Von der jährlichen Reisernte werden 90 Prozent in Asien angebaut. Mehr als die Hälfte der globalen Produktion kommt aus der VR China und Indien. Einen ähnlich großen Anteil nehmen die Emissionen aus der Tierhaltung ein. Auch der

---

Verkehrssektors im Zeitraum zwischen 1990 und 2000 um 24,6 Prozent erhöhen wird (vgl. Kommission der Europäischen Gemeinschaft 1993b: 12).

26 Vgl. World Energy Council/IIASA (1995).

anaerobe Abbau organischer Abfälle auf Mülldeponien trägt zu den globalen Methanemissionen bei (Deutscher Bundestag 1992: 82).[27] Der überwiegende Teil der globalen Emissionen von Distickstoffoxid (N_2O) stammt aus dem Einsatz von Stickstoff-Dünger in der Landwirtschaft. Der Großteil der produzierten Menge an Stickstoff-Dünger wird in den Industrieländern eingesetzt. Die Produktion wuchs zwischen 1977 und 1987 allein um 50 Prozent (IPCC 1990 WG.1: 28; Deutscher Bundestag 1992: 85).

Der Gesamtbeitrag der Tropenwaldzerstörung zum Treibhauseffekt belief sich in den achtziger Jahren auf 15 Prozent. Davon stammten 10 Prozent aus den durch die Rodung und Verrottung verursachten CO_2-Emissionen. Einen weiteren Beitrag von 5 Prozent leisteten die bei der Waldrodung entstehenden Spurengase Distickstoffoxid (N_2O), Methan (CH_4) und Kohlenmonoxid (CO) (Deutscher Bundestag 1990a: 32/33). Der Beitrag der Abholzung der tropischen Wälder zum Treibhauseffekt ist auf der Grundlage der im Jahr 1980 vorgenommenen Waldrodungen berechnet worden. Durch Verbrennung und Verrottung der tropischen Wälder wurden demnach im Jahr 1980 1,5 plus/minus 1,0 Milliarden Tonnen Kohlenstoff emittiert. Aus der Verbrennung fossiler Energieträger stammten im Jahr 1980 5,3 plus/minus 0,5 Milliarden Kohlenstoff (Deutscher Bundestag 1990b: 433). Bei der Waldrodung werden zunächst nur 30 Prozent der gesamten Biomasse verbrannt. Bei den Bewirtschaftungsbränden, die nach der erfolgten Waldrodung während der landwirtschaftlichen Nutzung vorgenommen werden, entsteht der größere Teil der klimarelevanten Spurengase (Deutscher Bundestag 1990b: 433).

Das größte Tropenwaldgebiet befindet sich in Amazonien. Weitere große Tropenwaldregionen stellen das Kongobecken und die Tropenwaldregion in Südostasien dar. Im Jahr 1980 hatte sich der ehemalige Bestand der tropischen Wälder bereits um die Hälfte auf insgesamt 19,4 Millionen km^2 vermindert. Davon waren 12 Millionen km^2 geschlossene Wälder und 7,4 Millionen km^2 offene Wälder. Durch die Zunahme der jährlichen Entwaldungsrate sank die Gesamtfläche der Tropenwälder bis zum Jahr 1990 auf insgesamt 18,8 Millionen km^2. Der Anteil der geschlossenen Wälder ging dabei bis 1989 auf 8 Millionen km^2

---

27 Nach Schätzungen des IPCC betragen die jährlichen CH_4-Emissionen aus dem Reisanbau zwischen 25 und 170 Millionen Tonnen, aus der Tierhaltung zwischen 65 und 100 Millionen Tonnen und aus Mülldeponien zwischen 20 und 70 Millionen Tonnen (vgl. IPCC 1990 WG.1: 22/23).

zurück. Zwischen 1980 und 1990 hat sich die jährliche Entwaldungsrate von 0,6 Prozent auf 0,9 Prozent erhöht.[28]

28 Ein aktueller Überblick zu den Entwaldungsraten in den achtziger Jahren findet sich bei Nilsson (1996: 24). Vgl. hierzu Deutscher Bundestag 1990b (187-191), Deutscher Bundestag (1992: 77). An der Rodung der Tropenwälder hat der Wanderfeldbau einen Anteil von rund 40 Prozent, die permanente landwirtschaftliche Nutzung und Viehweide von 50 Prozent und die Holznutzung einen Anteil von 10 Prozent (vgl. Deutscher Bundestag 1990b: 191). Neuere Zahlen weisen dem Bereich der landwirtschaftlichen Nutzung nun sogar einen Anteil von 60 Prozent an der Waldrodung zu (vgl. Deutscher Bundestag 1992: 77).

4.2. Die Klimakonvention

Auf der UN-Konferenz über Umwelt und Entwicklung in Rio de Janeiro 1992 wurde ein globales 'Rahmenübereinkommen der Vereinten Nationen über Klimaänderungen' verabschiedet.[29] Wie in der weiteren Darstellung gezeigt wird, besitzen die Prinzipien, Normen, Regeln und Entscheidungsprozeduren der Klimakonvention vor allem aufgrund der mangelnden Effektivität des Übereinkommens derzeit noch keinen Regimecharakter. Die erste Konferenz der Vertragsstaaten (KVP), die von Ende März bis Anfang April 1995 in Berlin stattfand, hat die Umsetzung der Konvention eingeleitet, die vorgesehenen Entscheidungsgremien gebildet und eine Reihe von Entscheidungen gefällt, die für den weiteren politischen Prozess richtungsweisend sein werden. Ein auf der KVP von 1995 durch die Staaten eingesetzter Verhandlungsprozess soll bis zur dritten Vertragsstaatenkonferenz im Jahr 1997 „geeignete Maßnahmen für die Zeit nach dem Jahre 2000" hervorbringen, die verstärkte und konkretere Verpflichtungen der Industrieländer z.B. in Form eines Protokolls oder von anderen Rechtsinstrumenten beinhalten sollen.[30]

4.2.1. Prinzipien

Verschiedene in der Präambel der Konvention formulierte Leitsätze werden in Artikel 3 zu Grundsätzen ("principles") erweitert. Nach dem in Artikel 3 (3) formulierten Vorsorgeprinzip treffen die Vertragsparteien Vorsorgemaßnahmen, um den Ursachen der Klimaänderungen „vorzubeugen, sie zu verhindern oder so gering wie möglich zu halten und die nachteiligen Auswirkungen der Klimaänderungen abzuschwächen".[31] Dieses Vorsorgeprinzip bestimmt zudem, daß das Fehlen völliger wissenschaftlicher Gewißheit „nicht als Grund für das Aufschie-

---

29 Vgl. INC A.AC.237/18 (Part II)/Add.1. Zum Inhalt der Klimakonvention vgl. Bodansky (1993: 492-558), Bodansky (1995: 426-443), Görrissen (1993: 158-162), Oberthür (1993a: 65-69), Palm-Risse (1992: 123-125) und Victor/Salt (1994: 7-15 und 25-32). Zur Übersicht der in Berlin 1995 getroffenen Entscheidungen vgl. Oberthür/Ott (1995: 399-415).

30 Zum Wortlaut der auf der Berliner Klimakonferenz 1995 getroffenen Entscheidung über das „Berliner Mandat" vgl. FCCC/CP/1995/7/Add.1, S. 4-6.

31 Die folgenden Zitate aus der Klimakonvention entstammen der deutschsprachigen Version in BMU (1992a: 9-23). Die Konvention ist auch abgedruckt in: Vereinte Nationen (1992), 40:4, S. 140-147.

ben solcher Maßnahmen dienen" darf, wenn „ernsthafte oder nicht wiedergutzu-
machende Schäden drohen".[32] Nach Artikel 2, der das Endziel der Konvention
formuliert, soll eine Stabilisierung der Treibhausgaskonzentrationen in der
Atmosphäre auf einem Niveau erfolgen, „auf dem eine gefährliche anthropogene
Störung des Klimasystems verhindert wird". Dieses Stabilisierungsprinzip soll
innerhalb eines Zeitraums verwirklicht werden, der ausreicht, „damit sich die
Ökosysteme auf natürliche Weise den Klimaänderungen anpassen können [...]
und die wirtschaftliche Entwicklung auf nachhaltige Weise fortgeführt werden
kann" (BMU 1992a: 11).

In der Präambel ist ein Kooperationsprinzip festgelegt. Der globale Charakter
des Klimaproblems macht es nach der Präambel erforderlich, daß alle Länder
„so umfassend wie möglich zusammenarbeiten" (BMU 1992a: 9). In Artikel 3
(1) wird das Prinzip der gemeinsamen, aber unterschiedlichen Verantwortlichkeiten der Staaten für das Problem erwähnt. In der Präambel wird bereits darauf
verwiesen, daß die entwickelten Länder für die früheren und gegenwärtigen
Emissionen von Treibhausgasen verantwortlich sind und die Entwicklungsländer, die bisher geringe Pro-Kopf-Emissionen aufwiesen, zur Befriedigung ihrer
sozialen und Entwicklungsbedürfnisse zukünftig ihren Anteil an den Treibhausgasemissionen vergrößern. Die in Artikel 3 formulierten Prinzipien und Normen
werden allerdings durch die in der Einleitung dieses Artikels enthaltene Formulierung abgeschwächt, wonach sich die Vertragsparteien bei der Durchführung
der Bestimmungen der Konvention „unter anderem" von diesen Grundsätzen
„leiten" lassen (BMU 1992a: 11).

4.2.2. Normen

In Artikel 4 der Konvention werden Normen festgelegt, die für die Industrie- und
Entwicklungsländer zum Teil unterschiedliche Gültigkeit besitzen. Für alle Vertragsstaaten gelten *erstens* jene Normen, die in Artikel 4 (1 b) bis 4 (1 i) aufgeführt sind. Sie betonen u.a. die Pflicht der Staaten zur Entwicklung nationaler

---

32 Dieses Vorsorgeprinzip erweitert das in der Präambel angeführte Prinzip der gegenseitigen
Rücksichtnahme, das im Grundsatz 21 der Erklärung der UN-Umweltkonferenz von Stock-
holm von 1972 enthalten ist. Der Grundsatz 21 der Stockholmer Erklärung findet sich in der
Präambel der Klimakonvention in jener leicht abgewandelten Fassung wieder, wie sie in der
'Erklärung von Rio de Janeiro über Umwelt und Entwicklung' von 1992 beschlossen
wurde. Vgl. United Nations A/CONF.151/26/Rev.1 (Vol. I), Annex I, S.3.

oder regionaler Programme über Maßnahmen zur Bekämpfung der Emissionen von Treibhausgasen. Darüber hinaus sind darin auch die Entwicklung, Anwendung und Verbreitung von Technologien und anderer Möglichkeiten zur Bekämpfung der anthropogenen Emissionen, die nachhaltige Bewirtschaftung von Senken und Speichern (z.B. Biomasse, Wälder, Meere und andere Ökosysteme) und die Förderung von wissenschaftlichen, technologischen, technischen, sozioökonomischen und sonstigen Forschungsarbeiten enthalten. Weiterhin wird auch die Pflicht der Staaten zur Förderung des Informationsaustauschs und zur Förderung der Bildung, Ausbildung und des öffentlichen Bewußtseins auf dem Gebiet der Klimaänderungen betont.

In Artikel 4 (2a) ist *zweitens* die Verpflichtung für die in Anlage I der Konvention aufgeführten OECD-Mitgliedsstaaten und die osteuropäischen Staaten enthalten, Maßnahmen zur Begrenzung der Treibhausgasemissionen und des Schutzes der Senken und Speicher von Treibhausgasen zu ergreifen. Diese Norm enthält einen „comprehensive approach", der nicht nur die Begrenzung der CO_2-Emissionen, sondern die umfassende Berücksichtigung der Quellen der verschiedenen Treibhausgase und den Abbau dieser Gase durch die Senken berücksichtigt. Darüber hinaus gilt für diese Staaten, daß sie ihre Wirtschafts- und Verwaltungsinstrumente im Hinblick auf das Ziel der Konvention koordinieren und ihre Politiken, die Auswirkungen auf das Klima haben können, regelmäßig überprüfen [Art. 4 (2e)].

Für die in Anlage II aufgeführten OECD-Staaten gelten *drittens* besondere Normen. Nach Artikel 4 (3) stellen die OECD-Staaten „neue und zusätzliche" finanzielle Mittel bereit, um jene „vereinbarten vollen" Kosten zu decken, die den Entwicklungsländern bei der Erfüllung der in Artikel 12 (1) aufgeführten Berichtspflichten entstehen. Die OECD-Länder sind darüber hinaus auch zur Bereitstellung von Finanzmitteln verpflichtet, um jene Kosten zu decken, die den Entwicklungsländern bei der Erfüllung der in Artikel 4 (1) aufgeführten Maßnahmen (Bekämpfungsmaßnahmen; Forschung; Informationsaustausch; Maßnahmen zur Förderung von Bildung, Ausbildung und des öffentlichen Bewußtseins) entstehen. Nach Artikel 4 (4) unterstützen die OECD-Länder auch jene Entwicklungsländer, die für die Auswirkungen der Klimaänderungen besonders anfällig sind. Diese Norm wurde allerdings sehr vage formuliert, da sie keine Aussage über den Umfang der durch die OECD-Länder zu tragenden Kosten enthält. Sehr allgemein wurde auch die für die OECD-Länder gültige Norm über den Technologietransfer formuliert. Die OECD-Staaten ergreifen nach Artikel 4

(5) „alle nur möglichen Maßnahmen, um die Weitergabe von umweltverträglichen Technologien und Know-How an andere Vertragsparteien" zu ermöglichen (BMU 1992a: 14).

Die Norm über die gemeinsame Umsetzung (joint implementation) gilt für alle Mitglieder der Konvention. Nach Artikel 3 (3) können Maßnahmen zur Bewältigung der Klimaänderungen von interessierten Vertragsparteien gemeinsam unternommen werden. In Artikel 4 (2a) wird diese Norm auf die gemeinsame Umsetzung der Maßnahmen zur Eindämmung von Treibhausgasemissionen bezogen. Eine gemeinsame Implementation kann sowohl auf regionaler Ebene (z.B. innerhalb der Europäischen Union) wie auch zwischen den Industriestaaten erfolgen. Eine weitere Möglichkeit besteht überdies darin, daß die Industriestaaten ihre Verpflichtungen zur Begrenzung der Emissionen dadurch erfüllen, daß in den Entwicklungsländern kostengünstige Maßnahmen zur Reduzierung der Treibhausgasemissionen finanziert werden (Bodansky 1993: 520/521). Die erste KVP hat in Berlin 1995 zunächst eine bis zum Ende der neunziger Jahre dauernde Pilotphase für Projekte zur gemeinsamen Umsetzung zwischen den OECD-Ländern und den osteuropäischen Staaten einerseits, und den Entwicklungsländern andererseits beschlossen. Den Industrieländern wird die erzielte Verminderung von Treibhausgasen, die innerhalb von gemeinsam zwischen diesen beiden Gruppen umgesetzten Projekten erreicht wird, allerdings nicht angerechnet, wenn die Erfüllung der in der Konvention formulierten Verpflichtungen überprüft wird. Damit soll gewährleistet werden, daß die Industrieländer das Instrument der gemeinsamen Umsetzung nicht als Ersatz für eigene nationale Maßnahmen betrachten.[33]

Für alle Vertragsparteien gelten die Normen über die Förderung der Forschung (Artikel 5) der Bildung, Ausbildung und des öffentlichen Bewußtseins auf nationaler und internationaler Ebene (Artikel 6). Für die Vertragsstaaten gilt darüber hinaus die in Artikel 12 festgeschriebene Norm über die Weiterleitung von Informationen über die Implementation der Konvention. Über den Umfang der Berichtspflichten wurden für die einzelen Staatengruppen allerdings unterschiedliche Regeln festgelegt.

---

33 In der diesbezüglichen Entscheidung der ersten KVP heißt es, „that no credits shall accrue to any Party as a result of greenhouse gas emissions reduced or sequestered during the pilot phase from activities implemented jointly". Zit. nach FCCC/CP/1995/7/Add.1, S. 19.

4.2.3. Regeln

Die in Artikel 4 formulierten Regeln besitzen für die einzelnen Staaten zum Teil unterschiedliche Gültigkeit. Den Kernbereich des Regelkatalogs stellen Regeln über die Abgabe von nationalen Berichten an die Konferenz der Vertragsparteien (KVP) und über die Stabilisierung von Treibhausgasen dar. Für alle Vertragsparteien gilt *erstens*, daß diese nach Artikel 4 (1a) nationale Inventare über Treibhausgase erstellen, regelmäßig aktualisieren und der Konferenz der Vertragsparteien (KVP) zuleiten. In die Berechnung der Treibhausgasemissionen werden nicht nur die Emissionen eines Landes, sondern auch der Abbau dieser Gase durch die Senken einbezogen. Alle Vertragsparteien müssen nach Artikel 12 (1) auch über ihre ergriffenen oder geplanten Maßnahmen zur Durchführung der Konvention und über alle sonstigen von den Parteien als relevant erachteten Informationen berichten. Insbesondere müssen auch Informationen zur Berechnung globaler Emissionstrends bereitgestellt werden.

Für die in Anlage I aufgeführten OECD-Staaten und die osteuropäischen Länder gelten darüber hinaus *zweitens* zusätzliche Regeln über die Stabilisierung von Treibhausgasemissionen und über die Bereitstellung von Informationen. Die Regeln über die Stabilisierung der Emissionen wurden bisher allerdings nur ansatzweise ausgearbeitet und besitzen nur rudimentären Charakter. Nach Artikel 4 (2b) ergreifen die in Anlage I aufgeführten OECD-Staaten und die Länder Osteuropas Maßnahmen „mit dem Ziel, einzeln oder gemeinsam die anthropogenen Emissionen von Kohlendioxid und anderen nicht durch das Montrealer Protokoll geregelten Treibhausgasen auf das Niveau von 1990 zurückzuführen" (BMU 1992a: 13). Die genannte Verpflichtung bezieht sich jedoch nur auf die Emissionen von Treibhausgasen. Der Abbau dieser Gase in den Senken bzw. der Schutz und der Ausbau der Senken von Treibhausgasen bleibt innerhalb dieser Regel entgegen dem gewählten „comprehensive approach" unberücksichtigt. Diese Regel enthält auch keine feste Angabe über den Zeitpunkt, zu dem diese Stabilisierung der Treibhausgase erreicht werden muß. In Artikel 4 (2a) wird nur die Feststellung getroffen, daß diese Staaten ihre Maßnahmen in der Erkenntnis treffen, „daß eine Rückkehr zu einem früheren Niveau anthropogener Emissionen [...] bis zum Ende dieses Jahrzehnts" (also bis zum Jahr 2000) zu einer Abschwächung der Klimaänderungen beitragen würde (BMU 1992a:

12). Es handelt sich somit nur um eine „Quasi"-Regel, für deren Umsetzung eine genaue Zeitangabe fehlt.[34]

Weiter abgeschwächt wird diese „Quasi-Regel" durch die in Artikel 4 (6) enthaltene Flexibilitätsklausel, wonach den im Übergang zur Marktwirtschaft befindlichen Staaten Osteuropas bei der Erfüllung dieses Ziels „ein gewisses Maß an Flexibilität" gewährt wird. Nach Artikel 4(2d) wird in regelmäßigen Abständen durch die KVP überprüft, ob diese Maßnahmen der OECD-Länder und der osteuropäischen Staaten angemessen sind. Entsprechende Richtlinien für nationale Treibhausgasinventare und Methoden zur Berechung der Emissionen aus Quellen und des Abbaus der Gase durch Senken wurden auf der ersten KVP 1995 beschlossen. Nach Artikel 12 (2) sind diese Staaten zu einer genauen Beschreibung der Politiken und Maßnahmen verpflichtet, die diese zur Umsetzung der Verpflichtung zur Begrenzung der Treibhausgasemissionen auf dem Niveau von 1990 ergriffen haben. Darüber hinaus müssen diese Länder auch eine Abschätzung darüber abgeben, welche Auswirkungen diese Maßnahmen bis zum Ende dieses Jahrzehnts haben werden. Für die in Anlage II aufgeführten OECD-Länder gilt *drittens*, daß diese zusätzlich über die ergriffenen Maßnahmen zur Bereitstellung eines Finanz- und Technologietransfers berichten, zu denen diese in den Artikeln 4 (3) bis 4 (5) verpflichtet werden. Für die Industrie- und die Entwicklungsländer gelten darüber hinaus unterschiedliche Fristen für die Abgabe der nationalen Berichte an die KVP. Während die OECD-Länder und die osteuropäischen Staaten ihre Berichte innerhalb von sechs Monaten nach Inkrafttreten mußten, müssen die Entwicklungsländer ihre Berichtspflicht erstmals drei Jahre nach dem Inkrafttreten erfüllen.

4.2.4. Entscheidungsverfahren

Die Konferenz der Vertragsparteien (KVP) stellt das oberste Organ der Konvention dar [Artikel 7 (2)]. Sie trat erstmals von Ende März bis Anfang April 1995 in Berlin zusammen.[35] Nach Artikel 7 (4) finden danach einmal jährlich ordent-

---

34 Bodansky (1993: 515/516) spricht aufgrund der fehlenden Zeitangabe von einem „Quasi-Zeitplan". Da diese Regel für einen Staat nach dem Erreichen dieses Ziels, die Emissionen auf das Niveau von 1990 zurückzuführen, theoretisch den weiteren Anstieg der Treibhausgase erlaubt, bezeichnet er die Begrenzung der Emissionen als „Quasi-Ziel". Vgl. auch Palm-Risse (1992: 124).

35 Vgl. FCCC/CP/1995/7 und FCCC/CP/1995/7/Add.1.

liche Tagungen der KVP statt. Die KVP überprüft die Erfüllung der Verpflichtungen der Vertragsparteien und die getroffenen institutionellen Regelungen der Konvention, prüft und veröffentlicht die nationalen Berichte über die Durchführung der Konvention, beurteilt die Angemessenheit der in der Konvention formulierten Maßnahmen und gibt Empfehlungen über die Durchführung der Klimakonvention ab. Auf der Berliner KVP von 1995 wurden zudem eine Finanzordnung und der zweijährige Haushalt der Konvention verabschiedet, der durch ein an den Beitragsschlüssel der Vereinten Nationen angelehntes Umlageverfahren finanziert wird.

Ein durch die Konvention eingesetztes Sekretariat veranstaltet die Tagungen der KVP und der Nebenorgane. Es stellt u.a. die vorgelegten Berichte der Staaten zusammen und leitet diese an die KVP weiter. Auf ihrer ersten Sitzung entschied die KVP im Jahr 1995 über den permanenten Sitz des Sekretariats, das bis dahin im Rahmen einer Interimslösung in Genf angesiedelt war. Aus der Abstimmung der vier um den Sitz konkurrierenden Städte Bonn, Genf, Montevideo und Toronto ist das rheinische Bonn letzlich als Sieger hervorgegangen.[36] Der zweijährige Haushalt der Klimakonvention beträgt für den Zeitraum 1996-1997 18,66 Millionen US-Dollar. In einen Treuhandfonds, der ursprünglich im Vorfeld der Rio-Konferenz von der UN-Generalversammlung eingesetzt wurde und in dem von den Industrieländern zwischen 1991 und 1993 rund 3,6 Millionen Dollar bereitgestellt wurden, sollen auch in Zukunft freiwillige Zahlungen dieser Länder einfließen, um die Teilnahme der Entwicklungsländer am Verhandlungsprozess zu unterstützen.[37]

Die Konvention sieht überdies die Errichtung von weiteren Nebenorganen vor. Nach Artikel 9 (1) wird ein Nebenorgan für wissenschaftliche und technologische Beratung und nach Artikel 10 (1) ein Nebenorgan für die Durchführung des Übereinkommens errichtet. Die Berliner KVP von 1995 hat entsprechend dieser in der Konvention formulierten Regeln das 'Subsidiary Body for Scientific and Technological Advice' (SBSTA) und das 'Subsidiary Body for Implementation' (SBI) geschaffen. Für die Arbeit der beiden Nebenorgane wurden durch die KVP von 1995 ein detaillierter Aufgabenkatalog und ein Arbeitsplan für das Jahr 1996 festgelegt.[38] Die Funktion des SBSTA besteht in der Auswertung des Forschungsstandes über den Klimawandel und dessen Auswirkungen. Es soll für die

---

36 Vgl. FCCC/CP/1995/7/Add.1, S.56.
37 Vgl. United Nations GA/Res 45/212, Para. 10 und INC A/AC.237/40, S. 4-7.
38 Vgl.FCCC/CP/1995/7/Add1. S.21-29.

jeweilige KVP eine Zusammenfassung über den aktuellen Wissenstand auf den Gebieten der Wissenschaft, der Technologien und der sozio-ökonischen Auswirkungen des Klimawandels erstellen. Die praktische Arbeit des SBSTA in den kommenden Jahren wird zeigen müssen, inwiefern die inhaltliche Konkurrenz zu der Arbeit des weiterhin bestehenden 'Intergovernmental Panel on Climate Change' (IPCC) nicht zu Reibungsverlusten und Überschneidungen in der Arbeit beider Gremien führt. Das IPCC hat seit der Aufnahme seiner Arbeit im Jahr 1988 einen bedeutsamen Beitrag zur Zusammenführung des wissenschaftlichen Forschungsstandes über die Klimaproblematik geleistet. Das SBSTA soll darüber hinaus auch wissenschaftliche Einschätzungen über die Implementation der innerhalb der Konvention getroffenen Maßnahmen erarbeiten, zur Identifizierung effizienter Technologien und von Know-How beitragen, eine Beratungsrolle bei Forschungsprogrammen über den Klimawandel und bei methodischen Fragen (z.B. bei der Verfeinerung vergleichbarer Methoden zur Erstellung nationaler Treibhausgasinventare) einnehmen. Das SBI wird sich vor allem mit der Auswertung nationaler Politiken zur Umsetzung der Ziele der Konvention und mit Fragen des Finanzierungsmechanismus für Maßnahmen in den Entwicklungsländern befassen.

Die Klimakonvention hat mit Artikel 11 (1) einen Finanzierungsmechanismus errichtet, der die Rolle eines Nord-Süd-Ausgleichs innerhalb der Konvention besitzt. Artikel 21 (3) der Konvention bestimmt, daß die globale Umweltfazilität der Weltbank, von UNEP und dem UNDP mit der vorläufigen Erfüllung des Finanzierungsmechanismus beauftragt wird. Die KVP entscheidet zwar nach Artikel 11 (1) über die Politiken, Programmprioritäten und Zuteilungskriterien dieses Fonds. Die letztliche Entscheidungsfindung über zu finanzierende Projekte bleibt indessen dem Finanzierungsmechanismus überlassen. Die KVP und die mit der Durchführung des Finanzierungsmechanismus betraute Einrichtung vereinbaren nach Artikel 11 (3a) „Modalitäten, durch die sichergestellt wird, daß die finanzierten Vorhaben [...] mit den von der Konferenz der Vertragsparteien aufgestellten Politiken, Programmprioritäten und Zuteilungskriterien im Einklang stehen" (BMU 1992a: 18). Die KVP von 1995 hat die 'Globale Umweltfazilität' zunächst auf der Grundlage auf einer für vier weitere Jahre geltenden Interimslösung mit der Durchführung des Finanzierungsmechanismus betraut. Darüber hinaus wurden umfangreiche Richtlinien verabschiedet, die eine Grundlage für die innerhalb des Finanzierungsmechanismus' zu treffenden Entscheidungen über einzelne Projekte und den Kreis der Empfängerländer darstellen.

Die globale Umweltfazilität (GEF), die im Jahr 1990 von 25 Ländern gegründet wurde, stellte in der ersten Gründungsphase Mittel in einer Höhe von 1,3 Milliarden Dollar bereit. Diese Mittel wurden vor allem für Investitionen, technische Hilfe und (in geringerem Umfang) für die Forschung zur Verfügung gestellt (World Bank 1992: 15). Bis Mitte 1993 wurden rund 300 Millionen Dollar für Projekte aus dem Bereich Klimaänderungen bewilligt bzw. in Aussicht gestellt.[39] Nach der UN-Konferenz über Umwelt und Entwicklung von 1992 wurde eine Neustrukturierung der Globalen Umweltfazilität vorgenommen, die eine stärkere Beteiligung der Entwicklungsländer bei der Entscheidung über die Vergabe der Mittel ermöglicht. Die im Rahmen der 1994 abgeschlossene Umstrukturierung der 'Globalen Umweltfazilität' hat zu der Bereitstellung von weiteren 2 Milliarden Dollar für den Zeitraum zwischen 1994 und 1997 geführt, die nicht nur für Maßnahmen zum Klimaschutz, sondern auch zum Schutz anderer globaler Umweltprobleme zur Verfügung stehen. Darüber hinaus hat die Umstrukturierung der 'Globalen Umweltfazilität' zu neuen Entscheidungsregeln geführt, die eine paritätische Zusammensetzung zwischen Entwicklungsländern und Industrieländern im 32 Mitglieder umfassenden Leitungsgremium ermöglicht. Für die Entscheidungsfindung ist eine Mehrheit von mindestens 60 Prozent der Mitglieder, die gleichzeitig nicht weniger als 60 Prozent der Beiträge zur 'Globalen Umweltfazilität' leisten, erforderlich. Damit ist nicht nur sichergestellt, daß die Entwicklungsländer nicht überstimmt werden können, sondern daß auch die Industrieländer als Hauptbeitragszahler ein Kontrollrecht über die Bewilligung der finanzierten Projekte behalten.[40] In der Konvention sind überdies erste Regeln über die Streitbeilegung enthalten. Die KVP kann zudem nach Artikel 17 (1) Protokolle zu dem Übereinkommen beschließen. Die Einigung über eine Geschäftsordnung, die ursprünglich auf der KVP in Berlin 1995 verabschiedet werden sollte, scheiterte u.a. an der Uneinigkeit der Vertragsstaaten darüber, ob das Mehrheitsprinzip oder das Konsensprinzip die Grundlage für wichtige Entscheidungen (wie z.B. die Änderung der Konvention, die Annahme von Protokollen) innerhalb der Konvention darstellen sollte.

---

39 Vgl. INC A/AC.237/39/Add.1, S.62-64
40 Vgl. Oberthür/Ott (1995: 406).

4.2.5. Effektivität

In der globalen Rahmenkonvention über Klimaänderungen werden vor allem klar beschriebene Prinzipien und Normen formuliert, die für die weitere Zusammenarbeit der Vertragsparteien im Problemfeld maßgebend sind. Einen entscheidenden Mangel stellt indessen die bisher unzureichende Ausdifferenzierung von Regeln zur Begrenzung von Treibhausgasemissionen dar. Aufgrund der noch vorhandenen wissenschaftlichen Unsicherheiten und der in vielen Industrieländern geringen Bereitschaft zur Implementierung von konkreten Stabilisierungs- oder gar Reduktionszielen für die Emission klimarelevanter Spurengase war weder während der Verhandlungen über die Klimakonvention bis 1992 noch während der Vorbereitung und Durchführung der ersten KVP 1995 zu erwarten, daß sich diese Staaten auf einen verbindlichen Zeitplan für solche Maßnahmen einigen. Neben der fehlenden Regelungsdichte für die Verminderung von einzelnen Spurengasen bzw. für Maßnahmen in einzelnen gesellschaftlichen Sektoren (z.B. im Energiesektor, demVerkehrswesen, einzelne politische Maßnahmen wie die höhere Besteuerung des Energieverbrauchs) erweist sich die mangelnde Regelungsschärfe, die die vermeintliche Stabilisierungsregel für die Kohlendioxid-Emissionen beinhaltet, als besonderer Schwachpunkt der bisher gültigen Regelungen.[41] Die für die OECD-Staaten und die osteuropäischen Länder gültige Regel über die Stabilisierung der CO_2-Emissionen formuliert kein zeitliches Ziel, bis zu dem diese Stabilisierung durch die in Anlage I aufgeführten Länder erreicht sein muß.[42] Andererseits kann auf der Grundlage der in den vergangenen Jahren seit der Unterzeichnung der Klimakonvention gemachten Erfahrungen davon ausgegangen werden, daß die Konvention erste wichtige Wirkungen

---

41 Mit Blick auf die bei der UNCED verabschiedeten beiden Konventionen über Klimaänderungen und zum Schutz der Artenvielfalt kommen Haas/Levy/Parson (1992: 10) zu der nüchternen Einschätzung: „The modest institutions created under the two conventions signed in Rio have less potential to foster dramatic change". Die mangelnde Regelungsschärfe bezüglich des Stabilisierungsziels für CO_2 wird auch von Johnson (1993: 78) kritisiert.

42 Der Generalsekretär der UNCED-Konferenz, Maurice Strong, wies in seiner Erklärung zum Schluß der Konferenz auf den mangelnden substantiellen Gehalt der Klimakonvention hin: „Stabilizing the gaseous composition of the atmosphere is clearly the most urgent problem we will face in the 1990s. Yet the agreement signed here sets neither targets nor timetables. You must now act quickly to bring the climate convention and its protocols in line with what scientists are telling us - that carbon emissions must be cut at least 60 per cent just to put the global warming trend on hold. It is too late for protracted discussions and delay" (United Nations A/CONF.151/26/Rev.1 (Vol.II), S. 70).

hervorgebracht hat, die langfristig zu einem bedeutend höheren Grad der Effektivität führen können. Beachtlich ist, daß die Konvention innerhalb von weniger als zwei Jahren nach der Unterzeichnung bereits im März 1994 in Kraft getreten ist, nachdem die hierfür erforderliche Anzahl von 50 Ratifikationen erreicht worden war. Bis zum Februar 1996 haben 154 Staaten die Klimakonvention ratifiziert. Sie hat innerhalb von wenigen Jahren somit globale Gültigkeit erlangt. Trotz der bisher ausstehenden Einigung auf konkrete Reduktionsmaßnahmen und einem verbindlichen Zeitplan für solche Maßnahmen sollte nicht übersehen werden, daß die erste KVP in Berlin 1995 wichtige Weichenstellungen für die weitere Arbeit innerhalb der Konvention getroffen hat, die mittelfristig zu globalen Regelungsmaßnahmen über klimarelevante Spurengase führen werden. Die Konvention stellt bisher ein eher weiches Signal für die Staaten dar, politische Maßnahmen zur Reduzierung ihrer Treibhausgasemissionen einzuleiten. Eine im Februar 1995 vorgelegte Auswertung der von 15 Industrieländern bis dahin vorgelegten nationalen Berichte zeigte, daß neun Staaten bis zum Jahr 2000 im Vergleich zum Jahr 1990 mit einer Zunahme der CO_2-Emissionen rechneten und nur sechs prognostizierten eine Stabilisierung oder einen Rückgang bis zum Jahr 2000 oder 2005. Bis Mitte der neunziger Jahre hatten nur wenige Industrieländer geeignete Maßnahmen getroffen, die das Erreichen des in Aussicht gestellten Ziels einer Stabilisierung der Emissionen bis zum Jahr 2000 nahelegen.

Die Bestimmungen der Rahmenkonvention erfüllen derzeit nicht das Kriterium der Effektivität, das als unverzichtbarer Bestandteil eines Regimes eingeführt wurde. Mit der Verabschiedung der Klimakonvention hat somit erst ein Prozeß der Weiterentwicklung der einzelnen Bestandteile der Konvention zu einem globalen Regime begonnen. Die politischen Bemühungen zu Verwirklichung der Ziele der Stabilisierung und Verminderung der Emissionen von Kohlendioxid, von anderen treibhausrelevanten Spurengase und des Schutzes der Speicher und Senken richten sich somit auf den in der Klimakonvention von 1992 angelegten und durch die Berliner KVP von 1995 initiierten Folgeprozess.

4.3. Der nichtregulierte Konfliktaustrag von 1987 bis 1995

Der nichtregulierte Konfliktaustrag im Problemfeld läßt sich in verschiedene Phasen unterteilen. Eine *erste* Phase stellt der Prozess des Vordringens der Klimaproblematik auf die nationale und die internationale Agenda bis Ende der achtziger Jahre dar. Eine *zweite* Phase bildet der Verhandlungsprozess, der sich im Rahmen des 'International Negotiating Committee for a Framework Convention on Climate Change' (INC) zwischen 1991 und 1992 vollzog, und der zur Unterzeichnung der globalen Klimakonvention auf der UN-Konferenz über Umwelt und Entwicklung (UNCED) in Rio de Janeiro 1992 führte. In einer *dritten* Operationalisierungsphase wurde nach der UNCED 1992 mit der Umsetzung der in der Klimakonvention enthaltenen Verpflichtungen begonnen. Diese Umsetzungsphase umfaßte die Fortsetzung des Verhandlungsprozesses innerhalb des INC und bereitete die erste Konferenz der Vertragsparteien (KVP) in Berlin im Frühjahr 1995 vor. Eine neue *vierte* Phase hat mit dem auf der Berliner Konferenz 1995 verabschiedeten „Berliner Mandat" begonnen, das die Einrichtung eines neuen Verhandlungsprozesses zur Verabschiedung von entsprechenden Maßnahmen für die Zeit nach dem Jahr 2000 durch die Vertragsstaaten legitimiert hat.

4.3.1. Die Konfliktgegenstände im Problemfeld

Im Problemfeld können drei Konfliktgegenstände identifiziert werden, die den Konfliktaustrag zwischen den Staaten prägten. Der *erste Konfliktgegenstand* bestand in der unterschiedlichen Bewertung des vorhandenen Wissens über die Ursachen und Auswirkungen der Klimaänderungen. Trotz der überaus erfolgreichen Bemühungen der Wissenschaftler und den Berichten des 'Intergovernmental Panel on Climate Change', das Konsens-Wissen über den Klimawandel zu verbreiten, wurde von wichtigen Industrieländern auch Mitte der neunziger Jahre immer wieder betont, daß die bestehenden Wissenslücken über den Klimawandel keine international vereinbarten Maßnahmen erlauben, die über jene in der Klimakonvention festgelegten Bestimmungen hinausgehen. Der *zweite Konfliktgegenstand* betraf die Frage der Begrenzung bzw. Verminderung der klimarelevanten Spurengase. Dieser Konflikt konzentrierte sich in der bisherigen Phase des Konfliktaustrags vor allem auf die Frage der Stabilisierung oder gar

Verminderung der klimarelevanten Spurengase - und insbesondere der CO_2-Emissionen - durch die Industriestaaten. Während eine Bearbeitung dieses Konfliktgegenstandes bisher ausgeblieben ist, könnte der im Rahmen des „Berliner Mandats" neu eingeleitete Verhandlungsprozess mittel- und langfristig den Übergang zu einer neuen Phase des regulierten Konfliktaustrags darstellen. Einen *dritten Konfliktgegenstand* stellte. schließlich die Frage der Bereitstellung von Finanzmitteln und die Bereitschaft zu einem Technologietransfer für die Entwicklungsländer durch die Industriestaaten dar.

4.3.2. Das Vordringen des Problemfelds auf die globale Agenda

Nach der ersten Weltklimakonferenz von 1979 wurde innerhalb der „scientific community" verstärkt versucht, das Konsens-Wissen über die Ursachen und möglichen Folgen des globalen Klimawandels zu vergrößern. Der 1987 veröffentlichte Bericht der 'Brundlandt-Kommission' bezog sich auf die von den Wissenschaftlern auf der Konferenz von Villach 1985 formulierte Warnung, daß eine Verdoppelung des CO_2-Gehalts in der Atmosphäre schwerwiegende ökologische und sozio-ökonomische Folgen nach sich ziehen könnte. Neben verstärkten Anstrengungen im Bereich der wissenschaftlichen Erforschung des Problems der Klimaänderungen wurde in dem 'Brundlandt-Bericht' auch vorgeschlagen, auf internationaler Ebene politische Maßnahmen zur Verminderung der Treibhausgase und zur Begrenzung der möglichen Schäden zu vereinbaren. Die Kommission empfahl, Verhandlungen über eine globale oder regionale Konvention über die Klimaänderungen aufzunehmen (WCED 1987: 175-177).

Durch verschiedene Klimaanomalien wurde in den achtziger Jahren verstärkt die Aufmerksamkeit auf das Problem gelenkt. Neben dem El Nino-Phänomen vor der Küste Perus und der langen Dürre in der Sahelzone sorgten Naturkatastrophen wie die vermehrt auftretenden Wirbelstürme und die Dürre im mittleren Westen der USA im Jahr 1988 dafür, daß das Problem in den Nationalstaaten immer stärker beachtet wurde (Grießhammer/Hey/Hennicke/Kalberlah 1989: 72). Ein im Juni 1988 abgehaltenes Hearing des amerikanischen Kongresses über den Treibhauseffekt, das ganz im Zeichen der Dürreperiode im mittleren Westen der USA stand, erregte großes nationales und internationales Aufsehen (Skolnikoff 1990: 90). Die Aussage des Klimaforschers Hansen, wonach sich mit „99-prozentiger" Wahrscheinlichkeit bereits ein anthropogener Treibhauseffekt vollziehe, trug dazu bei, daß das seit vielen Jahren bekannte Thema „doch noch zum topaktuellen Medienrenner avancierte und den (...) weltweit geführten Streit über die mutmaßlichen Folgen auslöste".[43] Die gewachsene Aufmerksamkeit für andere globale Umweltprobleme wie die Zerstörung der Ozonschicht und der Regenwälder bildete einen weiteren günstigen Faktor für die Aufnahme des Problems der Klimaänderungen in die globale Agenda.[44]

Verschiedene Klimakonferenzen verstärkten die globale Wahrnehmung des Problems.[45] Die Konferenz von Toronto forderte im Juni 1988 die Ausarbeitung einer internationalen Rahmenkonvention zum Schutz der Atmosphäre und die Errichtung eines globalen Klimafonds, der teilweise durch eine Steuer auf den Verbrauch fossiler Brennstoffe in den Industrieländern finanziert werden sollte. Darüber hinaus forderte die Konferenz, die Emissionen von CO_2 und anderen Treibhausgasen langfristig global um 50 Prozent zu vermindern. Als erstes Ziel solle bis zum Jahr 2005 eine Verminderung der CO_2-Emissionen um 20 Prozent (auf dem Niveau von 1988) vorgenommen werden. Den Industriestaaten wies die Konferenz bei der Verwirklichung dieses Ziels die Hauptverantwortung zu. Neben einem Umstieg auf Energieträger mit geringerem CO_2-Ausstoß und dem Einsatz von erneuerbaren Energien wurde in Toronto auch der verstärkte Einsatz der Kernenergie zur Verwirklichung dieses Ziels in Betracht gezogen.[46] Obwohl an dieser Konferenz neben Wissenschaftlern, Vertretern von internationalen und nicht-staatlichen Organisationen auch Regierungsvertreter teilnahmen, besitzen die Forderungen von Toronto nur den Charakter einer unverbindlichen Konferenzerklärung, die in der folgenden Diskussion über den Umfang der notwendigen Verminderung von treibhausrelevanten Spurengasen allerdings einen bedeutenden Rang einnahmen.

---

43 Vgl. „Die Zeit" vom 23.3.1990. Zu der Kritik an den Aussagen von Hansen vgl. Kerr (1989: 1041-1043).

44 Diese Faktoren für die Agendabildung werden auch von Paterson/Grubb (1992: 294) und Morrisette/Plantinga (1991: 163) betont. Zum Prozess der Agendabildung vgl. Breitmeier (1992: 24-30).

45 Eine Darstellung dieser Phase des politischen Prozesses findet sich bei Bodansky (1993: 464-471), Breitmeier (1992: 28-30), Kübler (1991: 180-188), Lang (1993: 15-18), Oberthür (1993a: 25/26), Paterson (1992: 172-188).

46 In der Schlußerklärung der Konferenz heißt es hierzu: „(...) revisiting the nuclear power option, which lost credibility because of problems related to nuclear safety, radioactive wastes, and nuclear weapons proliferation. If these problems can be solved, through improved engineering designs and institutional arrangements, nuclear power could have a role to play in lowering CO_2 -emissions". Hier zit. nach: WMO/UNEP (1988b: 297).

Die UN-Generalversammlung verabschiedete im Dezember 1988 eine Resolution, in der die Klimaänderungen als ein gemeinsames Problem der Menschheit ("common concern of mankind") erklärt werden. In dieser Resolution wurde nicht nur die Notwendigkeit der Kooperation zwischen den Regierungen und zwischenstaatlichen Organisationen betont, sondern sie diente auch dazu, die Arbeit des kurz zuvor errichteten IPCC zu unterstützen.[47] In diesem frühen Stadium des Konfliktaustrags wurden zwei verschiedene Modelle für die Ausarbeitung einer internationalen Konvention erwogen. Auf einem Expertentreffen, das im Februar 1989 in Ottawa stattfand, wurde einerseits der in Toronto 1988 geäußerte Vorschlag für eine globale Atmosphärenkonvention erörtert.[48] Dieser besonders von Kanada favorisierte Vorschlag sah zunächst die Verabschiedung einer Rahmenkonvention über die Atmosphäre vor. In die Atmosphärenkonvention sollten die bestehenden Regime zum Schutz der Ozonschicht und über weiträumige grenzüberschreitende Lufverschmutzung integriert werden.[49] Eine Alternative hierzu stellte die ebenfalls in Ottawa erörterte Möglichkeit einer globalen Klimakonvention dar. Diese Vorgehensweise, die sich an dem Vorbild der Wiener Konvention zum Schutz der Ozonschicht orientierte, stellte - auch aufgrund des bestehenden Zeitdrucks für die anstehenden Verhandlungen - die realistischere Alternative zur politischen Bearbeitung des Problems dar. Der Verhandlungsprozess für eine globale Atmosphärenkonvention wäre - wie die Verhandlungen zur Seerechtskonvention - neben der komplexen Problematik der Klimaänderungen hingegen mit zusätzlichen Konfliktgegenständen überfrachtet worden.[50]

Auf der Umweltschutzkonferenz von Den Haag betonten die Präsidenten und Regierungschefs von 24 Staaten im März 1989 nicht nur die Hauptverantwortung der Industriestaaten bei der Verursachung des Klimaproblems, sondern

---

47 Der Generalsekretär der WMO und der Exekutivdirektor von UNEP wurden von der UN-Vollversammlung damit beauftragt, umgehend eine umfassende Übersicht über das Klimaproblem sowie entsprechende Handlungsempfehlungen zu erarbeiten. Dieser Auftrag umfaßte u.a. die Bewertung des vorhandenen Wissens über die Klimaänderungen, der sozio-ökonomischen Auswirkungen, der möglichen Strategien zur Verzögerung bzw. Begrenzung der Auswirkungen des Klimawandels sowie mögliche Elemente einer internationalen Klimakonvention. Vgl. United Nations GA/Res 43/53 vom 6.12.1988.
48 Vgl. Kaiser/V.Weizsäcker/Comes/Bleischwitz (1990: 69/70), Bodansky (1993: 471/472).
49 Vgl. Statement of the Meeting of Legal and Policy Experts, Para. 21, in: Environmental Policy and Law 19:2 (1989), S. 80.
50 Vgl. Grubb (1992: 7-9), Kaiser/v.Weizsäcker/Comes/Bleischwitz (1990: 70), Sebenius (1991: 115/116).

auch die Pflicht dieser Staaten, „die Entwicklungsländer zu unterstützen, die von den Auswirkungen und Veränderungen in der Atmosphäre sehr stark betroffen sind".[51] Die USA, die UdSSR und Großbritannien blieben der Haager Umweltkonferenz allerdings fern. Auf dem Pariser Weltwirtschaftsgipfel vom Juli 1989 betonte die Gruppe der sieben führenden Wirtschaftsnationen die Notwendigkeit einer globalen Rahmenkonvention über den Klimawandel. Angesichts der ernsthaften ökologischen Belastung der Atmosphäre befürworteten die G 7-Staaten gemeinsame Anstrengungen, um die Emissionen von Kohlendioxid und anderen Treibhausgasen zu begrenzen. Ein verbindliches Ziel zur Stabilisierung oder gar Verminderung von Treibhausgasen und konkrete Fristen zur Umsetzung solcher gemeinsamen Anstrengungen enthielt die Erklärung der G 7 allerdings nicht.[52]

Tiefgreifende Konflikte zwischen den Teilnehmerstaaten prägten die Umweltkonferenz von Nordwijck im November 1989. Ein wesentlicher Konflikt bestand zwischen den Industriestaaten über das Ausmaß und den Zeitpunkt konkreter Reduktionsmaßnahmen für Treibhausgase. Ein von der niederländischen Regierung unterbreiteter Vorschlag sah ursprünglich vor, daß sich die Industriestaaten dazu verpflichten, ihre CO_2-Emissionen bis zum Jahr 2000 auf dem damaligen Stand einzufrieren und bis zum Jahr 2005 eine Verminderung dieser Emissionen um 20 Prozent vornehmen. Die USA, Großbritannien, Japan und die UdSSR lehnten jedoch zu diesem Zeitpunkt jegliche Maßnahmen zur Stabilisierung oder Reduzierung von Kohlendioxid ab. William Reilly, der damalige Direktor der US-Umweltbörde EPA, wies dabei darauf hin, daß die Ursachen des Treibhauseffektes noch nicht hinreichend bekannt und die Kosten möglicher politischer Maßnahmen noch nicht berechnet seien.[53] In der vielfach kritisierten Schlußerklärung von Nordwijck einigten sich die Staaten daher nur auf eine unverbindliche Kompromißformel. Die Staaten betonten die Notwendigkeit, daß eine Stabilisierung der Emissionen von CO_2 und von anderen nicht durch das Montrealer Protokoll geregelten Treibhausgasen „so bald wie möglich" erfolgen soll. Da sich die USA, Japan, Großbritannien und die UdSSR gegen konkretere Formulierungen sperrten, die auch die Aufnahme eines genauen Zeitplans umfaßten, beinhaltet die Erklärung von Nordwijck nur den Hinweis, daß „nach Ansicht vieler Industrieländer als ein erster Schritt eine solche Stabilisierung der

---

51 Vgl. Declaration of the Hague, in: Environmental Policy and Law 19:2 (1989), S. 78.
52 Vgl. Wirtschaftserklärung von Paris vom 16. Juli 1989, S. 668, Para. 40 und 45.
53 Vgl. Frankfurter Rundschau vom 8.11.1993, Neue Züricher Zeitung vom 8.11.1989, Süddeutsche Zeitung vom 8.11.1993, die tageszeitung vom 8.11.1989.

CO_2-Emissionen spätestens bis zum Jahr 2000 erreicht werden sollte".[54] Den Entwicklungsländern wurde in der Erklärung von Nordwjick zwar finanzielle und technische Hilfe zur Erhaltung der Wälder und zur Umsetzung eines Wiederaufforstungsprogramms zugesichert. Beschlüsse über den Umfang solcher Mittel und über einen möglichen Klimafonds blieben indessen aus.

Die blockierende Haltung der USA bezüglich konkreter Maßnahmen zur Begrenzung bzw. Reduktion von klimarelevanten Spurengasen setzte sich auch in der Folgezeit fort. Auf einer von UNEP im Februar 1990 in Washington ausgerichteten Konferenz über die „Globale Erwärmung" betonte der amerikanische Präsident Bush, es bestehe zuviel Ungewißheit über das Ausmaß und die Geschwindigkeit der Erwärmung. Der US-Präsident verwies auf die Notwendigkeit weiterer wissenschaftlicher Forschungsprogramme, um „harte Fakten und akurate Modelle" hervorzubringen.[55] Die Bush-Administration verwies zu diesem Zeitpunkt darauf, daß bereits getroffene Maßnahmen wie die Verminderung der FCKW einen Beitrag zur Stabilisierung der Treibhausgase in der Atmosphäre darstellten.[56] Auf einer von US-Präsident Bush im April 1990 in Washington veranstalteten Konferenz wiederholte der Präsident seine Forderung nach „wissenschaftlichen Fakten".[57] In einem für die amerikanischen Kabinettsmitglieder bestimmten internen Papier wurde folgende Diskussionstrategie für die US-Delegation formuliert:

„Es ist von Nachteil, darüber zu diskutieren, ob eine Erwärmung stattfindet oder nicht stattfindet oder ob es sich um viel oder wenig Erwärmung handelt. In den Augen der Öffentlichkeit verlieren wir diese Debatte. Eine bessere Strategie ist, auf die vielen Unsicherheiten auf diesem Gebiet hinzuweisen, die besser verstanden werden müssen" (zit. nach die tageszeitung vom 20.4.1990; siehe auch International Herald Tribune vom 20.4.1990).

---

54 Vgl. Noordwijck Declaration on Atmospheric Pollution and Climatic Change, in: Environmental Policy and Law 19:6 (1989), Para. 16, S. 230.

55 Vgl. Frankfurter Rundschau vom 7.2.1990, International Herald Tribune vom 8.2. 1990.

56 So äußerte sich etwa der US-amerikanische Energieminister Watkins im Februar 1990. In einem Interview mit der Zeitschrift 'Nature' erklärte Watkins, die US-Administration sei der Meinung, daß weitere zwei Jahre für die Erforschung des Problems benötigt würden, um eine sichere wissenschaftliche Grundlage für mögliche politische Maßnahmen zu schaffen (Vgl. Nature vom 22.2.1990, S. 684).

57 In seiner Ansprache an die Teilnehmer der Konferenz sagte der US-Präsident: „Two scientists, two diametrically opposed points of view. Now where does that leave us? What we need are facts, the stuff that science is made of" (zit. nach U.S. Policy Information and Texts, No. 51 vom 19. April 1990, S. 40).

Die Mitglieder der US-Delegation verwiesen auf der Konferenz vor allem auf die Kosten, die mit einer Stabilisierung der Kohlendioxidemissionen auf dem damaligen Stand verbunden sind.[58] Die Konferenz brachte im Konflikt über die Bewertung des Wissens und über die Stabilisierung und Verminderung klimarelevanter Spurengase keine Annäherung zwischen den USA und den vertretenen sechs europäischen Staaten.

Auf einer Konferenz der ECE-Mitgliedsstaaten, die im Mai 1990 im norwegischen Bergen stattfand, wurden die gegensätzlichen Standpunkte zwischen der großen Anzahl jener europäischen Staaten, die sich für eine Stabilisierung oder gar Verminderung der CO_2-Emissionen aussprachen, und den USA erneut offensichtlich. Neben den USA weigerten sich auch Großbritannien und die UdSSR, ein verbindliches CO_2-Stabilisierungsziel anzuerkennen. Den USA gelang es, in der Schlußerklärung die Festschreibung eines gemeinsamen Stabilisierungsziels der ECE-Länder, die insgesamt einen Anteil von 70 Prozent am globalen Primärenergie- und Brennstoffverbrauch aufweisen, zu verhindern. Die Ministererklärung der Konferenz enthält vielmehr nur den bereits in der Erklärung von Nordwijck enthaltenen Hinweis auf die Notwendigkeit der Stabilisierung der CO_2-Emissionen, ohne einen entsprechenden Zeitfahrplan zu nennen.[59] Den USA gelang es darüber hinaus, die Aufnahme einer generellen Zusage der Industrieländer in die Schlußerklärung zu verhindern, wonach für die Entwicklungsländer „neue und zusätzliche Mittel" bereitgestellt werden sollten.[60] In der Ministererklärung von Bergen heißt es statt dessen nur, daß „neue Wege und Möglichkeiten" für die Bereitstellung solcher Mittel für die Entwicklungsländer identifiziert werden müßten.[61] In eine noch isoliertere Lage gerieten die USA auf

---

58 Vgl. Frankfurter Rundschau vom 19.4.1990. Von dem Präsidentenberater Michael Boskin wurde darauf hingewiesen, es erweise sich als ökonomisch sinnvoller, sich an die Folgen der Klimaerwärmungen anzupassen. Boskin vertrat dabei die Auffassung: „Wir wissen, daß der größte Teil des wirtschaftlichen Lebens der Erde, auf jeden Fall weit über 90 Prozent, nicht direkt von einem der vieldiskutierten Klimaänderungs-Szenarien berührt würde. Immerhin kann man Autos genauso wirksam im warmen wie im kalten Wetter produzieren" (zit. nach die tageszeitung vom 20.4.1990).

59 Die Kompromißformel lautet ähnlich wie in der Erklärung von Nordwijck: „In the view of most ECE countries, such stabilization at the latest by the year 2000 and at present must be the first step" (Zit. nach Bergen Conference, Ministerial Declaration on Sustainable Development, Para. 14 (d), in: Environmental Policy and Law 20:3 (1990), S. 101).

60 Vgl. Frankfurter Rundschau vom 17.5.1990, Environmental Policy & Law 20:3 (1990), S. 84.

61 Vgl. Bergen Conference, Ministerial Declaration on Sustainable Development, Para. 13 (e), S. 100.

dem Weltwirtschaftsgipfel der G 7-Staaten in Houston im Juli 1990. Dort wiederholten die USA ihre Auffassung, die wissenschaftlichen Ergebnisse über den Treibhauseffekt könnten „noch nicht restlos überzeugen".[62]

4.3.3. Erste nationale Maßnahmen bis zur zweiten Weltklimakonferenz von 1990

Mehrere Vorreiterstaaten formulierten vor dem Beginn der Verhandlungen über eine globale Klimakonvention erste nationale Ziele, die entweder eine Stabilisierung oder gar eine Verminderung der CO_2-Emissionen umfassen. Mit am weitesten reichte dabei das von der Bundesregierung in einem Kabinettsbeschluß vom Juni 1990 formulierte deutsche Reduktionsziel, das eine Verminderung der CO_2-Emissionen von 1987 um 25 Prozent bis zum Jahr 2005 vorsieht (Jacke/ Gerster 1991: 15). Dieses Reduktionsziel wurde nach der Vereinigung der beiden deutschen Staaten von der Bundesregierung im November 1990 erneut bestätigt. Nationale Ziele zur Stabilisierung oder Verminderung der CO_2-Emissionen sind bis zum Abschluß der Klimakonvention von der überwiegenden Anzahl der OECD-Staaten (mit Ausnahme der USA und der Türkei) verabschiedet worden.[63]

Die EG-Länder haben sich im Jahr 1990 sukzessive auf die Festlegung eines Stabilisierungsziels für die Europäische Gemeinschaft geeinigt. Im März 1990 sprach sich die EG-Kommission für eine Führungsrolle der Gemeinschaft aus, um eine Stabilisierung der Kohlendioxidemissionen der Industrieländer zu erreichen. Im Juni 1990 war bei einem Treffen der EG-Umweltminister zunächst der Versuch gescheitert, eine Einigung über ein Ziel zur Stabilisierung der CO_2-Emissionen bis zum Jahr 2000 auf dem Stand von 1990 zu erreichen. Neben Portugal, Spanien und Griechenland lehnte auch Großbritannien, das seine ehemalige Bremserrolle in dieser Frage aufgegeben hatte, die Umsetzung eines solchen Ziels bis zum Jahr 2000 ab.[64] Auf der Tagung einer Arbeitsgruppe des

---

62 Einig waren sich die G 7-Staaten in Houston nur darin, daß verstärkte Anstrengungen zum Schutz der tropischen Regenwälder unternommen werden müßten (Vgl. Frankfurter Rundschau vom 12.7.1990). Vgl. Wirtschaftserklärung von Houston vom 11.7.1990, S. 788/789.
63 Zur Darstellung der Positionen der wichtigsten Industriestaaten vgl. OECD/IEA 1992. Zu den Positionen der Staaten des „Carbon Club" vgl. auch ECO vom 30.10.1990.
64 Vgl. International Herald Tribune vom 9./10.6.1990.

IPCC war in London Ende Mai 1990 ein Bericht der Wissenschaftler vorgelegt worden, in dem auf die schwerwiegenden Auswirkungen der vorausgesagten anthropogenen Klimaänderungen hingewiesen wurde. Die britische Premierministerin Margaret Thatcher kündigte daraufhin eine Wende in der bisherigen britischen Klimapolitik an und erklärte, daß Großbritannien die CO_2-Emissionen bis zum Jahre 2005 auf dem Stand von 1990 stabilisieren werde.[65] Die Energie- und Umweltminister einigten sich im Oktober 1990 darauf, die CO_2-Emissionen in der Gemeinschaft bis zum Jahr 2000 auf dem Stand von 1990 zu stabilisieren.[66] Ein von der deutschen und der dänischen Delegation unternommener Vorstoß, der sich für eine deutliche Verringerung der CO_2-Emissionen in der Gemeinschaft aussprach, stieß indessen nicht nur auf den Widerstand der britischen Regierung. Auch Griechenland, Portugal, Spanien und Irland verwiesen darauf, daß die weitere wirtschaftliche Entwicklung ihrer Länder vor der Umsetzung eines Stabilisierungsziels für Kohlendioxid rangiere.[67]

Die Umwelt- und Energieminister einigten sich darauf, daß die von den Mitgliedsstaaten mit dem niedrigsten Energieverbrauch verlangten Anstrengungen ihrem „wirtschaftlichen und sozialen Entwicklungsstand" entsprechen müssen. Damit wurde diesen Ländern innerhalb der EG garantiert, daß ihnen bei der Umsetzung des EG-Stabilisierungsziels im Gegensatz zu den wirtschaftlichen starken EG-Staaten geringere Anstrengungen abverlangt werden. Zudem wurde eine Ausnahme beschlossen, daß das Ziel der Stabilisierung der CO_2-Emissionen von Großbritannien erst bis zum Jahr 2005 erfüllt werden mußte. Diese Ausnahme wurde nach der Entscheidung der britischen Regierung von 1992, das Stabilisierungsziel auf das Jahr 2000 vorzuverlegen, hinfällig. Die EFTA-Staaten (Island, Norwegen, Schweden, Finnland, Österreich und die Schweiz) schlossen sich dem Stabilisierungsziel der EG Anfang November 1990 an.[68] Schließlich gab auch die japanische Regierung im Oktober 1990 ihre ablehnende Haltung auf und bekannte sich zu dem Ziel,

---

65 Die britische Premierministerin anerkannte die „historische Bedeutung" der von den Wissenschaftlern unterbreiteten Forschungsergebnisse und erklärte: „Governments and international organizations in every part of the world are going to have to sit up and take notice and respond". Zit. nach International Herald Tribune vom 26./27.5.1990; vgl. auch Frankfurter Rundschau vom 28.5.1990, United Kingdom (1991: 8), sowie Thatcher (1993: 881).

66 Zu den energiepolitischen Zielen und Beschlüssen der EG vgl. Axelrod (1992: 188), Alcamo/De Vries (1992: 173) und Skjaerseth (1994).

67 Vgl. Europäische Gemeinschaften (1990: 41).

68 Vgl. Environmental Policy and Law 20:6 (1990), S. 206.

die pro-Kopf-Emissionen von CO_2 bis zum Jahr 2000 auf dem Stand von 1990 zu stabilisieren (Government of Japan 1990: 4).[69] In dem Beschluß der japanischen Regierung vom Oktober 1990 wird auf die im Bericht des IPCC geschilderten möglichen Folgen der globalen Erwärmung Bezug genommen.

Die Entwicklungsländer beschäftigten sich auf verschiedenen Konferenzen ebenfalls mit dem Problem der Klimaänderungen. Auf der Klimakonferenz vom Februar 1989 in Neu Delhi forderten die Entwicklungsländer, daß die Industrieländer bei der Verminderung der treibhausrelevanten Spurengase die Hauptverantwortung übernehmen und entsprechende Maßnahmen zur Energieeinsparung ergreifen. Die Entwicklungsländer forderten finanzielle und sonstige Formen der Unterstützung durch die Industriestaaten, um die Ursachen und Folgen des Treibhauseffektes zu bekämpfen (Deutscher Bundestag 1990a: 825). Die „Gruppe der 77" forderte auf ihrer Jahreskonferenz in Caracas im Juni 1989 von den Industriestaaten zusätzliche Mittel für den Umweltschutz.[70] Die Gipfelkonferenz der blockfreien Staaten machte in Belgrad im September 1989 darauf aufmerksam, daß die führenden Industrieländer für die zunehmenden Umweltprobleme die Hauptverantwortung tragen. Die Blockfreien stellten daher die Forderung auf, daß die Völkergemeinschaft „zusätzliche Nettomittel für die Zusammenarbeit im Umweltschutz aufzubringen und den Entwicklungsländern den Zugang von umweltfreundlichen Technologien zu erleichtern" habe.[71]

Auf der zweiten Weltklimakonferenz, die Ende Oktober und Anfang November 1990 in Genf stattfand, wurde der Konflikt zwischen der EG und den USA über die Stabilisierung der CO_2-Emissionen erneut ohne Annäherung ausgetragen.[72] Die USA bezweifelten zwar nicht die Ergebnisse des auf der Weltklimakonferenz vorgelegten IPCC-Berichts, an dessen Ausarbeitung viele US-amerikanische Wissenschaftler aktiv beteiligt waren. Gleichwohl betonte ein von den USA für die abschließende Ministererklärung vorgelegter Textentwurf erneut die großen wissenschaftlichen Unsicherheiten, die mit dem aktuellen

---

69 Vgl. Government of Japan (1990: 1/2).
70 Vgl. Archiv der Gegenwart vom 24.6.1989, S. 33459/33460.
71 Schlußerklärung der neunten Gipfelkonferenz der blockfreien Länder vom September 1989 in Belgrad, in: Europa-Archiv (1989) 44:21, S. D 637.
72 Vgl. Frankfurter Allgemeine Zeitung vom 30.10.1990, die tageszeitung vom 30.10.1990, vom 1.11.1990, vom 5.11. 1990, vom 6.11.1990, vom 7.11. 1990, vom 9.11. 1990, Die Zeit vom 9.11.1990

Stand des vorliegenden Wissens über die globale Erwärmung verbunden seien.[73] Den USA gelang es mit der UdSSR und Saudi-Arabien, in der Ministererklärung die Festschreibung eines verbindlichen Zieles zur CO_2-Stabilisierung zu verhindern. In der Ministererklärung der zweiten Weltklimakonferenz wird nur in allgemeiner Form die Notwendigkeit zur Stabilisierung der Treibhausgasemissionen betont. Darüber hinaus werden die Entscheidungen der EG- und der EFTA-Staaten, sowie Kanadas, Japans, Neuseelands und Australiens zur Stabilisierung der Emissionen von CO_2 bzw. anderer Treibhausgase begrüßt.[74]

4.3.4. Der Verhandlungsprozess für eine globale Klimakonvention von 1991 bis 1992

Das Governing Council des UN-Umweltprogramms beauftragte im Mai 1989 den UNEP-Exekutivdirektor und den Generalsekretär der WMO, Verhandlungen für eine Rahmenkonvention über Klimaänderungen vorzubereiten. Die UN-Generalversammlung empfahl in einer im Dezember 1989 verabschiedeten Resolution, daß dieser Verhandlungsprozess „so bald wie möglich" nach der Annahme des IPCC-Zwischenberichts beginnen sollte.[75] In einer erneuten Resolution vom Dezember 1990 wurde durch die UN-Generalversammlung beschlossen, daß Verhandlungen über eine „effektive" globale Rahmenkonvention aufgenommen werden sollten. In dieser Resolution wurde darüber hinaus festgelegt, daß die Verhandlungen vor der UN-Konferenz über Umwelt und Entwicklung von 1992 abgeschlossen sein sollten.[76]

In fünf Verhandlungsrunden wurde innerhalb des INC bis zum Mai 1992 versucht, rechtzeitig vor der UN-Konferenz über Umwelt und Entwicklung den Text für eine globale Rahmenkonvention auszuarbeiten. Die erste INC-Verhandlungsrunde fand auf Einladung der US-Regierung im Februar 1991 in einem Vorort von Washington D.C. statt. Die Erwartungen, die viele Regierungen und Beobachter von nichtstaatlichen Organisationen in den Auftakt der INC-Ver-

---

73 Vgl. Environmental Policy and Law 20:6 (1990), S. 198.
74 Vgl. Ministerial Declaration, 7 November 1990, Para. 11 und 12, in: Jäger/ Ferguson (1991: 536/537).
75 Vgl. United Nations GA/Res 44/207 vom 22.12.1989..
76 In dieser Resolution wurden auch organisatorische Fragen wie die Errichtung eines Ad-Hoc-Sekretariats und die Einrichtung eines Fonds zur Durchführung der Verhandlungen behandelt (vgl. United Nations GA/Res 45/212, Para. 1, 4, 7 und 10).

handlungen gesetzt hatten, wurden enttäuscht.[77] Die erste Verhandlungsrunde wurde fast ausschließlich von organisatorischen und verfahrensrechtlichen Fragen und von Problemen, die mit einzelnen Aspekten der Finanzierung des Verhandlungsprozesses zusammenhingen, überlagert.[78]

Zwischen den USA und der EG bestanden unterschiedliche Auffassungen über die Einrichtung von Arbeitsgruppen für den weiteren Verhandlungsverlauf. Die USA befürworteten nur die Errichtung einer einzelnen Arbeitsgruppe, in der umfassend sowohl über Quellen wie über die Senken der Treibhausgase verhandelt werden sollte. Die EG hingegen schlug die Einrichtung von zwei Arbeitsgruppen vor, in denen einerseits über die Emissionen von Treibhausgasen und andererseits über die Senken und Speicher gesprochen werden sollte. Damit wollte die EG sicherstellen, daß die Arbeitsgruppen konkrete Verpflichtungen zu den Treibhausgasemissionen und zu den Wäldern erarbeiten (Bodansky 1993: 483). Der erzielte Kompromiß sah schließlich die Einrichtung von zwei Arbeitsgruppen über „commitments" und über „mechanisms" vor. In der ersten Arbeitsgruppe wurde ein Text über Verpflichtungen „zur Begrenzung und Verminderung der Nettoemissionen von Kohlendioxid und anderen Treibhausgasen, über den Schutz, die Erweiterung und die Zunahme von Senken und Speichern" und über Hilfsmaßnahmen, um den Auswirkungen des Klimawandels zu begegnen, vorbereitet. Darüber hinaus sollte dieser Text auch Verpflichtungen über „angemessene und zusätzliche Finanzmittel" enthalten. Eine zweite Arbeitsgruppe wurde mit der Vorbereitung eines Texts über rechtliche und institutionelle Mechanismen beauftragt, die u.a. auch die Frage von Mechanismen zur Bereitstellung von Finanzmitteln und für den Technologietransfer zu klären hatte.[79]

Nachdem die erste Woche des zweiten INC-Treffens vom Juni 1991 zunächst erneut im Zeichen von Organisations- und Verfahrensfragen stand, wurde in der zweiten Hälfte mit den eigentlichen Verhandlungen über eine globale Rahmenkonvention begonnen.[80] Eine große Anzahl der an den Verhandlungen teilnehmenden Staaten hatte in der Zwischenzeit sogenannte „informal papers" unter-

---

77 Vgl. Environmental Policy and Law 21:2 (1990), S. 50-53; die tageszeitung vom 18.2.1991; vgl. auch „Die Zeit" vom 22.2.1991.
78 Vgl. INC A/AC.237/6.
79 Vgl. INC A/AC.237/6, Annex II, Decision 1/1, S. 24.
80 Vgl. INC A/AC.237/9.

breitet, in denen Aussagen über die beiden zentralen Konfliktgegenstände enthalten waren, die den Verhandlungsprozeß prägten.[81]

Der erste zentrale Konfliktgegenstand innerhalb des Verhandlungsprozesses betraf die Begrenzung bzw. Verminderung der klimarelevanten Spurengase. Das amerikanische Papier ging von einem sogenannten „comprehensive approach" aus, der nicht nur Maßnahmen zur Regelung der Kohlendioxid-Emissionen enthielt, sondern der alle Quellen, Senken und Speicher von Treibhausgasen berücksichtigte.[82] Als „Eckpfeiler" der Konvention wurden von den USA verstärkte Forschungsmaßnahmen und der Informationsaustausch angesehen. Die Staaten sollten darüber hinaus nationale Inventare über ihre Nettoemissionen erstellen. Eine Aufnahme von Verpflichtungen zur Verminderung der Treibhausgasemissionen in die Konvention lehnten die USA indessen ab. In dem entsprechenden US-Papier heißt es hierzu:

„Specific commitments for emissions reductions should not be included in the framework convention, because of the need for flexibility in nations' choices of their own measures. Further, there is a real need for further analysis of the costs and benefits of international responses, at the same time that prudent steps may be taken by nations even in the face of great uncertainty".[83]

Die EG-Staaten favorisierten die Verabschiedung eines Ziels für die Stabilisierung der CO_2-Emissionen bis zum Jahr 2000 auf der Basis der Emissionen des Jahres 1990. Neben einer Stabilisierung der CO_2-Emissionen bis zum Jahr 2000 schlug die Bundesrepublik auch einen ersten Schritt zur Verminderung der energiebedingten CO_2-Emissionen bis zum Jahr 2005 und 2010 vor. Darüber hinaus wurde auch die Aufnahme von Bestimmungen über den Schutz der Speicher und Senken von CO_2 befürwortet. Dies betraf insbesondere Maßnahmen zur Verminderung der Entwaldung und zur verstärkten Wiederaufforstung.[84] Auch die Niederlande schlugen vor, Protokolle über Treibhausgase und über die Wälder zu verabschieden. Die Niederlande sprachen sich dafür aus, die CO_2-Emissionen in einer ersten Phase bis zum Jahr 2000 zu stabilisieren und in einer weiteren

---

81 Zu den „Regimeentwürfen" der verschiedenen Akteuren innerhalb des Verhandlungsprozesses vgl. Oberthür (1993a: 36-44) und (1992: 12-14). Zu den Interessenlagen der einzelnen Staaten siehe auch Fischer (1992).

82 Vgl. INC A/AC.237/Misc.1/Add.1, S. 90. Zur Rechtfertigung dieses Ansatzes vgl. Swart (1992).

83 Zit. nach INC A/AC.237/Misc.1/Add.1, S. 94.

84 Vgl. INC A/AC.237/Misc.1/Add.1 S. 19 und S.22.

Phase bis zum Jahr 2010 eine Verminderung der CO_2-Emissionen vorzunehmen.[85] Frankreich, das sich für die Begrenzung des Kohlendioxid-Ausstoßes auf der Grundlage von pro-Kopf-Emissionen ausgesprochen hatte, befürwortete ebenfalls die Verabschiedung des von der EG im Oktober festgelegten Ziels der Stabilisierung der CO_2-Emissionen bis zum Jahr 2000.[86]

Die Forderung nach einer Stabilisierung der CO_2-Emissionen wurde durch andere Industriestaaten innerhalb des INC unterstützt. Neben den EFTA-Ländern (Österreich, Finnland, Island, Liechtenstein, Norwegen, Schweden und der Schweiz) unterstützten auch Australien, Neuseeland und Kanada dieses Ziel.[87] Japan sprach sich dafür aus, daß die Staaten öffentlich Selbstverpflichtungen darüber abgeben, welche Maßnahmen innerhalb eines entsprechenden Zeitplans zur Begrenzung der Treibhausgasemissionen ergriffen werden. Die Umsetzung dieser von den Staaten abgegebenen Erklärungen sollte durch einen Überprüfungsmechanismus kontrolliert werden.[88] Diesen Gedanken des „pledge and review" enthielt auch der britische Vorschlag für eine globale Klimakonvention.[89] Die „pledge and review"-Vorschläge waren innerhalb der Gruppe jener Industriestaaten, die sich auf eine Stabilisierung der CO_2-Emissionen festgelegt hatten, umstritten und wurden zum Teil als weitgehender Rückzug von diesem Stabilisierungsziel interpretiert.[90]

Für die Allianz der kleinen Inselstaaten (AOSIS), die sich auf der zweiten Weltklimakonferenz 1990 zusammengeschlossen hatte und mehr als 30 Staaten aus den Regionen des Atlantik, der Karibik, des Indischen Ozeans, des Mittelmeers, des Pazifik und des südchinesischen Meeres umfaßt, wurden von Vanuatu Vorschläge für eine Klimakonvention unterbreitet. Die allgemein gehaltenen Vorschläge der AOSIS unterstützten weitgehend die Position jener OECD-Staaten, die für eine Stabilisierung der CO_2-Emissionen eintraten. Von der AOSIS

---

85 Vgl. INC A/AC.237/Misc.1/Add.1, S. 41-43.
86 Vgl. INC A/AC.237/Misc.1./Add.1. S. 11.
87 Vgl. INC A/AC.237/Misc.1. Add.2, S. 14. Siehe auch Bodansky (1992: 7).
88 Vgl. INC A/AC.237/Misc.1/Add.7, S.3.
89 Der britische Entwurf enthielt ebenfalls ein CO2-Stabilisierungsziel, das allerdings (wohl aus Rücksicht auf die USA) keinen Zeitplan enthielt, sondern nur „so bald wie möglich" von den Industriestaaten erreicht werden sollte. Der britische Entwurf sprach sich auch für Maßnahmen zum Schutz der Wälder und zur Wiederaufforstung aus (vgl. INC A/AC.237/Misc.1/Add.1, S. 85/86).
90 Vgl. die tageszeitung vom 26.6.1991, 27.6.1991; tiempo 1:2 (1991), S. 24.

wurde eine „sofortige" Stabilisierung der Treibhausgase („immediate action") und der Schutz der Senken und Speicher von Treibhausgasen vorgeschlagen.[91]

Indien trat dafür ein, daß die Industrieländer ihre pro-Kopf-Emissionen von Treibhausgasen (insbesondere der Kohlendioxidemissionen) bis zum Jahr 2000 stabilisieren und anschließend bedeutend vermindern.[92] Von den erdölproduzierenden Staaten, die von einem Ziel der Stabilisierung der CO_2-Emissionen und möglichen Maßnahmen zur Energieeinsparung einen Rückgang der Ölproduktion zu befürchten haben, traten besonders Kuwait und Saudi-Arabien dafür ein, daß bei den geplanten Maßnahmen ein umfassender Ansatz gewählt wird. Diese Staaten lehnten daher Maßnahmen ab, die nur die Verminderung der energiebedingten CO_2-Emissionen berücksichtigten. Sie traten vielmehr für die Einbeziehung aller Treibhausgase und für den Schutz der Speicher und Senken ein.[93]

Der zweite Konfliktgegenstand innerhalb des Verhandlungsprozesses betraf die Bereitstellung von Finanzmitteln und den Technologietransfer. Der Entwurf der USA enthielt auch keine Zusage über die Bereitstellung von zusätzlichen Finanzmitteln für die Entwicklungsländer. Bezüglich des Technologietransfers sprachen sich die USA für einen Vorschlag aus, der in dem Konventionsentwurf Großbritanniens enthalten ist. Demnach sollte ein Technologietransfer zur Erleichterung von Forschungsmaßnahmen und zur Ausbildung wissenschaftlichen und technischen Personals erfolgen.[94] In dem deutschen Papier war bezüglich der Unterstützung der Entwicklungsländer die Formulierung enthalten, daß die Industrieländer „angemessene und zusätzliche Finanzmittel" bereitstellen, die zur Erfüllung jener Verpflichtungen dienen, die sich aus der Konvention und den Protokollen ergeben.[95] Die Industrieländer waren sich dabei weitgehend einig, daß die Bereitstellung von Finanzmitteln nur innerhalb einer bereits vorhandenen multilateralen Organisation erfolgen sollte, wie sie die globale Umweltfazilität der Weltbank darstellt.[96]

---

91 Vgl. INC A/AC.237/Misc.5/Add.1, S. 23-25.

92 Vgl. INC A/AC.237/Misc.1/Add. 3, S. 4-5.

93 So lautet der Tenor eines gemeinsam von Kuwait, Saudi Arabien und der Sowjetunion eingereichten Papiers (Vgl. INC A/AC.237/Misc.1. Add.9, S.3).

94 In dem britischen Entwurf wurde der Technologietransfer jedoch von den jeweiligen nationalen Gesetzen, Regelungen und Praktiken abhängig gemacht (vgl. INC A/AC.237/Misc.1/ Add.1, S. 62)

95 Vgl. INC A/AC.237/Misc.1/Add.1 S. 22.

96 Einem von Großbritannien diesbezüglich unterbreiteten Vorschlag stimmten auch die USA zu (vgl. INC A/AC.237/Misc.1/Add.1, S. 86 und S. 93).

Die AOSIS-Staaten forderten die Einrichtung eines eigenständigen Klimafonds und „neue, zusätzliche und angemessene Finanzmittel". Diese Mittel sollten u.a. auch für solche durch die Klimaänderungen hervorgerufenen Schäden bereitgestellt werden, für die bisher keine Versicherungsansprüche geltend gemacht werden können.[97] Der Vorschlag Indiens sah ebenfalls die Einrichtung eines von den Vertragsparteien verwalteten Klimafonds vor. Darüber hinaus sollte die Konvention Regeln über den Technologietransfer enthalten, der unter „preferential and non-commercial terms" erfolgen sollte.[98] Ähnliche Vorstellungen über den Finanz- und Technologietransfer waren auch in dem chinesischen Entwurf enthalten.[99]

Während der folgenden beiden Verhandlungsrunden, die im September und im Dezember 1991 in Nairobi und in Genf stattfanden, konnte bei den beiden Hauptkonflikten keine Annäherung der unterschiedlichen Positionen verzeichnet werden.[100] Sehr kontrovers verliefen vor allem die Verhandlungen über „commitments" in der ersten Arbeitsgruppe. Zwischen den USA und den übrigen OECD-Staaten bestand weiterhin ein grundsätzlicher Konflikt darüber, ob in der Konvention eine konkrete Verpflichtung zur Stabilisierung der Kohlendioxid-Emissionen festgeschrieben werden sollte. Der Vertreter der US-Delegation äußerte sich während der vierten Verhandlungsrunde innerhalb des INC hierzu folgendermaßen:

"What kind of a convention are we working toward here? Although we have many different ideas, broadly speaking we can say they seem to point in either of two directions. Either toward a rather specific, quantitative, legally binding convention, with obligations that have rather major political and economic implications, or on the other hand, toward a convention of a more general nature, a framework convention that is a flexible instrument establishing an evolutionary process for developing the most comprehensive and effective global response over the longer term. (...) We favor the latter approach" (zit. nach Hyder 1992: 327).

Während der vierten INC-Verhandlungsrunde im Dezember 1992 offenbarten sich auch verstärkt die unterschiedlichen Positionen zwischen den in der „Gruppe der 77" zusammengeschlossenen Entwicklungsländern. Diesen gelang

---

97 Vgl. INC A/AC.237/Misc.5/Add.1, S. 37
98 Vgl. INC A/AC.237/Misc.1/Add. 3, S. 6-8.
99 Vgl. INC A/AC.237/Misc.1/Add.4, S. 6.
100 Vgl. INC A/AC.237/12 und INC A/AC.237/15.

es zwar noch, sich auf die Verabschiedung eines eigenen Vorschlags über die Prinzipien einer Klimakonvention zu einigen. In der Frage eines Ziels für die Stabilisierung der Treibhausgasemissionen für die Industrieländer bestanden indessen innerhalb der „Gruppe der 77" unterschiedliche Auffassungen. Während die erdölproduzierenden Staaten aus Arabien kein Interesse an der Durchsetzung eines solchen Stabilisierungsziels zeigten, sprachen sich die AOSIS-Länder für eine schnelle Stabilisierung der Emissionen bis zum Jahr 1995 (auf der Basis der Emissionen von 1990) aus, denen überdies weitere Schritte der Verminderung der Treibhausgasemissionen folgen sollten.[101] Eine Rumpfgruppe der Entwicklungsländer, die mit China, Indien, Brasilien, Malaysia, Thailand, Indonesien und Mexiko bedeutende CO_2-Emittenten aus der Dritten Welt umfaßte, stellte im Dezember 1991 einen eigenen Vorschlag der „Gruppe der 44" vor, in dem kein verbindliches Ziel für die Stabilisierung der CO_2-Emissionen durch die Industrieländer enthalten war.[102] Der Vorschlag der Gruppe der 44 legte indessen besonderes Gewicht auf die Bereitstellung neuer, zusätzlicher Finanzmittel und auf die Einrichtung eines Technologietransfers.[103]

Gegen Ende der vierten Verhandlungsrunde konnte durch das Sekretariat, den INC-Vorsitzenden und die Vorsitzenden der Arbeitsgruppen erstmals ein „Consolidated Working Document" vorgelegt werden, das die bis dahin diskutierten Elemente einer globalen Rahmenkonvention enthielt.[104] In dem Dokument waren indessen nicht nur viele Klammern mit bis dahin strittigen Textpassagen enthalten. Vor allem der substantielle Teil des Textes über die Verpflichtungen der Staaten stellte nur eine Auflistung unterschiedlicher Alternativvorschläge dar, in denen sich die gegensätzlichen Positionen der Staaten widerspiegelten. Die verschiedenen, als Alternativen dargestellten Textvorschläge zu dem Ziel der Stabilisierung und Verminderung der Emissionen umfaßten unter anderem die weitgehende Forderung einer Verminderung der CO_2-Emissionen um 25 Prozent bis zum Jahr 2010, das Ziel einer Stabilisierung der Emissionen von CO_2

---

101 Vgl. INC/FCCC/None No. 37, S. 16.
102 Die Vorschläge der „Gruppe der 77" über die Prinzipien einer Klimakonvention und der „Gruppe der 44" über die in der Konvention enthaltenen Verpflichtungen sind abgedruckt in Hyder (1992: 329 und 331). Vgl. auch Görrissen (1993: 168) und Paterson/Grubb (1992: 300). In dem Vorschlag der „Gruppe der 44" heißt es hierzu nur: „We are awaiting an agreed pronouncement from the developed countries on how they plan to address greenhouse gases in climate change, before we can formulate a response" (zit. nach Hyder 1992: 331).
103 Vgl. auch Bodansky (1992: 7/8), Williams (1993: 22/23) und Tiempo 2:4 (1992) S. 24/25.
104 Vgl. INC A/AC.237/15, S. 19-130.

und anderen Spurengasen bis zum Jahr 2000 und die sehr schwache Formulierung einer Selbstverpflichtung der Industriestaaten zur Fortsetzung der Verhandlungen über die Verminderung der Treibhausgase.[105] Ein etwas größerer Fortschritt konnte indessen innerhalb der zweiten Arbeitsgruppe verzeichnet werden, die allerdings bis zu diesem Zeitpunkt ebenfalls keinen Konventionstext vorlegen konnte.

Die USA erhielten auch im Frühjahr 1992 ihre Weigerung aufrecht, konkreten Maßnahmen wie einer Stabilisierung der Emissionen von Kohlendioxid innerhalb eines festgeschriebenen Zeitraums zuzustimmen. Mit ihrer Ankündigung, für die Entwicklungsländer insgesamt 75 Millionen Dollar bereitzustellen, gaben die USA jedoch ihre grundsätzliche Weigerung, zusätzliche Finanzmittel für die Dritte Welt zu gewähren, auf.[106] Da die fünfte INC-Verhandlungsrunde nicht wie ursprünglich vorgesehen zum Abschluß einer globalen Klimakonvention führte, mußte für Ende April/Anfang Mai 1992 ein zweites Treffen der fünften Verhandlungsrunde in New York anberaumt werden. Am Ende des ersten Treffens der fünften Runde vom Februar 1992 wurde ein „Revised Text under Negotiation" erstellt, in dem keine Einigung über die entscheidenen Konfliktgegenstände (Stabilisierungs- und Verminderungsziel sowie Zeitplan für diese Maßnahmen, Finanzmittel und Technologietransfer) erzielt werden konnte.[107] Vielmehr bestand der Entwurf für den späteren Artikel 4 (2) über die Verpflichtungen der Industrieländer erneut nur aus Textpassagen, die alternativ die jeweils unterschiedlichen Vorschläge der Delegationen enthielten. Auch die für den späteren Artikel 11 vorgesehenen Formulierungen über den Finanzierungsmechanismus stellten die unvereinbaren Positionen zwischen Nord und Süd in dieser Frage dar. Die verschiedenen Optionen sahen entweder die Errichtung eines Finanzierungsmechanismus unter dem Dach der Globalen Umweltfazilität oder aber die Einrichtung eines unabhängigen, von den Vertragsparteien verwalteten Klimafonds vor. Eine Textpassage über einen von den AOSIS-Staaten vorgeschlagenen Versicherungsfonds für die Folgen der Klimaänderungen fand sich in diesem Textentwurf ebenfalls wieder, wurde jedoch in dieser Form in die Klimakonvention später nicht aufgenommen.[108] Vielmehr enthält Artikel 4 (8) nur

105 Vgl. INC A/AC.237/15, S. 37-39.
106 Vgl. die tageszeitung vom 29.2.1992.
107 Vgl. INC A/AC.237/18 (Part I), Annex II, S. 20-124.
108 Die AOSIS-Staaten forderten somit nicht nur die Errichtung eines Klimafonds, sondern auch einen besonderen Versicherungsfonds. Dieser Versicherungsfonds war nach dem AOSIS-Vorschlag für folgenden Zweck bestimmt: „The resources of the Insurance Pool should be

noch einen allgemeinen Hinweis auf die Berücksichtigung der besonderen Bedürfnisse der kleinen Inselstaaten.

Mitte April 1992 traf sich in Paris eine verkleinerte Runde als sogenanntes „Extended Bureau", das aus den wichtigsten Delegationen, dem INC-Büros und den beiden Arbeitsgruppen bestand. Da ein abschließender Vertragstext immer noch nicht vorlag, wurde der INC-Vorsitzende Jean Ripert damit beauftragt, auf der Grundlage der vorliegenden Textvorschläge einen eigenen „chairman's text" vorzulegen, der auf der abschließenden INC-Runde Ende April/Anfang Mai 1992 beraten werden sollte. Die knifflige Frage, welche Verpflichtungen über die Stabilisierung der Treibhausgase in Artikel 4 (2) der Konvention enthalten sein sollten, wurde durch einen von den USA und Großbritannien entwickelten Textvorschlag beantwortet, der letztlich kein verbindliches Stabilisierungsziel für die Industrieländer beinhaltet (Bodansky 1993: 492). Dieses Ergebnis konnte letztlich weder die Europäische Gemeinschaft und die anderen OECD-Länder noch die Entwicklungsländer zufriedenstellen. Die Entwicklungsländer hatten auf einer Konferenz in Kuala Lumpur Ende April 1992, die zur Vorbereitung der UN-Konferenz über Umwelt und Entwicklung diente, die Industrieländer noch einmal zu Verpflichtungen zur Stabilisierung und Verminderung der Treibhausgase und zur Errichtung eines Finanz- und Technologietransfers aufgefordert.[109]

Der zwischen den Industrieländern ausgehandelte Kompromiß über die Stabilisierung der Treibhausgase fand Eingang in den auf der letzten INC-Sitzung vom INC-Vorsitzenden vorgelegten „chairman's text". Durch die Einigung zwischen den Industrieländern bestand auf der letzten Verhandlungsrunde kein Spielraum mehr für die Durchsetzung eines konkreteren Stabilisierungsziels. Das zweite Treffen der fünften INC-Runde, die den Schlußpunkt der Verhandlungen vor der UN-Konferenz über Umwelt und Entwicklung in Rio de Janeiro 1992

---

used to compensate the most vulnerable small island and low-lying coastal developing countries for loss and damage resulting from sea level rise induced by global warming" . Der AOSIS-Vorschlag ist abgedruckt in Tiempo 2:4, (1992) S.11-13, hier S. 12. Zur Einarbeitung dieses AOSIS-Vorschlags in den „Revised Text Under Negotiation" vgl. INC A/AC.237/18 (Part I), Annex IV, S. 120-124.

109 Unter den 55 Entwicklungsländern, die an der Konferenz von Kuala Lumpur im April 1992 teilnahmen, befanden sich sowohl bedeutende Mitglieder der „Gruppe der 44" (Algerien, Brasilien, China, Indien, Indonesien, Malaysia, Mexiko, Nigeria, Pakistan, Phillipinen, Thailand) wie auch mehrere AOSIS-Staaten (Vanuatu, Malediven, Mauritius, Fiji) und verschiedene Erdölstaaten (Saudi Arabien, Iran, Oman, Venezuela) (vgl. INC/FCC/None No. 40).

bildete, wurde vor allem von dem Konflikt über den Finanz- und Technologietransfer geprägt. Nach wie vor war zwischen den beteiligten Staaten die institutionelle Form eines solchen Transfers umstritten. Während die Industrieländer die Bereitstellung der Finanzmittel unter dem Dach der globalen Umweltfazilität befürworteten, traten die Entwicklungsländer für die Schaffung eines unabhängigen Klimafonds ein. Von entscheidender Bedeutung erwies sich dabei die Frage, welche Möglichkeiten der gleichberechtigten Mitbestimmung für die Entwicklungsländer innerhalb der globalen Umweltfazilität bestanden, deren Entscheidungsmechanismen bis dahin ausschließlich von den Industrieländern bestimmt wurden. Der schließlich in Artikel 21 (3) der Konvention enthaltene Kompromiß bestimmte, daß eine Umstrukturierung der globalen Umweltfazilität vorgenommen wird, um eine universelle Mitgliedschaft der Vertragsstaaten zu ermöglichen. Dem Anliegen der Entwicklungsländer nach Mitbestimmung innerhalb des GEF wurde auch durch eine in Artikel 11 (2) enthaltene Grundsatzbestimmung entsprochen, die nicht nur die universelle Mitgliedschaft der Vertragsstaaten, sondern auch die Mitbestimmung der Staaten ermöglicht.[110]

Zweifellos konnten die verschiedenen Kompromißformeln nicht darüber hinwegtäuschen, daß die Staaten sich nicht auf die - aus ökologischer Sicht - notwendigen Maßnahmen zur Stabilisierung und Verminderung der Treibhausgase einigen konnten. Die Vertragsparteien verabschiedeten schließlich im Mai 1992 einen Vertragsentwurf, der von vielen Delegationen innerhalb des Verhandlungsprozesses und von Umweltgruppen außerhalb der Verhandlungen heftig kritisiert wurde.[111] Beobachtern internationaler Verhandlungsprozesse war indessen auch klar, daß die nur wenig mehr als ein Jahr andauernden Klimaverhandlungen nicht umgehend zu einem Regelwerk mit konkreteren Reduktionszielen führen konnten, da wichtige Industrieländer wie die USA eine mächtige Bremserkoalition bildeten, deren Haltung nur durch politische Überzeugungsarbeit und eine Verbreiterung des Wissens über den Klimawandel mittel- und langfristig verändert werden konnte.

---

110 In Artikel 11 (2) heißt es: „Alle Vertragsstaaten sind im Finanzierungsmechanismus, der über ein transparentes Verwaltungssystem verfügt, auf gerechte und ausgewogene Weise vertreten" (zit. nach BMU 1992b: 18).

111 Die kritische Haltung der Entwicklungsländer faßt der INC-Bericht z.B. wie folgt zusammen: „Developing countries further hoped that in the coming years there would be more definite commitments on the part of their negotiating partners so that the adverse effects of climate change could be effectively mitigated while allowing for sustainable development" [zit. nach INC A/AC.237/18 (Part II), S. 10].

4.3.5. Klimapolitik auf der UN-Konferenz über Umwelt und Entwicklung in Rio de Janeiro 1992

Als Reaktion auf den Brundlandt-Bericht (WCED 1987) hat die Generalversammlung der Vereinten Nationen in einer im Dezember 1989 verabschiedeten Resolution beschlossen, eine UN-Konferenz über Umwelt und Entwicklung zu veranstalten.[112] Das mit der Vorbereitung der Konferenz betraute Vorbereitungskommittee (UNCED-PrepCom), das sich aus den Delegationen der Mitgliedsstaaten der Vereinten Nationen zusammensetzte, beschäftigte sich auf insgesamt vier Sitzungsrunden damit, die Textfassungen der Agenda 21, der Rio-Erklärung und einer Erklärung über den Schutz der Wälder vorzubereiten (Halpern 1993: 15-19).[113] Die Ausarbeitung einer geplanten Erdcharta, die einen Katalog von Prinzipien über das Zusammenleben der Staaten, über die Sicherung der Lebensgrundlagen und der nachhaltigen Entwicklung enthalten sollte, mußte während des Vorbereitungsprozesses der Konferenz indessen aufgegeben und auf einen späteren Zeitpunkt vertagt werden. Die Agenda 21 stellt einen nahezu 500 Seiten umfassenden globalen Aktionsplan dar, der in insgesamt 40 Kapiteln die drängendsten Umwelt- und Entwicklungsprobleme sowie mögliche Handlungsmöglichkeiten zur Problembewältigung benennt. Auf der Rio-Konferenz wurden überdies die in parallelen Verhandlungsprozessen ausgearbeiteten Konventionen über die Artenvielfalt und die Klimakonvention zur Unterzeichnung aufgelegt.

Im politischen Prozess der UNCED-Konferenz nahm die Klimapolitik einen herausragenden Stellenwert ein. Auf der vierten PrepCom, die im März und Anfang April 1992 in New York stattgefunden hatte, hatten sich die Staaten zwar auf einen umfangreichen Entwurf für die Agenda 21 geeinigt. Die arabischen Staaten hatten indessen am Ende der vierten PrepCom das in der Agenda 21 enthaltene Kapitel über die Atmosphäre in Klammern setzen lassen, was neue Verhandlungen über dieses Kapitel auf der UNCED-Konferenz in Rio de Janeiro erforderlich machte.[114] Die Einwände dieser Staaten bezogen sich vor allem auf

---

112 Vgl. United Nations, GA/Res 44/228 vom 22.12.1989.

113 Die Dokumente sind abgedruckt in: United Nations A/Conf.151/26/Rev.1 (Vol. I). Eine kurze Zusammenfassung des Inhalts dieser Dokumente findet sich bei Parson/Haas/Levy (1992) und Unmüßig (1992). Eine breite kommentierte Textauswahl bietet Johnson (1993). Zu den Ergebnissen der UN-Konferenz über Umwelt und Entwicklung vom Juni 1992 in Rio de Janeiro siehe auch Brock (1992) und BMU (1992a) und (1992b).

114 Der nach der vierten PrepCom-Sitzung verabschiedete Entwurf der Agenda 21 findet sich wieder in: United Nations A/Conf.151/4 (Part I-IV).

die nach ihrer Ansicht vorgenommene Überbetonung von Maßnahmen zur Steigerung der Energieeffizienz und zur Verminderung des Verbrauchs fossiler Brennstoffe.[115] Nachdem Saudi Arabien als Sprecher der arabischen Staaten zunächst die gesamte Streichung des Kapitels vorgeschlagen hatte, wurde auf der Grundlage eines Vorschlags der „Gruppe der 77" eine veränderte Einleitung des Kapitels beschlossen.[116] Die darin getroffene Feststellung, kein Staat werde gegenüber den bestehenden Konventionen zu weitergehenderen Maßnahmen verpflichtet, trug dem Anliegen der arabischen Staaten Rechnung. Gleichzeitig setzten die Industriestaaten indessen den Zusatz durch, den Regierungen stehe es frei, über die bestehenden Rechtsinstrumente hinaus zusätzliche Maßnahmen zu ergreifen.[117] Besonders ablehnend reagierten die arabischen Staaten - und hier besonders Saudi Arabien, Iran, Kuwait, und Libyen - auf die vorgeschlagenen Formulierungen über die verbesserte Energieeffizienz und über neue und erneuerbare sowie umweltverträgliche Energiequellen. Letztlich gelang es dieser gegen Ende der UNCED-Konferenz zunehmend isolierten Gruppe jedoch nicht, die Entfernung dieser Passagen aus der Agenda 21 durchzusetzen.

Von verschiedenen europäischen Staaten wurde auf der Konferenz von Rio de Janeiro versucht, eine Erklärung gleichgesinnter Staaten über die freiwillige Stabilisierung der CO_2-Emissionen auf dem Stand von 1990 bis zum Jahr 2000 zu erzielen. An diesen Versuchen waren neben der Bundesrepublik und den Niederlanden auch Österreich und die Schweiz beteiligt. Während einzelne Staaten in Rio de Janeiro erneut ihre Bereitschaft zu Stabilisierung ihrer CO_2-Emissionen bekräftigten, kam eine gemeinsame Erklärung - nicht zuletzt infolge erheblichen politischen Drucks der USA - zwischen der Europäischen Gemeinschaft und den Nicht-EG-Staaten jedoch nicht zustande.[118] Auf dem Gipfeltreffen der Staats- und Regierungschefs bedauerte der Präsident der EG-Kommission Jaques Delors, daß in der Klimakonvention kein verbindliches Ziel zur Stabilisierung der CO_2-Emissionen enthalten ist.[119] US-Präsident George Bush schlug in seiner Rede zwar vor, mit der Umsetzung der Klimakonvention sofort zu beginnen ("prompt start"), vermied jedoch konkretere Zusagen.[120] Der paki-

115 Vgl. Earth Summit Bulletin vom 4.6.1992 und Johnson (1993: 213).
116 Vgl. Earth Summit Bulletin vom 8.6.1992 und vom 9.6.1992.
117 Vgl. United Nations A/Conf.151/26/Rev.1 (Vol.I), S. 111.
118 Siehe hierzu Earth Summit Time vom 9.6.1992, die tageszeitung vom 4.6.1992, vom 6.6.1992, vom 11.6.1992.
119 Vgl. United Nations A/Conf.151/26/Rev.1 (Vol. III), S. 218.
120 Vgl. United Nations A/Conf.151/26/Rev.1 (Vol. III), S. 78.

stanische Premierminister Mohammad Nawaz Sharif wies im Namen der „Gruppe der 77" auf die ungerechte Weltwirtschaftsordnung hin und forderte die Industriestaaten zu einem Technologietransfer und zur Bereitstellung zusätzlicher Finanzmittel zu Vorzugsbedingungen auf.[121]

Nach Schätzungen des UNCED-Sekretariats belaufen sich die jährlichen Kosten für die Umsetzung der Agenda 21 auf 600 Milliarden US-Dollar. Durch die Industrieländer sollten davon jährlich 125 Milliarden US-Dollar aufgebracht werden. Die jährlichen Kosten für Maßnahmen zum Schutz der Atmosphäre wurden auf ca. 21 Milliarden US-Dollar beziffert. Den Hauptanteil nehmen dabei Maßnahmen zur Steigerung der Energieeffizienz und zur Verminderung des Energieverbrauchs in einer Höhe von 20 Milliarden US-Dollar ein.[122] Die „Gruppe der 77" forderte, daß in der Agenda 21 ein Ziel formuliert wird, das die Industrieländer zur Erhöhung ihrer Entwicklungshilfe auf 0,7 Prozent des jährlichen Bruttosozialprodukts bis zum Jahr 2000 verpflichtet.[123] Eine verbindliche Zusage, daß dieses Ziel bis dahin verwirklicht wird, konnten die Entwicklungsländer nicht erreichen.[124] Die neu errichtete 'Sustainable Development Commission', die die Umsetzung der Agenda 21 durch die Nationalstaaten begleiten wird, soll auch über den jeweiligen Stand der Höhe der von den Industrieländern geleisteten Entwicklungshilfe berichten. Die auf der Rio-Konferenz zugesagten neuen zusätzlichen Finanzmittel belaufen sich auf ca. 2 Milliarden US-Dollar. Dies liegt somit deutlich unter dem Betrag von 10 Milliarden US-Dollar, der von den Entwicklungsländern für die Auftaktphase der Umsetzung der Agenda 21 ausgemacht wurde (Stahl 1992: 59).

Auch mit ihrer Forderung nach einem grünen Fonds, der im Vergleich zur globalen Umweltfazilität eine gleichberechtigte Beteiligung bei der Mittelvergabe ermöglichen sollte, konnten sich die Entwicklungsländer nicht durchsetzen. Die multilaterale Finanzierung der Agenda 21 soll vielmehr weitgehend innerhalb der reformierten globalen Umweltfazilität erfolgen (Haas/Levy/Parson 1992: 28). Zwischen Nord und Süd waren darüber hinaus auch die Bedingungen strittig, zu denen der Transfer von umweltverträglichen Technologien erfolgen sollte. Die Industrieländer vermieden die von den Entwicklungsländern gefor-

---

121 Vgl. United Nations A/Conf.151/26/Rev.1 (Vol. III), S. 153/154.
122 Für Maßnahmen zum Schutz der Wälder wurde ein jährlicher Bedarf von 750 Millionen US-Dollar identifiziert (vgl. United Nations A/Conf.151/26/Rev.1 (Vol. I) S. 122 und S. 148.
123 Vgl. Earth Summit Bulletin vom 8.6.1992.
124 Vgl. New York Times vom 14.6.1992 und Frankfurter Allgemeine Zeitung vom 15.6.1992.

derte Zusage nach besonders günstigen Bedingungen für einen Technologie-transfer, der zu unter den Marktpreisen liegenden Vorzugsbedingungen erfolgen sollte.[125]

Schon vor der Rio-Konferenz war der Versuch, die Ausarbeitung einer Wald-konvention in Gang zu setzen, gescheitert. Von den unterschiedlichen Positionen zwischen Nord und Süd war auch in Rio der Prozess der Aushandlung einer rechtlich unverbindlichen Erklärung über die Wälder geprägt. Die Entwick-lungsländer waren der Ansicht, daß die Industriestaaten - und insbesondere die USA - vor allem deshalb ein Interesse am Schutz der Regenwälder äußerten, da sie diese als wichtige CO_2-Senken und -Speicher betrachteten.[126] Der Schutz der Regenwälder diente nach der Interpretation der Entwicklungsländer somit vor allem als Entschuldigung dafür, daß die Industrieländer andere Maßnahmen zur Verminderung der Treibhausgase bisher nicht in Angriff nahmen. In der alle Wälder (und nicht nur die Regenwälder) umfassenden Walderklärung konnten die Entwicklungsländer zentrale Punkte ihres Prinzipienkatalogs durchsetzen. Durch das besondere Engagement Indiens und Malaysias gelang es ihnen, die Forderung der Industrieländer abzuwehren, die Waldreserven als gemeinsames Erbe der Menschheit zu erklären (Unmüßig 1992: 120).[127]

4.3.6. Der Weg bis zur ersten Konferenz der Vertragsstaaten in Berlin 1995

Die UN-Generalversammlung hat mit ihrer Resolution 47/195 vom September 1992 das INC damit beauftragt, Maßnahmen zur schnellen Umsetzung der Klimakonvention zu ergreifen.[128] Nach der Rio-Konferenz von 1992 wurde auf insgesamt sechs weiteren Sitzungen des INC mit der Umsetzung der Konvention und der Vorbereitung der ersten Vertragsstaatenkonferenz begonnen. Im Dezem-

---

125 Vgl. Earth Summit Bulletin vom 4.6.1992. In der Einleitung zu Kapitel 34 der Agenda 21 heißt es: „There is a need for favourable access to and transfer of environmentally sound technologies, in particular to developing countries, through supportive measures (...) [zit. nach: United Nations A/Conf.151/26/Rev.1 (Vol. I), S. 418/419].

126 Zur US-Haltung auf der UNCED-Konferenz vgl. Frye (1992).

127 In diesem Dokument, das eine „nicht rechtsverbindliche maßgebliche Darlegung von Grundsätzen" darstellt, wird unter anderem das Souveränitätsprinzip betont (vgl. United Nations A/Conf.151/26/Rev.1 (Vol. I), S. 481).

128 Vgl. United Nations GA/Res 47/195 vom 22.12.1992.

ber 1992 und im März 1993 wurden auf dem sechsten und siebten Treffen des INC zunächst die Grundlagen für die weitere Arbeit gelegt. Dabei wurden jene Aufgaben für das INC identifiziert, die sich aus den Bestimmungen der Konvention bezüglich der Vorbereitung dieser Konferenz ergeben. Auf der sechsten INC-Runde im Dezember 1992 wurde entschieden, zwei Arbeitsgruppen einzusetzen. Die erste Arbeitsgruppe über die „commitments" beriet über Vorschläge für die erste Konferenz der Vertragsstaaten, die die gemeinsame Umsetzung der Verpflichtungen durch die Vertragsparteien, die Entwicklung von Methoden zur Aufstellung von Inventaren über die Emissionen von Treibhausgasen und die Überprüfung der Staatenberichte und der getroffenen Maßnahmen betreffen. Die zweite Arbeitsgruppe arbeitete Vorschläge über die konkrete Umsetzung des Finanzierungsmechanismus und des Technologietransfers aus. Darüber hinaus war sie u.a. auch mit der Ausarbeitung der Geschäfts- und Finanzordnung der Vertragsstaatenkonferenz und der errichteten Nebenorgane betraut.[129]

Die Diskussionen innerhalb der INC-Verhandlungen zur Vorbereitung der ersten Vertragsstaatenkonferenz wurden von mehreren Problemen geprägt, die sich wiederum unter den beschriebenen drei Hauptkonfliktgegenständen zusammenfassen lassen. Der Konflikt über die unterschiedliche Bewertung des vorhandenen Wissens prägte die Verhandlungspositionen der einzelnen Staatenkoalitionen. Zwischen den Industrieländern herrschte eine unterschiedliche Auffassung darüber, ob das vorhandene Wissen bereits dazu berechtigt, konkrete Maßnahmen zur Verminderung klimarelevanter Spurengase zu verabschieden. Während die aus den USA, Kanada, Australien, und Neuseeland bestehende „JUSCANZ"-Gruppe darauf verwies, daß das vorhandene Wissen über den Klimawandel noch unzureichend sei, erachteten insbesondere die EU-Länder das vorhandene Wissen als ausreichende Grundlage für die Feststellung, daß die Anreicherung von klimarelevanten Spurengasen in der Atmosphäre zu Klimaänderungen führen können, die weitreichende negative Auswirkungen nach sich ziehen. Die EU-Länder wurden in ihrer Position von vielen Entwicklungsländern, und insbesondere von den AOSIS-Staaten unterstützt.

Der zweite Konfliktgegenstand über die Begrenzung bzw. die Verminderung klimarelevanter Spurengase wurde während der INC-Verhandlungen zur Vorbereitung der ersten Konferenz der Vertragsstaaten unter dem Stichwort der

---

129 Vgl. INC A/AC.237/24. S. 9/10 und Annex I, S. 12-15.

„commitments", also der zukünftigen Verpflichtungen einzelner Staaten, diskutiert. Im Anschluß an INC-10 legten die AOSIS-Staaten im Herbst 1994 einen Entwurf für ein Protokoll vor, der während INC-11 beraten wurde. Dieser Entwurf sah für jede Annex-I-Vertragspartei eine Verminderung der CO_2-Emissionen des Jahres 1990 um mindestens 20 Prozent bis zum Jahr 2005 vor und orientierte sich somit an den Empfehlungen der Klimakonferenz von Toronto. Zudem forderte der AOSIS-Entwurf auch zusätzliche Verpflichtungen für Methan, Stickoxide und für solche ozonzerstörenden Stoffe, die bis dahin nicht durch das Montrealer Ozonprotokoll geregelt waren.[130] Während der AOSIS-Vorschlag nur neue Verpflichtungen für die Industrieländer forderte, sah ein von Deutschland im September 1994 eingebrachter Entwurf vor, auf „ausgewogene Verpflichtungen von Industrie- und Entwicklungsländern hin(zu)arbeiten, beispielsweise durch weitere Berichtspflichten für Nicht-Annex I-Parteien und Verpflichtungen zur Begrenzung des Emissionszuwachses für bestimmte Schwellenländer". Als ersten Schritt für eine konkrete Verpflichtung der Industrieländer sah der deutsche Entwurf eine Verpflichtung der Annex I -Parteien vor, die CO_2-Emissionen bis zum Jahr 2000 auf dem Stand von 1990 zu stabilisieren. Darüber hinaus sollte eine „anspruchsvolle Reduktion" von CO_2 für die Zeit nach dem Jahr 2000 vereinbart werden, wobei der deutsche Entwurf u.a. auf das von den AOSIS-Staaten formulierte Ziel der Verminderung um 20 Prozent bis zum Jahr 2005 Bezug nahm. Obwohl der deutsche Vorschlag zunächst auf neue Verpflichtungen für die Industrieländer abzielte, schloß er doch langfristig auch neue Verpflichtungen für die Entwicklungsländer ein.[131]

Auch wenn der Anteil der Entwicklungsländer an den zukünftigen Emissionen von klimarelevanten Spurengasen aufgrund deren ökonomischer und sozialer Entwicklung erheblich zunimmt, so verursachte die vorgesehene Aufnahme der Entwicklungsländer in mögliche Reduktionsverpflichtungen Konflikte zwischen den Industrie- und den Entwicklungsländern, die die Aussichten für eine Annahme des deutschen Vorschlags auf der Berliner Klimakonferenz beeinträchtigten.[132] Ein koordinierteres gemeinsames Vorgehen der EU-Staaten hätte dem

---

130 AOSIS Protokollentwurf zum Rahmenübereinkommen der Vereinten Nationen über Klimaänderungen über die Reduzierung der Treibhausgasemissionen, S. 3.

131 Bundesrepublik Deutschland: Elemente für ein umfassendes Protokoll zur Klimarahmenkonvention, Bonn, den 26.9.1994.

132 Über die zukünftige Rolle der Entwicklungsländer hinsichtlich einer Verminderung der klimarelevanten Spurengase vgl. Breitmeier (1996).

deutschen Vorschlag zwar mehr diplomatische Unterstützung verliehen, doch es erschien während der Verhandlungen im Vorfeld der Berliner Klimakonferenz als wenig wahrscheinlich, daß sich die Industriestaaten auf konkretere Regelungsmaßnahmen über klimarelevante Spurengase einigen konnten. Der auf dem Rio-Gipfel 1992 noch spürbare Optimismus, daß nun eine neue Phase in der globalen Umweltpolitik eingeleitet würde, wich innerhalb der kommenden Jahre einer nüchterneren Betrachtungsweise, die vor allem eine Folge der Wirtschaftskrise in den Industrieländern darstellt. Zudem brauchten einige der stärksten Bremser unter den Industriestaaten - wie z.B. die USA - Zeit, um die Auswirkungen solcher zukünftigen Verpflichtungen für die eigene nationale Volkswirtschaft abzuschätzen. Der innenpolitische Widerstand in einigen Industrieländern gegen neue zusätzliche Verpflichtungen zur Verminderung von klimarelevanten Spurengasen kam vor allem von solchen Interessengruppen, die neue Belastungen für einzelne Industriebranchen vermuteten. Die EU als wichtige Koalition unter den Vorreiterstaaten konnte sich in den zurückliegenden Jahren zudem nicht zur Verabschiedung eigenständiger Maßnahmen entschließen. Vielmehr herrschten auch innerhalb der Europäischen Union Konflikte zwischen einzelnen Mitgliedsstaaten über die Verabschiedung einer CO_2-/Energiesteuer.

Während der elften Verhandlungsrunde wurde kurz vor der Berliner Klimakonferenz im Februar 1995 erneut deutlich, daß der zwischen den Industrieländern bestehende Konflikt über die Begrenzung bzw. Verminderung klimarelevanter Spurengase unverändert weiterbestand. Zwischen den USA, anderen Bremserstaaten und den Vorreiterstaaten innerhalb der Europäischen Union konnte keine Einigung über eine gemeinsame Konkretisierung des Ziels zur Begrenzung der klimarelevanten Spurengase erzielt werden. Die Entwicklungsländer machten überdies deutlich, daß neue Verpflichtungen zur Verminderung der klimarelevanten Spurengase nur für die Industrieländer gelten könnten, während die Entwicklungsländer von neuen Regelungen über klimarelevante Spurengase ausgenommen sein sollten. Vor der Berliner Klimakonferenz konnte somit keine Einigung über die weitere Begrenzung bzw. Verminderung klimarelevanter Spurengase erzielt werden. An die Konferenz der Vertragsstaaten richtete die elfte Verhandlungsrunde nur die Empfehlung, die verschiedenen Vorschläge der AOSIS-Staaten, den deutschen Entwurf über Elemente für eine umfassendes

Protokoll, und die unterschiedlichen Haltungen der einzelnen Staaten hierzu „in Betracht zu ziehen".[133]

Aufgrund der vorherrschenden Positionsdifferenzen zwischen den Industriestaaten konnte die Berliner Klimakonferenz von Ende März bis Anfang April 1995 den von außen herangetragenen Erwartungsdruck, neue Regelungen zur Verminderung klimarelevanter Spurengase zu verabschieden, nicht erfüllen. Nahezu alle Staaten vertraten auf der Konferenz zwar die Ansicht, daß die bestehenden Regeln innerhalb der Klimakonvention unzulänglich waren, doch die Bremserstaaten versuchten, ein frühzeitiges Signal zur Verminderung klimarelevanter Spurengase zu verhindern. Besonders die USA verfolgten zu diesem Zeitpunkt das Ziel, eine Formulierung in den Abschlußdokumenten der Konferenz zu vermeiden, die eine „Verminderung" klimarelevanter Spurengase beinhaltete.[134] Das in Berlin verabschiedete „Berliner Mandat" mag zwar bei vielen Umweltverbänden auf Enttäuschung gestoßen sein; doch mehr als die erzielte Vereinbarung über die Einrichtung eines neuen Verhandlungsprozesses über eine Verschärfung der Verpflichtungen für die Zeit nach dem Jahr 2000 war aufgrund der unterschiedlichen Positionen in Berlin nicht erreichbar. Für die „Gruppe der 77" stellte es zweifellos einen Erfolg dar, daß das „Berliner Mandat" solche neuen Verpflichtungen nur für die in Annex I aufgeführten Staaten vorsieht, und somit die Debatte über mögliche Verpflichtungen für die Entwicklungsländer zunächst beendet wurde.

Mit der achten INC-Runde im August 1993 begann die Beratung des Konzepts der gemeinsamen Umsetzung ("joint implementation") von Verpflichtungen, die unterschiedliche Auffassungen zwischen den Industrie- und den Entwicklungsländern über die Tragfähigkeit dieses in der Konvention enthaltenen Konzepts offenbarte. Die nach Artikel 4 (2a) zur Verwirklichung der Ziele der Konvention mögliche gemeinsame Durchführung von „Maßnahmen und Politiken" durch die Vertragsstaaten könnte den Industrieländern die Möglichkeit eröffnen, ihre Verpflichtung zur Stabilisierung der CO_2-Emissionen durch die Finanzierung von Maßnahmen zur CO_2-Verminderung in den Entwicklungsländern zu erreichen. Dieses auf der achten INC-Runde von den Industrieländern favorisierte Konzept, das ursprünglich von Deutschland, den Niederlanden und Norwegen im Oktober 1991 vorgeschlagen wurde, stützt sich auf das Argument, daß die

---

133 Vgl. INC A/AC.237/91/Add.1, S. 51.
134 Vgl. Eco, 31 March 1995.

Kosten der Vermeidung von CO_2-Emissionen in den Entwicklungsländern weit unter jenen Kosten liegen, die für die äquivalente Vermeidung einer Tonne CO_2 in den Industrieländern aufgebracht werden müßten.[135] Das Konzept der „joint implementation" betont somit vor allem den Kostenvorteil von Maßnahmen zur Vergrößerung der Energieeffizienz in den Entwicklungsländern. Die Entwicklungsländer haben indessen zurecht auf die Gefahr hingewiesen, daß der nach wie vor für einen Großteil der Treibhausgasemissionen verantwortliche Norden mit diesem Konzept sich die Möglichkeit verschaffen würde, durch in der Dritten Welt finanzierte Projekte zur Emissionsverminderung Maßnahmen zur Stabilisierung und Verminderung der CO_2-Emissionen in den Industrieländern zu vermeiden. Von der Vertretung Malaysias und von anderen Entwicklungsländern ist dieses Konzept daher ursprünglich als neuer „Ökokolonialismus" heftig kritisiert worden.[136] Um dem ursprünglichen Ziel der Konvention gerecht zu werden, ist es in erster Linie die Aufgabe der Industrieländer als bisherige Hauptemittenten, in ihren Staaten selbst Maßnahmen zur Stabilisierung und Verminderung von Treibhausgasen zu ergreifen. Die gemeinsame Umsetzung eines Stabilisierungsziels mit den Entwicklungsländern erscheint daher nur insofern sinnvoll, daß die Industrieländer neben den in ihren Ländern in Angriff zu nehmenden substantiellen Politiken zusätzlich Maßnahmen gemeinsam mit den Entwicklungsländern ergreifen.

Nachdem die Entwicklungsländer zunächst das Konzept der „joint implementation" einhellig abgelehnt hatten, zeichnete sich während INC-10 erstmals eine Aufweichung der bis dahin einheitlichen Position der „Gruppe der 77" ab. Den Entwicklungsländern gelang es während INC-11 nur mühsam, eine gemeinsame Position zur Frage der gemeinsamen Umsetzung zu formulieren, da sich einzelne Länder (u.a. mehrere lateinamerikanische Staaten) von dem Konzept der gemeinsamen Umsetzung auch einen zusätzlichen Finanz- und Technologietransfer versprachen. Der von der „Gruppe der 77" und China für die Berliner Klimakonferenz eingereichte Vorschlag betonte, daß Verpflichtungen zur Begrenzung von Treibhausgasen nur für die in Annex I aufgelisteten Staaten, aber nicht für die Entwicklungsländer gelten. Maßnahmen zur gemeinsamen Umsetzung sollten daher auf gemeinsam zwischen Industrieländern durchgeführte Projekte anwendbar sein, wohingegen die Entwicklungsländer nicht in solche Projekte einbezogen werden sollten. Den Industrieländern sollten etwaige aus Maßnahmen

---

135 Siehe hierzu auch Oberthür (1993b: 246).
136 Vgl. „Die Zeit" vom 14.1.1994.

zur gemeinsamen Umsetzung erzielte Emissionsverminderungen während einer ersten Pilotphase zudem nicht angerechnet werden. Der Vorschlag der Europäischen Union hingegen wies auf das Potential des möglichen zusätzlichen Transfers von Kapital, Investitionen, Technologien und Know-How von den Industrie- in die Entwicklungsländer hin, das bei gemeinsam zwischen Nord und Süd durchgeführten Projekten zur Emissionsminderung in den Entwicklungsländern besteht und schlug eine Pilotphase für solche Maßnahmen vor. Der EU-Vorschlag sah es als weitgehenden Konsens an, daß den Industriestaaten während und nach dieser Pilotphase Emissionsverminderungen, die aus gemeinsam mit den Entwicklungsländern durchgeführten Projekten erzielt werden, nicht angerechnet werden. Die Industrieländer sollten ihre Verpflichtungen weitgehend durch solche Maßnahmen erfüllen, die sie in ihren eigenen Ländern durchführen. Der von den USA eingereichte Vorschlag betonte das Potential von Maßnahmen zur gemeinsamen Umsetzung zur kostengünstigen Verminderung von Spurengasen. Die Projekte sollten im Rahmen einer Pilotphase nach der Berliner Klimakonferenz beginnen und allen interessierten Ländern offenstehen.[137]

Der auf der Berliner Klimakonferenz vereinbarte Kompromiß, der eine bis zum Jahr 2000 reichende Pilotphase für Maßnahmen zur gemeinsamen Umsetzung vorsieht, hat die konfliktbeladene Frage des „Crediting", also der Anrechnung von Emissionsverminderungen, die im Rahmen von in anderen Ländern durchgeführten Maßnahmen erzielt werden, ausgeklammert. Obwohl während der Pilotphase kein „Crediting" erfolgt, so besteht langfristig für die Industriestaaten vor allem dann ein Anreiz zur Finanzierung von Emissionsverminderungen in den Staaten Osteuropas und in den Entwicklungsländern, wenn sich diese Bemühungen auch bei der Bewertung der Verpflichtungen in der Konvention niederschlagen.

Der dritte Konfliktgegenstand über den Finanz- und Technologietransfer spielte auch nach der Rio-Konferenz eine wichtige Rolle. In den Artikeln 11 (1) bis 11 (4) der Konvention wurden verschiedene Aufgaben formuliert, die eine Lösung durch die erste KVP erforderten. Die Berliner Konferenz hatte u.a. die Frage zu klären, ob die auf einer Interimsbasis mit der Durchführung des Finanzierungsmechanismus betraute globale Umweltfazilität diese Aufgabe auch weiterhin ausfüllen sollte. Auch nach der erfolgten Umstrukturierung der glo-

---

137 Zu den einzelnen Vorschlägen vgl. INC A/AC.237/91/Add1. S. 19-29.

balen Umweltfazilität betrachteten die Entwicklungsländer diese weiterhin mit Skepsis und fürchteten insbesondere um ihren Einfluß bei der Vergabe von Projektmitteln. Die Entscheidung der Berliner Konferenz, die globale Umweltfazilität zunächst für eine weitere vierjährige Übergangsperiode mit dem Finanzierungsmechanismus zu betrauen, stellt einen Kompromiß dar, der aus der Sicht der Dritten Welt zumindest formal die Möglichkeit bietet, zu einem späteren Zeitpunkt auch andere Einrichtungen mit dem Finanzierungsmechanismus zu betrauen. Wie in Artikel 11 (1) der Konvention festgelegt, entschied die Konferenz auch über die Festlegung der Politiken, Programmprioritäten und Zuteilungskriterien des Finanzierungsmechanismus. Unter anderem wurde auch festgelegt, welche Bereiche Bestandteil dieses Finanz- und Technologietransfers sind.[138] Da die globale Umweltfazilität eine Einrichtung darstellt, die sich dem direkten Einfluß der Konferenz der Vertragsstaaten entzieht, mußte auch sichergestellt werden, daß die vom Finanzierungsmechanismus genehmigten Projekte im Einklang mit den von der Konferenz der Vertragsparteien aufgestellten Kriterien stehen.

4.3.7. Der Übergang zum regulierten Konfliktaustrag: Aufgaben nach der Berliner Klimakonferenz

Obwohl auf der Berliner Klimakonferenz keine neuen Maßnahmen zur Verschärfung der in der Klimakonvention festgelegten Ziele verabschiedet wurden, stellt die Einigung auf die Einrichtung eines neuen Verhandlungsprozesses einen Erfolg dar. Die Konferenz hat die ihr in der Klimakonvention zugewiesenen Aufgaben weitgehend erfüllt, auch wenn der nicht beigelegte Konflikt über die Verabschiedung einer Geschäftsordnung zeigt, daß es einigen Bremserstaaten wie den OPEC-Ländern nach wie vor gelingt, ihre Verhinderungsmacht wirkungsvoll einzusetzen. Die im Rahmen der neu eingerichteten 'Ad hoc Group on the Berlin Mandate' laufenden Verhandlungen sind von einer neuen Komplexität der Verhandlungsgegenstände geprägt, da eine Vielzahl von politischen Maßnahmen erforderlich sein wird, um eine Stabilisierung und Reduzierung klimarelevanter Spurengase in den Industrieländern zu erreichen. Die Berliner Konferenz war nur eine wichtige Zwischenetappe im zwischen den Industriestaaten

---

138 Vgl. hierzu FCCC/CP/1995/7/Add.1, S. 34-39.

in den kommenden Jahren prägenden umweltpolitischen Konflikt über schärfere Maßnahmen zum Klimaschutz. Obwohl US-Präsident Clinton im April 1993 eine Neubestimmung der Haltung der USA gegenüber der Bearbeitung von verschiedenen globalen Umweltproblemen vorgenommen hat, verfolgten die USA bis zur Berliner Klimakonferenz auch weiterhin eine Politik des Verzögerns schärferer Maßnahmen. Das offizielle Bekenntnis des amerikanischen Präsidenten, daß sich nun auch die USA zu dem Ziel der Stabilisierung der CO_2-Emissionen bis zum Jahr 2000 auf dem Stand von 1990 bekennen, stellte in gewisser Weise zwar eine Wende im Konflikt über die Stabilisierung und Verminderung der CO_2-Emissionen dar.[139] Eine grundlegende Verhaltensänderung ließ sich aus dieser Ankündigung indessen noch nicht ableiten. Die von der neuen US-Administration im Frühjahr 1993 während der Haushaltsberatungen vorgeschlagene Energiesteuer erfuhr keine Unterstützung des amerikanischen Kongresses und wurde schließlich zurückgezogen.

Die Umsetzung einer konsistenten Gemeinschaftsstrategie der Europäischen Gemeinschaft zur Begrenzung der CO_2-Emissionen scheitert noch immer an dem Konflikt zwischen den Mitgliedsstaaten über die Einführung einer kombinierten CO_2-/Energiesteuer. Der in der Europäischen Gemeinschaft bestehende Konflikt zeigt, daß auch jene Staaten und Staatengruppen, die schon frühzeitig Ziele zur Stabilisierung oder Verminderung der CO_2-Emissionen verkündet haben, sich erst am Anfang der politischen Umsetzung dieser Ziele befinden.[140] Vom weiteren Verhandlungsprozeß im Rahmen im Rahmen der 'Ad hoc Group on the Berlin Mandate' wird es abhängen, ob innerhalb der Klimakonvention bald die Schwelle zum regulierten Konfliktaustrag überschritten werden kann, wie dies im Jahr 1987 im Problemfeld 'Schutz der Ozonschicht' erreicht wurde.

4.4. Innenpolitische Faktoren für die Außenpolitik von Akteuren im Problemfeld

Unter den Industriestaaten stellten die USA bis zum Abschluß der Verhandlungen über die Klimakonvention im Jahr 1992 den bedeutendsten Bremser-Akteur dar. Durch die während der UNCED gezeigte Haltung eines Bremsers waren die

---

139 Vgl. U.S. Policy Information and Texts, No. 43 vom 23.4. 1993, S. 22.
140 Vgl. auch Skjaerseth (1994: 41).

USA während des gesamten Rio-Prozesses starker Kritik ausgesetzt. Durch den Präsidentenwechsel zu Bill Clinton hat sich die Haltung der USA zwar nicht grundlegend verändert, doch die explizite Anerkennung des Ziels der Stabilisierung der US-Emissionen bis zum Jahr 2000 auf der Grundlage des Jahres 1990 stellt gegenüber der Haltung der Bush-Administration einen Fortschritt dar. Die Erwartungen, wonach die USA unter der neuen demokratischen Präsidentschaft einen noch weiterreichenderen Kurswechsel vornehmen würden, haben sich indessen bis zum Jahr 1995 nicht erfüllt. Im Gegensatz hierzu nahm die Bundesrepublik Deutschland innerhalb des Verhandlungsprozesses für die Klimakonvention und im Rahmen der Vorbereitung der Berliner Klimakonferenz eine Vorreiterrolle ein. Im folgenden sollen wiederum jene innenpolitischen Faktoren näher betrachtet werden, die für die Außenpolitik des Bremsers USA und des Vorreiters Bundesrepublik bestimmend waren.

4.4.1. USA

Der spätere Präsident George Bush formulierte während des Präsidentschaftswahlkampfes 1988 das Ziel, eine Art Neuanfang in der amerikanischen Umweltpolitik einzuleiten. Im Oktober 1990 wurde erstmals nach dreizehn Jahren vom Kongreß eine Neufasssung des 'Clean Air Act' von 1970 verabschiedet, in der Standards für die Luftqualität in verschmutzten Gebieten, für Fahrzeuge und toxische Chemikalien, Maßnahmen zur Verminderung der Emissionen von Schwefeldioxid (SO_2) und Stickoxiden (NO_x) und von FCKW festgelegt wurden (U.S.Policy Information and Texts vom 30.10.1990).[141] Allerdings enthielt diese Reform des 'Clean Air Acts' keine Maßnahmen zur Bekämpfung des Treibhauseffekts.[142]

Die mangelnde Akzeptanz von Maßnahmen zur CO_2-Verminderung in der amerikanischen Gesellschaft wurde im November 1990 durch das Scheitern des von der Umweltbewegung in Kalifornien eingebrachten Antrags „Big Green"

---

141 Die Carter-Administration hatte zuvor im Jahr 1977 eine Reform des 'Clean Air Acts' von 1970 verabschiedet, die als Kernpunkt den nationalen Emissionshandel als marktwirtschaftlich orientiertes umweltpolitisches Instrument beinhaltete (Messner 1993: 68/69). Zu den Erfahrungen mit dem auch auf internationaler Ebene diskutierten Instrument handelbarer CO_2-Emissionsrechte siehe auch Tietenberg (1992: 38-42), sowie Barrett (1992) und Rose (1992).

142 Vgl. „Die Zeit" vom 9.11.1990.

verdeutlicht. Dem Antrag, der als Hauptanliegen die Verminderung der CO_2-Emissionen in Kalifornien bis zum Jahr 2000 um 20 Prozent und bis 2010 um 40 Prozent vorsah, wurde bei der Volksabstimmung die Zustimmung im Stimmenverhältnis von zwei zu eins versagt.[143]

Die Umsetzung eines solchen Zieles wäre mit tiefgreifenden Auswirkungen für die Verbraucher und die Wirtschaft in den USA verbunden. Da eine Verringerung des hohen Energieverbrauchs eine spürbare Erhöhung der Energiepreise erfordert, würden die Verbraucher und die US-Wirtschaft mit zusätzlichen Mehrkosten bei der Nutzung von Energie belastet. Im Vergleich zu anderen OECD-Ländern weisen die USA die niedrigsten Energiepreise auf. In anderen OECD-Ländern mußte Anfang der neunziger Jahre im Vergleich zu den USA der zwei- bis vierfache Preis für Benzin aufgebracht werden. Während in Italien die Steuer pro Barrel Benzin 150 US-Dollar betrug, machte diese in den USA nur 16 US-Dollar aus (vgl. Schaubild 4.4.). Eine inflationsbereinigte Berechnung der Benzinpreise ergibt, daß der Benzinpreis in den USA Anfang der neunziger Jahre um 15 Prozent unterhalb des Preises von 1973 lag (United Nations 1993: 141).

Darüber hinaus weisen die USA im Vergleich zu allen anderen OECD-Ländern den niedrigsten Satz bei der generellen Besteuerung der fossilen Energieträger auf. In den USA betrug die Steuer für eine in fossilen Energieträgern enthaltene Tonne Kohlenstoff im Jahr 1988 durchschnittlich 28 US-Dollar, während in den europäischen Ländern die Steuer hierfür um ein Mehrfaches höher lag (vgl. Schaubild 4.3.). Im Vergleich zu anderen westlichen Industrieländern verfügen die USA über große Vorkommen an fossilen Brennstoffen. Die vergleichsweise niedrige Besteuerung fossiler Energieträger und die dadurch verursachten niedrigen Energiepreise stellen ein entscheidendes Hindernis für den effizienteren Energieeinsatz, das Energiesparen und den größeren Einsatz von alternativen Energiequellen in den USA dar.

---

143 Vgl. Süddeutsche Zeitung vom 8.11.1990.

Schaubild 4.2.: Preise und Steuern für Benzin in den OECD-Ländern von 1991 in Dollar pro Barrel

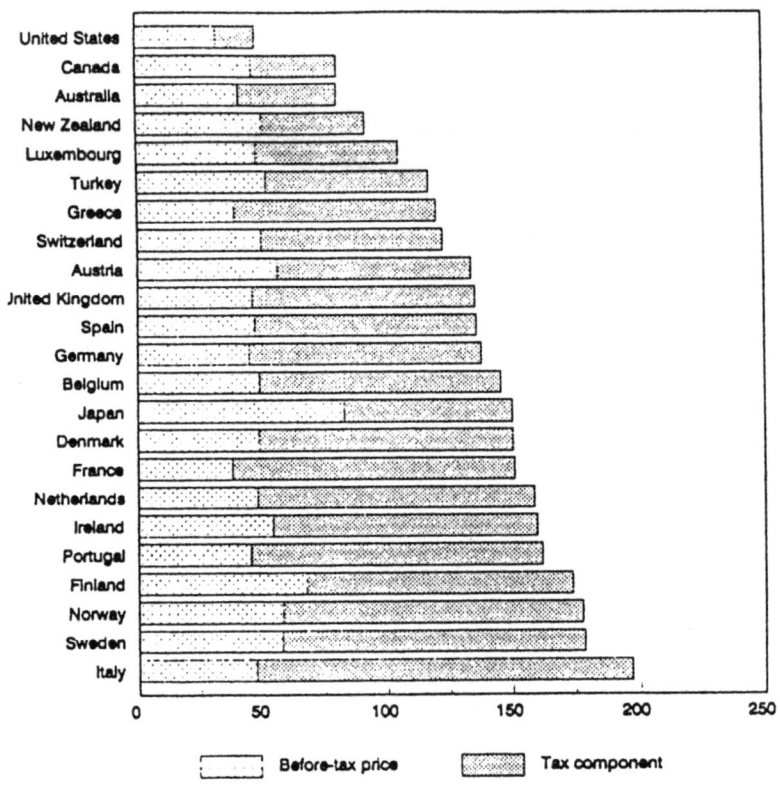

Quelle: United Nations (1993: 141).

Schaubild 4.3.: Durchschnittliche Steuer für eine Tonne Kohlenstoff in den OECD-Ländern im Jahr 1988 in US-Dollar pro Tonne

	Oil	Natural gas	Coal	Total
Australia	178	0	0	61
Austria	267	39	0	150
Belgium	162	35	0	86
Canada	108	0	0	52
Denmark	297	110	0	147
Finland	200	0	0	107
France	351	38	0	229
Germany	212	23	0	95
Ireland	277	4	0	139
Italy	317	80	0	223
Japan	130	2	0	75
Netherlands	221	27	0	89
New Zealand	235	0	0	117
Norway	258	0	0	182
Portugal	205	13	0	147
Spain	176	19	0	112
Sweden	268	13	6	214
Switzerland	224	2	18	198
United Kingdom	297	0	0	107
United States	65	0	0	28

Quelle: United Nations (1993: 140).

Die von der Bush-Administration in der 'National Energy Strategy' (NES) von 1991 formulierten Grundlagen für die zukünftige Energiepolitik des Landes vertrauten auch langfristig auf eine weiterhin starke Abhängigkeit von der Nutzung fossiler Energieträger. Die verstärkte Nutzung von alternativen Energiequellen, Maßnahmen zur Energieeinsparung und zur Verringerung der Energieintensität spielten in der Energiepolitik auf Bundesebene während der Amtszeit von Präsident Bush eine unbedeutende Rolle. Von Umweltorganisationen wurde immer wieder auf die enge Verbindung zwischen dem US-Präsidenten und der Energiewirtschaft hingewiesen.[144]

---

144 Zum Einfluß des amerikanischen Energiesektors vgl. auch Rayner (1992). Lester Brown, der Präsident des World Watch-Instituts, kritisierte die Nähe des US-Präsidenten zur Energieindustrie: „Präsident Bush hat seine politische Karriere in Texas mit der Hilfe von Ölfirmen begonnen. Die Unterstützung begleitete ihn bis ins Weiße Haus. Er empfindet offensichtlich eine Art von Loyalität mit dieser Industrie" (Interview mit der tageszeitung vom 29.2.1992).

Das amerikanische Energieministerium ging davon aus, daß der Energiebedarf bis zum Jahr 2030 weiterhin stark ansteigt. Bei der Stromerzeugung, die in den USA überwiegend auf Kohlebasis erfolgt, erwartete das Ministerium im Jahr 1988 einen Anstieg des Kohleeinsatzes bis zum Jahr 2010 um 65 Prozent (Rayner 1992: 247).[145] Einem Rückgang des Endenergieverbrauchs im Industriesektor um 5,8 Prozent steht zwischen 1980 und 1988 ein besonders starker Anstieg des Verbrauchs im amerikanischen Verkehrswesen um 12,6 Prozent gegenüber.[146] Im Vergleich zu anderen OECD-Ländern weisen die USA eine Spitzenstellung bei der Ausrüstung mit Personenkraftwagen auf. Zwischen 1980 und 1988 stieg die Zahl der pro tausend Einwohner zugelassenen PKWs von 598 auf 631 an. Von den größeren Industrienationen wurde diese Zahl 1988 annähernd nur von der Bundesrepublik erreicht, in der 472 PKWs pro Tausend Einwohner zugelassen waren (ECE 1992: 61). Wie in anderen OECD-Ländern ging zwar auch in den USA der Flottenverbrauch der Personenkraftwagen seit 1970 kontinuierlich zurück. Während die Zahl der in PKW gefahrenen Kilometer in der Bundesrepublik zwischen 1980 und 1988 um 26,5 Prozent anstieg, vermehrten sich diese in den USA jedoch sogar um 31,7 Prozent (ECE 1992: 61). Dem gewachsenen Bedürfnis nach individueller Mobilität steht in den USA ein nur sehr unzureichend ausgebautes Netz zur öffentlichen Personenbeförderung gegenüber. In den USA besteht ein hohes Potential, durch eine „Effizienzrevolution" die CO_2-Emissionen zu stabilisieren und zu reduzieren.[147] Durch den Einsatz von erneuerbaren Energiequellen könnte bis zum Jahr 2030 mehr als die Hälfte des Energieverbrauchs der USA abgedeckt werden (Flavin/Lenssen 1991: 54). Zudem bestehen enorme Potentiale zur Energieeinsparung, die jedoch nur durch eine Erhöhung der Energiepreise ausgeschöpft werden können.

---

145 Der Anteil der aus fossilen Energieträgern gewonnenen Strommenge ging in den USA zwischen 1980 und 1988 nur unwesentlich von 77,3 auf 72,3 Prozent zurück. Der Kernenergieanteil stieg von 11 Prozent (1980) auf 19,4 Prozent (1988). Der Restanteil entfällt überwiegend auf die Stromgewinnung durch Wasserkraft. Frankreich erhöhte im gleichen Zeitraum den Kernenergieanteil bei der Stromerzeugung von 23,7 (1980) auf 70,3 Prozent (1988). Auch die Bundesrepublik weist einen höheren Atomenergieanteil auf, der sich von 11,9 (1980) auf 33,6 Prozent erhöhte (1988). Vgl. ECE (1992: 55).

146 In den amerikanischen Haushalten stieg der Verbrauch bis 1988 um 4,2 Prozent an. Der Endenergieverbauch betrug in den USA im Jahr 1988 36,7 Prozent im Verkehrssektor, 29,8 Prozent im Industriesektor, 19,3 Prozent in den amerikanischen Haushalten und 14,2 Prozent in anderen Anwendungsbereichen (vgl. ECE 1992: 58).

147 Vgl. die tageszeitung vom 9.5.1992.

Während in der Anfangsphase der Bush-Präsidentschaft Umweltthemen eine gesteigerte Bedeutung beigemessen wurde, ging das Interesse der Administration an umweltpolitischen Maßnahmen durch die einsetzende wirtschaftliche Rezession immer mehr zurück. Der während der Bush-Präsidentschaft amtierende EPA-Chef William Reilly wies auf den Primat ökonomischer Fragen gegenüber Umweltfragen hin, der durch den bevorstehenden Präsidentschaftswahlkampf 1992 immer größere Bedeutung erlangte:

„(...) mit dem rauher werdenden Klima, der Rezession und den Angriffen auf den Präsidenten von der republikanischen Rechten und Pat Buchanan, nahm die Verkäuflichkeit von Umweltargumenten einfach ab. (...) Fairerweise muß man (...) zugestehen, daß die Außendarstellung des Präsidenten zuletzt nicht auf Umweltpolitik orientiert war. Die Außendarstellung war ausgerichtet auf Jobs, auf die Wirtschaft und auf Wachstum" (Interview mit der tageszeitung vom 9.12.1992).

Da der Wirtschaftspolitik oberste Priorität eingeräumt wurde, fürchtete die Bush-Administration vor allem die negativen Auswirkungen auf die Wettbewerbsfähigkeit der amerikanischen Wirtschaft, die mit den Kosten einer Stabilisierung der CO_2-Emissionen verbunden sind. Den positiven Auswirkungen, die sich für die US-Wirtschaft aus einem durch Umweltauflagen ausgelösten technologischen Modernisierungsschub ergeben konnten, wurde von der Bush-Administration hingegen kein Gewicht beigemessen.[148]

Während des Wahlkampfs von 1992, der ganz im Zeichen der Wirtschaftspolitik stand, spielte die Umweltpolitik eine unbedeutende Nebenrolle. Nur der spätere US-Vizepräsident Al Gore machte verstärkt auf die Notwendigkeit „eines globalen Marshallplans für die Umwelt" aufmerksam. Der spätere US-Vizepräsident sprach sich für ein CO_2-Stabilisierungsziel in der Klimakonvention aus.[149] Das Problem der globalen Klimaänderungen besaß indessen in der amerikanischen Öffentlichkeit über einen längerfristigen Zeitraum betrachtet nicht jenen Stellenwert, dem der Problematik der Zerstörung der Ozonschicht

---

148 Die Bedeutung von „R & D" (Research and Development) ist nach Aussage des früheren EPA-Chefs Reilly erst von der Clinton-Mannschaft erkannt worden (vgl. die tageszeitung vom 9.12.1992),

149 Vgl. Gore (1992). Noch vor seiner Ernennung zum Kandidaten für das Amt des Vizepräsidenten durch den Präsidentschaftskandidaten Bill Clinton schrieb Al Gore hierzu im Spiegel: „Wir müssen eine Konvention zur Klimaveränderung verabschieden, die wenigstens festschreibt, daß im Jahr 2000 der Kohlendioxidausstoß des Jahres 1990 nicht überschritten werden darf" (zit. nach: Der Spiegel 19/1992, S. 231).

beigemessen wurde. Von entscheidender Bedeutung erwies sich dabei, daß bei der Bewertung des bestehenden Wissens über die Klimaänderungen kein Konsens zwischen den US-Wissenschaftlern und der Bush-Administration hergestellt werden konnte. Obwohl die USA ein Zentrum der weltweiten Klimaforschung darstellen und die führenden Klimaforschungsinstitute eine bedeutende Rolle bei der Weiterentwicklung des Konsens-Wissens über die Ursachen und Auswirkungen des Klimawandels spielten, blieb deren Einfluß auf die amerikanische Regierung besonders in den Zeiten der Bush-Administration begrenzt. So herrschte in den USA ein tiefer Konflikt zwischen ökologischen Interessengruppen, die die Regierung auf den vorhandenen Problemdruck hinwiesen und zwischen der Administration und den Interessengruppen der Energieindustrie, die mit dem Argument der wissenschaftlichen Unsicherheit das Problem des Treibhauseffektes herunterspielten.[150] Hochrangige konservative Mitglieder der Bush-Administration wie der bis zum Herbst 1991 amtierende Stabschef John Sununu verhinderten zudem eine kompromißorientiertere Haltung der US-Verhandlungsdelegation, deren Spielraum innerhalb der Klimaverhandlungen bis zur Rio-Konferenz sehr eingeschränkt war.[151]

Die Clinton-Administration hat bereits wenige Monate nach ihrem Amtsantritt eine Kurskorrektur in der amerikanischen Klimapolitik vorgenommen. Der Plan, durch eine Erhöhung der Energiesteuern nicht nur das amerikanische Haushaltsdefizit zu verringern, sondern auch einen Anreiz zur Reduzierung des Energieverbrauchs zu schaffen, scheiterte jedoch am Widerstand verschiedener Interessengruppen und des amerikanischen Kongresses. Die Gegner der Energiesteuer verwiesen auf die mögliche Beeinträchtigung der amerikanischen Industrie im Wettbewerb mit den EG-Ländern und Japan.[152] Die in den vergangenen Jahren vor allem von der republikanischen Mehrheit im Kongreß geführte Debatte über Steuersenkungen stellte ein sehr ungünstiges Klima für steuerpoliti-

---

150 Vgl. Grubb/Rayner/Tanabe/Russell/Ledic/Mathur/Brackley (1991: 913), die darauf hinweisen, daß die politische Diskussion über globale Umweltprobleme in den USA sehr kontrovers geführt wurde.

151 Vgl. hierzu Andresen (1993: 14-17).

152 Zum Widerstand der Branchen mit besonders energieintensiver Produktion in den USA und der EG gegen die Einführung einer Energie- bzw. CO_2-Steuer bemerkte der 'Economist' vom 12.6.1993: „In each case, the energy users argued that their foreign rivals would gain. Had America and the EC joined forces, both energy taxes might have stood more chance for survival".

sche Maßnahmen zur Senkung des Energieverbrauchs dar. Das Scheitern der Pläne für eine nationale Energiesteuer hat die Möglichkeiten der Clinton-Administration für schärfere innenpolitische Regelungen eingeengt.

Die zunächst von der Clinton-Adminstration eingeschlagene Klimapolitik bestand weitgehend aus einem Katalog von freiwilligen Maßnahmen des privaten Sektors. Ein im Oktober 1993 von Präsident Clinton vorgestellter Aktionsplan sah vor, daß die Industrie ca. 50 Einzelinitiativen zur Reduzierung aller treibhausrelevanten Spurengase umsetzt. Dieser Aktionsplan umfaßte u.a. freiwillige Verpflichtungen eines Großteils der amerikanischen Elektrizitätswerke zum Abbau der Treibhausgase, eine Partnerschaft zwischen Verwendern und Herstellern von Motoren zur Förderung effizienter Motoren, eine Hypothekenintiative für Hausbesitzer zur Förderung energiesparender Maßnahmen, aggressivere Normen für den Energieverbrauch von Haushaltsgeräten und Maßnahmen zur Energieeinsparung in Bürogebäuden (U.S. Policy Informations and Texts vom 21.10.1993, S.10/11).

4.4.2. Bundesrepublik Deutschland

Schon bevor in der Bundesrepublik eine öffentliche Diskussion über den Treibhauseffekt einsetzte, wurden innenpolitisch heftige Kontroversen über den zukünftigen Energiemix und die Entwicklung des weiteren Primärenergieverbrauchs ausgetragen. Durch die Ölkrisen der siebziger Jahre, das Anwachsen der Anti-AKW-Bewegung und die zunehmende Luftverschmutzung stellten Fragen der Energiepolitik und der ökologischen Auswirkungen einzelner Energieträger einen Kernpunkt der politischen Diskussion in der Bundesrepublik dar. Im Jahr 1979 setzte der deutsche Bundestag eine Enquete-Kommission „Zukünftige Kernenergiepolitik" ein, die vier verschiedene Pfade für die weitere Energiepolitik entwarf. Die Diskussion über diese verschiedenen Pfade des Energiebedarfs und über den Anteil der Energieträger bis zum Jahr 2030 war davon geprägt, welchen Umfang der Energieverbrauch in den kommenden Jahrzehnten einnimmt und welche Rolle der Kernenergie, den fossilen Brennstoffen (insbesondere dem Kohleeinsatz) und den alternativen Energieträgern dabei jeweils zukommt (Müschen/Romberg 1986: 27). Energiepolitischen Fragen wurde bereits seit Ende der siebziger Jahre ein wichtiger Stellenwert auf der politischen Tagesordnung eingeräumt.

Die innenpolitische Umweltdiskussion wurde auch von der Notwendigkeit politischer Maßnahmen zur Luftreinhaltung geprägt. Den Auslöser hierfür stellte vor allem das Anfang der achtziger Jahre ins Blickfeld der Öffentlichkeit geratene Waldsterben dar. In den achtziger Jahren wurden verschiedene Verordnungen erlassen, die den Ausstoß von Schwefeldioxid, Stickoxiden und von Staub in der Bundesrepublik bis Ende der achtziger Jahre reduzierten. In der 1983 in Kraft getretenen Großfeuerungsanlagenverordnung wurden entsprechende Emissionsgrenzwerte für Kraftwerke, Fernheizwerke und Industriefeuerungen zur Strom- und Dampferzeugung festgelegt. In der 1986 novellierten Technischen Anleitung zur Reinhaltung der Luft (TA Luft) wurden für genehmigungspflichtige Anlagen (z.B. Raffinierien, Chemiewerke, Eisen- und Stahlwerke, Zementwerke, Keramik- und Glaswerke usw.) Emissionsgrenzwerte für circa 200 staub- und gasförmige Schadstoffe festgelegt. Darüber hinaus wurden für die wichtigsten Luftschadstoffe in der TA Luft auch Immisionsgrenzwerte festgelegt. Zudem wurde ein Konzept zur Sanierung von Altanlagen in die TA Luft aufgenommen. Im Jahr 1988 trat auch die Kleinfeuerungsanlagenverordnung in Kraft, die für die über 20 Millionen Feuerungsanlagen in privaten Haushalten, Handwerks-, Gewerbe und Landwirtschaftsbetrieben und für öffentliche Gebäude u.a. Vorschriften über den Wirkungsgrad und den Ausbrand dieser Anlagen beinhaltet.[153] Die Bundesrepublik hat somit neben Japan bei den Regelungen zur Verminderung der Schadstoffemissionen aus stationären Quellen in den achtziger Jahren eine Vorreiterrolle übernommen (Petersen 1993: 378).

Allerdings bestehen erhebliche Regelungsdefizite bei der Verminderung des Schadstoffausstoßes aus den mobilen Quellen des Verkehrssektors. Gestützt auf zum Teil schon früher in den USA getroffene Maßnahmen wurden auf EG-Ebene seit 1985 Regelungen zur Schadstoffminderung bei PKWs, LKWs und Bussen verabschiedet. Diese umfassen neben der inzwischen erfolgten Einführung des Drei-Wege-Katalysators in PKWs die sukzessive Verschärfung von Grenzwerten für Rußpartikel bei Diesel-PKW, LKWs und Bussen (BMU 1993a: 23/24).[154]

---

153 Darüber hinaus wurden bis 1991 auch für chemische Reinigungen und für Abfallverbrennungsanlagen Verordnungen zur Luftreinhaltung erlassen. Eine Übersicht über den Inhalt der verabschiedeten Verodnungen zur Luftreinhaltung in der Bundesrepublik bietet BMU (1993a: 20/21).

154 Petersen (1993: 403) kritisiert die auf EG-Ebene verfolgte Politik der Verminderung der Autoabgase. Während in den USA langfristige gesetzliche Ziele festgelegt werden, die die Automoblindustrie zur Entwicklung neuer Technologien (technology forcing) auf diesem

Wissenschaftler begannen in der Bundesrepublik seit den siebziger Jahren verstärkt damit, ihr Wissen über den Treibhauseffekt über die Presse der Öffentlichkeit zugänglich zu machen. In den siebziger Jahren wuchs die Zahl der mit der Klimaforschung befaßten Wissenschaftler in der Bundesrepublik erheblich. Die Deutsche Physikalische Gesellschaft griff die Ergebnisse der Konferenz von Villach von 1985 auf und veröffentlichte im Jahr 1986 einen Bericht über die drohende Klimakatastrophe. Dieser Bericht löste 1986 in der Bundesrepublik ein breites Medienecho aus. Die starke Beachtung dieses Themas wurde durch die breite gesellschaftliche Sensibilisierung für Umweltfragen begünstigt. Von Cavender/Jäger (1993: 13) wird jedoch darauf hingewiesen, daß die Treibhausproblematik von der deutschen Umweltbewegung erst relativ spät zu einem wichtigen politischen Problem erklärt wurde.[155] Im Gegensatz hierzu benutzte die bundesdeutsche Atomindustrie das Argument des Treibhauseffektes schon frühzeitig dafür, um für einen Ausstieg aus den fossilen Energieträgern und für den Ausbau der Kernenergie zu werben. Der bedeutende Rang, den Umweltfragen auf der politischen Tagesordnung und im Bewußtsein der Wähler einnahmen, wurde auch durch das in den achtziger Jahren zunächst wachsende Stimmenpotential für die Partei der Grünen verdeutlicht. Bei den Bundestagswahlen 1987 steigerte die Partei ihr 1983 erreichtes Wahlergebnis von 5,3 auf 8,7 Prozent. Das Scheitern der Grünen bei den Bundestagswahlen im Jahr 1990 kann hingegen nicht mit einem geringeren Umweltbewußtsein, sondern mit den parteiinternen Auseinandersetzungen zwischen den einzelnen Flügeln der Partei erklärt werden.

Bei politischen Entscheidungsträgern, den Parteien und bei bedeutenden gesellschaftlichen Gruppen wurde der Klimaproblematik schon frühzeitig große Aufmerksamkeit gewidmet. Mit der Errichtung der Enquete-Kommission „Vorsorge zum Schutz der Erdatmosphäre" durch den Deutschen Bundestag im Jahr 1987 wurde sehr frühzeitig die Entwicklung eines breiten Konsenses über die

---

Sektor zwingen soll, besteht in der EG eine mangelnde Fähigkeit zur Innovation: „Eine maßgebliche Rolle spielt dabei, daß in der Bundesrepublik und stärker noch in der EG das Parlament gegenüber der Exekutive eine schwache Rolle spielt. In den USA ist die Legislative mit umfangreichem Personal ausgestattet, was den Parlamentariern fundierte Vorbereitungen bei der Erarbeitung von Gesetzesanträgen erlaubt. Diese Tätigkeit wird in der Bundesrepublik nahezu vollständig (...) von den Beamten der Ministerien wahrgenommen".

155 Gruppen wie Greenpeace, der Bund für Umwelt und Naturschutz (BUND) und der Deutsche Naturschutzring (DNR) unterstützten ursprünglich vor allem die Verstärkung des Kohleeinsatzes bei der Primärenergienutzung und befürchteten, durch die Treibhausproblematik könne eine Renaissance der Kernenergie einsetzen.

wissenschaftlichen Aspekte des Treibhauseffekts und über notwendige politische Maßnahmen ermöglicht. Die Arbeit der Enquete-Kommmision bildete den entscheidenden Vorläufer für das später von der Bundesregierung verkündete Ziel der CO_2-Verminderung um 25 Prozent bis zum Jahr 2010:

"In examining the global warming problem, the commission held general hearings to inform - and receive positions from - industry representatives and environmental groups. In this way, it established a relatively rapid consensus among many sectors of society that the climate change problem must be addressed. As a result of its rare mix of scientists and politicians, the commission was able quickly and comprehensively to integrate scientific assessments into the political process. It consequently generated ambitious policy recommendations that cut across party lines and paved the way for the goverment's CO_2 policy (Cavender/Jäger 1993: 12).

Die Bundesregierung anerkennt, daß der Treibhauseffekt für die Länder Westeuropas mit schwerwiegenden Auswirkungen verbunden sein wird. In ihrem nach Artikel 12 der Klimakonvention an die Konferenz der Vertragsparteien zu übermittelnden nationalen Bericht, den die Bundesregierung als erste Regierung vorgelegt hat, formuliert diese in einem „Klimaszenario Westeuropa" den zukünftigen Problemdruck für diese Länder (BMU 1993b: 99-103).

Die Bundesregierung hat im Juni 1990 eine Interministerielle Arbeitsgruppe CO_2-Reduktion (IMA) eingesetzt, die in den Bereichen Energieversorgung, Verkehr, Gebäude, Technologien und Land- und Forstwirtschaft Vorschläge zur Verminderung der CO_2-Emissionen vorlegen soll. Ein von der Bundesregierung inzwischen verabschiedetes CO_2-Minderungsprogramm sieht eine große Anzahl von Maßnahmen zu Effektivierung des Energieeinsatzes, zum Energiesparen und zur Förderung alternativer Energiequellen vor (BMU 1993b: 107-109). Zwischen 1987 und 1992 sind die CO_2-Emissionen im Bundesgebiet (einschließlich der ehemaligen DDR) um 14,5 Prozent zurückgegangen. Dieser Rückgang ist jedoch nur auf die drastische Senkung der energiebedingten CO_2-Emissionen in der ehemaligen DDR um 47,8 Prozent zurückzuführen. In den alten Bundesländern zeichnet sich derzeit hingegen noch keine Verminderung der CO_2-Emissionen ab. Seit 1987 wurde sogar ein leichter Anstieg dieser Emissionen um 1,8 Prozent verzeichnet (BMU 1993b: 84). Auch in der Bundesrepublik werden durch den steigenden Energieverbrauch im Verkehrssektor die in anderen gesellschaftlichen Bereichen erzielten Einsparungen ausgeglichen.[156] In dem Beschluß der Bundesregierung vom 29. September 1994 zur Verminderung der CO_2-Emissionen bekräftigt die Regierung die Auffassung, „daß politische Maßnahmen zur Vorsorge nicht mit dem Hinweis auf noch vorhandene Wissenslücken unterlassen werden dürfen".[157]

Maßnahmen zum Klimaschutz werden in der deutschen Bevölkerung eine hohe Bedeutung zuerkannt. Allerdings herrscht eine erhebliche Kluft zwischen den von Wissenschaftlern und Politikern einerseits und den Verbrauchern andererseits bevorzugten Maßnahmen. In der Bundesrepublik besteht eine große Bereitschaft zur Veränderung des Konsumverhaltens, während die Bereitschaft zur Leistung eines ökonomischen Beitrags erheblich geringer ausgeprägt ist. Freiwillige Maßnahmen zum Klimaschutz werden gegenüber Zwangsmaßnahmen eindeutig bevorzugt. Eine Umfrage zur Bewertung von Klimaschutzmaßnahmen in der deutschen Bevölkerung zeigt, daß eine Erhöhung des Benzinpreises um 1 DM nur von 23 Prozent der Bevölkerung akzeptiert wird. Auch die Verpflichtung zur Durchführung der Wärmedämmung wurde nach dieser Umfrage nur von 38 Prozent der Bundesbürger akzeptiert. Freiwillige Maßnahmen, die überdies geringere Kosten verursachen, finden hingegen breite Akzeptanz. Neben dem Getrenntsammeln von Abfällen (90 Prozent Zustimmung) werden auch der Ausbau von Sonnen- und Windenergie (84 Prozent), der Kauf teurerer energiesparender Geräte (81 Prozent) und der Kauf eines sparsameren Autos (80 Prozent) von den Bundesbürgern bevorzugt (Karger/Schütz/Wiedemann 1993: 205).

Die Erreichung des von der Bundesregierung formulierten Ziels zur Reduzierung der CO_2-Emissionen hängt von der Umsetzung vieler Einzelmaßnahmen in allen gesellschaftlichen Bereichen ab. Zwischen der wissenschaftlich-technischen Rationalität der Enquete-Kommission, der Parteien und der Bundesregierung und der Rationalität des Bürgers besteht derzeit allerdings noch eine gravie-

---

156 In der Bundesrepublik ging der gesamte Endenergieverbrauch zwischen 1980 und 1988 geringfügig um 0,7 Prozent zurück. Im Verkehrsbereich stieg der Endenergieverbrauch in dieser Zeit jedoch um 17,8 Prozent an. Auch in den deutschen Haushalten wurde zwischen 1980 und 1988 um 19,1 Prozent mehr Endenergie verbraucht. Im Industriesektor fiel der Rückgang um 21,4 Prozent besonders stark aus. Im Jahr 1988 betrug der Anteil der Industrieproduktion am Endenergieverbrauch 30 Prozent, des Verkehrssektors 27 Prozent, der Haushalte 25,1 Prozent und von anderen Anwendungsformen 17,9 Prozent (vgl. ECE 1992:58).

157 Zit. Nach Bundesministerium für Umwelt, Naturschutz und Reaktorsicherheit (1994: 18).

rende Lücke. Obwohl die Bundesregierung erste Maßnahmen zum Klimaschutz getroffen hat, wird sie langfristig das angekündigte Ziel einer Verminderung des CO_2-Ausstosses um 25 Prozent nur mit zusätzlichen Maßnahmen erreichen, die z.B. auch die steigenden Emissionen in einzelnen Sektoren wie z.B. dem Verkehrssektor eindämmen. Mit ihrer internationalen Vorreiterrolle als Anwalt für eine aktive Klimapolitik gelang es der Bundesregierung, in einem auf der innenpolitischen Agenda als wichtig erachteten Problemfeld die Meinungsführerschaft zu erobern und umweltpolitische Kompetenz zu beweisen. Die Bundesregierung wurde durch den zögerlichen klimapolitischen Prozess auf internationaler Ebene in den vergangenen Jahren nicht zu weiterreichenden Maßnahmen gezwungen. Da auch innerhalb der Europäischen Union effektivere Maßnahmen zum Klimaschutz blockiert wurden, konnte sich die Bundesregierung bisher weitgehend mit deklaratorischer Politik in einem zentralen umweltpolitischen Problemfeld ihrer Wählerschaft als umweltpolitischer Vorreiter präsentieren, ohne die bundesdeutsche Wirtschaft und die deutschen Verbraucher bisher mit hohen Kosten für den Klimaschutz zu belasten.

4.5. Realistische und pluralistische Erklärungen für den Konfliktaustrag und die Außenpolitik der Staaten

Im folgenden muß erklärt werden, warum bisher kein globales Klimaregime entstanden ist und von welchen inneren Faktoren die Außenpolitik bedeutender Akteure im Problemfeld geprägt wurde. Weiterhin stellt sich erneut die Frage, ob die Erklärungsansätze des Realismus und des Pluralismus konkurrierende Erklärungen für den Konfliktaustrag und die Außenpolitik darstellen, oder ob eine Integration der einzelnen Erklärungsansätze vorgenommen werden kann.

1) Die Rolle der Macht als realistische Erklärung für den Konfliktaustrag
Den USA gelang es während der Bush-Administration mit Erfolg, ihre Verhinderungsmacht einzusetzen, um ein gemeinsames Stabilisierungsziel für die CO_2-Emissionen der Industrieländer zu verhindern. Die EG und die anderen OECD-Länder verfügten über keine ausreichenden Machtressourcen, um die Bush-Administration zum Einlenken zu bewegen. Der politische Druck, den einzelne EG-Mitgliedsländer und die Entwicklungsländer auf die USA ausübten, führte zu keiner Veränderung der amerikanischen Haltung bis zur Rio-Konferenz. Die

EG (bzw. die nach dem In-Kraft-Treten der Maastrichter Verträge in EU umbenannte Europäische Union) verfügte gegenüber den USA auch über schwach ausgeprägte ökonomische Machtressourcen zur Durchsetzung eines konkreten Stabilisierungsziels in der Klimakonvention bis zum Jahr 1992 und zur Einführung weiterreichender Maßnahmen bis zur Berliner Klimakonferenz im Jahr 1995. Der von der EU ausgeübte Druck beschränkte sich bis zum Jahr 1995 weitgehend darauf, die USA und andere Industriestaaten auf die politische Anklagebank zu setzen. Dieses „shaming" war der kleinste gemeinsame Nenner, auf den sich die EU-Staaten, die hinsichtlich einer Gemeinschaftsstrategie zum Klimaschutz selbst unterschiedliche Interessen aufweisen, gerade noch einigen konnten. Es mag dahingestellt bleiben, ob die gewählte politische Strategie des „shaming" gegenüber den USA im Gegensatz zu einer mehr auf Überzeugungsarbeit abzielenden Strategie erfolgversprechender war. Aus der Sicht jener EU-Staaten, die für weiterreichendere Maßnahmen zum Klimaschutz eintraten, mag das „shaming" auch dazu gedient haben, die in dieser Frage wenig homogene EU-Koalition dadurch zusammenzuhalten, indem der politische Konflikt mit den USA angeheizt wurde.[158] Seit dem Beginn der Klimaverhandlungen besaß die EG gegenüber den USA und anderen Bremserstaaten innerhalb der Gruppe der OECD-Länder geringere problemfeldspezifische Machtressourcen. Die Option, den Regimebeitritt der USA notfalls mit ökonomischen Sanktionsmaßnahmen zu erzwingen, bestand zu keinem Zeitpunkt und wurde von der Europäischen Gemeinschaft auch nicht erwogen. Als ein an Bedeutung gewinnender Faktor problemfeldspezifischer Macht hat sich für die Europäische Union in den vergangenen Jahren die Unterstützung ihrer klimapolitischen Ziele durch die AOSIS-Staaten erwiesen. Langfristig könnte die international wachsende Koalition solcher „gleichgesinnter" Staaten dazu beitragen, die politischen Eliten und das Meinungsklima in den Bremserstaaten dahingehend zu beeinflußen, daß schärfere klimapolitische Maßnahmen auf mehr Akzeptanz stoßen. Da die EU-Länder erst mit der Umsetzung ihres Stabilisierungsziels begonnen haben, war die Vorbildfunktion des EU-Stabilisierungsziels begrenzt. Somit waren auch die kulturellen Machtressourcen der EU schwach ausgeprägt. Das CO_2-Stabilisierungsziel der EU entfaltete jedoch eine gewisse Vorreiterfunktion, der sich die US-Regierung nach dem Präsidentenwechsel und der erfolgten Korrektur der

---

158 Andresen (1993: 32) weist darauf hin, daß die von der EU-Kommission gewählte offensive Strategie gegenüber den USA auch dazu gedient hat, die nicht sehr homogene Koalition EU-Staaten in dieser Frage zusammenzuhalten.

amerikanischen Haltung gegenüber verschiedenen globalen Umweltproblemen anschloß. Den Entwicklungsländern gelang es, ihre Machtressourcen, die sich vor allem aus deren zukünftigem Emissionspotential ergeben, erfolgreich für die Errichtung eines - bisher allerdings begrenzten - Finanz- und Technologietransfers der Industrieländer einzusetzen. Bemerkenswert bleibt, daß einige wichtige Kernpunkte der Klimakonvention wie der „comprehensive approach" auf Vorschläge der USA zurückgehen. Die USA konnten ihr wichtigstes politisches Ziel, Maßnahmen zur Verminderung klimarelevanter Spurengase zunächst zu verhindern, erreichen.

2) Die Verteilungsempfindlichkeit als realistische Erklärung für die Außenpolitik
Bis zur Rio-Konferenz war die amerikanische Haltung bei den Klimaverhandlungen zwar von der Angst bestimmt, daß die Stabilisierung der CO_2-Emissionen eine Verschlechterung der Wettbewerbsposition für die amerikanische Wirtschaft bewirken könnte. Die amerikanische Außenpolitik ging nach dem Präsidentenwechsel von Bush zu Clinton jedoch nicht mehr davon aus, daß ein globales Klimaregime zwischen den Industriestaaten zur Entstehung von relativen Gewinnen führen würde. Die außenpolitische Haltung der Bush-Administration war eher Ausdruck von Perzeptionen konservativer Ideologen, die sich gegenüber jenen Experten innerhalb der Administration durchsetzen konnten, die international vereinbarten Maßnahmen zum Klimaschutz aufgeschlossener gegenüberstanden. Die Clinton-Administration betonte während der im Jahr 1993 geführten Diskussion über die letzlich gescheiterte Energiesteuer die durchaus vorteilhaften Auswirkungen, die mit dem Zwang zu einer Verringerung des Energieeinsatzes für die Konkurrenzfähigkeit der US-Wirtschaft verbunden sind. Nicht nur für die Verbraucher und die Wirtschaft in den USA, sondern auch in den anderen Industrieländern werden mittelfristig höhere Kosten für den Energieverbrauch anfallen. Das Potential der Kostenersparnis durch eine Verringerung des Energieeinsatzes wurde von der Bush-Administration nicht beachtet. Da die Erfüllung eines möglichen Ziels zur Verminderung klimarelevanter Spurengase erst nach einer langen Übergangsfrist erfolgen müßte, würden Möglichkeiten für eine flexible mittelfristige Anpassung an dieses Ziel bestehen, die kurzfristig nicht zu relativen Gewinnen anderer Staaten führen dürften. Im Problemfeld müssen nur die Erdöl exportierenden Staaten fürchten, daß globale Maßnahmen zum Klimaschutz zu einem Rückgang der Erlöse aus dem Erdölexport führen könnten.

3) Die Situationsstruktur als pluralistische Erklärung für den Konfliktaustrag
Bis zur teilweisen Neubestimmung der amerikanischen Klimapolitik im Jahr 1993 herrschte im Problemfeld eine Rambosituation. Die Präferenz der USA als äußerst wichtigem Akteur bestand darin, im Konflikt über die Begrenzung bzw. Verminderung der klimarelevanten Spurengase nicht zu kooperieren.[159] Es bestanden somit bis zum Jahr 1993 sehr schlechte Aussichten für die Entstehung eines Klimaregimes. Durch die Neubestimmung der US-Position hat sich die Situationsstruktur im Problemfeld zu einem Koordinationsspiel mit Verteilungskonflikt verändert. Es kann somit angenommen werden, daß sich die Wahrscheinlichkeit für die Regimeentstehung vergrößert hat. Im Problemfeld besteht jedoch auch weiterhin ein stark ausgeprägter Verteilungskonflikt zwischen den EU-Staaten und der JUSCANZ-Gruppe, der insbesondere die Frage der höheren Besteuerung fossiler Energiequellen und anderer Maßnahmen zur Senkung des Energieverbrauchs betrifft. Erst die erfolgreiche Bearbeitung dieser Verteilungskonflikte führt zur Bildung eines effektiven Klimaregimes. Der Nord-Süd-Konflikt über den Finanz- und Technologietransfer konnte zwar zunächst einer Bearbeitung zugeführt werden. Erst der weitere politische Prozeß wird jedoch Aufschluß über die weitere Intensität dieses Verteilungskonflikts geben, da derzeit nicht abzusehen ist, welcher finanzielle Umfang für Maßnahmen in den Entwicklungsländern erforderlich ist. Die aufkeimende Debatte über das zukünftige Emissionspotential aus den Entwicklungsländern zeigt, daß langfristig ein neuer Konflikt zwischen den OECD-Ländern und solchen Entwicklungsländern entstehen könnte, die aufgrund ihrer starken wirtschaftlichen Entwicklung besonders hohe Wachstumsraten bei den Emissionen klimarelevanter Spurengase aufweisen.

Für die Transformation der Situationsstruktur waren im Problemfeld vor allem innenpolitische Faktoren in den USA verantwortlich. Einen möglichen sekundären Einflußfaktor auf der systemischen Ebene stellt der lange „Schatten der Zukunft" dar. Auch die Entscheidungsträger der konservativen Bush-Administration wußten, daß die Klimaproblematik ein langfristiges Problem darstellt. Obwohl die Bush-Administration eine Verzögerungstaktik verfolgte, stellte das Verhandlungsforum des INC eine Chance dar, daß sich durch die häufigen Interaktionen zwischen den OECD-Ländern in dieser Frage ein langer und dichter „Schatten der Zukunft" entwickelte.

---

159 Vgl. auch Efinger/Breitmeier (1992: 63-65).

4) Die Problemstruktur als pluralistische Erklärung für den Konfliktaustrag
Der Konflikt über den Schutz des globalen Klimas stellt einen Interessenkonflikt über ein absolut bewertetes Gut dar. Bis zur Änderung der amerikanischen Haltung im Jahr 1993 verhinderte ein weiterer sekundärer Wertekonflikt die Entstehung eines globalen Klimaregimes. Dieser sekundäre Wertekonflikt beinhaltete (analog zum Fall 'Schutz der Ozonschicht') einen grundlegenden Dissens über die Bewertung des vorhandenen Wissens über die Ursachen und Auswirkungen des Klimawandels. Der zwischen den Industriestaaten bestehende grundlegende Konflikt über die Bewertung des vorhandenen Wissens hat sich seit der Rio-Konferenz abgeschwächt, auch wenn diesbezüglich weiterhin unterschiedliche Auffassungen zwischen den OECD-Ländern bestehen. Während die Entwicklungsländer die aus der EU und den AOSIS-Staaten bestehende Vorreiterkoalition nahezu einmütig unterstützen, wenn es um die Bewertung des vorhandenen Wissens über den Klimawandels geht, so bestehen doch zwischen den Entwicklungsländern erhebliche Differenzen hinsichtlich des zusätzlichen sekundären Konflikts über weitere Maßnahmen zur Klimastabilisierung.

Die Industrieländer fürchten zwar die Auswirkungen von Maßnahmen zur Klimastabilisierung auf ihre Wettbewerbsfähigkeit. Auch sollte die Angst vor neuen Kostenbelastungen nicht unterschätzt werden, die sich vor allem im Wettbewerb mit den wirtschaftlich aufstrebenden Schwellenländern ergeben. Andererseits dient die Äußerung solcher Ängste den Gegnern weiterer Maßnahmen in den Industrieländern oftmals auch nur dazu, die Besitzstände mächtiger wirtschaftlicher Interessengruppen (einschließlich der Verbraucher) zu verteidigen. Die EU verweigert bisher einseitige Maßnahmen mit dem Hinweis, daß Wettbewerbsnachteile für europäische Produzenten nur bei einem koordinierten Vorgehen aller OECD-Länder vermieden werden könnten. Von gemeinsamen Maßnahmen aller OECD-Länder werden hingegen keine Wettbewerbsnachteile erwartet. Auch die USA, in denen ein sehr hohes Potential für die kostengünstige Verminderung klimarelevanter Spurengase besteht, müssen aus gemeinsam vereinbarten Maßnahmen der Industrieländer keine relativen Wettbewerbsnachteile erwarten. Ein Hauptmotiv für die Haltung der Clinton-Administration bestand bis Ende 1995 vielmehr darin, härtere internationale Maßnahmen zu verhindern, weil diese innenpolitisch nur sehr schwer durchzusetzen waren. Der sekundäre Interessenkonflikt über weitere Maßnahmen zur Klimastabilisierung trägt somit nur in geringerem Ausmaß Züge eines Konflikts über relativ bewertete Güter.

Langfristig könnte indessen ein neuer sekundärer Interessenkonflikt über relativ bewertete Güter zwischen den Industrie- und den Entwicklungsländern Bedeutung gewinnen, wenn die Industrieländer aufgrund der wachsenden Emissionen der Entwicklungsländer auch Regelungsmaßnahmen für die Dritte Welt fordern. Je mehr die von den Industrieländern ergriffenen Maßnahmen zur Verminderung der klimarelevanten Spurengase durch neue Emissionen der Entwicklungsländer aufgewogen werden, desto eher könnten die Industrieländer einen Anreiz verspüren, ähnliche Maßnahmen auch für die Dritte Welt zu fordern.

Die Einigung auf einen neuen Verhandlungsprozess im Rahmen des „Berliner Mandats" markiert einen wichtigen Schritt beim Übergang des sekundären Interessenkonflikts über weitere Maßnahmen zum Klimaschutz, der zunehmend die Frage betrifft, mit welchen Mitteln das angestrebte Ziel der Stabilisierung und die weitere Verminderung von CO_2 und von anderen klimarelevanten Spurengasen erreicht werden soll. Dieser im Jahr 1995 begonnene Prozess könnte u.a. durch die Veröffentlichung des neuen IPCC-Berichts, der das neue Konsens-Wissen über den Klimawandel zusammenfaßt und der Anfang 1996 veröffentlicht wurde, beschleunigt werden. Durch die Verabschiedung des „Berliner Mandats" sind die Chancen für eine Regimeentstehung in einem Problemfeld gewachsen, das mit dem Interessenkonflikt über ein absolut bewertetes Gut an sich eine Problemstruktur aufweist, die günstige Aussichten für die Regimebildung bietet.

5) Die epistemische Gemeinschaft als pluralistische Erklärung für Außenpolitik
Den größten Einfluß übten Wissenschaftler und Mitarbeiter verschiedener internationaler Organisationen und nationaler Forschungseinrichtungen aus, als es ihnen gelang, das Vordringen der Klimaproblematik auf die nationale und internationale Agenda zu forcieren. Seit den fünfziger Jahren wurde die globale Zusammenarbeit zur Klimaforschung unter dem Dach der WMO, an der zusätzlich auch andere internationale und nationale Organisationen beteiligt waren, intensiviert. Die Hauptursache für den Aufstieg des Problemfelds zu einem der am meisten beachteten globalen Umweltprobleme stellen die Aktivitäten der 'scientific comunity' dar. In einigen Ländern wie in der Bundesrepublik wurden Wissenschaftler frühzeitig an der Formulierung politischer Maßnahmen zur Eindämmung der Klimaänderungen beteiligt. Der starke Einfluß der Wissenschaftler begünstigte die Entwicklung der regimefreundlichen Außenpolitik der Bundesrepublik. Den Wissenschaftlern gelang es indessen nicht, in den USA wäh-

rend der Bush-Administration den politischen Entscheidungsprozess zu beeinflußen. Durch den schwach ausgeprägten Einfluß der Wissenschaftler auf die US-Regierung bestanden bis Anfang 1993 keine günstigen Faktoren für eine regimefreundliche Außenpolitik in dieser Frage. Aufgrund der großen Komplexität des Klimaproblems beschäftigen sich viele verschiedene wissenschaftliche Disziplinen mit der Problematik, wodurch der Entstehung und Arbeit einer festgefügten epistemischen Gemeinschaft erhebliche Grenzen auferlegt sind. Die vom IPCC erarbeiteten Berichte über den Klimawandel wurden von den Staaten als jene Dokumente anerkannt, die den jeweiligen aktuellen Stand des vorhandenen Konsens-Wissens enthielten. Die Weiterentwicklung des Konsens-Wissens über den Klimawandel war im Problemfeld bedeutsamer als die Rolle einer epistemischen Gemeinschaft.

Von wachsender Bedeutung dürften die in der Klimakonvention verankerten 'review mechanisms' sein, die dazu dienen, die Einhaltung der von den Staaten eingegangenen Verpflichtungen zu kontrollieren. Durch die Aufstellung nationaler Treibhausgasinventare und den damit verbundenen Prozess der innerstaatlichen Informationsgewinnung über die Höhe und Verursacher von Emissionen, durch die notwendige Darstellung getroffener Maßnahmen und die Abschätzung der ökologischen Effekte (z.B. langfristige Emissionstrends) wird in vielen Staaten neues Wissen zusammengetragen, das für die Entscheidungen nationaler Entscheidungsträger bedeutend ist.

6) Die ökologische Modernisierungskapazität als pluralistische Erklärung für Außenpolitik
Die breite Sensibilisierung für Umweltthemen in der bundesdeutschen Öffentlichkeit und innerhalb der Parteien stellten günstige Ausgangsfaktoren dafür dar, daß das Klimaproblem in der Bundesrepublik schnell die Anerkennung als bedeutendes Problem erfuhr. Der konsensuale Politikstil, der seit der Errichtung der Enquete-Kommission im Jahr 1987 verfolgt wurde, hat nicht nur die Entstehung eines breiten gesellschaftlichen Konsenses über das Ziel der Verminderung der CO_2-Emissionen um 25 bis 30 Prozent bis zum Jahr 2005 ermöglicht. Vielmehr wurden auch die für die Umsetzung dieses Ziels bedeutenden gesellschaftlichen Gruppen (Gewerkschaften, Unternehmensverbände) in diesen Dialog einbezogen. In der Bundesrepublik wird von diesen Akteuren anerkannt, daß die zukünftige Wirtschaftsleistung eng mit der Fähigkeit zur Entwicklung umweltverträglicher technologischer Innovationen verknüpft ist. Da in der Bundes-

republik in dieser Frage eine relativ hohe ökologische Modernisierungskapazität vorherrschte, bestanden günstige Bedingungen für eine regimefreundliche Außenpolitik. Da die bundesdeutsche Klimapolitik bisher kaum zu spürbaren finanziellen Belastungen für die Verbraucher und die Industrie führte und wichtige Maßnahmen wie die höhere Besteuerung von Energieträgern politisch nicht in Angriff genommen wurden, hielt sich der Widerstand gegen solche Maßnahmen bisher in Grenzen. In den USA dominierten während der Amtszeit von Präsident Bush wirtschaftliche Interessen. Die Offenheit des politischen Systems der USA ermöglichte in diesem Fall den Durchmarsch von wenig modernisierungswilligen Partikularinteressen. Die Bush-Administration betrachtete Umweltinvestitionen immer mehr als lästiges Übel, das zu hohen Kostenbelastungen für die nationale Wirtschaft führt. Auch die mangelnde Politisierung der Klimaproblematik in der amerikanischen Öffentlichkeit trug dazu bei, daß die USA bis zum Ende der Amtszeit von Präsident Bush eine geringere ökologische Modernisierungskapazität aufwiesen. Die Clinton-Administration hat sich nach dem Scheitern ihres Plans der Einführung einer relativ niedrigen Energiesteuer vor allem darauf konzentriert, bei klimapolitischen Maßnahmen nicht neue Widerstände im Kongreß zu provozieren.

4.5.1. Konkurrenz oder Integration realistischer und pluralistischer Hypothesen?

Auf der systemischen Ebene hat sich die aus der *realistischen Schule* abgeleitete Hypothese 1, wonach ein Zusammenhang zwischen der Ausprägung der Machtressourcen von Vorreiterstaaten und der Wahrscheinlichkeit der Regimeentstehung besteht, bestätigt. Der Konflikt über die Stabilisierung der CO_2-Emissionen konnte zunächst nicht reguliert werden, weil die problemfeldspezifischen Machtressourcen der Vorreiterstaaten gegenüber der Verhinderungsmacht der USA zu gering waren.

Bis zur Rio-Konferenz 1992 wurde das Ergebnis des Verhandlungsprozesses entscheidend von der Machtstruktur im internationalen System bestimmt, in dem sich die USA als wichtigster Hauptverursacher des Problems weigerten, schärfere Maßnahmen zum Klimaschutz in der Klimakonvention zu akzepieren. Die Annäherung der Positionen der verschiedenen Akteure stellt einerseits auch eine Folge der Vorreiterrolle der EU und der anderen Mitglieder der CO_2-Stabilisierungskoalition dar. Andererseits kann der graduelle Positionswandel der USA in diesem Konflikt nicht ausschließlich durch die Existenz einer Vorreiterkoalition erklärt werden.

Die etwas regimefreundlichere Haltung stellt eine Folge der Ablösung der Bush- durch die Clinton-Administration und einer stärkeren Berücksichtigung der wissenschaftlichen Fakten durch die Entscheidungsträger der amerikanischen Regierung dar. Trotz der starken Rolle der US-Verhinderungsmacht stellt die Existenz von Machtressourcen daher keine hinreichende, sondern nur ein notwendige Bedingung für den Konfliktaustrag dar.

Die aus der *pluralistischen Schule* abgeleiteten Hypothesen 3 und 4 über die Situationsstruktur und den Konflikttyp wurden ebenfalls bestätigt. Bezüglich der problemstrukturellen Hypothese bleibt jedoch der Einwand bestehen, daß trotz der hinsichtlich der Regimebildung günstigen Problemstruktur eines Interessenkonflikts über absolut bewertete Güter bisher kein Regime entstanden ist. Hierfür können vor allem sogenannte sekundäre Konflikttypen verantwortlich gemacht werden, von denen sich unter anderem der Wertekonflikt über die Bewertung des vorhandenen Wissens etwas abgeschwächt hat. Eine Aussage darüber, wie lange die Entstehung eines effektiven Klimaregimes noch dauern wird, kann indessen nicht getroffen werden.

Obwohl die Rambosituation in ein Koordinationsspiel mit Verteilungskonflikt transformiert wurde, verharrt die Konfliktbearbeitung bis jetzt noch im Stadium des nichtregulierten Konfliktaustrags, der sich jedoch an der Schwelle zur Regimebildung befindet. Die Transformation der Situationsstruktur und die Problemstruktur stellen notwendige Bedingungen für einen regulierten Konfliktaustrag dar. Die Transformation von einer regimefeindlichen zu einer weniger regimefeindlichen Situationsstruktur wurde durch die graduelle Veränderung der Position der USA begünstigt. Die machttheoretische Erklärung konnte somit vor allem in den situationsstrukturellen Ansatz integriert werden.

Auf der subsystemischen Ebene konnte keine Bestätigung der aus der *realistischen Schule* abgeleiteten Hypothese 2 über den Zusammenhang zwischen der Verteilungsempfindlichkeit und der Art des Konfliktaustrags gefunden werden. Wie gezeigt wurde, reagieren die Staaten zwar besonders empfindlich auf die wirtschaftlichen Auswirkungen, die mit der Entstehung eines globalen Umweltregimes verbunden sind. Bedeutsame relative Gewinne bzw. Nachteile entstehen im Problemfeld jedoch nur aus der Sicht der Erdölstaaten, die durch den

Rückgang des weltweiten Ölverbrauchs gegenüber den Industrieländern benachteiligt würden. Da die Erdölstaaten - im Gegensatz zu den Industrieländern - jedoch einer Regel über die Stabilisierung von CO_2-Emissionen nicht unterworfen sein werden, bildet der relative Nachteil für die Ölstaaten letztlich kein entscheidendes Hindernis für ein Klimaregime. Die innerhalb der Bush-Administration vorhandenen Befürchtungen, wonach die Wirtschaft der USA schwer unter Maßnahmen zum Klimaschutz zu leiden habe, waren zwar berechtigt. Andererseits sah die Bush-Administration nicht die Chancen, die sich für die amerikanische Wirtschaft aus einer ökologischen Modernisierung der Wirtschaft in den USA und in den anderen OECD-Ländern ergeben können.

Die aus der *pluralistischen Schule* abgeleitete Hypothese 5 über eine epistemische Gemeinschaft konnte insofern ebenfalls bestätigt werden, daß die epistemische Gemeinschaft im Problemfeld nur begrenzten Einfluß entfalten und nicht die Außenpolitik der USA als relevantem Akteur im Problemfeld beeinflussen konnte. Wie gezeigt wurde, spielte das Konsens-Wissen im Problemfeld eine größere Rolle als die Aktivitäten einer festgefügten und einflußreichen epistemischen Gemeinschaft. Von besonderer Bedeutung erwies sich die Rolle des Konsens-Wissens als Erklärung dafür, warum das Problemfeld auf der globalen politischen Tagesordnung einen so bedeutenden Rang einnehmen konnte. Da der Einfluß der epistemischen Gemeinschaft schwach ausgeprägt war, konnten die USA zunächst nur eine regimefeindliche Außenpolitik verfolgen. Die faktische Abwesenheit einer festgefügten epistemischen Gemeinschaft hat daher die Bildung eines Klimaregimes erschwert. Auch die niedrige ökologische Modernisierungskapazität der USA bis zum Jahr 1993 gab - wie die *pluralistische Hypothese* 6 formuliert - den Ausschlag für eine wenig regimefreundliche Außenpolitik der USA. Die Existenz einer epistemischen Gemeinschaft und von ökologischer Modernisierungskapazität stellen notwendige Bedingungen für die regimefreundliche bzw. -feindliche Außenpolitik von Staaten im Problemfeld dar.

Der Konfliktaustrag kann auf der systemischen Ebene als kombinierte Erklärung der realistischen und pluralistischen Variablen der Macht, bzw. der Situationsstruktur und des Konflikttyps erklärt werden. Auf der systemischen Ebene hat sich die machttheoretische Erklärung für das Nicht-Entstehen eines Regimes als tragbar erwiesen. Die machttheoretische Erklärung konnte in die pluralistischen Ansätze über die Situationsstruktur und die Problemstruktur integriert werden. Letztlich besteht keine Überlegenheit einer der beiden Schulen bei der Erklärung des Konfliktaustrags. Die *pluralistische* Erklärung für subsystemische

Bestimmungsfaktoren der Außenpolitik erwies sich gegenüber der *realistischen* Erklärung als tragfähiger.

4.6. Zusammenfassung

In dieser Fallstudie wurden zunächst in Kapitel 4.1. die Grundlagen des Problems der globalen Klimaänderungen dargelegt. Neben den Ursachen und Auswirkungen der Klimaänderungen wurden auch die Bereiche der Wetter- und Klimabeobachtung und die Entwicklung des wissenschaftlichen Forschungsstandes über die Klimaänderungen behandelt. Auf den Inhalt der Bestimmungen der Klimakonvention wurde in Kapitel 4.2. eingegangen. Die vorgenommene Effektivitätsprüfung der Regeleinhaltung, der Regelungsdichte und der Regelungsschärfe kam dabei zu dem Ergebnis, daß das Kriterium der Effektivität noch nicht erfüllt ist. Die Klimakonvention besitzt daher noch nicht den Charakter eines globalen Regimes. Der nichtregulierte Konfliktaustrag wurde in Kapitel 4.3. dargestellt. Seit Mitte der achtziger Jahre wurde das Problem der Klimaänderungen auf die globale Tagesordnung gesetzt. Der Versuch, innerhalb eines seit 1991 begonnenen Verhandlungsprozesses erste konkrete Maßnahmen zur Stabilisierung und Verminderung der Treibhausgase in der Atmosphäre zu vereinbaren, war jedoch bisher noch nicht erfolgreich. Die 1992 verabschiedete Klimakonvention stellt nur ein allgemeines Rahmenabkommen dar, das durch den neu eingeleiteten Verhandlungsprozess im Rahmen des „Berliner Mandats" konkretisiert werden dürfte. Eine Betrachtung der innenpolitischen Faktoren für die Außenpolitik der USA und der Bundesrepublik Deutschland wurde in Kapitel 4.4. vorgenommen. In Kapitel 4.5. wurden die in Kapitel 2 entwickelten realistischen und pluralistischen Hypothesen überprüft.

5. Vergleichende Analyse realistischer und pluralistischer Erklärungsansätze

In den beiden Fallstudien wurden die unabhängigen Variablen für den Konfliktaustrag und die Außenpolitik bereits auf ihre Erklärungskraft hin untersucht. In der folgenden Darstellung soll nun auf der Grundlage der beiden Fallstudien über den 'Schutz der Ozonschicht' und den 'Schutz des globalen Klimas' ein Vergleich der Erklärungskraft des Realismus und des Pluralismus vorgenommen werden. Zunächst wird in den Kapiteln 5.1. und 5.2. jeweils getrennt untersucht, welchen Stellenwert die realistischen und pluralistischen Variablen bei der Erklärung des Konfliktaustrags und der Außenpolitik besitzen. Daran anschließend wird in Kapitel 5.3. das Ergebnis des Theorievergleichs dargestellt. Den Abschluß bildet der in Kapitel 5.4. unternommene Ausblick.

5.1. Die realistische Schule

Macht und Konfliktaustrag: Die machtpolitische Variable hat eine hohe Erklärungskraft für den Konfliktaustrag der beiden Problemfelder 'Schutz der Ozonschicht' und 'Schutz des globalen Klimas' bewiesen. Auch in umweltpolitischen Problemfeldern verfügen Staaten über Machtressourcen, die den Konfliktaustrag beeinflußen. Die realistische Hypothese 1 hat sich somit bestätigt.[1] Eine *erste* Form der Machtausübung in einem umweltpolitischen Problemfeld stellt die Koalitionsbildung von solchen Staaten dar, die an der Bildung eines globalen Umweltregimes interessiert sind. Der Zusammenschluß von Staaten zu einer Vorreiterkoalition muß zwar nicht zwangsläufig zur Bildung eines globalen Umweltregimes führen. Doch können solche Koalitionen die Fähigkeit entwickeln, ein globales Umweltproblem auf die internationale Tagesordnung zu

---

1 List/Rittberger (1992: 104) kommen hingegen zu dem Ergebnis, daß die Machtstruktur bisher keine bedeutende Rolle bei der Bildung internationaler Umweltregime gespielt hat: „(...) power resources specific to the issue area in the field of international environmental policy are practically absent, if one disregards cases of ecological dependence - recall the case of downstream pollution (although this explains non-formation of regimes rather than formation)" (zit. nach List/Rittberger 1992: 105).

setzen, zur Einsetzung eines Verhandlungsprozesses beitragen und die Formulierung eines gemeinsamen Zielkatalogs für die mögliche Regimebildung ermöglichen. Innerhalb von beiden Problemfeldern war die Anwesenheit von solchen Vorreiterkoalitionen eine wichtige Voraussetzung dafür, daß der Regimebildungsprozeß auf internationaler Ebene in Gang gekommen ist. Ein Vergleich der Vorreiterkoalitionen in beiden Problemfeldern zeigt, daß diese über bestimmte Merkmale verfügen müssen, um die Wahrscheinlichkeit der Regimeentstehung zu erhöhen. Die USA und die mit ihnen verbündeten Staaten der Toronto-Gruppe waren eine mächtigere Koalition zur Bildung des Ozonregimes, als jene aus den EU-Staaten und den AOSIS-Staaten bestehende informelle Koalition, die für ein effektives Klimaregime eintrat. Die Gründe hierfür bestanden u.a. in der weit einheitlicheren Vorgehensweise der Toronto-Gruppe im Vergleich zu den EU-Staaten und der AOSIS-Gruppe, die unterschiedliche Ziele hinsichtlich der Verminderung klimarelevanter Spurengase verfolgten und während der Klimaverhandlungen unterschiedliche Vorschläge vorlegten.

Eine *zweite* Form der Machtausübung stellt der Einsatz von „soft-power-Ressourcen" dar. Die von Vorreiterstaaten ergriffenen Maßnahmen im Vorfeld der Regimebildung können Vorbildcharakter für die Realisierbarkeit solcher Maßnahmen für andere Bremserstaaten besitzen. Nach Nye (1990: 31) spiegelt sich der veränderte Charakter der Weltpolitik unter anderem auch darin wieder, daß neben der klassischen „hard command power" neue Formen der „soft cooptive power" existieren, die z.B. in der spezifischen Anziehungskraft von politischen Zielen oder kulturellen Normen eines Staates begründet sein können. Während die USA und einige der mit ihnen verbündeten Staaten der Toronto-Gruppe bis Mitte der achtziger Jahre erste Verbotsmaßnahmen für FCKW erlassen hatten, blieb den an den Klimaverhandlungen beteiligten Staaten nicht verborgen, daß der Konsens innerhalb der EU über Maßnahmen zum Klimaschutz stets brüchig war und sich die EU nur deklaratorisch für Maßnahmen innerhalb der Europäischen Union zum Klimaschutz aussprach, ohne aber bereits konkrete Maßnahmen zu verabschieden.

Eine *dritte* Form der Machtausübung von Vorreiterstaaten stellt die Anwendung politischen und ökonomischen Drucks dar, um die Entstehung eines globalen Umweltregimes zu ermöglichen. Die Ausübung politischen und ökonomischen Drucks verkörpert zweifellos die problematischste der bisher angeführten Formen der Machtausübung, da politischer Druck und die Drohung mit möglichen Handelssanktionen zu verstärkten Spannungen zwischen Staaten führen können. Diese Form der Machtausübung scheint zudem nur dann Erfolg zu versprechen, wenn der Druck von einem Staat ausgeübt wird, dessen Machtressourcen denen anderer Akteure im Problemfeld deutlich überlegen sind. Im Ozonfall war für die USA nicht zuletzt deshalb diese Bedingung erfüllt, weil die Europäische Gemeinschaft intern über die notwendigen Maßnahmen zum Schutz der Ozonschicht gespalten war. Das von Mayer-Tasch (1987: 113) formulierte Plädoyer für ein Hervorholen der „Peitsche", wodurch mit verschiedensten Formen von Sanktionen, durch den Abbruch der diplomatischen Beziehungen, oder den Auszug aus internationalen Gremien, Fortschritte in der internationalen Umweltpolitik erreicht werden sollen, bleibt jedoch diffus.[2] Für die Entstehung des Ozonregimes waren wohl eher die beiden ersten Formen der Machtausübung, nämlich die Koalitionsbildung und die soft-power-Resourcen, verantwortlich. Die Verhängung von Handelssanktionen hätte die EG mit entsprechenden Gegenmaßnahmen beantworten können. Ob diese letztlich zustande gekommen wären, bleibt aufgrund der unterschiedlichen Positionen der EG-Länder ebenso fraglich wie die Verhängung von Sanktionen durch die USA selbst. Die innerhalb des Ozonregimes getroffene Regelung, Nichtvertragsstaaten mit einem Handelsboykott zu belegen, mag eine geeignete Lösung für solche Regime darstellen, die eine Verminderung oder Beseitigung gefährlicher Stoffe zum Ziel haben. Je größer die negativen Auswirkungen einer solchen Maßnahme auf den globalen Handel werden, als desto ungeeigneter dürfte sich in der Regel die Verhängung eines solchen Handelsboykotts herausstellen. Ein Vorbild für ein globales Klimaregime verkörpert dieser Handelsboykott daher nicht.

Während die Ausübung dieser verschiedenen Formen von Macht vor allem die Entstehung eines globalen Umweltregimes bewirken sollen, besteht eine *vierte* Form der Machtausübung darin, die Bildung eines Regimes zu verhindern. Unter Vetomächten verstehen Porter/Brown (1991: 17) solche Staaten, die einen bedeutenden Verursacher eines globalen Umweltproblems verkörpern. Ohne die erfolgreiche Einbindung solcher Vetomächte kommen globale Umweltregime nicht zustande, wie die bis 1987 von der EG in der FCKW-Frage eingenommene Haltung und die Position der USA bei den Klimaverhandlungen zeigt. Ein Hin

---

2 Die möglicherweise unbeabsichtigten Folgen politischer Sanktionen bleiben bei Mayer-Tasch unbeachtet und unklar. Mayer-Tasch (1987: 115) nennt jedoch auch kooperativere Mittel wie das „Zuckerbrot" des Informations- und Technologieaustausches, den Expertenaustausch, die Finanzierung von Umweltschutzmaßnahmen in den Nachbarländern und die Einbeziehung internationaler Organisationen als Koordinierungsinstanzen der internationalen Umweltpolitik.

dernis für die Entstehung eines globalen Regimes zum Schutz der Wälder stellt nach wie vor die Vetomacht der Tropenwaldländer dar, die durch ein Regime eine Beschneidung ihrer Souveränität befürchten. Es stellt sich somit die Frage, wie der Beitritt von solchen Vetomächten in ein globales Umweltregime ermöglicht werden kann. Handelt es sich bei der Vetomacht um ein Entwicklungsland, so können die Industrieländer durch die Bereitstellung von Finanzmitteln die Bedingungen für eine Regimebildung verbessern. Allerdings stellt die Bereitstellung von positiven wie auch auch von negativen Anreizen (z.B. politischer Druck) im Nord-Süd-Verhältnis keine hinreichende Bedingung dafür dar, daß eine Vetomacht ihre Blockadehaltung aufgibt. Gerade die Tropenwaldproblematik zeigt, daß verschiedene Entwicklungsländer die vom Norden bereitgestellten Finanzmittel zum Schutz der Wälder nur widerwillig oder gar nicht akzeptieren, da sie die Wälder mit dem Hinweis auf die Souveränität als nationale Ressourcen betrachten. Ein weiteres Mittel stellt daher die Verknüpfung der Tropenwaldfrage mit anderen Problembereichen - wie etwa der Schuldenfrage - dar, die für die Entwicklungsländer von entscheidender Bedeutung sind. Solche Linkage-Strategien können gerade auch dann zu einer Regimebildung beitragen, wenn die Vetomacht ein reiches Industrieland darstellt.[3] Im Gegensatz zum Nord-Süd-Verhältnis stellt der Finanz- und Technologietransfer im Nord-Nord-Verhältnis bisher kein bedeutsames Mittel zur Bearbeitung internationaler Umweltprobleme dar. Neben dem Einsatz von Linkage-Strategien erweist sich im Nord-Nord-Verhältnis daher vor allem die Betonung von Überzeugungsstrategien und die Suche nach gemeinsamen Interessen von Bedeutung, wenn ein westliches Industrieland eine Vetomacht im Problemfeld verkörpert. Darüber hinaus besteht bei demokratisch verfaßten Staaten die Chance, daß durch innenpolitische Veränderungen (Machtwechsel, innenpolitischer Druck) in einem Vetostaat eine Neubewertung des Problems vorgenommen wird.

Krasner (1992: 364/365) führt für die von ihm behauptete Überlegenheit der machtorientierten Analyse der Regimeentstehung drei Argumente an. In den internationalen Beziehungen können demnach *erstens* einzelne Akteure zur Annahme eines Ergebnisses gezwungen werden, dem sie freiwillig nie zugestimmt

---

3   Zu verschiedenen Linkage-Typen vgl. Gupta/Junne/van der Wurff (1993: 13-16). Die Autoren weisen darauf hin, daß Linkages die Regimeentstehung erleichtern können. Staaten müssen demnach für den Fall einer Verweigerungshaltung bei der Regimebildung befürchten, daß an der Regimeentstehung interessierte Staaten sich in anderen Problemfeldern ebenso unkooperativ verhalten, um die Regimeentstehung zu ermöglichen. Linkages ermöglichen somit das Schnüren von „Package Deals".

hätten. Diese Tatsache wird nach Krasner von der pluralistischen Analyse nicht angemessen berücksichtigt. Die Ergebnisse der Verhandlungsprozesse zum Schutz der Ozonschicht und des Klimas spiegelten in größerem Maße die Präferenzen der USA und in geringerem Maße die Präferenzen der EG wider. Im Ozonfall konnten die USA ihr Ziel von umfassenden Regelungsmaßnahmen für FCKW, Halone und für andere ozonzerstörende Stoffe durchsetzen. Ohne die machtpolitische Rolle der USA wäre ein Einlenken der EG in dieser Frage nicht so schnell erfolgt. Die Klimakonvention enthält entgegen der Präferenz der EU kein zeitlich festgeschriebenes CO_2-Stabilisierungsziel. Statt dessen entspricht die Regelung der CO_2-Frage in der Klimakonvention der Absicht der USA, nur eine vage Formulierung eines solchen Ziels ohne verbindliche Zeitangabe vorzunehmen.

Nicht nur in der Sicherheitspolitik, sondern auch in anderen Problemfeldern der internationalen Politik gibt es *zweitens* Nullsummenspiele, bei denen die relativen Fähigkeiten von Staaten - und somit ihre Machtposition im internationalen System - auf dem Spiel stehen. Beim Schutz der Ozonschicht und des globalen Klimas handelt es sich jedoch nicht um Nullsummenspiele. Auf diese Problemfelder trifft vielmehr das von Krasner angeführte *dritte* Argument zu. Demnach entstehen selbst dann schwierige Verteilungsfragen, wenn die Staaten in einem Problemfeld an der Erzielung eines absoluten Gewinns interessiert sind. Die Zuteilung von Eigentumsrechten (z.B. Fangquoten, Landerechte für Fluglinien) führt in der Regel immer dazu, daß einige Akteure auf Kosten anderer profitieren. Die realistische Schule richtet daher ihr Augenmerk auf die Beantwortung der Frage, wer mehr von dem absoluten Gewinn erzielt.

Verteilungsempfindlichkeit und Außenpolitik: Die Problematik des relativen Gewinns wurde in dieser Arbeit als Bestandteil der von Grieco (1990: 41) entwickelten Variable der Verteilungsempfindlichkeit behandelt. Der Versuch, die Variable der Verteilungsempfindlichkeit als subsystemische Erklärung für die Außenpolitik der Staaten einzuführen, führte indessen zu einem ernüchternden Ergebnis. Wie gezeigt wurde, entstanden in den beiden Problemfeldern relative Gewinne nur in geringerem Ausmaß. Sie konnten innerhalb des Ozonregimes zudem teilweise korrigiert werden. Der Faktor der Verteilungsempfindlichkeit hat sich in dieser Arbeit als wenig aussagekräftige Variable für die Erklärung der Außenpolitik von Staaten in globalen umweltpolitischen Problemfeldern herausgestellt. Die realistische Hypothese 2 über die Verteilungsempfindlichkeit kann somit nur als bedingt aussagekräftig betrachtet werden. Die Entstehung von relativen Gewinnen und die Frage der Verteilungsempfindlichkeit beeinflußte in beiden Problemfeldern den Konfliktaustrag nur im Nord-Süd-Verhältnis. Selbst wenn relative Gewinne entstehen, sind Staaten innerhalb von normativen internationalen Institutionen fähig, diese zu relativieren. Von der Staatengemeinschaft wurden verschiedene Mechanismen entwickelt, die zumindest zu einer Abschwächung der für die realistische Schule grundlegenden Problematik des relativen Gewinns führen:

1) Schrittweise Konfliktbearbeitung und lange Übergangsfristen:
Die bei der Bildung des Ozonregimes gewählte Strategie, die Bearbeitung verschiedener Einzelkonflikte über die Verringerung ozonzerstörender Substanzen schrittweise vorzunehmen, hielt zunächst die Nachteile für jene Staaten, die von den Regelungen des Montrealer Protokolls von 1987 stark betroffen waren, in Grenzen. Die langen Übergangsfristen innerhalb des Protokolls ließen den betroffenen Industrieländern zunächst genügend Zeit für die Entwicklung von Ersatzprodukten und für die Umstellung der Produktion und die Entwicklung neuer marktfähiger Produkte. Die für die Entwicklungsländer um zehn Jahre verlängerte Übergangsfrist für die Erfüllung der Regelungen des Protokolls erleichterte es diesen Ländern erheblich, den geplanten Umstieg auf Ersatzprodukte auch unter Kostengesichtspunkten verträglicher zu bewältigen. Auch die lange Übergangsfrist für das CO_2-Stabilisierungsziel und die schrittweise Bearbeitung der Konflikte über die Stabilisierung bzw. Verminderung anderer klimarelevanter Spurengase läßt den Staaten genügend Spielraum dafür, daß bedeutende relative Gewinne im Problemfeld vermieden werden können. Dieser umweltpolitische „step by step-approach" wurde auch bereits bei der Bearbeitung anderer internationaler Umweltkonflikte verfolgt. Innerhalb des ECE-Regimes über weiträumige grenzüberschreitende Luftverschmutzung wurde erst mit der Verabschiedung eines Protokolls über die Verminderung des Schwefeldioxidausstoßes begonnen, bevor weitere Protokolle über andere Schadstoffe verabschiedet wurden (Schwarzer 1990 und 1993).

2) Korrektur der Auszahlungen durch Finanz- und Technologietransfers:
Innerhalb des Ozonregimes gelang es, die für die Entwicklungsländer entstehenden Nachteile durch die Gewährung eines Finanz- und Technologietransfers zu kompensieren. Auch zur Bewältigung der Klimaproblematik zeichnet sich eine Lösung ab, die für die Entwicklungsländer mit der Bereitstellung zusätzlicher Finanzmittel verbunden ist. Es steht somit ein erfolgversprechender Mechanismus zur Verfügung, um die Entstehung bedeutender relativer Gewinne im Nord-Süd-Verhältnis abzuschwächen bzw. zu verhindern. Durch die erneute Thematisierung der im Kontext der Debatte über eine neue Weltwirtschaftsordnung abgelehnten Forderungen nach einem Finanz- und Technologietransfer ist es den Entwicklungsländern mit Erfolg gelungen, die Umweltthematik als Einfallstor für eine neue Diskussion und eine verstärkte Akzeptanz für Teile ihrer früheren Forderungen zu benutzen. Globale Umweltregime bieten den Entwicklungsländern die Möglichkeit, dem Norden gegenüber der Forderung nach einer Erhöhung der Entwicklungshilfe bzw. einer Bereitstellung von zusätzlichen Finanzmitteln größere Glaubwürdigkeit und Durchsetzungsfähigkeit zu verleihen.

3) Technologische Innovationen in den Industrieländern:
In den Industrieländern besteht ein hohes Potential für technologische Innovationen, die eine Verminderung der Kosten ermöglichen, die durch die erforderlichen Anpassungsmaßnahmen an ein globales Umweltregime ausgelöst werden. Maßnahmen zur Verminderung der Schadstoffproduktion führen nicht nur zur Entstehung von Kosten. Sie bewirken vielmehr langfristig auch eine Kostenverminderung in verschiedenen gesellschaftlichen Sektoren. Die mit der Erfüllung des CO_2-Stabilisierungsziels verbundene notwendige Verminderung des Einsatzes von fossilen Brennstoffen kann zu einer Kostenreduzierung in verschiedenen wirtschaftlichen Produktionsbereichen führen. In die Berechnung einer ökologischen Gesamtrechnung fließen überdies auch die durch ein Regime reduzierten Kosten der Auswirkungen des Umweltproblems ein.

Die Variable der Macht stellt eine bedeutungsvolle Erklärung für den Konfliktaustrag in beiden Problemfeldern dar. Die realistische Schule kann somit einen bedeutenden Beitrag zur Erklärung des Konfliktaustrags leisten. Auch die pluralistische Schule kann auf die Einbeziehung der machtpolitischen Erklärung nicht verzichten. Die realistische Variable der Verteilungsempfindlichkeit hingegen konnte nur in weit geringerem Ausmaß als Erklärung für die regimefreundliche bzw. regimefeindliche Außenpolitik der Staaten herangezogen werden.

5.2. Die pluralistische Schule

Situationsstruktur und Konfliktaustrag: Die Bestimmung der jeweiligen Situationsstruktur ermöglichte eine Aussage über den Grad der Wahrscheinlichkeit eines nichtregulierten bzw. regulierten Konfliktaustrags im Problemfeld. Wenn im jeweiligen Problemfeld demnach eine Rambosituation herrschte, bestanden sehr ungünstige Aussichten für die Entstehung eines globalen Umweltregimes. Für den Ozonfall gilt dies bis zum Jahr 1987, als die Europäische Gemeinschaft ihren Zusammenhalt als Bremserakteur verlor und in den folgenden Jahren sukzessive auf die Position der USA einschwenkte. Ebenso ungünstige Aussichten für die Entstehung eines Regimes herrschten auch im Problemfeld 'Schutz des globalen Klimas' bis zum Präsidentenwechsel in den USA Anfang 1993. In beiden Problemfeldern besteht nun jeweils die Situationsstruktur eines Koordinationsspiels mit Verteilungskonflikt. Im Gegensatz zum weiterhin nichtregulierten Konfliktaustrag im Problemfeld 'Schutz des globalen Klimas' konnte der Verteilungskonflikt im Problemfeld 'Schutz der Ozonschicht' inzwischen deutlich abgeschwächt werden. Die Entstehung eines globalen Klimaregimes, das neben einem verbindlichen CO_2-Stabilisierungsziel auch einen konkreten Zeitplan zur Erfüllung dieses Ziels beinhaltet, ist jedoch wahrscheinlicher geworden. So lange die USA und mehrere andere Industriestaaten jedoch eine Bremserrolle hinsichtlich der Einführung solcher weiterer Maßnahmen spielen, werden die Europäische Union und die mit ihr gleichgesinnten Staaten kaum mit ihrem Anliegen Erfolg haben. Die pluralistische Hypothese 3 über den Zusammenhang zwischen der Situationsstruktur und dem Konfliktaustrag im Problemfeld hat sich bestätigt.

Die Umwandlung der Situationsstruktur von einem Rambospiel in ein Koordinationsspiel mit Verteilungskonflikt wurde durch verschiedene sekundäre Einflußfaktoren erleichtert. Im Problemfeld 'Schutz der Ozonschicht' konnte der lange „Schatten der Zukunft" zu einer Umwandlung der Rambosituation in ein Koordinationsspiel mit Verteilungskonflikt beitragen. Auch im Problemfeld 'Schutz des globalen Klimas' konnten die Akteure davon ausgehen, daß mit der Errichtung des Verhandlungsprozesses über die Klimakonvention ein über viele

Jahre anhaltender politischer Prozess in Gang gesetzt wurde, der zu häufigen und dauerhaften Interaktionen zwischen den Akteuren führt. Die realistische Variable der „Macht" wirkte ebenfalls als sekundärer Einflußfaktor, wie die machtpolitische Rolle der USA bei der Entstehung des Ozonregimes zeigt.

Von Krasner (1992: 340) ist darauf hingewiesen worden, daß die Bearbeitung von Verteilungskonflikten durch die Ausübung von Macht in verschiedener Weise beeinflußt wird. Durch die Ausübung von Macht kann demnach *erstens* bestimmt werden, welche Spieler überhaupt am Spiel teilnehmen. Darüber hinaus können durch Macht *zweitens* die Spielregeln bestimmt werden. Macht kann auch *drittens* dazu eingesetzt werden, die Auszahlungen im Problemfeld zu verändern. Vor allem das zweite und dritte Argument erweist sich für die Erklärung des Konfliktaustrags von Bedeutung. Die USA konnten sowohl im Ozonfall wie auch bei der Klimaproblematik innerhalb der Verhandlungen ihre grundlegende Präferenz über die Art und den Umfang der Kooperation im Problemfeld durchsetzen. Im Ozonfall waren die USA bereit, bei der Verminderung ozonzerstörender Stoffe zunächst auch höhere Kosten als die EG zu tragen. Der situationsstrukturelle Ansatz behandelt die Frage der Macht in einem Problemfeld somit nicht nur - wie von Habeeb (1988: 11) behauptet wird - aus struktureller Sicht. Eine solche Sichtweise würde in der Tat das aus einem Spiel resultierende Ergebnis nur aus der Verteilung der Machtstruktur ableiten, ohne die Prozesshaftigkeit internationaler Verhandlungen zu berücksichtigen.[4]

Problemstruktur und Konfliktaustrag: Neben der hohen Erklärungskraft des situationsstrukturellen Ansatzes konnte auch der problemstrukturelle Ansatz zur Erklärung des Konfliktaustrags beitragen. In beiden Problemfeldern herrschte ein Interessenkonflikt über absolut bewertete Güter (Ozonschicht, Klima), dem in Hypothese 4 eine hohe Wahrscheinlichkeit der Entstehung eines globalen Umweltregimes vorausgesagt wird. Dies ist bisher allerdings nur im Problemfeld 'Schutz der Ozonschicht' eingetroffen, während im Problemfeld 'Schutz des globalen Klimas' neben der In-Kraft getretenen Klimakonvention bisher nur ein neuer Verhandlungsprozess geschaffen wurde, der mittel- oder langfristig zur

---

4 Habeeb (1988: 11) kritisiert die statische Betrachtung der Macht durch die Spieltheorie: „According to game theory, the only source of power is value and reward structures, the only tactic minimax behavior. Clearly, game theory has little relevance for the dynamic process of international negotiation, in which power has many sources and dimensions and there are at least many possible tactics as there are actors".

endgültigen Regimebildung führen könnte. Die gegenwärtige Phase innerhalb des Problemfelds 'Schutz des globalen Klimas' kann vielmehr als Übergangsphase bezeichnet werden, in der die Staatengemeinschaft sich auf dem Weg zur Regimebildung befindet. Hypothese 4 hat somit für den Fall der Entstehung des Ozonregimes größere Gültigkeit, während die Hypothese für den Klimafall einstweilen nur die Chance besitzt, sich in der Zukunft zu bestätigen.

In beiden globalen Problemfeldern herrschten verschiedene sekundäre Konflikte über die Bewertung des vorhandenen Wissens. Der zunächst diesbezüglich vorhandene Wertekonflikt über die Bewertung des vorhandenen Wissens über den Ozonabbau verlor seine Bedeutung, als die EG-Staaten das neue Konsens-Wissen im Problemfeld in der zweiten Hälfte der achtziger Jahre anerkannten. Der machtpolitische Einsatz der USA mag dazu beigetragen haben, daß wichtige EG-Staaten ihre Haltung in dem sekundären Interessenkonflikt über relativ bewertete Güter hinsichtlich der Verminderung ozonzerstörender Stoffe aufgegeben haben. Die EG-Staaten verfügen mit anderen gleichgesinnten Staaten bei der Klimaproblematik andererseits nicht über jene Machtressourcen, um die JUSCANZ-Staaten zur Änderung ihrer Haltung in dem Interessenkonflikt über relativ bewertete Güter hinschtlich der weiteren Verminderung spurenrelevanter Spurengase zu veranlassen.

So lange zwischen den Akteuren kein Konsens über die Ursachen und möglichen Auswirkungen des globalen Umweltproblems bestand, herrschten zwischen den Akteuren auch unvereinbare Positionen über das anzustrebende Ziel im Problemfeld. Es kann somit festgehalten werden, daß die Wahrscheinlichkeit der Entstehung eines Regimes in einem Problemfeld, dessen Problemstruktur aus einem bisher nicht verregelten Interessenkonflikt über ein absolut bewertetes Gut besteht, steigt, wenn durch die „scientific community" im Problemfeld - wie Kuhn (1988) formuliert - ein neues Paradigma errichtet werden kann. Der Errichtung eines neuen Paradigmas geht zunächst das Bewußtsein einer Anomalie oder Krise voraus. Die Erforschung dieser Krisen, die in Form von Umweltproblemen auftreten, kann zur Herausbildung eines Konsens-Wissens über die Ursachen und Auswirkungen von Umweltproblemen führen, das als neues Paradigma etabliert wird.

„Wenn der Wissenschaftler ein Paradigma erlernt, erwirbt er sich Theorien, Methoden und Normen, gewöhnlich in einer unentwirrbaren Mischung. Wenn Paradigmata wechseln, gibt es deshalb normalerweise bezeichnende Verschiebungen der Kriterien, welche die zulässigkeit von Problemen und den sich anbietenden Lösungen bestimmen" (Kuhn 1988: 122).

Die Etablierung eines neuen Paradigmas in einem umweltpolitischen Problemfeld kann eine stärkere Beachtung und Anerkennung dieses Problems bewirken, wodurch eine Neubestimmung der staatlichen Präferenzen über das anzustrebende Ziel im Problemfeld ermöglicht wird.

Epistemische Gemeinschaften und Außenpolitik: In beiden Problemfeldern ergaben systemische Ansätze keine hinreichende Erklärung für den Konfliktaustrag. Als entscheidendes analytisches Problem hat sich die Lösung der Frage herausgestellt, wodurch der Wandel von Präferenzen der staatlichen Entscheidungsträger letztlich ausgelöst wurde. Der Einsatz von Macht konnte zwar zu einer veränderten Haltung der Europäischen Gemeinschaft in der FCKW-Frage im Jahr 1987 beitragen. Gleichwohl wurde dieser Präferenzwandel der EG durch in der Innenpolitik der einzelnen Mitgliedsstaaten angesiedelte Faktoren begünstigt. Epistemische Gemeinschaften wurden in dieser Arbeit nicht als systemische Akteure behandelt. Ihr transnationaler Charakter soll keineswegs geleugnet werden. Wissenschaftler, Beamte, Teilnehmer von Verhandlungsprozessen und einflußreiche Ökologen stellen als Mitglieder dieser Wissensgemeinschaften zweifellos transnationale Netzwerke dar, die sowohl auf der systemischen Ebene der internationalen Beziehungen wie auch innerhalb von Nationalstaaten ihren Einfluß entfalten.

Der entscheidende Einfluß dieser Wissenschaftler betrifft hingegen die Mitwirkung an der Formulierung außenpolitischer Interessen der Staaten bei der Regimeentstehung. So konnte gezeigt werden, daß solche Staaten, in denen Wissenschaftler schon frühzeitig Zugang zum Bereich der Entscheidungsfindung erlangten, eine regimefreundliche Außenpolitik zum Schutz der Ozonschicht und des Klimas verfolgten. Während es der „scientific community" im Ozonfall gelang, in den USA die Entscheidungsträger für eine regimefreundliche Außenpolitik zu gewinnen, konnten die Wissenschaftler im Klimafall unter der Bush-Administration keinen entsprechenden Einfluß entfalten. In Großbritannien, das im Ozonfall zunächst eine regimefeindliche Außenpolitik verfolgte, wurde der FCKW-Problematik von den Wissenschaftlern bis zum Montrealer Protokoll von 1987 keine besondere Bedeutung zugemessen. In der Bundesrepublik Deutschland, die in der Frage der CO_2-Stabilisierung eine regimefreundliche

Haltung einnimmt, haben Wissenschaftler hingegen frühzeitig Zugang zu politischen Entscheidungsträgern in der Regierung und im Parlament erlangt. Die pluralistische Hypothese 5 wurde allerdings nur insofern bestätigt, daß die Abwesenheit einer festgefügten epistemischen Gemeinschaft die Bildung eines globalen Klimaschutzregimes verhindert hat. Im Ozonfall hingegen wurde festgestellt, daß die Erarbeitung und Weiterverbreitung des Konsens-Wissens wohl eine wichtigere Rolle gespielt hat als die Arbeit einer epistemischen Gemeinschaft.

Ökologische Modernisierungskapazität und Außenpolitik: Die Variable der ökologischen Modernisierungskapazität richtete den Blickwinkel auf verschiedene Dimensionen der nationalen Umweltpolitik von Staaten. Es wurde *erstens* gezeigt, daß der jeweilige Politikstil in einem Staat wesentlich die außenpolitische Haltung in einem umweltpolitischen Problemfeld bestimmt. Überwiegt bei der innenpolitischen Bearbeitung eines globalen Umweltproblems ein konsensorientierter Verhandlungsstil, bei dem neben den industriepolitischen Interessengruppen auch die ökologischen Interessen einbezogen werden, wachsen auch die Aussichten für eine regimefreundliche Außenpolitik eines Staates in dieser Frage. Ein konfrontativer Politikstil ermöglicht hingegen den Durchmarsch von Partikularinteressen. In der Regel dürfte dies bedeuten, daß Wirtschaftsinteressen gegenüber den Umweltinteressen die Oberhand behalten.

Von der Korporatismusforschung ist darauf verwiesen worden, daß die erfolgreiche Anpassung von kleinen, ökonomisch besonders verwundbaren europäischen Staaten an die Veränderungen des Weltmarkts durch den „demokratischen Korporatismus" dieser Staaten begünstigt wurde. Der demokratische Korporatismus besteht nach Katzenstein (1989: 32/33) aus drei besonderen Merkmalen. Neben der Sozialpartnerschaft zwischen den relevanten ökonomischen Gruppen und einem zentralisierten System von Interessengruppen wird auch auf die Bedeutung eines integrativen Verhandlungsstils innerhalb dieser Staaten verwiesen. Diese inneren Merkmale versetzen verschiedene kleinere europäische Staaten wie die Schweiz oder Österreich in die Lage, ihre internationale Wettbewerbsfähigkeit zu behaupten.[5]

---

5   Nach Katzenstein (1989: 200) eröffnet der demokratische Korporatismus einen Mechanismus „for mobilizing the consensus necessary to live with the costs of rapid economic change. For the small European states a reactive, flexible, and incremental policy of industrial adjustment occurs together with an astonishing capacity to adjust politically to the

Darüber hinaus ergab sich *zweitens*, daß auch der Grad der jeweiligen Innovationsfähigkeit eines Staates den Außenpolitiktyp beeinflußt. In den USA erwiesen sich neben Umweltgruppen, den Medien und der Wissenschaft auch staatliche Einrichtungen und die Parteien offen für die frühzeitige Beachtung der FCKW-Problematik. Das Rechtssystem räumte zudem die Möglichkeit der Klage gegen die Umweltbehörde EPA ein, wodurch die Umweltgruppen ihre Position im Wettbewerb mit den Verursacherinteressen der Chemieindustrie erheblich verbessern konnten. Bei der Klimaproblematik hingegen war die Innovationsfähigkeit der USA geringer ausgeprägt. Den wirtschaftlichen Interessengruppen gelang es in weit größerem Maße, sich gegenüber Ökologen und Wissenschaftlern in der Regierungsadministration durchzusetzen. Innerhalb der amerikanischen Wirtschaft dominierten dabei zunächst jene Interessengruppen, die Maßnahmen zur Verminderung des Energieverbrauchs nur mit größeren Kostenbelastungen und nicht mit der Chance zur wirtschaftlichen Modernisierung gleichsetzten.

In den Industrieländern hat sich zweifellos ein ökologischer Wertewandel vollzogen, der eine wichtige Grundlage für die Entfaltung von Modernisierungskapazitäten darstellt. Zwischen den einzelnen Staaten bestehen jedoch Unterschiede darin, welche Umweltprobleme innerhalb der „Hitliste" ökologischer Probleme als besonders dringlich erachtet werden. Die Erforschung des Anteils materialistischer und postmaterialistischer Einstellungen in der Bevölkerung führt zwar zu Aussagen über das generelle Umweltbewußtsein in einem Land. Die problemfeldspezifische Aufmerksamkeit, die einzelnen Umweltfragen innerhalb der nationalen Tagesordnung beigemessen wird, kann durch die Variable des Wertewandels jedoch nicht vollständig erfaßt werden. Es kann damit *drittens* festgestellt werden, daß ein wichtiger Bestandteil ökologischer Modernisierungskapazität der Bedeutungsgrad darstellt, dem einem Problemfeld innerhalb der jeweiligen nationalen Tagesordnung eines Staates eingeräumt wird.[6]

---

consequences of domestic change. The small European states adapt domestically to economic change imposed by an international economy that they cannot hope to control".

6   Neben der Rolle kultureller Normen hängt die Agendabildung eines Problemfelds auch von dessen Merkmalsausprägungen ab. Nach Cobb/Elder (1972: 112f) ist die Chance, daß ein Problemfeld ein größeres Publikum erreicht, desto größer, je (1) unklarer das betreffende Problemfeld definiert ist, je (2) größer dessen soziale Bedeutung ist, je (3) weitreichender der Zeithorizont der langfristigen Auswirkungen ist, je (4) geringer der technische Charakter ist und je (5) weniger Präzedenzfälle in der Vergangenheit bestanden. Als weitere Kriterien können darüber hinaus auch die (6) Eindeutigkeit des verfügbaren Wissens und (7) der Symbolgehalt des Problemfelds genannt werden. Die Agendabildung eines Problemfelds

5.3. Überlegenheit einer Schule oder Integration zwischen den Schulen?

Die Stärke des Realismus besteht darin, daß er den Konfliktaustrag als das Ergebnis der Machtressourcen der Akteure betrachtet. In der pluralistischen Schule wird die Rolle der Macht zwar ebenfalls berücksichtigt. Keohane/Nye (1977: 11) weisen darauf hin, daß sich die Macht eines Staates im Zustand der Interdependenz aus dessen Grad der Abhängigkeit von anderen Staaten ergibt. Gleichwohl hat sich die pluralistische Schule zunehmend auf die Entwicklung bzw. Betonung anderer Variablen konzentriert. Dies hat dazu geführt, daß der Pluralismus einer machtorientierten Analyse des Konfliktaustrags in den internationalen Beziehungen einen geringeren Stellenwert eingeräumt hat.[7] In ihrem Rückblick auf die Rezeption der Interdependenztheorie wenden sich Keohane/Nye (1987: 730) allerdings gegen den Eindruck, die Interdependenztheorie habe versucht, die Analyse von Macht völlig zu ersetzen:

„In analyzing the politics of interdependence, we emphasized that interdependence would not necessarily lead to cooperation, nor did we assume that its consequences would automatically be benign in other respects. The key point was not that interdependence made power obsolete - far from it - but that patterns of interdependence and patterns of potential power resources in a given issue-area are closely related - indeed two sides of a single coin".

Die Ausübung von Macht stellt indessen nur eine notwendige und keine hinreichende Bedingung für den Konfliktaustrag dar. Daher kann die realistische Schule keinesfalls als ausschließliche Erklärung für den Konfliktaustrag herangezogen werden. Die Schwäche des Realismus liegt *erstens* darin, daß die realistische These, wonach der Konfliktaustrag zwischen Staaten bei globalen Umweltkonflikten durch die Entstehung von relativen Gewinnen bzw. durch die Verteilungsempfindlichkeit der Staaten geprägt wird, nicht bestätigt werden konnte. Die Staaten reagieren zwar sehr sensibel auf die möglichen ökonomischen Auswirkungen eines globalen Umweltregimes. Es bestehen aber innerhalb eines Regimes verschiedene Möglichkeiten, die Entstehung von relativen Ge-

---

kann auch durch sogenannte externe Faktoren erfolgen, wie sie z.B. plötzliche Katastrophen darstellen (vgl. Breitmeier 1992: 3-6).

7   Von Krasner (1992: 342) ist darauf hingewiesen worden, daß der Neoinstitutionalismus dem Einsatz von Macht geringe Bedeutung beimißt.

winnen auszugleichen bzw. zu verhindern. Eine *zweite* Schwäche des Realismus betrifft die mangelhaft ausgeprägte Analyse von subsystemischen Faktoren für eine regimefreundliche bzw. -feindliche Außenpolitik der Staaten. Da sich der Neorealismus bisher weitgehend auf eine strukturelle Theorie der internationalen Beziehungen konzentriert, sind die Defizite bei der realistischen Betrachtung der Problematik des „second image" unübersehbar.

Die pluralistische Schule hingegen konnte nicht nur systemische Erklärungen für den Konfliktaustrag, sondern auch subsystemische Erklärungen für die Außenpolitik wichtiger Bremser- und Vorreiterstaaten bei globalen Umweltproblemen leisten. Eine Schwäche der pluralistischen Analyse besteht allerdings darin, daß ihr Anspruch, auch die Rolle von Machtressourcen beim Konfliktaustrag zu berücksichtigen, nur begrenzt eingelöst wird. Tatsächlich hat sich die pluralistische Schule vermehrt der Weiterentwicklung anderer Konzepte verschrieben, wie sie der Ansatz über epistemische Gemeinschaften oder die in den vergangenen Jahren zunehmend beachtete Rolle von nicht-staatlichen Organisationen darstellen. Die Einbeziehung der Macht stellt jedoch einen unverzichtbaren Bestandteil der Analyse des Austrags globaler Umweltkonflikte dar. Der Forschung über die Entstehung internationaler Regime kommt daher die Aufgabe zu, die machtstrukturelle Erklärung für den Konfliktaustrag in eine Gesamterklärung zu integrieren, in der andere Theorieansätze über die Regimebildung auch ihren Platz haben.

5.4. Ausblick

Das ungeschriebene Gesetz des anthropozentrischen Weltbildes lautet: Wachstum. Die Warnung des Club of Rome von 1972, daß jeder Tag weiterbestehenden exponentiellen Wachstums das Weltsystem näher an die „Grenzen des Wachstums" treibt, wurde zwar vernommen (Meadows/Meadows/Zahn/Milling 1972: 164). Die Bedürfnisse des Menschen nach wirtschaftlicher Entfaltung und materieller Verwirklichung stehen jedoch noch immer im Mittelpunkt des menschlichen Denkens, das die Auswirkungen des Wachstums auf die natürlichen Ökosysteme zu wenig berücksichtigt. Die angehäuften Umweltprobleme, das weitere Wachstum der Weltbevölkerung, das wirtschaftliche Wachstum der Industrienationen und das Recht der Entwicklungsländer auf Entwicklung werfen die Frage auf, welche ökologisch verträglichen Wachstumspfade begangen werden können, damit die Lebensgrundlagen für zukünftige Generationen von Menschen und Ökosystemen gesichert werden.

Der wichtigste Anstoß für die globale Umweltpolitik muß in den Nationalstaaten beginnen. Die „Kraftlosigkeit" der internationalen Umweltpolitik (Bosselmann 1992: 122) konnte in einzelnen Problemfeldern langfristig vor allem dann überwunden werden, wenn einzelne Vorreiterstaaten eine aktive Umweltpolitik verfolgten, die politische Maßnahmen zur Bewältigung des Problems beinhaltete. Mit dem Verweis auf das oftmals beklagte Versagen der internationalen Umweltpolitik (Mayer-Tasch 1987, Bosselmann 1992) versuchen Politiker und Interessengruppen oftmals nur, von dem „Staatsversagen", das aus strukturellen Steuerungsdefiziten des Staates und im Staat besteht, abzulenken (Jänicke 1993b: 64).

Globale Umweltregime leisten zwar keinen Beitrag zur strukturellen Ökologisierung. Doch sie stellen einen unverzichtbaren Bestandteil des ökologischen Krisenmanagements auf internationaler Ebene dar. Nur durch die verhaltenskoordierende und verhaltensreglementierende Rolle globaler Umweltregime erscheint es möglich, daß die Nationalstaaten zu kollektivem Handeln zum Schutz der globalen Umwelt gelangen. Im vergangenen Jahrzehnt wurde der globalen Umweltpolitik auch innerhalb von internationalen Organisationen und nicht zuletzt durch die UN-Konferenz über Umwelt und Entwicklung von 1992 ein bedeutender Rang unter den wichtigsten Politikbereichen des internationalen Systems eingeräumt. Die steigende Zahl internationaler und globaler Abkommen, die zu Regimen weiterentwickelt werden, mag positive Lernerfahrungen auslösen, daß langfristig eine effektive Bearbeitung internationaler Umweltkonflikte möglich ist.

Neben der wichtigen Funktion von Vorreiterstaaten dürfte zukünftig vor allem eine weit umfassendere finanzielle und technologische Unterstützung des Nordens für die Entwicklungsländer erforderlich sein, damit sich der Entwicklungsprozess in diesen Ländern nachhaltiger vollzieht, als der Prozess der Industrialisierung in den westlichen Industriestaaten. Die Finanzzusagen der westlichen Industrieländer auf der UN-Konferenz über Umwelt und Entwicklung in Rio de Janeiro 1992 waren jedoch sehr bescheiden. Erforderlich ist zunächst ein größeres Maß an Empathie und ein vergrößertes Wissen in den Industrieländern über die Ursachen von Armut, Unterentwicklung und Umweltzerstörung in der Dritten Welt. Mag die Fähigkeit zur sozialen Solidarität innerhalb der westlichen Industrienationen mangelhaft ausgeprägt sein, so besteht eine noch geringere Bereitschaft in diesen Ländern, den materiellen Wohlstand mit den Entwicklungsländern zu teilen. Das steigende Bewußtsein, daß die Emissionen einer in Westeuropa benutzten Spraydose zu ökologischen Schäden in Australien oder über der Antarktis führen können, war eine Grundvoraussetzung dafür, daß in den Industrieländern das „Staatsversagen" in der FCKW-Frage überwunden werden konnte. „Global denken - lokal handeln" lautete ein politischer Slogan der Umweltbewegung in den siebziger und achtziger Jahren. Nur durch eine Veränderung des Verbraucherverhaltens, das kritisch die ökologischen Auswirkungen des Ferntourismus, des steigenden Mobilitäts- und Konsumwahns überprüft, erscheint es möglich, das Ziel einer Stabilisierung und Verminderung der CO_2-Emissionen zu erreichen.

6. Literatur

I. Quellen und gedruckte Materialien

Amtsblatt der Europäischen Gemeinschaften Nr. C 133 vom 7.6.1978, S. 1/2: Entschließung des Rates vom 30. Mai 1978 über Fluorkohlenstoffe in der Umwelt.

Amtsblatt der Europäischen Gemeinschaften Nr. L 90 vom 3.4.1980, S. 45. Entscheidung des Rates vom 26. März 1980 über Fluorchlorkohlenwasserstoffe in der Umwelt (80/372/EWG).

Amtsblatt der Europäischen Gemeinschaften Nr. C 348 vom 31.12.1981, S. 19/20: Stellungnahme zu dem Vorschlag für eine Entscheidung des Rates zur Verstärkung der Vorbeugungsmaßnahmen in bezug auf Fluorchlorkohlenwasserstoffe in der Umwelt (Wirtschafts- und Sozialausschuß).

Amtsblatt der Europäischen Gemeinschaften Nr. L 329 vom 25.11.1982, S. 29/30: Entscheidung des Rates vom 15. November 1982 zur Verstärkung der Vorbeugungsmaßnahmen in bezug auf Fluorchlorkohlenwasserstoffe in der Umwelt (2/795/EWG).

Amtsblatt der Europäischen Gemeinschaften Nr. C 187 vom 18.7.1988, S. 53-56: Entschließung zum Schutz der Ozonschicht (Europäisches Parlament).

Amtsblatt der Europäischen Gemeinschaften Nr. L 297 vom 31.10.1988, S. 1-5: Verordnung (EWG) Nr. 3322/88 des Rates vom 14. Otkober 1988 über bestimmte Fluorchlorkohlenwasserstoffe und Halone, die zu einem Abbau der Ozonschicht führen.

Amtsblatt der Europäischen Gemeinschaften Nr. L 297 vom 31.10.1988, S. 8/9: Entscheidung des Rates vom 14. Oktober 1988 über den Abschluß des Wiener Übereinkommens zum Schutz der Ozonschicht und des Montrealer Protokolls über Stoffe, die zu einem Abbau der Ozonschicht führen (88/540/EWG).

Amtsblatt der Europäischen Gemeinschaften Nr. C 285 vom 9.11.1988, S. 1/2: Entschließung des Rates vom 14. Oktober 1988 zur Begrenzung der Verwendung von Fluorchlorkohlenwasserstoffen und Halonen (88/C 285/01).

Bergen Conference, Ministerial Declaration an Sustainable Development, 15 May 1990, in: Environmental Policy and Law 20:3 (1990), S. 100-103.

Bundesgesetzblatt, Jahrgang 1988, Teil II, S. 901-922: Gesetz zu dem Übereinkommen vom 22. März 1985 zum Schutz der Ozonschicht.

Bundesgesetzblatt, Jahrgang 1988, Teil II, S. 1014-1028: Gesetz zu dem Montrealer Protokoll vom 16. September 1987 über Stoffe, die zu einem Abbau der Ozonschicht führen.

Bundesgesetzblatt, Jahrgang 1991, Teil II, S. 1331-1351: Gesetz zu der am 29. Juni 1990 beschlossenen Änderung und den am 29. Juni 1990 beschlossenen Anpassungen zum Montrealer Protokoll vom 16. September 1987 über Stoffe, die zu einem Abbau der Ozonschicht führen.

Bundesministerium für Umwelt, Naturschutz und Reaktorsicherheit (BMU) 1992a: Konferenz der Vereinten Nationen für Umwelt und Entwicklng im Juni 1992 in Rio de Janeiro Dokumente, Bonn.

Bundesministerium für Umwelt, Naturschutz und Reaktorsicherheit (BMU) 1992b: Bericht der Bundesregierung über die Konferenz der Vereinten Nationen für Umwelt und Entwicklung im Juni 1992 in Rio de Janeiro, Bonn.

Bundesministerium für Umwelt, Naturschutz und Reaktorsicherheit (BMU) 1993a: Für saubere Luft und stabiles Klima, Bonn.

Bundesministerium für Umwelt, Naturschutz und Reaktorsicherheit (BMU) 1993b: Umweltpolitik. Klimaschutz in Deutschland. Nationalbericht der Bundesregierung für die Bundesrepublik Deutschland im Vorgriff auf Artikel 12 des Rahmenübereinkommens der Vereinten Nationen über Klimaänderungen, Bonn.

Declaration of the Hague, 11 March 1989, in: Enviromental Policy and Law 19:2 (1989), S. 78.

DU Pont de Nemours (Deutschland) 1992: Du Pont und FCKW, Du Pont, Bad Homburg.

ECE 1992: The Environment in Europe and North-America. Annotated Statistics 1992, New York.

European Chemical Industry Council 1995: The Changing Pattern of Use of Fluorocarbons in the European Community 1976-1994, Brussels.

Europäische Gemeinschaft 1990: Bulletin der Europäischen Gemeinschaften 23:10, Brüssel.

FCCC/CP/1995/7: Report of the Conference of the Paries on its First Session, Held at Berlin from 28 March to 7 April 1995. Part One: Proceedings.

FCCC/CP/1995/7/Add.1: Report of the Conference of the Paries on its First Session, Held at Berlin from 28 March to 7 April 1995. Addendum. Part Two: Action Taken by the Conference of the Parties at its First Session.

Government of Japan 1990: Action Program to Arrest Global Warming. Decision Made by the Council of Ministers for global Environment Conservation, October 23, 1990.

Hoechst AG 1991: Kühlen ohne FCKW. Der konsequente Weg von Hoechst, Hoechst Akteingesellschaft, Frankfurt.

ICSU/UNEP/WMO 1986: Report of the International Conference on the Assessment of the Role of Carbon Dioxide and of other Greenhouse Gases in Climate Variations and Associated Impacts, Villach, Austria, 9-15 October 1985, WMO-No. 661, Geneva.

INC A/AC.237/5: Intergovernmental Negotiating Committee for a Framework Convention on Climate Change, 11 February 1991, Rules of Procedure.

INC A/AC.237/6: Report of the Intergovernmental Negotiating Committee for a Framework Convention on Climate Change on the Work of its First Session, Held at Washington D.C., 4-14 February 1991.

INC A/AC.237/9: Report of the Intergovernmental Negotiating Committee for a Framework Convention on Climate Change on the Work of its Second Session, Held at Geneva, 19-28 June 1991.

INC A/AC.237/12: Report of the Intergovernmental Negotiating Committee for a Framework Convention on Climate Change on the Work of its Third Session, Held at Nairobi, 9-20 September 1991.

INC A/AC.237/15: Report of the Intergovernmental Negotiating Committee for a Framework Convention on Climate Change on the Work of its Fourth Session, Held at Geneva, 9-20 December 1991.

INC A/AC.237/18 (Part I): Report of the Intergovernmental Negotiating Committee for a Framework Convention on Climate Change on the Work of the First Part of its Fifth Session, Held at New York, 18-28 February 1992.

INC A/AC.237/18 (Part II): Report of the Intergovernmental Negotiating Committee for a Framework Convention on Climate Change on the Work of the Second Part of its Fifth Session, Held at New York, 30 April-9 May 1992.

INC A/AC.237/18 (Part II)/Add.1: Report of the Intergovernmental Negotiating Committee for a Framework Convention on Climate Change on the Work of the Second Part of its Fifth Session, Held at New York, 30 April-9 May 1992, Annex I to the Report of the Committee: United Nations Framework Convention on Climate Change.

INC A/AC.237/24: Report of the Intergovernmental Negotiating Committee for a Framework Convention on Climate Change on the Work of its Sixth Session Held at Geneva, 7 to 10 December 1992.

INC A/AC.237/31: Report of the Intergovernmental Negotiating Committee for a Framework Convention on Climate Change on the Work of its Seventh Session Held at New York, 15 to 20 March 1993.

INC A/AC.237/35: Intergovernmental Negotiating Committee for a Framework Convention on Climate Change, Eighth Session, Geneva 16-27 August 1993: Matters Relating to Commitments - Criteria for Joint Implementation.

INC A/AC.237/37/Add.1-4: Intergovermental Negotiating Committee for a Framework Convention on Climate Change, Eighth Session, Geneva 16-27 August 1993: Implementation of Article 11 (Financial Mechanism), Paras. 1-4.

INC A/AC.237/39/Add.1: Intergovernmental Negotiating Committee for a Framework Convention on Climate Change, Eighth Session, Geneva 16-27 August 1993: Activities of the United Nations System Related to the Convention.

INC A/AC.237/40: Intergovernmental Negotiating Committee for a Framework Convention on Climate Change, Eighth Session, Geneva 16-27 August 1993: Review of the Activities of the Interim Secretariat, Including Review of Extrabudgetary Funds.

INC A/AC.237/91: Report of the Intergovernmental Negotiating Committee for a Framework Convention on Climate Change on the Work of its Eleventh Session Held at New York from 6 to 17 February 1995. Part One: Proceedings.

INC A/AC.237/91/Add.1: Report of the Intergovernmental Negotiating Committee for a Framework Convention on Climate Change on the Work of its Eleventh Session Held at New York from 6 to 17 February 1995. Addendum: Part Two: Recommendations to the Conference of the Parties and Other Decisions and Conclusions of the Committee.

INC A/AC.237/Misc.1/Add.1-16: Set of Informal Papers Provided by Delegations, related to the Perparation of a Framework Convention on Climate Change. Intergovernmental Negotiating Committee for a Framework Convention on Climate Change, Second Session, Geneva, 19-28 June 1991.

INC A/AC.237/Misc.5/Add.1: Compilation of Possible Elements for a Framework Convention on Climate Change Submitted by Delegations, Contained in Document A/AC.237/Misc.1, Addenda 1-9. Intergovernmental Negotiating Committee for a Framework Convnetion on Climate Change, Second Session, Geneva, 19-28 June 1991.

INC/FCCC/None No.37: Symposium on Climate Change and the Future of Small Island States and Low-Lying Coastal Developing Countries, Held on 14 February 1992 at United Nations Headquarters.

INC/FCCC/None No.40: Second Ministerial Conference of Developing Countries on Environment and Development, Kuala Lumpur Declaration on Environment and Development.

International Meeting of Legal and Policy Experts, February 20-22, 1989, Ottawa, in: Environmental Policy and Law 19:2 (1989), S. 78-81.

IPCC-1 1988: WMO/UNEP Intergovernmental Panel on Climate Change. Report of the First Session of the WMO/UNEP Intergovernmental Panel on Climate Change (IPCC), Geneva, 9-11 November 1988, WMO-TD-No. 267, Geneva.

IPCC 1990: IPCC First Assessment Report, Geneva.

IPCC 1992a: Climate Change: The IPCC 1990 and 1992 Assessments, Geneva.

IPCC 1992b: Global Climate Change and the Rising Challenge of the Sea. Report of the Coastal Zone Management Subgroup, Geneva.

Kommission der Europäischen Gemeinschaften 1993a: Vorschlag für eine Verordnung (EWG) des Rates über Stoffe, die zum Abbau der Ozonschicht führen, Kom (93) 202, endg. vom 9. Juni 1993.

Kommission der Europäischen Gemeinschaften 1993b: Die künftige Entwicklung der Gemeinsamen Verkehrspolitik. Globalkonzept einer Gemeinschaftsstrategie für eine auf Dauer tragbare Mobilität, Mitteilung der Kommission, in: Bulletin der Europäischen Gemeinschaften, Beilage 3/93, Brüssel.

Noordwijck Declaration on Atmospheric Pollution and Climatic Change, Ministerial Conference on Atmospheric Pollution and Climatic Change, 5-7 November 1989, in: Environmental Policy and Law (1989) 19:6, S. 229-231.

OECD/IEA 1992: Climate Change Policy Intiatives, Paris.

Official Journal of the European Communities No L 67 vom 14.3.1991, S. 1-10: Council Regulation (EEC) No 594/91 of 4 March 1991 on Substances that Deplete the Ozone Layer.

Official Journal of the European Communities No L 405/41 vom 31.12.1992, S. 41-43: Council Regulation (EEC) No 3952/92 of 30 December 1992 Amending Regulation (EEC). No 594/91 in Order to Speed Up the Phasing-Out of Substances that Deplete the Ozone Layer.

Schlußerklärung der neunten Gipfelkonferenz der Staats- und Regierungschefs der blockfreien Länder vom 4. bis zum 7. September 1989 in Belgrad, in: Europa-Archiv 44:21, (1989), S. D 631-638.

Statement of the Meeting of Legal and Policy Experts, International Meeting of Legal and Policy Experts February 20-22 1989, Ottawa, in: Environmental Policy and Law (1989) 19:2, S. 78-81.

The Multilateral Fund 1993a: The Multilateral Fund for the Implementation of the Montreal Protocol, Montreal.

The Multilateral Fund 1993b: Multilateral Fund for the Implementation of the Montreal Protocol: Inventory of Approved Projects (as at June 1993).

The Multilateral Fund 1995: Working Together To Protect the Ozone Layer, Montreal.

The Nairobi Declaration on Climatic Change, International Conference on Global Warming and Climatic Change: African Perspectives 2-4 May 1990, Nairobi.

UNEP IE/PAC Volume 1 1992: Protecting the Ozone Layer - Refrigerants; UNEP Industry and Environment Programme Activity Centre (IE/PAC), Paris.

UNEP IE/PAC Volume 2 1992: Protecting the Ozone Layer - Solvents, Coatings and Adhesives; UNEP Industry and Environment Programme Activity Centre (IE/PAC), Paris.

UNEP IE/PAC Volume 3 1993: Protecting the Ozone Layer - Fire Extinguishing Substances; UNEP Industry and Environment Programme Activity Centre (IE/PAC), Paris.

UNEP IE/PAC Volume 4 1992: Protecting the Ozone Layer - Foams; UNEP Industry and Environment Programme Activity Centre (IE/PAC), Paris.

UNEP IE/PAC Volume 5 1992: Protecting the Ozone Layer - Aerosols, Sterilants, Carbon Tetrachloride and Miscellaneous Uses; UNEP Industry and Environment Programme Activity Centre (IE/PAC), Paris.

UNEP/IG.53/4: Final Report of the Ad Hoc Working Group of Legal and Technical Experts for the Elaboration of a Global Framework Convention for the Protection of the Ozone Layer, 28 January 1985.

UNEP/OzL.Conv.1/5: Conference of the Parties to the Vienna Convention For the Protection of the Ozone Layer; First Meeting, Helsinki, 26-28 April 1989.

UNEP/OzL.Conv.2/7: Second Meeting of the Conference of the Parties to the Vienna Convention for the Protection of the Ozone Layer, Nairobi, 17-19 June 1991.

UNEP/OzL.Conv.3/6: Conference of the Parties to the Vienna Convention for the Protection of the Ozone Layer; Third Meeting, Bangkok, 23 November 1993.

UNEP/OzL.Pro/ExCom/10/40: Report of the Tenth Meeting of the Executive Committee of the Multilateral Fund for the Implementation of the Montreal Protocol, Montreal 28 June-1 July 1993.

UNEP/OzL.Pro.1/5: First Meeting of the Parties to the Montreal Protocol on Substances that Deplete the Ozone Layer, Helsinki, 2-5 May 1989.

UNEP/OzL.Pro.2/3: Second Meeting of the Parties to the Montreal Protocol on Substances that Deplete the Ozone Layer, London, 27-29 June 1990.

UNEP/OzL.Pro.3/11: Third Meeting of the Parties to the Montreal Protocol on Substances that Deplete the Ozone Layer, Nairobi, 19-21 June 1991.

UNEP/OzL.Pro.4/15: Fourth Meeting of the Parties to the Montreal Protocol on Substances that Deplete the Ozone Layer, Copenhagen, 23-25 November 1992.

UNEP/OzL.Pro.5/12: Fifth Meeting of the Parties to the Montreal Protocol on Substances that Deplete the Ozone Layer, Bangkok, 17-19 November 1993.

UNEP/Ozl.Pro.6/5:Sixth Meeting of the Parties to the Montreal Protocol on Substances that Deplete the Ozone Layer, Nairobi, 6-7 October 1994: The Reporting of Data by the Parties to the Montreal Protocol on Substances that Deplete the Ozone Layer.

UNEP/OzL.Pro.6/7: Sixth Meeting of the Parties to the Montreal Protocol on Substances that Deplete the Ozone Layer, Nairobi, 6-7 October 1994.

UNEP/OzL.Pro.7/2/Rev.1: Seventh Meeting of the Parties to the Montreal Protocol on Substances that Deplete the Ozone Layer, Vienna, 5-7 December 1995. Report of the Legal Drafting Group on Adjustments to the Montreal Protocol.

UNEP/OzL.Pro.7/9/Rev.1: Seventh Meeting of the Parties to the Montreal Protocol on Substances that Deplete the Ozone Layer, Vienna, 5-7 December 1995. Draft Decisions Forwarded by the Preparatory Meeting for the Consideration of the Seventh Meeting of the Parties.

UNEP/ÓzL.Pro.7/12: Seventh Meeting of the Parties to the Montreal Protocol on Substances that Deplete the Ozone Layer, Vienna, 5-7 December 1995.

UNEP/OzL.Pro/ImpCom/10/4: Implementation Comittee under the Non-Compliance Procedure for the Montreal Protocol, Tenth Meeting, Geneva, 25 August 1995.

UNEP/OzL.Pro/WG.1/8/2: Report of the Eighth Meeting of the Open-Ended Working Group of the Parties to the Montreal Protocol, Copenhagen 17-20 November 1992.

UNEP/OzL./Rat.33: Status of Ratification of the Vienna Convention for the Protection of the Ozone Layer (1985), the Montreal Protocol on Substances that Deplete the Ozone Layer (1987), the London Amendment to the Montreal Protocol (1990), the Copenhagen Amendment to the Montreal Protocol (1992), January 1994.

UNEP/WG.69/3: Draft International Convention for the Protection of the Stratospheric Ozone Layer - Text Submitted by the Delegations of Finland, Norway and Sweden, Ad Hoc Working Group of Legal and Technical Experts for the

Elaboration of a Global Framework Convention for the Protection of the Ozone Layer, First Session, Stockholm, 20-28 January 1982.

UNEP 1985: Vienna Convention for the Protection of the Ozone Layer. Final Act, Nairobi.

UNEP 1989a: Economic Panel Report. Montreal Protocol on Substances that Deplete the Ozone Layer, July 1989, Nairobi.

UNEP 1989b: Action on Ozone, Nairobi.

UNEP 1990: GEMS. Global Environment Monitoring System, Nairobi.

UNEP 1991: Montreal Protocol 1991 Assessment. Report of the Halons Technical Options Committee, December 1991.

UNEP 1992: The State of the Environment (1972-1992). Saving Our Planet. Challenges and Hopes, Nairobi.

United Kingdom, Foreign and Commonwealth Office 1991: United Nations Conference on Environment and Development 1992. The United Kingdom Approach, o.O..

United Nations A/Conf.48/14/Rev.1: Report of the United Nations Conference on the Human Environment, Stockholm, 5-16 June 1972.

United Nations A/Conf./151/4 (Part I-IV): Adoption of Agreements on Environment and Development: Agenda 21; 22 April 1992

United Nations A/Conf.151/26/Rev.1 (Vol.I-III): Report of the United Nations Conference on Environment and Development, Rio de Janeiro, 3-14 June 1992, New York 1993.

United Nations GA/Res 43/53 vom 6.12.1988: Protection of Global Climate for Present and Future Generations of Mankind, in: Environmental Policy and Law (1989), 19:1, S.27/28.

United Nations GA/Res 44/207 vom 22.12.1989: Protection of Global Climate for Present and Future Generations of Mankind, in: Environmental Policy and Law (1990), 20:1/2, S.43/44.

United Nations GA/Res 44/228 vom 22.3. 1990: United Nations Conference on Environemnt and Development, Resolution Adopted by the General Assembly on the Report of the Second Committee (A/44/746/Add.7).

United Nations GA/Res 45/212 vom 21.12.1990: Protection of Global Climate for Present and Future Generations of Mankind, in: Environmental Policy and Law (1991), 21:2, S. 76/77.

United Nations GA/Res 46/602 vom 19.12.1991: Protection of Global Climate for Present and Future Generations of Mankind, in: Environmental Policy and Law (1992), 22:2, S. 118/119.

United Nations GA/Res 47/195 vom 22.12.1992: Protection of Global Climate for Present and Future Generations of Mankind, in: Environmental Policy and Law (1993), 23:1, S. 44.

United Nations 1993: World Economic Survey 1993. Current Trends and Policies in the World Economy, New York.

Vereinte Nationen (1992) 40:4, S. 140-147: Rahmenübereinkommen der Vereinten Nationen über Klimaänderungen.

Wiener Übereinkommen vom 22. März 1985 zum Schutz der Ozonschicht, in: Bundesgesetzblatt 1988, Teil II, Nr. 34, S. 901-922.

Wirtschaftserklärung von Paris vom 16.7.1989, in: Bulletin (Presse- und Informationsamt der Bundesregierung) Nr. 76 vom 19.7.1989, S. 663-670.

Wirtschaftserklärung von Houston vom 11.7.1990, in: Bulletin (Presse- und Informationsamt der Bundesregierung) Nr. 91 vom 13.7.1990, S. 783-790.

Wissenschaftlicher Beirat der Bundesregierung Globale Umweltgefährdungen (WBGU) 1995: Wege zur Lösung globaler Umweltprobleme. Jahresgutachten 1995, Heidelberg.

WMO 1979: Proceedings of the World Climate Confrence. A Conference of Experts on Climate and Mankind, Geneva 12-23 February 1979, WMO-No.537, Geneva.

WMO 1986: Atmospheric Ozone: 1985, WMO Global Ozone Research and Monitoring Project, WMO Report No. 16, Geneva.

WMO 1988: The World Weather Watch, 25th Anniversary 1965-1988, WMO-No.709, Geneva.

WMO/UNEP 1988a: Developing Policies For Responding to Climatic Change. A Summary of the Discussions and Recommendations of the Workshops Held in Villach (28 September- 2 October 1987) and Bellagio (9-13 November 1987) Under the Auspices of the Beijer Institute, Stockholm, WMO/TD-No. 225, Geneva.

WMO/UNEP 1988b: Conference Proceedings: The Changing Atmosphere: Implications for Global Security. Toronto, Canada June 27-30 1988, WMO-No.710, Geneva.

WMO 1989: Scientific Assessment of Stratospheric Ozone: 1989, WMO Global Ozone Research and Monitoring Project, WMO Report No. 20, Geneva.

WMO 1990a: The WMO Achievement. 40 Years in the Service of International Meteorology and Hydrology, WMO-No.729, Geneva.

WMO 1990b: WMO and Global Warming, WMO-No.741, Geneva.

WMO 1990c: WMO and Climate Change, Geneva.

WMO 1991: Scientific Assessment of Ozone Depletion: 1991, WMO Global Ozone Research and Monitoring Project, WMO Report No. 25, Geneva.

WMO 1989: Scientific Assessment of Stratospheric Ozone: 1989; Global Ozone Research and Monitoring Project - Report No 20,

WMO 1992a: WMO and the Ozone Issue, WMO-No. 778, Geneva.

WMO 1992b: Scientific Assessment of Ozone Depletion: 1991; Global Ozone Research and Monitoring Project - Report No. 25, Geneva.

WMO 1992c: The World Weather Watch Programme 1992-2001. Third Long Term Plan Part II, Volume 1, WMO-No.761, Geneva.

WMO 1992d: The World Climate Programme 1992-2001. Third WMO Long-Term Plan Part II, Volume 2, WMO-No.762, Geneva.

WMO 1992e: The WMO Atmospheric Research and Environment Programme 1992-2001. Third Long-Term Plan Part II, Volume III, WMO-No.763, Geneva.

WMO Press Release No. 490 vom 13.11. 1992

WMO Press Release No. 504 vom 5.3.1993

World Bank 1992: World Bank News, Special Report: The World Bank, the Environment, and Development, May 1992.

II.   Aufsätze, Monographien und Sammelbände

Adler, Emanuel 1992: The Emergence of Cooperation: National Epistemic Communities and the International Evolution of the Idea of Nuclear Arms Control, in: International Organization 46:1, S. 101-145.

Adler, Emanuel/Haas, Peter M. 1992: Conclusion: Epistemic Communities, World Order, and the Creation of a Reflective Research Program, in: International Organization 46:1., S. 367-390.

Alcamo, Joseph/De Vries, Albert 1992: Low Energy, Low Emissions, SO_2, NO_x and CO_2 in Europe, in: International Environmental Affairs 4:3, S. 155-184.

Andresen, Steinar 1993: US Climate Policy: Ideology versus Pragmatism, The Fridtjof Nansen Institute, Report 1993/3, Oslo.

Aron, Raymond 1986: Frieden und Krieg. Eine Theorie der Staatenwelt, Frankfurt/Main.

Axelrod, Regina 1992: Reconciling Energy Use with Environmental Protection in the European Community, in: International Environmental Affairs 4:3, S. 185-202.

Axelrod, Robert/Keohane, Robert O. 1986: Achieving Cooperation Under Anarchy: Strategies and Institutions, in: Oye, Kenneth A. (ed.): Cooperation Under Anarchy, Princeton/ New Jersey, S. 226-254.

Axelrod, Robert 1988: Die Evolution der Kooperation, München.

Bachrach, Peter/Baratz, Morton S. 1963: Decisions and Nondecisions: An Analytic Framework, in: The American Political Science Review 57:3, S. 635-642.

Banks, Michael 1985: The Inter-Paradigm Debate, in: Light, Margot & Groom, A.J.R.: International Relations. A Handbook of Current Theory, London & Boulder S. 7-26.

Barrett, Scott 1992: 'Acceptable' Allocations of Tradeable Carbon Emission Entitlements in a Global Warming Treaty, in: UNCTAD (ed.): Combating Global Warming. Study on a Global System of Tradeable Carbon Emission Entitlements, New York, S. 85-113.

Beck, Ulrich 1986: Risikogesellschaft. Auf dem Weg in eine andere Moderne, Frankfurt/M.

Bellers, Jürgen/Häckel, Erwin 1990: Theorien internationaler Integration und internationaler Organisationen, in: Rittberger, Volker (Hrsg.): Theorien der Internationalen Beziehungen. Bestandsaufnahme und Forschungsperspektiven, PVS Sonderheft 21/1990, Opladen, S. 286-310.

Benedick, Richard Elliot 1991: Ozone Diplomacy. New Directions in Safeguarding the Planet, Cambridge, Mass./London.

Billing, Peter/Kittel, Gabriele/Rittberger, Volker/Schimmelfennig, Frank 1992: State Properties and Foreign Policy. Industrialized Countries and the Unesco Crisis, Tübinger Arbeitspapiere zur internationalen Politik und Friedensforschung Nr. 19, Tübingen.

Böhme, Wolfgang 1989: Programme und Kooperationen in der Klimaforschung - Mittel zum Verständnis des Klimasystems als eine Voraussetzung für die Bewältigung des Klimaproblems, in: Zeitschrift für Meteorologie 39:4, S. 185-192.

Bodansky, Daniel 1992: Draft Convention on Climate Change, in: Environmental Policy and Law 22:1, S. 5-15.

Bodansky, Daniel 1993: The United Nations Framework Convention on Climate Change: A Commentary, in: The Yale Journal of International Law 18:2, S. 453-558.

Bodansky, Daniel 1995: The Emerging Climate Change Regime, in: Annual Review of Energy and the Environment, Vol. 20, S. 425-461.

Bornschier, Volker/Suter, Christian 1990: Lange Wellen im Weltsystem, in: Rittberger, Volker (Hrsg.): Theorien der Internationalen Beziehungen. Bestandsaufnahme und Forschungsperspektiven, PVS Sonderheft 21/1990, Opladen, S. 175-197.

Bosselmann, Klaus 1992: Im Namen der Natur. Der Weg zum ökologischen Rechtsstaat, Bern/München/Wien.

Bradbeer, John 1993: Environmental Policy, in: Savage, Stephen/Robins, Lynton (eds.): Public Policy Under Thatcher, Houndmills/Basingstoke/Hampshire/London, 4. Auflage, S. 75-88.

Breitmeier, Helmut/Zürn, Michael 1990: Gewalt oder Kooperation. Zur Austragungsform internationaler Umweltkonflikte, in: antimilitarismus information 20:12, S. 14-23.

Breitmeier, Helmut 1992: Ozonschicht und Klima auf der globalen Agenda, Tübinger Arbeitspapiere zur internationalen Politik und Friedensforschung Nr. 17, Tübingen.

Breitmeier, Helmut/Wolf, Klaus Dieter 1993: Analysing Regime Consequences: Conceptual Outlines and Environmental Explorations, in: Rittberger, Volker (ed.): Regime Theory and International Relations, Oxford, S. 339-360.

Breitmeier, Helmut/Gehring, Thomas/List, Martin/Zürn Michael 1993: Internationale Umweltregime, in: von Prittwitz, Volker (Hrsg.): Umweltpolitik als Modernisierungsprozeß. Politikwissenschaftliche Umweltforschung und -lehre in der Bundesrepublik, Opladen, S. 163-191.

Breitmeier, Helmut 1996: Klimawandel und Gerechtigkeit zwischen Nord und Süd: Schlechtes Gewissen der Industrieländer - Ruhekissen für die Dritte Welt?, in: Hans-Günter Brauch (Hrsg.): Klimapolitik, Berlin/Heidelberg, S. 115-128.

Brenton, Tony 1994: The Greening of Machiavelli. The Evolution of International Environmental Politics, London.

Brock, Lothar 1992: Nord-Süd-Kontroversen in der internationalen Umweltpolitik: Von der taktischen Verknüpfung zur Integration von Umwelt und Entwicklung?, HSFK-Report 7/1992, Frankfurt/M.

Bruce, James. P. 1990: The Atmosphere of the Living Planet Earth, WMO-No.735, Geneva.

Bruce, James P. 1991: The World Climate Programme: Achievements and Challenges, in: Jäger, J./Ferguson, H.L. (ed.): Climate Change: Science, Impacts and Policy. Proceedings of the Second World Climate Conference, Cambridge, New York/Melbourne/Port Chester/ Sydney, S. 149-155.

Brunnée, Jutta 1988: Entwicklungen im Umweltvölkerrecht am Beispiel des Sauren Regens und der Ozonschichtzerstörung, Diss., Mainz.

Burdick, Bernhard 1993: Das Pflanzenschutzmittel Methylbromid zerstört die Ozonschicht, in: Ökologie und Landbau Nr. 87, 21. Jhg., S. 35-36.

Caldwell, Lynton Keith 1990: International Environmental Politics. Emergence and Dimensions, 2. Auflage, Durham.

Carr, E.H. 1949: The Twenty Years' Crisis 1919-1939. An Introduction to the Study of International Relations, vierte Auflage, London.

Carson, Rachel 1962: Der stumme Frühling, München.

Cavender, Jeannine/Jäger, Jill 1993: The History of Germany's Response to Climate Change, in: International Environmental Affairs 5:1, S. 3-18.

Cobb, Roger W./Elder, Charles D. 1972: Participation in American Politics. The Dynamics of Agenda Building, Baltimore/London.

Cox, Robert W. 1986: Social Forces, States and World Orders: Beyond International Relations Theory, in: Keohane, Robert O. (ed.): Neorealism and its Critics, New York, S. 204-254.

Crutzen, Paul J./Golitsyn, Georgii S. 1992: Linkages between Global Warming, Ozone Depletion, Acid Deposition and Other Aspects of Global Environmental Change, in: Mintzer, Irving M. (ed.): Confronting Climate Change. Risks, Implications and Responses, Cambridge, S. 15-32.

Czempiel, Ernst-Otto 1981: Internationale Politik. Ein Konfliktmodell, Paderborn/München/ Wien/Zürich.

Czempiel, Ernst-Otto 1986: Friedensstrategien. Systemwandel durch Internationale Organisationen, Demokratisierung und Wirtschaft, Paderborn/München/Wien/ Zürich.

Czempiel, Ernst-Otto 1991a: Gleichgewicht oder Symmetrie?, in: Jahrbuch für Politik 1:1, S. 127-150.

Czempiel, Ernst-Otto 1991b: Weltpolitik im Umbruch. Das internationale System nach dem Ende des Ost-West-Konflikts, München.

Davies, Arthur 1986: Meteorology - A Model of International Cooperation, WMO-No.667, Geneva.

Deutscher Bundestag (Hrsg.) 1988: Schutz der Erdatmosphäre. Eine internationale Herausforderung, Zwischenbericht der Enquete-Kommission des 11. Deutschen Bundestages „Vorsorge zum Schutz der Erdatmosphäre", Bonn.

Deutscher Bundestag (Hrsg.) 1990a: Schutz der Erde - Eine Bestandsaufnahme mit Vorschlägen zu einer neuen Energiepolitik, Dritter Bericht der Enquete-Kommission des 11. Deutschen Bundestages „Vorsorge zum Schutz der Erdatmosphäre", Bonn.

Deutscher Bundestag (Hrsg.) 1990b: Schutz der tropischen Wälder. Eine internationale Schwerpunktaufgabe, Zweiter Bericht der Enquete-Kommission des 11. Deutschen Bundestages „Vorsorge zum Schutz der Erdatmosphäre", Bonn.

Deutscher Bundestag (Hrsg.) 1992: Klimaänderung gefährdet globale Entwicklung. Zukunft sichern- Jetzt handeln, Erster Bericht der Enquete-Kommission „Schutz der Erdatmosphäre" des 12. Deutschen Bundestages, Bonn.

Doniger, David D. 1988: Politics of the Ozone Layer, in: Issues in Science and Technology 4, Spring, S. 86-92.

Dotto, Lydia/Schiff, Harold 1978: The Ozone War, New York.

Dougherty, James E./Pfalzgraff, Robert L. 1990: Contending Theories of International Relations. A Comprehensive Survey, New York.

Dovland, Harald 1987: Monitoring European Transboundary Air Pollution, in: Environment 29:10, S. 10-16.

Easton, David 1965: A Systems Analysis of Political Life, New York/London/Sydney.

Efinger, Manfred/Rittberger, Volker/Zürn, Michael 1988: Internationale Regime in den Ost-West-Beziehungen. Ein Beitrag zur Erforschung der friedlichen Behandlung internationaler Konflikte, Frankfurt/M.

Efinger, Manfred/Rittberger, Volker/Wolf, Klaus Dieter/Zürn, Michael 1990: Internationale Regime und internationale Politik, in: Rittberger, Volker (Hrsg.): Theorien der Internationalen Beziehungen. Bestandsaufnahme und Forschungsperspektiven, Opladen, S. 263-285.

Efinger, Manfred/Zürn, Michael 1990: Explaining Conflict Management in East-West Relations: A Quantitative Test of Problem-Structural Typologies, in: Rittberger, Volker (ed.): International Regimes in East-West-Relations, London/New York, S. 64-89.

Efinger, Manfred/Breitmeier, Helmut 1992: Verifying a Convention on Greenhouse Gases: A Game-Theoretic Approach, in: di Primio, J.C/Stein, G. (ed.): A Regime to Control Greenhouse Gases, Konferenzen des Forschungszentrums Jülich, Band 10/1992, S. 59-68.

Efinger, Manfred/Mayer, Peter/Schwarzer, Gudrun 1993: Integrating and Contextualizing Hypotheses: Alternative Paths to Better Explanations of Regime Formation?, in: Rittberger, Volker (ed.): Regime Theory and International Relations, Oxford, S. 252-281.

Fabian, Peter 1992: Atmosphäre und Umwelt. Chemische Prozesse - Menschliche Eingriffe, 3. Auflage, Berlin/Heidelberg/NewYork/London/Paris/Tokyo/Hong Kong/Barcelona/ Budapest.

Farman, J.C./Gardiner, B.G./Shanklin, J.D. 1985: Large Losses of Total Ozone in Antarctica Reveal Seasonal ClO_x/NO_x Interaction, in: Nature 315, S. 207-210.

Fischer, Wolfgang 1992: Klimaschutz und internationale Politik. Die Konferenz von Rio zwischen globaler Verantwortung und nationalen Interessen, Aachen.

Flavin, Christopher/Lenssen, Nicholas 1991: Entwurf eines umweltverträglichen Energiesystems, in: World Watch Institute 1991: Zur Lage der Welt 1991/92. Daten für das Überleben unseres Planeten, Frankfurt/M., S. 44-85.

Flohn, Hermann 1989: Wo bleibt das Erwärmungssignal? Das CO_2-Klimaproblem in globaler Sicht, in: Die Geowisssenschaften 7:2, S. 31-37.

Frye, Russell S. 1992: Uncle Sam at UNCED, in: Environmental Policy and Law 22:5/6, S. 340-346.

Galtung, Johan 1975: Strukturelle Gewalt. Beiträge zur Friedensforschung, Reinbek bei Hamburg.

Galtung, Johan 1979: Eine strukturelle Theorie des Imperialismus, in: Senghaas, Dieter (Hrsg.): Imperialismus und Strukturelle Gewalt. Analysen über abhängige Reproduktion, 5. Auflage, Frankfurt/M., S. 29-104.

Gehring, Thomas 1990: Das internationale Regime zum Schutz der Ozonschicht, in: Europa-Archiv 45:23, S. 703-712.

Gehring, Thomas 1994: Dynamic International Regimes. Institutions for International Environmentl Governance, Frankfurt/New York.

Gill, Stephen/Law, David 1988: The Global Political Economy. Perspectives, Problems and Policies, Baltimore.

Gilpin, Robert G: 1981: War and Change in World Politics, New York/Cambridge

Gilpin, Robert G. 1986: The Richness of the Tradition of Political Realism, in: Keohane, Robert O. (ed.): Neorealism and its Critics, New York, S. 301-321

Gilpin 1987: The Political Economy of International Relations, Princeton, New Jersey.

Global 2000. Der Bericht an den Präsidenten, Frankfurt 1980.

Göhler, Gerhard/Klein, Ansgar 1991: Politische Theorien des 19. Jahrhunderts, in: Lieber, Hans-Joachim (Hrsg.): Politische Theorien von der Antike bis zur Gegenwart, Bonn, S. 259-656.

Görrissen, Thorsten 1993: Grenzüberschreitende Umweltprobleme in der internationalen Politik. Durchsetzung ökologischer Interessen unter den Bedingungen komplexer Interdependenz, Baden-Baden.

Goldstein, Bruce E. 1988: Du Pont to Abandon CFCs, in: World Watch, 1:3, S. 6-7.

Gore, Al 1992: Wege zum Gleichgewicht. Ein Marschallplan für die Erde, Frankfurt/M.

Graßl, Hartmut/Klingholz, Reiner 1990: Wir Klimamacher. Auswege aus dem globalen Treibhaus, Frankfurt/M.

Grieco, Joseph M. 1990: Cooperation among Nations. Europe, America, and Non-Tariff Barriers to Trade, Ithaca/London.

Grießhammer, Rainer/Hey, Christian/Hennicke, Peter/Kalberlah, Fritz 1989: Ozonloch und Treibhauseffekt. Ein Report des Öko-Instituts, Reinbek.

Grubb, Michael 1991: Energy Policies and the Greenhouse Effect. Volume I: Policy Appraisal, Dartmouth.

Grubb, Michael 1992: The Greenhouse Effect: Negotiating Targets, 2. Auflage, London.

Grubb, Michael/Rayner, Steve/Tanabe, Akira/Russell, Jeremy/Ledic, Michele/ Mathur, Ajay/Brackley, Peter 1991: Energy Policies and the Greenhouse Effect. A Study of National Differences, in: Energy Policy 19:10, S. 911-917

Grubb, Michael/Anderson, Dean 1995: The Emerging International Regime for Climate Change. Structures and Options after Berlin, London.

Grübler, Arnulf/Nakicenovic, Nesbojsa 1992: International Burden Sharing in Greenhouse Gas Reduction, The World Bank Sector Policy and Research Staff: Environment Working Paper No. 55, Washington, D.C.

Gupta, Joyeeta/Junne, Gerd/van der Wurff, Richard 1993: Determinants of Regime Formation, University of Amsterdam, Department of International Relations and Public International Law, Working Paper 1, Amsterdam.

Haas, Ernst B. 1976: Turbulent Fields and the Theory of Regional Integration, in: International Organization 30:2, S. 173-212.

Haas, Ernst B./Williams, Mary Pat/Babai, Don 1978: Scientists and World Order. The Uses of Technical Knowledge in International Organizations, Berkeley/Los Angeles/London.

Haas, Ernst B. 1990: When Knowledge is Power. Three Models of Change in International Organizations, Berkeley.

Haas, Peter M. 1989: Do Regimes Matter? Epistemic Commmunities and Mediterranean Pollution Control, in: International Organization 43:3, S. 377-403.

Haas, Peter M. 1990: Saving the Mediterranean. The Politics of International Environmental Cooperation, New York.

Haas, Peter M. 1992a: Epistemic Communities and International Policy Coordination, in: International Organization 46:1, S. 1-35.

Haas, Peter M. 1992b: Banning Chlorofluorocarbons: Epistemic Community Efforts to Protect Stratospheric Ozone, in: International Organization 46:1, S. 187-224.

Haas, Peter M./Levy, Marc A./Parson, Edward A. 1992: Appraising the Earth Summit. How Should We Judge UNCED's Success?, in: Environment 34:8, S. 6-33.

Haas, Peter M./Keohane, Robert O./Levy, Mark 1993: Institutions for the Earth. Sources of Effective International Environmental Protection, Cambridge, Mass./ London.

Haas, Peter M. 1993: Epistemic Communities and the Dynamics of International Environmental Co-operation, in: Rittberger, Volker (ed.): Regime Theory and International Relations, Oxford, S. 168-201.

271

Habeeb, Mark, William 1988: Power and Tactics in International Negotiation. How Weak Nations Bargain with Strong Nations, Baltimore/London,

Haftendorn, Helga 1990: Theorie der Internationalen Beziehungen, in: Woyke, Wichard (Hrsg.): Handwörterbuch Internationale Politik, 4. völlig überarbeitete Auflage, Bonn, S. 480-494.

Haigh, Nigel 1992: The European Community and International Enmvironmental Policy, in: Hurrell, Andrew/Kingsburry, Benedict (eds.): The International Polics of the Environment. Actors, Interests, and Institutions, Oxford, S.228-249.

Halpern, Shanna L. 1993: The United Nations Conference on Environment and Development: Process and Documentation, The Academic Council on the United Nations System (ACUNS), Papers 1993 No. 2.

Handl, Günther 1990: International Efforts to Protect the Global Atmosphere: A Case of Too Little, Too Late?, in: European Journal of International Law, Vol. 1/2, S. 250-257.

Hardin, Garrett 1968: The Tragedy of the Commons, in: Science 162:3859, S. 1243-1248.

Hauck, Gerhard 1990: Modernisierung, Dependencia, Marxismus - was bleibt?, in: Peripherie 39/40, S. 68-81.

Henseling, Karl Otto 1992: Ein Planet wird vergiftet. Der Siegeszug der Chemie: Geschichte einer Fehlentwicklung, Frankfurt/M.

Herz, John H. 1974: Staatenwelt und Weltpolitik. Aufsätze zur internationalen Politik im Nuklearzeitalter, Hamburg.

Hobson, John A. 1968: Der Imperialismus, Köln/Berlin.

Hohmann, Harald 1992: Präventive Rechtspflichten und -prinzipien des modernen Umweltvölkerrechts: Zum Stand des Umweltvölkerrechts zwischen Umweltnutzung und Umweltschutz, Berlin.

Holsti, K.J. 1991: Change in the International System. Essays on the Theory and Practice of International Relations, Aldershot/Brookfield

Hope, Chris/Parker, Jonathan/Peake, Stephen 1992: A Pilot Environmental Index for the UK in the 1980s, in: Energy Policy 20:4, S. 335-343.

Hopkins, Raymond F.: Reform in the International Food Aid Regime: The Role of Consensual Knowledge, in: International Organization 46:1, S. 225-264.

Houghton, J.T. 1991: Scientific Assessment of Climate Change: Summary of the IPCC Working Group I Report, in: Jäger, J./Ferguson, H.L. 1991: Climate Change: Science, Impacts and Policy. Proceedings of the Second World Climate Conference, S. 23-45

Huber, Joseph 1993: Ökologische Modernisierung: Zwischen bürokratischem und zivilgesellschaftlichem Handeln, in: von Prittwitz, Volker (Hrsg.): Umweltolitik als Modernisierungsprozeß. Politikwissenschaftliche Umweltforschung und -lehre in der Bundesrepublik, Opladen, S. 51-69.

Hughes, Barry B. 1991: Continuity and Change in World Politics: The Clash of Perspectives, Engelwood Cliffs, NJ.

Hüttig, Christoph 1990: Die Analyse internationaler Regime. Forschungsprogrammatische „Sackgasse" oder Aufbruch zu neuen Ufern einer Theorie der Internationalen Beziehungen?, in: Neue Politische Literatur 35:1, S. 32-49.

Hyder, Tariq Osman 1992: Climate Negotiations: The North/South Perspective, in: Mintzer, Irving M. (ed.): Confronting Climate Change: Risks, Implications and Responses, Cambridge, S. 323-336.

Ikenberry, John G. 1992: A World Economy Restored: Expert Consensus and the Anglo-American Postwar Settlement, in: International Organization 46:1, S. 289-321.

Imber, Mark 1993: Too Many Cooks? The Post-Rio Reform of the United Nations, in: International Affairs 69:1, S. 55-70.

Imbusch, Peter 1990: 'Das moderne Weltsystem': eine Kritik der Weltsystemtheorie Immanuel Wallersteins, Marburg.

Jachtenfuchs, Markus 1990: The European Community and the Protection of the Ozone Layer, in: Journal of Common Market Studies 28:1, S. 261-277.

Jacke, S./Gerster, H.J 1992: German Policies Concerning Greenhouse Gas Emissions, in: di Primio, J.C./Stein, G. (eds.): A Regime to Control Greenhouse Gases. Konferenzen des Forschungszentrums Jülich, Band 10/1992, S. 13-20.

Jäger, J./Ferguson, H.L. 1991: Climate Change: Science, Impacts and Policy. Proceedings of the Second World Climate Conference, Cambridge/New York/Port Chester/Melbourne/ Sydney.

Jäger, Jill 1992: Maßnahmen zum Schutz der stratosphärischen Ozonschicht, in: Zeitschrift für angewandte Umweltforschung 5:2, S. 152-158.

Jänicke, Martin 1990: Erfolgsbedingungen von Umweltpolitik im internationalen Vergleich, in: Zeitschrift für Umweltpolitik und Umweltrecht, 13:3, S. 213-232.

Jänicke, Martin 1993a: Ökologische und politische Modernisierung in entwickelten Industriegesellschaften, in: von Prittwitz, Völker (Hrsg.): Umweltpolitik als Modernisierungsprozeß. Politikwissenschaftliche Umweltforschung und -lehre in der Bundesrepublik, Opladen, S. 15-29.

Jänicke 1993b: Vom Staatsversagen zur politischen Modernisierung? Ein System aus Verlegenheitslösungen sucht seine Form, in: Böhret, Carl/Wewer, Göttrik (Hrsg.): Regieren im 21. Jahrhundert - zwischen Globalisierung und Regionalisierung, Opladen, S. 65-77.

Jachtenfuchs, Markus 1990: The European Community and the Protection of the Ozone Layer, in: Journal of Common Market Studies, 28:3, S. 261-277.

Johnson, Stanley P. 1993: The Earth Summit. The United Nations Conference on Environment and Development (UNCED), London/Dordrecht/Boston.

Junne, Gerd 1990: Theorien über Konflikte und Kooperation zwischen kapitalistischen Industrieländern, in: Rittberger, Volker (Hrsg.): Theorien der Internationalen Beziehungen. Bestandsaufnahme und Forschungsperspektiven, PVS-Sonderheft 21/1990, Opladen, S. 353-371.

Junne, Gerd 1992: Beyond Regime Theory, in: Acta Politica 27:1, S. 9-28.

Kaiser, Karl/von Weizsäcker, Ernst Ulrich/Comes, Stefan/Bleischwitz, Raimund 1990: Internationale Klimapolitik. Eine Zwischenbilanz und ein Vorschlag zum Abschluß einer Klimakonvention, Arbeitspapiere zur Internationalen Politik Nr.65, Bonn.

Karger, Cornelia/Schütz, Holger/Wiedemann, Peter M. 1993: Zwischen Engagement und Ablehnung. Bewertung von Klimaschutzmaßnahmen in der deutschen Bevölkerung, in: Zeitschrift für Umweltpolitik und Umweltrecht 16:2, S. 201-215.

Katzenstein, Peter J. 1989: Small States in World Markets. Industrial Policy in Europe, 4. Auflage, Ithaca/London.

Keck, Otto 1991: Der neue Institutionalismus in der Internationalen Politik, in: Politische Vierteljahresschrift 32:4, S. 635-653.

Keohane, Robert O./Nye, Joseph S. 1977: Power and Interdependence. World Politics in Transition, Boston.

Keohane, Robert O. 1984: After Hegemony. Cooperation and Discord in the World Political Economy, Princeton, New Jersey.

Keohane, Robert O. 1986: Theory of World Politics: Structural Realism and Beyond, in: ders. (ed.): Neorealism and its Critics, New York, S. 158-203.

Keohane, Robert O. 1989: Neoliberal Institutionalism: A Perspective on World Politics, in: ders.: International Institutions and State Power. Essays in International Relations Theory, Boulder, San Francisco/London, S. 1-20..

Keohane, Robert O. 1993: The Analysis of International Regimes: Towards a European-American Research Programme, in: Rittberger, Volker (ed.): Regime Theory and International Relations, Oxford, S. 23-45.

Kerr, Richard A. 1989: Hansen vs. the World on the Greenhouse Threat, in: Science, Vol. 244, S. 1041-1043.

Kindleberger, Charles 1988a: International Public Goods Without International Government, in: ders.: The International Economic Order. Essays on Financial Crisis and International Public Goods, New York/London/Toronto/Sydney/-Tokio, S. 123-142.

Kindleberger, Charles 1988b: Dominance and Leadership in the International Economy, in: ders.: The International Economic Order. Essays on Financial Crisis and International Public Goods, New York/London/Toronto/Sydney/-Tokio, S. 185-195.

King, Alexander/Schneider, Bertrand 1992: Die erste globale Revolution. Ein Bericht des Rates des Club of Rome, Frankfurt/M.

King, Kenneth/Munasinghe, Mohan 1991: Incremental Costs of Phasing Out Ozone Depleting Substances; The World Bank, Sector Policy and Research Staff: Environment Working Paper No. 47, New York.

Kohler-Koch, Beate 1989: Zur Empirie und Theorie internationaler Regime, in dies. (Hrsg.): Regime in den internationalen Beziehungen, Baden-Baden, S. 17-85.

Kohler-Koch, Beate 1990: Interdependenz, in: Rittberger, Volker (Hrsg.): Theorien der Internationalen Beziehungen. Bestandsaufnahme und Forschungsperspektiven, PVS-Sonderheft 21, Opladen, S. 110-129.

Kloepfer, Michael: Umweltrecht, [Unter Mitarbeit von Klaus Messerschmidt], München 1989.

Krasner, Stephen D. 1982: Structural Causes and Regime Consequences: Regimes as Intervening Variables, in: International Organization 36:2, S.1-21.

Krasner, Stephen D. 1985: Structural Conflict. The Third World Against Global Liberalism, Berkeley.

Krasner, Stephen D. 1992: Global Communications and National Power. Life on the Pareto Frontier, in: World Politics 43:3, S. 336-366.

Kratochwil, Friedrich/Ruggie, John Gerard 1986: International Organization: A State of the Art on the Art of the State, in: International Organization 40:4, S. 753-775.

Kübler, Knut 1991: Schutz der Erdatmosphäre als Beispiel für internationale umweltpolitische Zusammenarbeit, in: Lendi, Martin (Hrsg.): Umweltpolitik. Strukturelemente in einem dynamischen Prozeß, Zürich, S. 171-191.

Kuhn, Thomas S. 1988: Die Struktur wissenschaftlicher Revolutionen, neunte Auflage, Frankfurt/M..

Lambright, Henry W./O'Leary, Rosemary 1991: Governing Global Climate Change: Can We Learn from the Past in Designing the Future?, in: Policy Studies Journal 19:2, S. 50-60.

Lammers, Johan G. 1988: Efforts to Develop a Protocol on Chlorofluorocarbons to the Vienna Convention for the Protection of the Ozone Layer, in: Hague Yearbook of International Law Volume 1, Dordrecht, S. 225-268.

Lang, Winfried 1986: Luft und Ozon - Schutzobjekte des Völkerrechts, in: Zeitschrift für ausländisches öffentliches Recht und Völkerrecht 46:1, S. 261-285.

Lang, Winfried 1988: Diplomatie zwischen Ökonomie und Ökologie. Das Beispiel des Ozonvertrags von Montreal, in: Europa-Archiv 43:4, S. 105-110.

Lang, Winfried 1989: Internationaler Umweltschutz. Völkerrecht und Außenpolitik zwischen Ökonomie und Ökologie, Wien.

Lang Winfried 1993: Auf der Suche nach einem wirksamen Klima-Regime, in: Archiv des Völkerrechts 31:1/2, S. 13-29.

Ledic, Michele 1991: China: The Continuing Dominance of Coal, in: Grubb, Michael/Brackley, Peter/Ledic, Michele/Mathur, Ajay/Rayner, Steve/Russell, Jeremy/Tanabe, Akira: Energy Policies and the Greenhouse Effect. Volume II: Country Studies and Technical Options, Dartmouth, S. 357-393.

Lenin, W.J. 1947: Der Imperialismus als höchstes Stadium des Kapitalismus, Stuttgart.

Lenssen, Nicholas 1993: Unheilvolle Wolken über China, in: World Watch 2:2, S. 25-33.

Levy, Marc A./Keohane, Robert O./Haas, Peter M. 1993: Improving the Effectiveness of International Environmental Institutions, in: Haas, Peter

M./Keohane, Robert O./Levy, Marc A. (eds.): Institutions for the Earth. Sources of Effective International Environmental Protection, Cambridge, Mass./London, S. 397-426.

Levy, Marc/Young, Oran R./Zürn, Michael 1995: The Study of International Regimes, in: European Journal of International Relations 1:3, S. 267-330.

List, Martin 1991: Umweltschutz in zwei Meeren. Vergleich der internationalen Zusammenarbeit zum Schutz der Meeresumwelt in Nord- und Ostsee, München.

List, Martin/Rittberger, Volker 1992: Regime Theory and International Environmental Management, in: Hurrell, Andrew/Kingsburry, Benedict (eds.): The International Politics of the Environment. Actors, Interests, and Institutions, Oxford, S. 85-109.

List, Martin/Behrens, Maria/Reichardt, Wolfgang/Simonis, Georg 1995: Internationale Politik. Probleme und Grundbegriffe, Opladen.

Litfin, Karen T. 1994: Ozone Discourse. Science and Politics in Global Environmental Cooperation, New York.

Lobos, Melissa S. 1987: Thinning Air, Better Beware: Chlorofluorocarbons and the Ozone Layer, in: Dickinson Journal of International Law 6:1, S. 87-117.

Loske, Reinhard 1993: Transatlantische Umweltallianz? Die Zukunft der Ökologie in den amerikanisch-europäischen Beziehungen, in: Blätter für deutsche und internationale Politik, 38:4, S. 457-468.

Luxemburg, Rosa 1970: Die Akkumulation des Kapitals. Ein Beitrag zur ökonomischen Erklärung des Imperialismus, 4. Auflage, Frankfurt.

Madronich, Sasha/McKenzie, Richard L./Cladwell, Martyn/Bjoern, Lars Olof 1995: Changes in Ultraviolet Radiation Reaching the Earth's Surface, in: Ambio 24:3, S. 153-165.

Maghroori, Ray 1982: Introduction: Major Debates in International Relations, in: Maghroori, Ray/Ramberg, Bennett (ed.): Globalism Versus Realism. International Relations' Third Debate, Boulder, Colorado, S. 9-22.

Mann, Michael 1990: Geschichte der Macht. Erster Band: Von den Anfängen bis zur griechischen Antike, Frankfurt/New York.

Marx, Karl/Engels, Friedrich 1977: Manifest der Kommunistischen Partei, Stuttgart.

Maxwell, James H./Weiner, Sanford L. 1993: Green Consciousness or Dollar Diplomacy? The British Response to the Threat of Ozone Depletion, in: International Environmental Affairs 5:1, S. 19-41.

Mayer, Peter/Rittberger, Volker/Zürn, Michael 1993: State of the Art and Perspectives, in: Rittberger, Volker (ed.): Regime Theory and International Relations, Oxford, S. 391-430.

Mayer-Tasch, Peter Cornelius 1987: Die verseuchte Landkarte. Das grenzen-lose Versagen der internationalen Umweltpolitik, München.

Mc Elroy, Michael 1992: Changes in Climate of the Past: Lessons for the Future, in: Mintzer, Irving, M. (ed.): Confronting Climate Change. Risks, Implications and Responses, Cambridge, S. 65-83.

Meadows, Dennis/Meadows, Donella/Zahn, Erich/Milling, Peter 1972: Die Grenzen des Wachstums. Bericht des Club of Rome zur Lage der Menschheit, Stuttgart.

Meadows, Donella/Meadows, Dennis/Randers, Jorgen 1992: Die neuen Grenzen des Wachstums. Die Lage der Menschheit: Bedrohung und Zukunftschancen, Stuttgart, 2. Auflage.

Menzel, Ulrich 1992: Das Ende der Dritten Welt und das Scheitern der großen Theorie, Frankfurt/M.

Messner, Frank 1993: Kontinuität und Wandel in der Umweltpolitik der USA am Beispiel der Gesetzgebung zur Luftreinhaltung, in: Zeitschrift für angewandte Umweltforschung 6:1, S. 67-80.

Meyers, Reinhard 1990: Metatheoretische und methodologische Betrachtungen zur Theorie der internationalen Beziehungen, in: Rittberger, Volker (Hrsg.): Theorien der Internationalen Beziehungen. Bestandsaufnahme und Forschungsperspektiven, PVS Sonderheft 21/1990, S. 48-68.

Meyers, Reinhard 1991: Grundbegriffe, Strukturen und theoretische Perspektiven der Internationalen Beziehungen, in: Grundwissen Politik, Bundeszentrale für Politische Bildung, Schriftenreihe Band 302, Bonn, S. 220-316.

Miller, Alan S./Mintzer, Irving M. 1986: The Sky is the Limit. Strategies for Protecting the Ozone Layer, World Resources Research Report No. 3, Washington DC.

Milner, Helen 1992: International Theories of Cooperation Among Nations. Strengths and Weaknesses, in: World Politics 44:3, S. 466-496.

Mintzer, Irving/Miller, Alan S. 1992: Stratospheric Ozone Depletion: Can We Save the Sky?, in: Bergesen, Helge Ole/Norderhaug, Magnar/Parmann, Georg (ed.) 1992: Green Globe Yearbook 1992, Oxford, S. 83-91.

Molina, Mario J./Rowland, Sherwood F. 1974: Stratospheric Sink for Chlorofluoromethans: Chlorine Atom Catalysed Destruction of Ozone, in: Nature 249, S. 810-812.

Morgenthau, Hans J. 1961: Politics Among Nations. The Struggle for Power and Peace, 3. Auflage, New York.

Morrisette, Peter M. 1989: The Evolution of Policy Responses to Stratospheric Ozone Depletion, in: Natural Resources Journal 29:2, S. 793-820.

Morrisette, Peter M./Plantinga, Andrew J. 1991: Global Warming - A Policy Review, in: Policy Studies Journal 19:2, S. 163-72.

Müller, Harald 1991: Internationale Umwelt- und Ressourcenproblematik, in: Knapp, Manfred/Krell, Gert (Hrsg): Einführung in die Internationale Politik. Studienbuch, 2. Auflage, München/Wien, S. 350-382.

Müller Harald 1993: Die Chance der Kooperation. Regime in den internationalen Beziehungen, Darmstadt.

Müschen, Klaus/Romberg, Erika 1986: Strom ohne Atom. Ausstieg und Energiewende, Frankfurt/M.

Nilsson, Sten 1996: Do We Have Enough Forests?, IIASA, Forest Resources Project, February 1996, Laxenburg.

Nye, Joseph S. 1990: Bound to Lead. The Changing Nature of American Power, New York.

Oberthür, Sebastian 1992: Die internationale Zusammenarbeit zum Schutz des Weltklimas, in: Aus Politik und Zeitgeshichte B 16/92, S. 9-20.

Oberthür, Sebastian 1993a: Politik im Treibhaus. Die Entstehung des internationalen Klimaschutzregimes, Berlin.

Oberthür, Sebastian 1993b: Discussions on Joint Implementation and the Financial Mechanism, in: Environmental Policy and Law 23:6, S. 245-249.

Oberthür, Sebastian/Ott, Hermann 1995: Stand und Perspektiven der internationalen Klimapolitik, in: Internationale Politik und Gesellschaft, Nr. 4, S. 399-415.

Öko-Institut Freiburg/Br. 1991: Energie-Report Europa, Frankfurt /M.

Olson, Mancur 1965: The Logic of Collective Action. Public Goods and the Theory of Groups, Cambridge, Massachusetts.

Ostrom, Elinor 1990: Governing the Commmons. The Evolution of Institutions for Collective Action, Cambridge/New York/Port Chester/Melbourne/Sydney.

Ott, Hermann 1991: The New Montreal Protocol: A Small Step for the Protection of the Ozone Layer, a Big Step for International Law and Relations, in: Verfassung und Recht in Übersee 24:2, S. 188-208.

Oye, Kenneth N. 1985: Explaining Cooperation Under Anarchy. Hypotheses and Strategies, in: World Politics 38:1, S. 1-24.

Palm-Risse, Martina 1992: Noch eine Chance für den blauen Planeten. Der Schutz des Weltklimas mittels des UN-Rahmenübereinkommens, in: Vereinte Nationen 40:4, S. 122-126.

Parson, Edward A./Haas, Peter M./Levy, Marc A. 1992: A Summary of the Major Documents Signed at the Earth Summit and the Global Forum, in: Environment 34:8, S. 12-36.

Parson, Edward A. 1993: Protecting the Ozone Layer, in: Haas, Peter M./Keohane, Robert O./Levy, Mark 1993: Institutions for the Earth. Sources of Effective International Environmental Protection, Cambridge, Mass./London, S. 27-73.

Parson, Edward A./Greene, Owen 1995: The Complex Chemistry of the International Ozone Agreements, in: Environment 37:2, S. 16-20 und 35-43.

Paterson, Matthew 1992: Global Warming, in: Thomas, Caroline 1992: The Environment in International Relations, London, S. 155-198.

Paterson, Matthew/Grubb, Michael 1992: The International Politics of Climate Change, in: International Affairs 68:2, S. 293-310.

Petersen, M.J. 1992: Whalers, Cetologists, Environmentalists, and the International Management of Whaling, in: International Organization 46:1, S. 147-186.

Petersen, Rudolf 1993: Autoabgase als Gegenstand staatlicher Regulierung in der EG und in den USA - Ein Vergleich, in: Zeitschrift für Umweltpolitik und Umweltrecht, 16:4, S. 375-406.

Porter, Gareth/Brown, Janet Welsh 1991: Global Environmental Politics, Boulder/San Francisco/Oxford.

von Prittwitz, Volker 1990: Das Katastrophenparadox. Elemente einer Theorie der Umweltpolitik, Opladen.

Ramakrishna, Kilaparti 1992: North-South Issues, the Common Heritage of Mankind and Global Environmental Change, in: Rowland, Ian H./Greene, Malory (eds.): Global Environmental Change and International Relations, Hong Kong, S. 145-168.

Ramakrishna, Kilaparti/Young, Oran R. 1992: International Organisations in a Warming World. Building a Global Climate Regime, in: Mintzer, Irving M. (ed.): Confronting Climate Change. Risks, Implications and Responses, Cambridge, S. 253-264.

Rayner, Steve 1992: The Greenhouse Effect in the US: the Legacy of Energy Abundance, in: Grubb, Michael/Brackley, Peter/Ledic, Michèle/Mathur, Ajay/Rayner, Steve/Russell, Jeremy/Tanabe, Akira 1992: Energy Policies and the Greenhouse Effect. Volume Two: Country Studies and Technical Options, London, S. 233-278

Rittberger, Volker/Hummel, Hartwig 1990: Die Disziplin „Internationale Beziehungen" im deutschsprachigen Raum auf der Suche nach ihrer Identität: Entwicklung und Perspektiven, in: Rittberger, Volker (Hrsg.): Theorien der Internationalen Beziehungen. Bestandsaufnahme und Forschungsperspektiven, PVS Sonderheft 21/1990, S. 17-47.

Rittberger, Volker (ed.) 1990: International Regimes in East-West Politics, London/New York.

Rittberger, Volker/Zürn, Michael 1990: Towards Regulated Anarchy in East-West Relations: Causes and Consequences of East-West Regimes, in: Rittberger, Volker (ed.): International Regimes in East-West Politics, London/New York, S. 9-63.

Rittberger, Volker 1991: Konferenzen, in: Wolfrum, Rüdiger (Hrsg): Handbuch Vereinte Nationen, 2. völlig neu bearbeitete Ausgabe, München, S. 410-418.

Rittberger, Volker & Wolf, Klaus-Dieter 1991: Problemfelder internationaler Beziehungen aus politologischer Sicht, 2. überarbeitete Fassung, Tübinger Arbeitspapiere zur internationalen Politik und Friedensforschung Nr. 5, Tübingen.

Rittberger, Volker (ed.) 1993: Regime Theory and International Relations, Oxford.

Rittberger, Volker 1993: Research on International Regimes in Germany: The Adaptive Internalization of an American Social Science Concept, The Analysis of International Regimes: Toward a European-American Research Programme, in: ders. (ed.): Regime Theory and International Relations, Oxford, S. 3-22.

Roan, Sharon 1989: Ozone Crisis. The 15-Year Evolution of a Sudden Global Emergency, New York/Chichester/Brisbane/Torotno/Singapore.

Robinson, Mike 1992: The Greening of British Party Politics, Manchester/London.

Rose, Adam 1992: Equity Considerations of Tradeable Carbon Emission Entitlements, in: UNCTAD: Combating Global Warming. Study on a Global System of Tradeable Carbon Emission Entitlements, New York, S. 55-83.

Rosenau, James N. 1982: Order and Disorder in the Study of World Politics: Ten Essays in Search of Perspective, in: Maghroori, Ray & Ramberg, Bennett (Ed.): Globalism Versus Realism: International Relations' Third Debate, Boulder, Colorado, S. 1-7.

Rothgang, Heinz 1990: Die Friedens- und Umweltbewegung in Großbritannien. Eine empirische Untersuchung im Hinblick auf das Konzept der 'Neuen Sozialen Bewegungen', Wiesbaden.

Rowland, Sherwood F. 1988: Chlorofluorocarbons, Stratospheric Ozone, and the Antarctic 'Ozone Hole', in: Environmental Conservation 12:2, S. 101-115.

Rowlands, Ian H. 1995: The Politics of Global Atmospheric Change, Manchester/ New York.

Ruloff, Dieter 1988: Weltstaat oder Staatenwelt. Über die Chancen globaler Zusammenarbeit, München.

Ruggie, John Gerard 1975: International Response to Technology; Concepts and Trends, in: International Organization 29:3, S. 557-583.

Rummel-Bulska, Iwona 1986: The Protection of the Ozone Layer under the Global Framework Convention, in: Flinterman, Cees/Kwiatkowksa, Barbara/Lamers, Johan G. (eds.): Transboundary Air Pollution. International Legal Aspects of the Cooperation of States, Dordrecht/Boston/Lancaster, S. 281-297.

Sand, Peter H. 1985: Protecting The Ozone Layer - The Vienna Convention is Adopted, in: Environment 27:5, S. 19-43.

Sand, Peter H. 1995: Trusts for the Earth: New International Financial Mechanisms for Sustainable Development, in: Lang, Winfried (ed.): Sustainable Development and International Law, London/Dordrecht/Boston, S. 167-184.

Sands Phillipe 1995: Principles of International Environmental Law. Volume I: Frameworks, Standards and Implementation, Manchester/New York.

Schäfer, Andreas 1995: Trends in Global Motorized Mobility. The Past 30 Years and Implications for the Next Century, IIASA-Working Paper (WP-95-49), Laxenburg.

Scharpf, Fritz W. 1991: Die Handlungsfähigkeit des Staates am Ende des zwanzigsten Jahrhunderts, in: PVS 32:4, S. 622-634.

Schipper, Lee/Meyers, Stephen/Grubb. Michael/Chadwick, Michael/Kristoferson, Lars 1992: World Energy: Building a Sustainable Future, Stockholm

Schönwiese, Christian-Dietrich/Diekmann, Bernd 1987: Der Treibhauseffekt. Der Mensch ändert das Klima, Stuttgart.

Schrogl, Kai-Uwe 1993: Zivile Satellitennutzung in internationaler Zusammenarbeit, Köln/Berlin/Bonn/München.

Schwarzer, Gudrun 1990: Weiträumige grenüberschreitende Luftverschmutzung. Konfliktanalyse eines internationalen Umweltproblems, Tübinger Arbeitspapiere zur internationalen Politik und Friedensforschung Nr. 15, Tübingen.

Schwarzer, Gudrun 1993: Das internationale Regime zur weiträumigen Bekämpfung der Luftverschmutzung, in: Außenpolitik, 44:1, S. 13-22.

Sebenius, James K. 1991: Designing Negotiations Toward a New Regime. The Case of Global Warming, in: International Security 15:4, S. 110-148.

Sebenius, James K. 1992: Challenging Conventional Explanations of International Cooperation: Negotiation Analysis and the Case of Epistemic Communities, in: International Organization 46:1, S. 323-365.

Senghaas, Dieter 1988: Konfliktformationen im internationalen System, Frankfurt/M.

Senti, Richard 1986: GATT. Allgemeines Zoll- und Handelsabkommen als System der Welthandelsordnung, Zürich.

Shea, Cynthia Pollock 1989: Mending the Earth's Shield, in: World Watch 2:1, S. 27-34.

Sieg, Claudia 1994: Naturschutz als Medienspektakel? Die professionellen Krisenstifter, in: Rolke, Lothar/Rosema, Bernd/Avenarius, Horst (Hrsg.): Unternehmen in der ökologischen Diskussion. Umweltkommunikation auf dem Prüfstand, Opladen, S. 35-43.

Sjöstedt, Gunnar (ed.) 1993: International Environmental Negotiation, Newburry Park, London, New Delhi.

Skjaerseth, Jon Birger 1994: The Climate Policy of the EC: Too Hot to Handle?, in: Journal of Common Market Studies 32:1, S. 25-45.

Skolnikoff, Eugene B. 1990: The Policy Gridlock on Global Warming, in: Foreign Policy No. 79, S. 77-93.

Smith, Steve 1989: Paradigm Dominance in International Relations: The Development of International Relations as a Social Science, in: Dyer, Hugh C. & Mangasarian, Leon (ed.): The Study of International Relations. The State of the Art, Houndmills, Basingstoke, Hampshire and London, S. 3-27.

Snidal, Duncan 1991: International Cooperation Among Relative Gains Maximizers, in: International Studies Quarterly 35, S. 387-402.

Soroos, Marvin S./Nikitina, Elena N. 1995: The World Meteorological Organization as a Purveyor of Global Public Goods, in: Bartlett, Robert V./Kurian, Priya, A./Malik, Madhu (ed.): International Organizations and Environmental Policy, Westport, S. 69-82.

Stahl, Karin 1992: Die UN-Konferenz über „Umwelt und Entwicklung": Neue und alte Verteilungskonflikte zwischen Erster und Dritter Welt, in: Jahrbuch Dritte Welt 1993, München, S. 48-60.

Stein, Arthur A. 1990: Why Nations Cooperate. Circumstances and Choice in International Relations, Ithaca/London.

Stilkind, Jerry 1992: Amerikanische Umweltgesetze seit 1970, in: United States Information Service (Hrsg.): Umweltschutz - Die amerikanische Perspektive, Bonn, S. 12-16.

Strübel, Michael 1992: Internationale Umweltpolitik. Entwicklungen - Defizite - Aufgaben, Opladen.

Swart, Robert J. 1992: A Comprehensive Approach to Climate Policy. Reconciling Long-Term Needs with Short-Term Concerns, in: International Environmental Affairs 4:1, S. 35-55.

Szell, Patrick 1991: Ozone Layer and Climate Change, in: Lang, Winfried/Neuhold, Hanspeter/Zemanek, Karl (eds.): Environmental Prodtection and International Law, Lonbon/Doprdrecht/Boston, S.167-178.

van der Tak, Herman G. 1991: Policies and Measures to Implement the Montreal Protocol, The World Bank Sector Policy and Research Staff, Environment Working Paper No. 48, Washington.

Temple Lang, John 1991: Some Implications of the Montreal Protocol to the Ozone Convention, in: Lang, Winfried/Neuhold, Hanspeter/Zemanek, Karl (eds.): Environmental Protection and Internaional Law, London/Dordrecht/Boston, S. 179-185.

Thatcher, Margaret 1993: Downing Street No. 10. Die Erinnerungen, Düsseldorf/Wien/New York/Moskau, 2. Auflage.

Thomas, Caroline 1992: The Environment in International Relations, London.

Tietenberg, Tom 1992: Relevant Experience with Tradeable Entitlements, in: UNCTAD: Combating Global Warming. Study on a Global System of Tradeable Carbon Emission Entitlements, New York, S. 37-54.

Tolba, Mostafa K. 1992: Saving Our Planet. Challenges and Hopes, London/New York/ Tokyo/Melbourne/Madras.

Thukydides 1919: Geschichte des Peloponnesischen Krieges, Band 1 und 2, Leipzig.

Unmüßig, Barbara 1992: Zwischen Hoffnung und Enttäuschung. Die Konferenz der Vereinten Nationen über Umwelt und Entwicklung (UNCED): eine erste Bewertung, in: Vereinte Nationen 40:4, S. 117-122.

Vaahtoranta, Tapani 1989: The Politics of Ozone: What Determines National Policies Toward the Protection of the Ozone Layer?, in: Mautner-Markhof, Frances (ed.): Processes of International Negotiations, Boulder/San Francisco/London, S. 508-518..

Valenzuela, J. Samuel/Valenzuela, Arturo 1978: Modernization and Dependency: Alternative Perspectives in the Study of Latin American Underdevelopment, in: Comparative Politics

Victor, David G./Salt, Julian E. 1994: From Rio to Berlin: Managing Climate Change, in: Environment 36:10, S. 7-15 und 25-32.

Viotti, Paul R./Kauppi, Mark V. 1987: International Relations Theory. Realism, Pluralism, Globalism, New York/London.

Wallerstein, Immanuel 1974: The Modern World System I. Capitalist Agriculture and the Origins of the European World-Economy in the Sixteenth Century, New York/San Francisco/London.

Wallerstein, Immanuel 1977: The Modern World System I. Capitalist Agriculture and the Origins of the European World-Economy in the Sixteenth Century, New York/San Francisco/London.

Wallerstein, Immanuel 1979: Aufstieg und Niedergang des kapitalistischen Weltsystems. Zur Grundlegung vergleichender Analyse, in: Senghaas, Dieter (Hrsg.) Kapitalistische Weltökonomie. Kontroversen über ihren Ursprung und ihre Entwicklung, Frankfurt/M., S. 31-67.

Waltz, Kenneth N. 1979: Theory of International Poliitcs, Reading, Mass.

Waltz, Kenneth N. 1990: Realist Thought and Neorealist Theory, in: Journal of International Affairs 44:1, S. 21-37

Ward Hugh/Samways, David/Benton, Ted 1992: Environmental Politics and Policy, in: Dunleavy, Patrick/Gamble, Andrew/Peele, Gillian (eds.): Developments in British Politics, Houndmills/Basingstoke/Hampshire/London, 3. Auflage, S. 221-245.

Watson, Robert 1988: Atmospheric Ozone, in: WMO/UNEP 1988b: Conference Proceedings: The Changing Atmosphere: Implications for Global Security. Toronto, June 27-30 1988, WMO-No.710, Geneva, S. 70-92.

von Weizsäcker, Ernst Ulrich 1990: Erdpolitik. Ökologische Realpolitik an der Schwelle zum Jahrundert der Umwelt, 2. Auflage, Darmstadt.

Wiarda, Howard J. 1985: Comparative Politics Past and Present, in: ders. (ed.): New Directions in Comparative Politics, Boulder/London, S. 3-25.

Williams, Marc 1993: Re-articulating the Third World Coalition: The Role of the Evironmental Aagenda, in: Third World Quarterly 14:1, S. 7-29.

Williams, Sylcia Maureen 1986: A Historical Background on the Chlorofluorocarbon Ozone Depletion Theory and its Legal Implications, in: Flinterman, Cees/Kwiatkowksa, Barbara/Lamers, Johan G. (eds.): Transboundary Air Pollution. International Legal Aspects of the Cooperation of States, Dordrecht/Boston/Lancaster, S. 267-280.

Wöhlcke, Manfred 1991: Globale Gefährdungen in den Entwicklungsländern, in: Außenpolitik 42:3, S. 251-260.

Wolf, Klaus Dieter/Zürn, Michael 1986: „International Regimes" und Theorien der Internationalen Politik, in: PVS 27:2, S. 201-221.

Wolf, Klaus Dieter 1991: Internationale Regime zur Verteilung globaler Ressourcen. Eine vergleichende Analyse der Grundlagen ihrer Entstehung am Beispiel der Regelung des Zugangs zur wirtschaftlichen Nutzung des Meeresbodens, des geostationären Orbits, der Antarktis und zu Wissenschaft und Technologie, Baden-Baden.

World Commission for Environment and Development (WCED) 1987: Our Common Future, Oxford/New York.

World Energy Council/IIASA 1995: Global Energy Perspectives to 2050 and Beyond, London.

World Watch Institute 1993: Zur Lage der Welt 1993. Daten für das Überleben unseres Planeten, Frankfurt/M.

Young, Oran R. 1989: International Cooperation. Building Regimes for Natural Resources and the Environment, Ithaca/New York/London.

Young, Oran R. 1991: Political Leadership and Regime Formation: On the Deelop-
ent of Institutions in International Society, in: International Organiation 45:3, S.
281-308.

Young, Oran R. 1994: International Governance. Protecting the Environment in a
Stateless Society, Ithaca/London.

Young, Oran R./Osherenko, Gail 1993: Testing Theories of Regime Formation:
Findings From a Large Collaborative Research Project, in: Rittberger, Volker
(ed.): Regime Theory and International Relations, Oxford, S. 223-251.

Zürn, Michael 1987: Gerechte internationale Regime. Bedingungen und
Restriktionen der Entstehung nicht-hegemonialer Regime untersucht am Beispiel
der Weltkommunikationsordnung, Frankfurt/M..

Zürn, Michael 1992: Interessen und Institutionen in der internationalen Politik.
Grundlegung und Anwendung des situationsstrukturellen Ansatzes, Opladen.

Zürn, Michael 1993: Bringing the Second Image (Back) In: About the Domestic
Sources of Regime Formation, in: Rittberger, Volker (ed.): Regime Theory and
International Relations, Oxford, S. 282-311.

MIX
Papier aus verantwortungsvollen Quellen
Paper from responsible sources
FSC® C105338

If you have any concerns about our products,
you can contact us on
ProductSafety@springernature.com

In case Publisher is established outside the EU,
the EU authorized representative is:
Springer Nature Customer Service Center GmbH
Europaplatz 3, 69115 Heidelberg, Germany

Printed by Libri Plureos GmbH
in Hamburg, Germany